公司法学研究

Corporate Law Review

主　　编：刘俊海
执行编辑：谢肇煌

6 第六卷 Volume

法律出版社
LAW PRESS · CHINA
——北京——

图书在版编目(CIP)数据

公司法学研究. 第六卷 / 刘俊海主编. -- 北京 :
法律出版社, 2023
ISBN 978 - 7 - 5197 - 7230 - 7

Ⅰ. ①公… Ⅱ. ①刘… Ⅲ. ①公司法－法的理论－中国 Ⅳ. ①D922.291.911

中国版本图书馆 CIP 数据核字(2022)第 197802 号

公司法学研究(第六卷)
GONGSI FAXUE YANJIU(DI-LIU JUAN)

刘俊海 主编

责任编辑 黄倩倩
装帧设计 臧晓飞

出版发行 法律出版社
编辑统筹 学术·对外出版分社
责任校对 王晓萍 王 皓
责任印制 陶 松
经 销 新华书店

开本 710 毫米×1000 毫米 1/16
印张 22 字数 396 千
版本 2023 年 2 月第 1 版
印次 2023 年 2 月第 1 次印刷
印刷 永清县金鑫印刷有限公司

地址:北京市丰台区莲花池西里 7 号(100073)
网址:www.lawpress.com.cn
投稿邮箱:info@lawpress.com.cn
举报盗版邮箱:jbwq@lawpress.com.cn

销售电话:010 - 83938349
客服电话:010 - 83938350
咨询电话:010 - 63939796

书号:ISBN 978 - 7 - 5197 - 7230 - 7
定价:88.00 元
凡购买本社图书,如有印装错误,我社负责退换。电话:010 - 83938349

目　录

【公司治理研究】

本卷导读

公司是市场经济社会的核心主体，是扩大就业、增加税收、发展经济、创新科技、民富国强的物质基础，是加快发展社会主义市场经济、民主政治、先进文化、和谐社会、生态文明的微观细胞，是稳就业、稳金融、稳外贸、稳外资、稳投资、稳预期的压舱石。公司良法善治是增强民族经济竞争力的必要条件，是衡量营商环境优劣的试金石，是构建和谐社会的法律基石。凡属市场经济大国，无论是大陆法系，抑或英美法系，无不拥有引以自豪的公司法以及公司法学术共同体（包括学者、法官和律师）。

新中国成立后70年，是我国公司法律制度恢复和发展的70年，是西方公司法理论与中国经济实践有机结合的70年，是全国层面与地方层面的公司立法活动相互促进的70年，也是中国公司法由被动移植到积极创新的70年，更是中国公司法在世界公司法舞台上崭露头角、孕育潜在世界影响力和领导力的70年。新中国成立后的70年，是公司法在中华大地复苏与变革的70年，也是公司法助推国企改革、实现国有资产保值增值的70年，是积极引进国际资本、先进技术与管理经验的70年，是鼓励民营经济茁壮成长的70年。

1993年12月29日，第八届全国人大常委会第五次会议通过《中华人民共和国公司法》（以下简称《公司法》），该法于1999年、2004年、2005年、2013年与2018年历经5次修订，其中2005年版修改幅度最大。我有幸作为核心咨询专家，多次参加全国人大法工委组织的公司法修改专家座谈会，并建言献策。有些建议，如引入公司社会责任一般条款；

废除母公司转投资限制;引入揭开公司面纱制度并明确滥权股东对公司债务的连带责任,而非补充责任;增设小股东查账权;建立一人公司法人滥用推定制度;增设股东代表诉讼权;导入累积投票权等,均被采纳。

《公司法》的体系博大精深,与经济活动的方方面面密切相关,涉及的法律关系错综复杂。由于修改时间仓促,以往公司法修改都带有阶段性特点。随着我国在新时代深化改革、扩大开放的新进展,以"一带一路"倡议为核心的经济全球化进程的加快,我国内外资企业立法的统一并轨,我国《公司法》也需要与时俱进。为加强产权保护工作、弘扬企业家精神、助推实体经济发展、深化供给侧结构性改革,提高我国公司法的国际竞争力,增强我国经济的全球竞争力,改善制度供给结构,提高制度供给质量,打造投资者及利益相关者友好型的营商法律环境,全国人大法工委于 2019 年 5 月 7 日成立《公司法》修改领导小组、咨询小组与工作小组,启动了公司法修改研究程序。

《公司法学研究》(第六卷)紧密围绕我国当前公司制度改革与发展中面临的新情况、新形势和新问题,对公司法修改面临的重大热点难点和争点问题进行深入探讨。公司法律制度是资本市场的必要基础设施,良好的公司法律制度是公司投资者权益的必要保障。中国公司法的改革,将有力促进资本市场中现实问题的解决,推动中国资本市场和谐永续发展,增强中国资本市场的国际竞争力。我在编辑《公司法学研究》(第六卷)的过程中收到了来自国内外的许多充满真知灼见、兼具学术和实务价值的优秀论文,殊难取舍。经过编辑人员的反复筛选,终于把浓缩的精华学术版共计 14 篇论文奉献到读者面前。本卷所载的论文,既有宏观层面高屋建瓴的立法理念阐发,也有微观层面精益求精的法律规范设计;既有从立法论角度提出的睿智见解,也有从解释论角度进行的创新诠释。按照论文主题,本卷细分为公司法总论、公司法专题研究、公司治理研究三个专题栏目。

第一个专题栏目"公司法总论"中,收录了国内专家学者在公司法基本理论及宏观体系设计方面的最新研究成果。华东政法大学沈贵明教授及硕士研究生陆家辉、何薇在《升级版公司法宗旨与两组主体保护问题的协调》一文中指出,现行《公司法》立法宗旨不能科学反映公司法应有的基本功能,修订后的《公司法》应当明确保护股东权益的立法宗旨,并在立法中合理协调股东与公司债权人以及其他公司相关利益者之间的关系。河南财经政法大学徐强胜教授在《中国公司法的信用机制完善及体系变革》一文中指出,公司法重要的功能在于塑造公司信用,公司信用主要体现为公司应有的人格与良好的公司治理,我国《公司法》的修改应以完善公司信用为主线,强化公司人格,提高公司治理。拙文《论新公司法肩负的四大历史使命》亦收录于第一部分,该文指出,新《公司法》

应肩负四大历史使命：尊重与保障公司的生存权与发展权，促进公司生存维持与可持续发展；弘扬股权文化，完善产权保护制度；强化交易安全，防范金融风险；鼓励公司承担社会责任，促进经济高质量发展。这四大使命就是新《公司法》修改的主旋律，不仅要体现在第 1 条的立法宗旨之中，更要洋溢在整部《公司法》的字里行间。

第二个专题栏目“公司法专题研究”中，收录了国内外专家学者围绕公司法内部各个具体制度及原则产生的最新研究成果。关联交易的法律规制一直是公司法研究的重点和难点，西南财经大学法学院吴越教授在《关联企业与企业集团的公司法规制》一文中提出“关联交易行为立法”模式比“集团组织法”模式更具有可行性，前者的重点在于引入少数股东的事先知情权，同时增加内控程序，结合内控程序对关联交易的有效性进行规定。同时，吴越教授在《公司关联交易的安全港程序与效力判断规则研究——以关联担保效力争议为切入点》一文中提出，对于《公司法》第 16 条引发的越权担保效力之争，应从公司关联交易法则中寻找更为系统性的答案，并立足于交易的公平性进行综合考虑。与关联交易法律规制密切相关的是公司集团制度的设计。民生证券股份有限公司熊雷鸣总监在《我国公司集团制度设计思路》一文中以公司集团的统一控制和利益相关者的权益保障为核心，提出了基于效率和公平的公司集团法律制度设计思路。另外，若要有效地规制关联交易，维护利益相关者的合法权益，必须建立健全公司会计信息披露制度。中央民族大学法学院王瑛教授在《从〈公司法〉的角度看上市公司会计信息披露》一文中深入探讨了上市公司会计信息披露制度，特别是关联方及关联交易会计信息的披露，以及或有事项会计信息的披露。

对大股东滥权行为的约束和对中小股东的保护同样是公司法研究中的重要问题。华东政法大学博士后金娜贤在《股东平等原则及具体适用问题研究》一文中提出，股东平等原则是贯通整个股份公司法的基本原则，而特殊表决权股始终是股东平等原则的限制性例外，并由此观点出发探讨了不同表决权股份和库存股转让问题。随着《公司法》第 142 条在 2018 年经历大幅度修改，上市公司股份回购制度成为公司法研究的热点。河北大学法学院赵树文副教授与硕士研究生王嘉伟在《上市公司股份回购制度改革与债权人利益保护平衡研究》一文中指出，上市公司股份回购制度改革可能会对债权人权益保护造成严重冲击，同时由于当前我国商事信用水平堪忧，我国亟须推进债权人保护配套制度的建构。兰州大学法学院白牧蓉副教授与硕士研究生刘世雄在《上市公司股份回购的风险与制度检视》一文中提出应当深入思考回购的本质属性，结合我国市场的实际情况，进一步在信息披露、法律责任、交易所作用发挥、利益相关者保护等方面对上市公司股份回购制度予以完善。公司法与企业破产法的衔接也是理论与实务中的重要问题。宁波大学法学院郭靖祎讲师在《论董事的破产申请义务》一文中论证了为董事设定破产申请义务的必要性,并基于我国《公司法》《企业破产法》及相关司法解释,逐一分析董事破产申请义务的主体、内容及责任承担。

第三个专题栏目“公司治理研究”中,收录了国内外专家学者在公司治理方面的最新研究成果。重庆大学法学院张路教授及硕士研究生 Mary Quartey 在《公司治理模式的优劣与选择》一文中将公司治理机制分为公司内部治理机制与国家层面的治理机制,并提出公司治理模式各有优劣,如何评价与选择取决于包括公司控制权、行业性质、公司性质和国家特点在内的多方面因素。西南财经大学法学院张怀岭副教授在《“二元化”公司治理:理论证成与实现路径——基于欧盟及其成员国法律改革的考察》一文中聚焦于封闭公司的治理,通过借鉴欧盟及其成员国的立法经验,提出适应封闭性公司特殊的经济与法律结构特征的立法建议。中央财经大学任国征研究员在《最佳公司治理中的“信任”理论问题研究》一文中提出,信任理论对推进公司可持续发展、完善公司治理具有方向引领和基础支撑的作用,并围绕公司治理中信任、制度、寻租三者的关系作出了深入的探讨。

为积极推动《公司法》修改工作的科学化、民主化与精准化,提高公司制度供给质量,弘扬股权文化,培育企业家精神,提高我国公司法的国际竞争力,助推实体经济高质量发展,深化供给侧结构性改革,打造投资者及利益相关者友好型的法治化营商环境,中国人民大学商法研究所于 2019 年 12 月 14 日举办了“2019 年中国资本市场法治论坛:公司法修改中公司类型、公司治理与股权保护的制度创新”。来自全国人大法工委、最高人民法院、国家市场监督管理总局、中国证券监督管理委员会、国务院国有资产监督管理委员会、中国国际经济贸易仲裁委员会、北京市高级人民法院等相关部门的领导和来自中国人民大学、北京大学、清华大学、中国政法大学、中国社会科学院法学研究所、中共中央党校、北京师范大学、中央民族大学、日本独协大学、日本国立冈山大学、对外经济贸易大学、中央财经大学、中证金融研究院、吉林大学、华东政法大学、西南财经大学、暨南大学、重庆大学、北京工商大学、首都师范大学、首都经济贸易大学、河北大学、河南财经政法大学、天津财经大学、河北经贸大学、兰州大学等国内外知名高校和科研机构的专家学者以及实务界的相关代表共 130 余名嘉宾出席了论坛,围绕新《公司法》的理念提炼与制度创新等问题开展了广泛而深入的探讨。本期的“资本市场法治论坛”栏目收录了我指导的博士生与硕士生整理的《2019 年资本市场法治论坛会议实录》,以飨读者。

现行《公司法》在推动国有企业改革与民营经济发展、促进资本市场成长、保障放管服具体措施的落地生根等方面发挥了诸多积极作用。公司法修改应当贯彻落实十九届四中全会精神,坚持目标导向和问题导向相结合的立法理念,致力于营造稳定、公平、透明、可预期的法治化营商环境,不断扩大公司法的包容度与开放度,从而增强我国《公司法》在吸引外资、留住内资方面的全球竞争力。新《公司法》既要继续推进国有企业公司制改革,也要提升民营企业治理水平,并为上市公司治理转型升级提供制度保障。“苟日新,日日新,又日新”,公司法的制度创新以及相应的学术探讨,必将随着我国社会主义市场经济的改革与发展而永无止境。

刘俊海

【公司法总论】

升级版公司法宗旨与两组主体保护问题的协调

沈贵明　陆家辉　何　薇*

一、问题的提出：由现行公司法立法宗旨的问题展开

立法宗旨是指制定法律的主要目的和意图。一部法律的立法宗旨，不仅反映了该法所要达到的目的，同时也表明了这部法律规范所蕴含的精神及价值取向。现行《公司法》第1条规定："为了规范公司的组织和行为，保护公司、股东和债权人的合法权益，维护社会经济秩序，促进社会主义市场经济的发展，制定本法。"此条对《公司法》宗旨的规定包含三层含义，其一，规范公司的组织和行为；其二，保护公司、股东和债权人的合法权益；其三，维护社会经济秩序，促进社会主义市场经济的发展。立法宗旨不仅表明了立法的目的，更是整部法律规范的灵魂，彰显了该法律的价值取向和精神所在。显然，就这一层面而言，现行《公司法》此规定的科学性是值得反思的。

首先，将"规范公司的组织和行为"作为《公司法》立法宗旨的内容是可质疑的。这一规范有两层意思，即"规范公司的组织"和"规范公司的行为"。前者"规范公司的组织"，实际上是规范公司的组建，即对公司的设立进行规范。虽然有关公司设立的规范是公司法规范体系的组成部分，但是，将这一具体性规范的内容作为公司法的立法宗旨予以规定，显然不妥。后者"规范公司的行为"，是以公司作为规范的

---

* 沈贵明，法学博士，华东政法大学教授，民商法、经济法研究方向；陆家辉，华东政法大学经济法硕士研究生；何薇，华东政法大学经济法硕士研究生。

主体的。以公司为主体的行为所形成的法律关系,可分为"外部关系"和"内部关系"。"外部关系"是公司与外部主体从事交易行为形成的法律关系,这一关系应当由有关民事法律规制。"内部关系"或是公司机关代表公司在特定情况下进行的行为,如股东会形成的内部分配的决议、董事会在职权范围内行使的对内管理公司的行为,由此形成的关系是内部法律关系。这种"内部关系"与前述的"外部关系"是两种属性完全不同的法律关系。现行《公司法》将"规范公司行为"作为立法宗旨,忽略了两者的区别。事实上,公司法所调整的是基于股东投资合作形成的法律关系,无论是公司的组建还是公司股东会、董事会、监事会等机构的活动,都是基于股东投资合作的需要而产生的,都是股东合作方式在法律上的表现形式。

其次,将"维护社会经济秩序,促进社会主义市场经济的发展"作为《公司法》立法的宗旨是否妥当?值得反思。"维护社会经济秩序,促进社会主义市场经济的发展"的规定,看似为《公司法》确立了"正当目标"和应有重任,但仔细推敲难免存疑。第一,该"规范"还见于《合伙企业法》《票据法》《合同法》等多部法律中,如此"广泛"的宣示性规定,既显得空洞和无实际意义,还磨灭了《公司法》和其他部门法律在立法目标方面的差异性和各自特有的法律功能。第二,虽然立法者为了防止交易主体因追求自身利益而罔顾经济秩序,将"维护经济秩序"和"促进经济发展"置于"立法目的"层面,但是,法律作为上层建筑的一部分无法承担保证经济发展的重担;而社会经济秩序的维护更多依赖于市场经济活动之外的国家干预行为,而不能依赖于市场主体的自觉。[1] 诚然,法律可以通过制度设计为市场经济主体划定行为边界进而维护经济秩序,但这并非《公司法》的立法目的,而是经济法、刑法等相关法律的任务所在。将"经济发展"和"经济秩序维护"作为《公司法》的立法目,会使《公司法》负担过重,难以承受。

最后,"保护公司、股东和债权人的合法权益"这一立法宗旨内容的表述方式不够准确。诚然,公司、股东和债权人的合法权益都需要保护,但是,在公司法律制度环境下,将这三个主体的利益保护置于同一层面,不做区分,不够科学合理。当三者之间出现利益冲突应当如何取舍和抉择,根据现行《公司法》的立法宗旨显然难以得出答案。

《公司法》的立法宗旨究竟何在?应当如何准确理解《公司法》的立法功能?这需要我们理性分析公司法的基本功能,处理、协调好股东与债权人的公司法保护、股东与相关利益主体的公司法保护这两大关系。

---

〔1〕 参见刘康复:《〈公司法〉立法目的之反思与理论重构》,载《西南政法大学学报》2009 年第 2 期。

二、公司法应当是对股东利益的终极关怀

如果说，民法是对民事权利主体的终极关怀，那么，公司法就应当是对股东的终极关怀。保护股东利益，应当是公司法的基本功能。理由如下：

（一）保护股东权益是公司法的基本功能所在

任何一部分法律，都有其特有的作用或功能，并形成对特定对象的保护。正如《合同法》的功能是促进交易的顺利进行因而要特别保护合同当事人的权利，《票据法》的功能是促进票据的安全、迅捷流通因而要保护票据相关主体的权利（如此等等）一样，《公司法》为了保障社会经济发展所需的资本资源不枯竭，必须要保障投资者——股东的权益。

从历史上看，公司法的起源和发展都离不开对股东的保护。从公司雏形的康孟达契约的合伙形式到16世纪英国的股份有限公司和19世纪末德国的有限责任公司，公司的出现及发展，无不是为了适应股东投资所需。在英国，为了保护商人，控制投资风险，促进商人投资海外贸易，英国王室特许设立股份有限责任公司，突破了投资人对债务承担无限责任的古老传统，对股东的保护达到了一个新的水平。之后英国颁布1862年《公司法》，取消国家对设立公司的垄断权，允许普通人设立公司作为营利的工具。这一法案为个人投资公司提供了法律保障。[1] 公司法在美国的发展更是反映了股东保护的理念。19世纪以来，为了吸引投资者在本州设立公司，美国各州纷纷修改公司法，开展公司法竞争，成为推动公司法变迁的重要动力。特拉华州成为这场竞赛的胜利者，其胜利的秘诀在于极低的公司设立标准、便利的公司注册程序、低廉的公司税收，其条文的背后正是深入人心的股东保护理念。[2] 20世纪80年代以来，股东至上理论成为美国企业管理、公司法律领域的主流理论，其核心思想是：第一，公司法的目的是谋求股东利益最大化；第二，股东与非股东发生利益冲突时，应当首先考虑股东利益；第三，对非股东利益相关者权益的保护不应当体现在公司法之内，而应当依靠劳工法、契约法等外部法律加以保护。[3]

从公司法的原理看，保护股东是公司立法的出发点和落脚点。公司的本质是股东投资营利的工具。股东设立公司就是为了通过公司的经营活动而使自己的财富增值，股东的营利目的决定了公司的营利性。具体而言，营利性的内涵在于公司赚取利润并将经营所获得的利益分配给股东，公司法所有的制度设置都围绕着这一基点展开。股东开展营利需要以公司为载体，而公司需要成为国家

---

〔1〕 中央电视台《公司的力量》节目组：《公司的力量》，山西教育出版社2010年版，第51页。

〔2〕 参见罗培新：《特拉华州公司法的神话与现实》，载《金融法苑》2003年第4期。

〔3〕 参见赵玲：《股东至上主义再思考》，载《法学杂志》2009年第3期。

承认的商事主体,并且为社会公众所知晓,因此有了公司设立制度;公司设立之后,通过商业活动的方式达到营利的目的,为此,股东需要有一个平台讨论决定公司的经营方针和重大事项,需要聘请专业的经理人负责开展具体的经营活动、进行商业决策,于是股东大会和董事会发展起来;公司赚取的利润最终需要回到股东手中,因此公司法规定了利润分配制度;为了防止公司的实际经营者(通常是董事)玩忽职守、滥用职权,侵犯股东获利的权利,减少股东获利的数额,公司法引入了董事的责任制度,有的国家还引入了监事会来监督董事的行为;当商业环境发生变化或者营利目的已经达到,股东需要收回投资退出公司,因此有了股权转让制度、公司减资制度和公司解散制度。由此可见,股东是公司的核心,没有股东就没有公司,股东利益是公司制度产生和发展的根本驱动力,股东保护是公司法的最重要的功能,脱离了股东保护,公司法就成为一具空壳。

从公司法的体系结构来看,其目的在于保护股东利益。体系结构是指一个部门法条文的组织方式,反映这个部门法调整对象的特点,与该部门法的功能定位相适应。比如,原《合同法》总则的体系结构首先是一般规定,然后是合同的订立、合同的效力、合同的变更和转让、合同的履行、合同的权利义务的终止,然后是违约责任,最后是其他规定(其中包括合同的解释、合同纠纷的解决),旨在为当事人订立和履行合同的全过程提供法律依据,最大限度地保证合同顺利、公平的履行,通过合同的履行实现当事人的利益,集中反映出合同法保护合同当事人的立法功能。原《物权法》总则编的体系结构从基本原则开始,然后是物权的设立、变更、转让和消灭,最后是物权的保护,旨在为物权的产生和物的利用提供法律依据。各分编的内容则根据不同物权的特点进行特别的规范,旨在增加物的利用方式,提高物的利用效率,其根本目的是保护物权人通过对物的利用实现自己的利益。同样,公司法的体系结构也反映出其固有的功能,以公司法对股份有限公司规定的体系结构为例,首先是公司的设立和组织机构,其次是股份发行和转让,再次是公司董监高的资格和责任,然后是公司债券、公司财务会计制度,最后是公司合并分立、增减资、解散清算等内容,其规范的是股东从设立到解散公司的全过程,调整的是股东经营公司时需要的人、财、物等各个方面,其目的就是给股东投资公司、运营公司、退出公司提供法律依据,保护股东在法律的框架内通过诚信经营获得自己的投资利益。

(二)保护股东权益是现代市场经济发展的需要

现代市场经济与传统市场经济相比呈现出不同的特点。传统市场经济是产品交易经济,而是现代经济更加凸显的是资本交易。现代人增加财富的手段不再是买卖产品,而变成了投资公司。从交易的客体上看,消费者购买商品看中的是产品的使用价值,其客体是具体的,而投资者投资公司,看中的是股份的价值,其客体是抽象的,投资者不在乎公司具体从事什么样的买卖,在乎的是公司赚取的利润。从交易的主体上看,传统经济的参与主体是特定化的、专业化的,从事买卖的商人必须具有充足的商业经验、敏锐的商业意识、必要的商业知识,才能在激烈的竞争中获利;而现代经济的参与主体是社会化的,达官贵人、贩夫走卒,无论是否具有商业知识,都可以投资入股,从中分享公司的盈利。从利益的形成机制上来看,传统经济的利润通过产品交换来实现,在现代经济中,先有资本的集聚,而后才有产品的生产、产品的交易,最后产生利润。因此,在现代经济中,对资本的保护应当优先于产品的保护,投资者保护的理念前所未有地重要。

当前,我国经济发展进入高质量发展的新阶段,面对新的国际国内环境,2018 年底的中央工作会议提出要“进一步稳就业、稳金融、稳外贸、稳外资、稳投资、稳预期”,实现外商投资总量稳定、结构优化以及适当增加基础设施和基本公共服务领域投资以带动民间投资是保持经济持续增长的重要两环;[1] 供给侧结构性改革要求我们深化投融资体制改革,发挥投资对稳增长、调结构的关键性作用,促进有效投资特别是民间投资合理增长。2019 年中共中央十九届四中全会指出,要“做强做优做大国有资本……健全支持民营经济、外商投资企业发展的法治环境,完善构建亲清政商关系的政策体系,健全支持中小企业发展制度,促进非公有制经济健康发展和非公有制经济人士健康成长”。可见改善投资环境、鼓励民间投资、引导资本流入、提高投资效率,有很强的现实意义。

然而,我国的投资现状和投资环境还有很大的改进空间。2019 年我国民间投资热情下降,有文献援引清科研究中心的数据显示,“2019 年前三季度中国股权投资机构的投资活跃度和投资金额均大幅下降,2019 年前三季度中国股权投资市场投资案例数为 5461 起,同比下降 36.9%,投资总金额为 4314.10 亿元,同比下降 53.7%。其中,平均投资额为 1.04 亿元,同比下跌 19.4%”。投资不振,不仅是因为受到经济下行的影响,[2] 也是我国投资制度不完善、投资者保护不力造成的结果。有学者尖锐地指出我国资本市场的直接融资功能受到制约,而投资功能则基本没有发挥出来,资本市场的低迷,症结并非资金之匮乏,而是信心、诚信与法治之匮乏。而这些匮乏都可归咎于股权文化之不彰、投资者保护制度存在短板。[3] 而强调保护股东的投资者权益,对经济的发展特别是资本市场的发展具有重要的促进功能,主要体现在以下几点。

---

〔1〕 参见林兆木:《经济形势理性看:进一步做好“六稳”工作》,载《人民日报》2019 年 10 月 31 日,第 9 版。

〔2〕 参见卓泳:《看似热闹的双十一透露“隐忧”:提振消费根本在于充实“钱袋子”》,载 http://capital.people.com.cn/n1/2019/1112/c405954-31449799.html,最后访问日期:2019 年 12 月 2 日。

〔3〕 参见刘俊海:《现代公司法》(第 3 版),法律出版社 2015 年版,第 288 页。

首先,有利于降低公司融资成本,助力公司发展。股权融资相比债权融资,财务风险更小,公司不必在固定的时间还本付息,资本使用上也无特别限制。另外,企业可以根据其经营状况和业绩的好坏,决定向投资者分配利润的多少,对企业来说更为灵活和自由。因此股权融资成为公司的一种重要融资方式。而对股东的保护程度影响着股权融资的成本。在资本市场上,若投资者的权利得不到有效的保护,投资者就不愿意进行投资或者对投资要价更高,这种更高的溢价体现为较低的购买价和较高的分红要求,等等。这是因为在投资者保护不力的情况下,投资者的投资风险较高,而更高的溢价是对投资风险的补偿,从融资方的角度来看,这意味公司需要为融资支付更高的成本。[1] 相反,对投资者的有力保护,可以提升投资者的信心,使投资者降低对风险溢价的索取,让企业在融资时获得更宽松的融资条件,降低企业的融资成本,对企业的发展具有积极的意义。

其次,有利于提升公司治理水平,提高上市公司质量。资本市场是公司融资的平台,也是投资者选择投资项目的平台。公司在资本市场上开展竞争,只有治理良好、绩效优异的公司才能在资本市场上获得投资者的青睐。资本市场的意义应当在于督促公司提高经营水平、扩大经营收益、给予投资者更多的回报。然而,当前我国资本市场却没能发挥其应有的作用,我国资本市场不但没能成为提高公司治理能力的催化剂,反倒成了上市公司控股股东集资、套现、满足个人利益、侵害广大投资人者的工具。出现这样的问题,其核心原因在于股东保护不力。只有重视股东保护,严惩侵害股东权利的经营者,才能打击资本市场上的不正之风,让居心不良的公司无利可图,从而倒逼上市公司提升治理水平、提高经营效率,真正发挥资本市场的作用。

最后,有利于扩大资本市场规模,增强资本市场竞争力。资本市场是资金集聚的市场、是资源配置的市场,资本市场的规模越大,调动的社会资源就越多,带来的经济效益就越大。在投资者保护不力的地区,股东投资时必然缩手缩脚、如履薄冰,不敢进入资本市场,资本市场的作用也就大打折扣。当下我国资本供需出现结构性矛盾:一方面,中小企业发展缺乏资金支持;另一方面,社会资金缺少好的实体经济投资机会,只能投资于房地产。这一矛盾出现的原因主要是投资者对资本市场信心不足、信任不够。要解决这个问题,首先就要切实保护投资者的利益,使投资者能切实收取投资回报,分享投资成果,从而减少投资者的投资顾虑,稳定投资者的投资预期,提振社会投资信心,激发社会投资激情。让投资

---

〔1〕 参见裴武威:《小股东保护、公司治理与资本市场发展》,载《证券市场导报》2001 年 1 月 6 日,第 13 版。

者敢投资、想投资，将闲散的资金投入经济建设中，支持我国的经济增长，让更多的企业能够在资本市场上融到资金，从而扩大资本市场的规模，提高资源配置效率。另外，投资者保护也是提高资本市场竞争力、吸引外资的关键一环。现代市场是全球化的市场，全球各地的资本市场相互竞争，资本在世界范围内流动，哪里的投资回报高、哪里对资本的保护充分，资本就流向哪里。中国市场广大，投资潜力巨大，对外资有天然的诱惑力，外国资本投资的最大顾虑就在于我国对投资者的保护不足。因此要中国政府想要吸引外资、把中国的资本市场建设成有世界影响力的资本市场，必须加强投资者保护。

三、股东与债权人公司法保护的协调

处理股东与债权人之间的关系，应当把握好股东、债权人与公司法之间究竟存在怎样的法理联系。从原理上看，股东与公司的联系是全面的、根本的，股东与公司是一枚硬币的两面，没有公司的股东，就没有公司。股东为公司投入资本、人力、物力，构成了公司初始经营的经济基础；股东决定公司的经营方针和投资计划，全面掌控公司的商业行为；股东参与公司设立、变更、解散等各个过程，股东的意志决定公司的命运。公司法上的条文主要都是针对股东而设计的，股东是公司法上最重要的主体，股东的利益是公司法应当最着重保护的利益。

而公司债权人与公司的联系，是通过与公司的交易产生的。在交易关系中，与债权人形成法律关系的主体是公司，公司作为一个法人，以自己的名义对外进行交易，以自己的独立财产承担责任，与自然人和其他法人一样，都是一个独立的民事主体，其与债权人的交易关系应当通过《民法典》等民事法律加以调整。从这个意义上说，债权人利益的保护其实与股东无关。但是，由于公司的特殊性，债权人和股东的利益在特定的层面上会产生冲突。债权人在与公司的交易中最关心的主要是两个部分，第一，是交易行为的联系，即公司是不是参与交易关系的主体，公司应否对交易中产生的债务承担责任；第二，是交易风险的防范，即公司能否及时、全面地履行交易中的义务，在履行不能时，能否及时、足额地承担赔偿的责任。

在交易行为的联系上，由于公司是一个拟制的主体，其不能像自然人一样直接做出意思表示、直接进行行为，其意思表示必须通过自然人来传达。因此公司对外的行为必须要通过法定代表人来实现。对于债权人来说，其最在乎的是法定代表人行为对谁发生效力。由于公司的清偿能力通常较作为自然人的法定代表人强，因此，债权人希望法定代表人的所有行为（不管是合同还是侵权）都直接代表公司，可以由公司承担行为的后果。但是从股东的角度看，公司的资产最终是股东的财产，公司向债权人承担责任就意味着股东可分配利润的减少，一味肯定法定代表人行为对于公司的约束力，实际上是对股东权利的侵害。因此，在

法律上,必须严格限制法定代表人行为对公司的效力。

在侵权责任上,传统上认为,法定代表人的行为应当被认为是法人的行为,由法人直接承担责任。[1] 后有学者提出,法定代表人的侵权行为应当由法人和法定代表人承担连带责任。[2] 这对于股东来说是非常不公平的。实际上,从公司内部来看,法定代表人的行为与股东的利益并非总是一致的,不少法定代表人存在恶意滥用职权侵害第三人的行为,然而这些行为并不能代表公司的意志,更不能代表股东的意志。只有在极特定的情况下(如公司股东大会决议生产假冒伪劣产品,交由法定代表人执行),法定代表人的侵权行为才代表公司的侵权意志。在绝大多数情况下,即使法定代表人的行为在公司授权的范围内以法人的名义进行,其行为仍然是个人行为,这时让股东为法定代表人的行为埋单是极不公平的,应当由法定代表人个人对受害人承担侵权责任,从这个意义上说,《民法典》总则编第 61 条[3]的规定是值得商榷的。切实保护股东的利益需要纠正这种不正确的想法,将法定代表人的个人行为与公司行为严格区分开来,强化法定代表人的个人责任,而不能随意地让公司替其承担责任或与其承担连带责任。

在合同责任上,《民法典》总则编第 61 条第 3 款规定,法人章程或者法人权力机构对法定代表人代表权的限制,不得对抗善意相对人。但是这并不意味着公司对法定代表人限制对善意第三人来说没有意义,尤其是在存在《公司法》第 16 条规定的情形下,法律必须让相对人对于公司章程、公司决议等内部文件负形式审查义务,而不能直接忽视公司对法定代表人的限制,一律认定法定代表人的行为对公司产生约束力。[4]

在交易风险的防范上,由于股东承担有限责任,公司以自己的财产清偿债务,而这笔财产的数额也必然是有限的,债权人希望保证公司有足够的财产可以用来清偿债务,降低自己的交易风险。为此,公司法创设了一些制度,让股东对债权人债权的清偿负有一定的义务,这集中体现在公司资本制度和清算制度上。

在资本制度上,传统公司法认为,公司资本是公司从事经营活动的必要物质

---

[1] 参见王利明:《侵权行为法》,法律出版社 1999 年版,第 257 页。

[2] 参见李宗录:《论董事与法人负侵权连带责任的可行性》,载《理论月刊》2006 年第 10 期。类似观点参见蒋学跃:《法人侵权责任能力的理论预设与制度设计——以法人本质理论为线索》,载《现代法学》2007 年第 2 期。

[3] 《民法典》总则编第 61 条第 2、3 款规定,"法定代表人以法人名义从事的民事活动,其法律后果由法人承受。法人章程或者法人权力机构对法定代表人代表权的限制,不得对抗善意相对人"。

[4] 参见高圣平:《公司担保中相对人的审查义务——基于最高人民法院裁判分歧的分析和展开》,载《政法论坛》2017 年第 5 期。类似观点参见梁上上:《公司担保合同的相对人审查义务》,载《法学》2013 年第 3 期。

基础，同时又是公司信誉的唯一担保。[1] 在股东承担有限责任的前提下，只有确保公司具有充足的资本，债权人的利益才有保障，因此，公司法演化出一整套的资本制度。尽管已经经过一系列的改革，我国公司法上关于出资方式、减资程序、股份回购等规定仍然坚持着传统的资本制度，体现出强烈的债权人保护理念。随着研究的深入，学界已经逐渐认识到公司的信用不是"资本信用"而是"资产信用"，[2] 公司的资本只是一个静态的数字，代表的是公司设立时的初始财产，公司实际可用来清偿债权人的财产其实是公司的净资产，而这一指标是随着公司的运作不断变化的。传统的资本制度其实并不能真正保障债权人的利益，相反，限制了公司运作的灵活性。在这一基础上，我们必须重新审视公司资本制度的意义。当我们把目光从公司外部转移到公司内部，我们会发现公司资本对股东具有重要意义。在资本多数决下，股东持有资本的多少决定了股东投票权的大小，进而决定了股东在一个公司中的影响力，公司资本增减的背后是股东利益的变动，资本制度的设计与股东权益息息相关。因此公司资本制度的真正立足点应当是协调股东间的关系，保护股东的合法权益在资本变动中不受损害，而不是债权人的保护。基于以上分析，传统上为了保护债权人而对公司施加的种种限制（如出资方式的限制、股权回购的限制）并没有实际意义，应当被取消，以促进公司资本的灵活运作，满足公司经营的实际需要。而以往在资本制度中被忽视的股东利益，则需要被加以重视、得到更好的保护。

在清算制度上，我国《公司法》花费了大量的条文对债权人的保护进行规定，甚至在司法解释中突破股东的有限责任以保障债权的清偿，[3] 我国的公司清算制度俨然已经成了一个债权人保护制度。实际上，债权无法被清偿的真实原因是公司已经资不抵债，与债权人形成法律关系的主体是公司而不是股东，债权人这时候应该请求公司清偿债务而不是股东清偿债务，在这种情形下，解决债权人债权的清偿问题显然不是《公司法》的任务，法律已经为债权人的救济提供了路径，即当公司资产无力清偿债务时，债权人应当借助《企业破产法》保障自己的权利。在条文的设计上，整个《企业破产法》也是为保护债权人服务的，债权人可以通过破产程序，全面地行使自己的权利，要求追回破产人被不当处理的财产，使自己的债权得到公平的清偿。而在公司法上，公司清算阶段是公司存续的最后阶段，也是股东的剩余财产分配权得以实现的阶段。公司清算制度的真正意义应当是保障股东顺利、公平地从公司中取回剩余财产。为了达到这个目

---

〔1〕 参见施天涛：《公司法论》，法律出版社 2014 年版，第 168 页。

〔2〕 参见赵旭东：《从资本信用到资产信用》，载《法学研究》2003 年第 5 期。

〔3〕 参见最高人民法院《关于适用〈中华人民共和国公司法〉若干问题的规定（二）》第 18 ~ 20 条。

的,清算制度应当规定股东分配剩余财产的程序、剩余财产分配的比例、侵害剩余财产时的救济等一系列内容,而这正是我国立法所缺失的。未来公司清算制度的修改必须回归股东保护的基点,从股东的角度而不是债权人的角度设计公司清算制度,真正发挥清算制度对于股东的保护作用。

四、股东与相关利益主体公司法保护的协调

公司是一个营利组织,公司的营利性源于股东对于盈利的需求,股东设立公司是为了盈利,股东掌握着公司的经营决策权,公司经营的最终目标是赚取利润分配给股东。与公司的营利性相适应,传统公司治理中发展出"股东至上"的理念,即股东的利益是公司经营唯一考量因素。20 世纪初叶,由于公司间为了争夺利润展开恶性竞争,损害消费者现象层出不穷;商人在追逐利润的驱使下工人劳动时间的不断延长、工作条件一再恶化,[1]引发了人们对股东至上理念的反思。1924 年,美国学者奥利弗·谢尔顿(Oliver Sheldon)首先提出公司社会责任的概念,到了 20 世纪 90 年代利益相关者理论逐渐独立并且系统化,成为支持公司社会责任的重要理论。利益相关者理论认为,除了股东之外,公司的设立和运营还会编成一张非股东的关系网,这些股东之外的社会主体(如职工、债权人、消费者、当地社区)对于公司的存在具有利害关系,公司的繁荣和发展必须和这些利益相关者密切合作。[2] 在公司规模日益扩大、对其他主体的影响日益显著的现代社会,对公司课以社会责任有很强的现实意义。

然而公司承担社会责任与股东利益一定程度上存在冲突,"在公司获取的利润为一定量时,公司承担社会责任就必然意味着要挤占公司的利润,或者说就必然会影响公司股东的利益"。[3] 如何处理好股东和利益相关人之间的关系,是公司立法中应当考虑的重要问题。

对于这个问题,笔者认为,要求公司在决策时候考虑利益相关人,并不意味着否定公司的营利性,公司履行社会责任仍然要坚持股东本位,公司社会责任并不否认股东利益最大化,而只是对股东利益唯一化的修正。追求利润是公司的天性,公司不营利,其存在就失去了意义,公司法不保护营利,就背离了其立法的基点。在利益相关人与股东的关系上,公司法不能舍本逐末;对其他利益相关人的保护,必须以充分的股东保护为前提。这也是被历史和现实所支持的。

从历史上看,公司的社会责任理论产生于 20 世纪二三十年代的美国,当时美国已经完成工业化,从自由资本主义向垄断资本主义过渡,公司的运作体制日

---

[1] 参见周友苏、张虹:《反思与超越:公司社会责任诠释》,载《政法论坛》2009 年第 1 期。

[2] 参见刘俊海:《公司的社会责任》,法律出版社 1999 年版,第 37 页。

[3] 周友苏、张虹:《反思与超越:公司社会责任诠释》,载《政法论坛》2009 年第 1 期。

趋成熟、公司的理论体系趋于完整、公司的力量空前强大。同时,在20世纪初,美国各州为了吸引公司来本州注册,在公司法上开展"逐低竞争",而竞争的方式,就是不断降低公司设立的准入门槛、便利公司设立程序、减少税收,以加强对股东保护,以此来刺激投资人在本州投资。[1] 而在公司治理领域,股东至上理论是当时的主流理论,人们都认同公司的经营目标在于股东利益的最大化。总体来看,当时美国公司对于营利的强调前所未有,股东的权益受到社会空前的重视,并且已经得到充分的保护,在此背景下学者们才逐渐开始提出和讨论公司的社会责任。可以说,公司的社会责任自提出之时,就是建立在股东权益得到高度保障的基础之上的。

从现实上看,公司承担社会责任必须具有一定的经济实力,公司实力的增长是通过不断创造利润实现的,而这正是股东逐利的必然结果。从逻辑上说,一定是先有股东利益的增长,后有社会利益的提升,只有更好地促进公司的营利,公司才能更好地承担社会责任。如果公司法不首先强调股东利益的保障,会导致投资者投资热情下降、投资活动减少,公司的发展便受到阻碍,整个经济就会缺乏活力,这是更大的灾难。覆巢之下,安有完卵。等到经济萧条之时,公司的劳动者、消费者等利益相关人也会一起跟着遭受损失。因此,要保护利益相关人,必须首先保护股东的利益。

公司社会责任不应当是对现有公司法体系的挑战,而应当是对现有制度的完善。公司法关于公司社会责任的制度构建必须以股东保护基点,在此基础上,再考虑为利益相关人的保护提供路径,公司法在考虑公司应否承担社会责任时,应当以该行为是否有利于维护股东的利益特别是长远利益为考量,不能过度强调利益相关人的保护,而将股东的利益居于其后,更不能将相关者的利益与股东的利益等量齐观。

---

〔1〕［英］约翰·米克勒斯维特、［英］阿德里安·伍尔德里奇:《公司的历史》,夏荷立译,安徽人民出版社2012年版,第71页。

中国公司法的信用机制完善及体系变革

徐强胜*

一、问题:公司信用的重新审视

关于公司信用,我国法学界主要是围绕公司的资本或资产,即公司的履约能力进行研究的,[1]但基于资本或资产的公司履约能力只是公司信用中的一小部分内容或表现之一。[2] 事实上,信用是人类经济史上交易或交换的结果,并成为一种受一定规范约束的特定的交易行为或机制,[3]它是"交换复杂性的简化","通过复杂性简化,排除了某种行动的可能性:这种行动离开信任是不可能的"。[4] 本文即是从这个意义上理解和认识公司信用,即公司信用是公司相关利益人之间,因为交易或交换而产生的相互合理期待与确定性后果的合理判断。有基于此,公司信用并非公司资本或资产固化的效用,而是基本法律关系与信息的清晰与确定,它既可以表现

---

* 徐强胜,河南财经政法大学教授。

〔1〕 这方面的文献主要有:江平:《现代企业的核心是资本企业》,载《中国法学》1997年第6期;江平、程合红:《论信用——从古罗马法到现代社会》,载《东吴法学》2000年第11期;吴汉东:《论信用权》,载《法学》2001年第1期;赵旭东:《从资本信用到资产信用》,载《法学研究》2003年第5期;孙乃玮:《公司信用基础的再探讨》,载《河北法学》2009年第7期;王坤:《公司信用重释》,载《政法论坛》2012年第3期;陈甦:《资本信用与资产信用的学说分析与规范分野》,载《环球法律评论》2015年第1期。

〔2〕 也有学者对公司的资本信用提出了自己的质疑,认为公司的本质是资合,其信用是一个个案判断问题,并提出,公司信用是无法通过法律安排与创设的。参见傅穹:《公司资本信用的悖论》,载《法制与社会发展》2003年第5期。

〔3〕 参见解民:《信用:作为交易行为规范的概念分析》,载《前沿》2000年第3期。

〔4〕 [德]卢曼:《信任:一个社会复杂性的简化机制》,瞿铁鹏等译,上海人民出版社2005年版,第9页。

为公司的履约能力,也可以表现为关于公司相关利益关系人的信用交易、信用活动的有关规范与原则等。从这个意义上,公司法就是关于公司信用的法律。

按照新制度经济学,公司是一系列合同关系的连接,即合同关系体,而任何合同都是一方对另一方的承诺。因此,公司的本质是信用。作为法律的创造物,公司首先并因此一直持续着的是其信用——不同投资人之间的相互信任,及其对于公司债权人和社会应有的信用。各国公司法在创造公司的同时,也在塑造着公司应有的信用,它要求公司在追求利益最大化时必须遵守相关法律以及与其他成员(如债权人与职工)之间的承诺。[1] 可以说,公司法的发展史就是一部树立并强化公司自身信用的历史。

自1993年颁布《公司法》以来,建立公司独立人格,塑造公司信用,是我国公司法改革的主线。但作为舶来品,由于天生不足,我们在学习借鉴西方去管制化的过程中,相应制度的出台及司法实践有意无意地忽视了公司法对于公司信用的塑造,出现非公司法化与去公司化现象,如2005年和2013年《公司法》关于公司资本制度的改革,将投资者应当认缴而非实缴的出资当作注册资本,其结果是将股东对于公司的承诺当作了股东对于公司债权人的保证。《公司法》尽管经过了几次较大的以放松管制与鼓励投资为主线的修改,但实践表明,无论是公司内部治理还是公司外部发展,它们均存在较大问题。在公司内部治理上,公司权力内部分配不合理,董事会应有的权威不够;在公司外部发展上,则因公司人格关系的混乱而无以体现应有的公司利益。这两方面,都直接关系到作为具有独立人格的公司的内外信用问题。可以说,不是公司自由化不够,而是公司信用不足成为我国公司法实施中的最大问题。所以,修改公司法的主线,应是塑造并强化公司应有的信用。

公司法对于公司信用的塑造体现在整个公司法制度之中,但主要集中于公司人格与公司治理上。

二、公司人格、公司治理与公司信用的关联互动

(一)公司人格与公司信用

在法律上,公司是区别于其成员的法人实体,享有不同于成员的权利,并承担不同于成员的义务和责任,换言之,公司拥有自己的人格,且是迥然相异于人类(自然人)的拟制的人。[2] 但是,作为区别于其成员的法人实体,公司实是商

---

〔1〕 参见[美]乔纳森·R.梅西:《信守承诺是公司治理的基石》,戴欣等译,法律出版社2017年版,第8页。

〔2〕 参见[英]保罗·戴维斯、[英]莎拉·沃辛顿:《现代公司法原理》(第9版),罗培新等译,法律出版社2016年版,第34页。

品经济发展到一定阶段交易的结果,乃是社会交换的产物,并进而成为交换的主体,而交易就意味着信用。按照新制度经济学,企业是一系列合同关系的连接,或者说合同关系束。[1] 在这一系列连接的合同关系中,当事人以各自的信用进行交换,组成了完全不同于个人的经营团体。基于相互之间的信任,每个成员都放弃了相应的权利或者利益,以期获得更好的利益。当然,从新制度经济学来看,企业产生的原因主要是为了节约交易成本,并随着交易成本的增大而有相应的边界。但是,无论如何节约交易成本,企业相关利益人特别是公司成员、高管之间的相互信任,不仅是公司成立的心理基础,也是公司得以长期存在的基本前提,从而使本为合同的经营组合能够成为长期存续的团体。易言之,成员之间的相互信任产生了一种长期共存的效用。同时,既为经营团体,其能够成为独立的交易主体,不仅是因为它能够以自己的名义对外进行交易,更重要的是因为其自身对外具有相应的信用。故而,公司本身就是一种信用。

作为信用载体,公司的信用有两方面,即公司外部信用与内部信用,前者是指公司作为独立实体对外交易所应当具备的信用品格;后者主要是指股东之间、股东与公司高管之间及公司高管之间因信任产生的效用。不过,二者并非完全区分,而是相互依存并互为内容的。

首先,公司法是从塑造公司自身应有的对外信用品格开始的。公司法理论认为,公司具备五大核心结构特征,即法律人格、有限责任、股份自由转让、董事会结构下的授权经营管理及投资者共享所有权。凡依法成立的公司,均将自动具备上述特征,除非公司设立者在法律允许的范围内,以明示的方法排除了其中的一项或数项特征。[2] 在这五大特征之中,公司的法律人格[3]与有限责任是最基本的。其中,法律人格的核心要素是公司的"财产独立",即公司不仅能够以自己的名义对外签订合同,更重要是能够拥有独立的财产,并可以以这些财产独立地向公司债权人提供担保。此即公司法理论上所谓"积极的财产区分",从而可以使公司的财产免于被公司股东或者经营者的债权人追索。对于该"积极的财产区分",有两个相对独立的法律规则,一是公司债权人对于公司财产的优先

---

〔1〕 参见[美]弗兰克·H.伊斯特布鲁克等:《公司法的逻辑》,黄辉编译,法律出版社2016年版,第17页。

〔2〕 参见[美]莱纳·克拉克曼等:《公司法剖析:比较与功能的视角》,刘俊海等译,北京大学出版社2007年版,第6页。

〔3〕 尽管本文不时地以契约论分析相关公司信用问题,但公司契约论其实是反对公司法律人格的,它认为,将公司看作个人之间的一系列合同关系的联结,有助于说明公司的人格化是非常具有误导作用的。公司不是一个个人,它只是一种法律拟制,这种拟制作为一个复合程序的焦点使得个人的互助冲突的目标在合同关系的框架中得以平衡。参见[美]唐纳德·A.威特曼:《法律经济学文献精选》,苏力等译,法律出版社2006年版,第251页。

受偿规则,二是保护公司免于清算规则。前者是指公司的债权人优先于股东个人的债权人就公司财产获得清偿,其效果是提高了公司履行合同的可信度;后者是指公司股东一旦投资于公司,不但其个人不能随意退出公司,而且其个人的债权人也不能因股东个人欠其债务,随意取回该股东在公司中的财产份额,从而避免公司动辄进入清算状态。由于公司人格具有这两方面的规则保护,故被称为强式的法律人格,[1]强式的法律人格强化了公司的稳定性与可信度。可以说,积极的财产区分使作为一种筹资工具的公司形态富于吸引力:资金供给方可以因此专注于资金接受方的特定风险的评估、调查和监督,借此可以避免本来会通过寻求外部融资的企业传递过来的风险。[2] 公司的有限责任指的是股东的有限责任,即股东仅以出资为限对公司债务承担责任。从这个意义上,有限责任也起到了一种隔离作用,但因其是将股东与公司区分开来,故称为"消极的财产区分"。严格来说,股东的有限责任与公司法律人格是相反的,但二者的相加,更使公司的财产价值与股东个人的经济状况相互隔离,从而使公司具有更强的人格。[3] 需要注意的是,股东有限责任并非公司法律人格的自然产物,很大程度上是政府通过法律特许的结果。在这个意义上,公司法是个人与政府之间的一种协议,即法律作为政府授予公司有限责任的利益,以换取对企业管理中一些特定条款的遵守,详细制定为所谓的公司法典。[4] 因此,公司也是政府与个人之间交易的产物,即政府通过法律赋予股东有限责任成立公司,而股东则必须遵守其中为保护债权人和实现公共利益而制定的基本规则。那么,公司法就并非如公司契约论所谓的仅是国家提供的一套标准的契约条款,公司可以缺省或选择适用的法律范本。易言之,公司法的强制性规定不是可有可无的选择,它们不仅较好地解决了公司的基本信息,也消除了许多不确定性,从而有利于第三人与公司之间的交易选择。

公司人格不仅在形式上解决了作为团体的公司能够以自己的名义对外进行交易,更在实质上确立了作为团体的公司与其出资人之间以财产区分为主要内容的公司信用基础,并因此赋予了公司法中大量强制性规范的价值与意义。在

---

〔1〕 与其相对应,只遵守优先受偿规则、不遵守禁止清算规则的法律实体,如合伙,则可被称为弱式的法律人格。参见[美]莱纳·克拉克曼等:《公司法剖析:比较与功能的视角》,刘俊海等译,北京大学出版社2007年版,第9页。

〔2〕 参见[英]艾利斯·费伦:《公司金融法律原理》,罗培新译,北京大学出版社2012年版,第14页。

〔3〕 应当说,股东的有限责任不仅减少了交易费用,也使得公司的存在成为可能,因为股东的有限责任使得社会与第三人更为关注公司而非股东,进而,股份的自由转让成为可能,后者则又进一步强化了公司的有限责任。

〔4〕 参见[美]弗兰克·B.克罗斯、[美]罗伯特·A.普伦蒂斯:《法律与公司金融》,伍巧芳等译,北京大学出版社2011年版,第15页。

一定意义上,公司人格的维持或存续的基础在于公司的信用,是公司信用而非其他,使得公司人格不仅仅是一种形式上的,更是实质意义上的,信用使公司具有了“生命”。[1] 同时,公司信用也非通过法律简单地进行财产区分而赋予公司人格得以表达,而是体现在公司法一系列强制性的规定之中。这些强制性规定既包括关于公司资本和资产的确定,也包括公司股东之间、股东与公司高管之间权力或权利分配的明确规定,以及公司决策的做出及执行、财务要求与利润分配、公司的变更与解散等一系列实体和程序规定,它们是公司赖以传递其法律品质的信号——公司的相应法律关系是确定和可预期的。对于这些强制性规定,由于它们主要系关于公司内部相应关系的规范,常常被理论和司法实务视为关于公司内部的规定而少涉及第三方,并因此被认为其效力仅及于公司内部。公司法是关于公司组织的法律,其主要内容是关于公司内部的关系如何协调,但是,由此认为它们与外部无涉而可任意解释则是错误的。作为组织法的公司法,其通过内部关系的规定不仅协调了公司内部,还因此形成了公司整体的外观价值与意义,即公司因其内部关系的明确,能够成为一个被第三人和社会值得信任的交易主体。易言之,公司法关于公司治理的规定就不仅是公司内部的法律规定,还是关系公司外部人的利益与期待的规定。通过法律关于公司治理的一系列强制性规定,第三人能够得出这样一个结论:作为法人的公司具有法定的良好品质。[2] 所以,这些强制性规定虽然不会对第三人产生拘束力,但却会影响第三人的交易判断。

(二)公司治理与公司信用

公司法关于公司治理的规定主要是规范股东之间、股东与公司、高管之间关系的,其目的是确立它们之间应有的信任,这是一个公司内部信用问题。从公司设立始到公司清算止,公司法均以明晰公司利害关系人法律关系为已任,确立他们之间及其与公司之间的权利、义务与责任。对于股东之间,除了充分尊重其意思自治,公司法还明确规定了股东之间的许多法定义务,特别规定了股东之间,无论是大股东对于小股东,还是小股东对于大股东,均相互负有的忠诚义务。[3]

---

〔1〕 有学者指出,从法学角度,信用是民事主体精神利益和财产利益的综合。参见石新中:《论信用概念的历史演进》,载《北京大学学报(哲学社会科学版)》2007 年第 6 期。

〔2〕 银行评价借款人的信用时,有 5 个“C”的基本看法,即品质(character)、能力(capacity)、资本(capital)、抵押(collateral)和保险(coverage),其中品质是第一位的。参见[法]让·梯若尔:《公司金融理论》,王永钦等译,中国人民大学出版社 2014 年版,第 151 页。

〔3〕 德国联邦最高法院曾经在一个案子中判决,小股东也对其他股东承担着忠诚义务。根据这一义务,在小股东行使成员权尤其是共同管理权和监督权时,必须适当地考虑其他股东的利益。如果违反忠诚义务的行为给公司造成了损失,则可根据股东持股数额计算其受到的损失。参见高旭军:《德国公司法典型判例 15 则评析》,南京大学出版社 2011 年版,第 74 页。

通过这些法定义务的要求，使得本以资本为纽带的公司具有了必要的精神气质。对于股东与公司之间，尽管二者互为独立人格，但独立人格仅为解决公司自身对外的价值。

其一，就股东与公司的关系而言，公司是股东投资的客体，公司是为股东的利益存续的，故公司须能实现股东的合理期待。当公司不能实现股东的合理期待时，则股东可以通过自由转让股权、要求公司回购或解散等方式退出公司。特别是对于具有极强人合性的有限责任公司，其不仅是独立的法律实体，其背后是那些享有某些权利和期待并承担义务的股东个人，如果期待落空，股东有权要求解散公司。[1]

其二，对于股东与高管之间，则法律明确其为委任或委托代理关系。[2] 公司独立的法律人格使公司可以两权分立，所有权归股东，管理权归管理人。管理人获得管理权是基于股东委托或委任而来，而委托代理关系是典型的信任与被信任的效用。因此，公司法重点关注的是，作为代理人的企业高级管理人员和董事，他们的行动应该以股东利益为出发点。[3] 基于此，公司法规定了董事等高管对于公司的信义义务。

从“信义”一词表述来看，其既包括“信”，也包括“义”，即基于信任而产生的一种法定义务。与一般义务不同的是，其首先有“信任”，其次才有“义务”。也正因如此，在确立忠实义务的基础上，商业经营判断规则成为确定董事等高管勤勉义务的判断标准——先充分信任董事高管，尊重其经营判断能力，然后才确定他们是否违反了信义义务。股东们相信，通过公司法赋予董事等高管在公司中享有非属于股东会的一切经营管理权力，他们以股东利益最大化为目的，并将以丰厚的经营业绩回报股东。因为真正的负责制度，应该提供实质的聪明的独立判断空间给机构或专业人士。[4] 可以想见，如果不能提供这样的空间，管理人与作为委托人的股东之间的关系将是混乱的，并进而导致作为所有人的股东与公司之间关系的混乱。当然，董事等高管的信义义务是强制性的，不能通过合同排除。公司契约论认为董事等高管的受托责任也仅构成一种合同关系的看法是错误的，因为如果让他们简单地通过合同就可以轻易地选择受托责任外的职

---

〔1〕 张学文：《英美法中的股东合理期待原则》，载《比较法研究》2011 年第 4 期。

〔2〕 按照西方公司法理论，公司的所有问题都可以归结为代理，既包括公司股东与高管之间的代理，也包括股东之间的控制股东与非控制股东之间的代理，以及公司自身（尤其包括公司股东）与缔约伙伴（债权人、职工和顾客）之间的代理。参见[美]莱纳·克拉克曼等：《公司法剖析：比较与功能的视角》，刘俊海等译，北京大学出版社 2007 年版，第 25 页。

〔3〕 参见[美]弗兰克·B. 克罗斯、[美]罗伯特·A. 普伦蒂斯：《法律与公司金融》，伍巧芳等译，北京大学出版社 2011 年版，第 53 页。

〔4〕 参见[英]昂诺娜·奥妮尔：《信任的力量》，闫欣译，重庆出版社 2017 年版，第 66 页。

责,将会减少合伙伙伴间的相互信任,它暗示了信任行为既不是重要的,也不是普遍和受期待的。"信任行为现象的存在,说明法律在某些情况下创造的受托关系是有效的,换句话说,它能够促进利他主义行为,信任及值得信任的行为。而且,一个成功的受托关系的关键在于构造经济和社会环境以激励受托职责产生心理委托效应,从而使它散发出比其自身更夺目的光彩。"因此,"通过社会规范(法律的组成部分)和法律责任(法律创立的原则)设立一个使股东相信他们可以信任的经理系统,投资者就不用花多余的时间、精力及金钱来调查经理人是否愿意按投资者最大利益来行动,避免了由于允许签订受托关系的合同而产生的信息外部效应"。[1] 而且,董事的决策或权力的行使是通过董事会集体进行的,这种做法有助于控制代理成本,因为,团体成员必须通过合谋才能实施投机主义行动,就使得团队从事不当行为比较困难。更重要的在于,在一个"合作团队"中,互相监督和因此产生的压力可以强化一系列建立在信任和其他社会规范基础上的人际互动关系。[2] 所以,公司法认为,董事会每位成员的地位都是平等的,董事长或其他成员没有凌驾于其他成员之上的权力。

公司治理涉及方方面面,但其核心是董事会的地位。在法律上,公司一旦成立,并选举了董事会,团体成员实际上就创设了一个全新的、独立的法律实体。[3] 该法律实体的角色是平衡相互冲突的利益,而具体平衡者是董事会。某人一旦被选举为董事,其不是只为股东服务的,更多是为公司这样一个法律实体的整体利益的独立管理者。如果说财产独立是公司人格基础的话,董事会则是公司人格的最大表征,是董事会而非股东和其他机构代表着公司。尽管作为闭锁性的有限公司常常由股东担任董事会成员,但他们是以董事而非股东身份行使着有关权利并承担相应义务与责任,并以董事会名义为之的。现代各国公司法都无一例外地赋予了董事会对公司事务的独断权(fiat)或自主决策权,董事会享有不受限制的商业决策自由,[4]股东只能通过股东会并以表决的形式行使法定的职权。所以,对于公司治理,无论是股东会中心说,还是经理说,都事实上是以董事会为真正中心的。如果没有董事会这个中心,公司所谓独立的人格是无以体现并实现的。

---

〔1〕 [美]弗兰克·B.克罗斯、[美]罗伯特·A.普伦蒂斯:《法律与公司金融》,伍巧芳等译,北京大学出版社2011年版,第108~109页。

〔2〕 参见斯蒂芬·M.贝恩布里奇:《理论与实践中的新公司治理模式》,赵渊译,法律出版社2012年版,第87页。

〔3〕 参见[美]弗兰克·H.伊斯特布鲁克等:《公司法的逻辑》,黄辉编译,法律出版社2016年版,第185页。

〔4〕 参见斯蒂芬·M.贝恩布里奇:《理论与实践中的新公司治理模式》,赵渊译,法律出版社2012年版,第11页。

没有信任,就没有交换。为使交换顺利进行,法律必须确立有关主体必要的义务,以保证信用。除了实体上的强制性义务规则,如权力分配性规则、经济结构变更性规则和信义义务规则外,作为团体的公司尚需通过明确的程序性规则保障公司信用的有效表达。公司法人自其设立开始,在其存续的每一天直到最终解散之日止,均须遵守种种形式要件和公开性要求,并承担相应费用。这些程序性规则意味着信息的公开与透明,特别是明晰其中的权利、义务和责任主体及相关关系,从而保证相关利益人做出合理选择与判断。它们也是公司作为法人必须承担的代价。[1] 各国公司法均对公司的成立规定了准入条件,要求公司成立时公开披露某些基本信息,如公司章程的登记制度可以使第三人及时了解公司的注册资本及股东、高管有关信息,并方便查询。在公司运行中,公司法规定了股东会、董事会和监事会的会议程序,规定了相应的会议召开、召集、举行及表决要求。不仅如此,对于涉及第三人利益的问题,如公司利润分配,法律同时还规定了相应的分配顺序,并特别强调分配不得损害第三人的利益。在公司进入清算时,公司法明确了清算的程序和要求。这些程序规则主要是规范公司内部的,它们并不涉及权力或现金流分配的实质内容,仅规定进行有关活动时需要遵守的程序性要件。尽管这些程序性规定可能只是技术意义上的,如股东会召开的通知时间要求,但它们在技术上确保了相应问题的明晰化,确立了利益相关者的权利、义务与责任,[2]并进而成为法院判断相关行为效力及后果的基准。在一定意义上,公司法是程序法,它关系到团体内部关系的协调——既是对股东和董事等高管的权利(力)行使与表达的保障,也意味着对权力意志的限制。[3] 所以,程序规则应当是公平的,既能有效地表达当事人权利,也能有效地使权力者行使权力。当二者发生冲突时,则可以交由法院根据实际情况较好地判断与平衡。在公司法上,程序规则与实体规则是同等重要的,[4]没有这些程序规则,实体规则所体现的价值是没有保障的。

任何信任都是以基本信息的掌握为基础的。在规范作为团体的公司时,公

---

〔1〕 对于非公司法人,如独资企业或合伙,其成立程序及内部管理要求都比较少,甚至不需要正式的合同,其解散与清算也不需要严格程序。

〔2〕 在一定意义上,这些程序性规则在内容上多少有些臆断之嫌,如会议通知期限规定为 15 天或 10 天,但它们的强制性特征仍然具有合理性,原因在于:第一,针对这些规则提起的为数不多的诉讼通常都是在利益关系非常重大的情况下出现的,如激烈的公司控制权争夺战。第二,对于这些规则的任何实质性修改都具有令人非常怀疑的动机,因为这种修改很可能是一个公司控制权争夺战中的,或预见到公司控制权争夺战而提前采取的策略行为。[美]弗兰克·H. 伊斯特布鲁克等:《公司法的逻辑》,黄辉编译,法律出版社 2016 年版,第 105 页。

〔3〕 参见季卫东:《法律程序的形式性与实用性》,载《北京大学学报(哲学社会科学版)》2006 年第 1 期。

〔4〕 参见梁上上:《论公司正义》,载《现代法学》2017 年第 1 期。

司法的一个重要功能是确保公司基本信息及涉及广大投资者(包括股东和债权人)基本利益的信息的透明与确定。在国外,除了公司成立时必须公开法定信息外,尚需每年向主管部门报备有关年报,甚至要求制作一种过度详细的置备账目,并且完成必要的审计,而这些年报、账目是可以方便地查询的。对于上市公司而言,信息的公开与披露更是有严格且详细的要求。如果不能向那些外部人及时提供可靠的公司信息,公司对股东、债权人的信用就会大大打折,从而就不能有效地建立管理学上所称的公司外部控制。公平的程序规则与严格的信息披露是公司信用的两个重要支点,是公司治理的基本要求。

信用意味着担当,而担当是以清晰的责任来保证的。在公司法的发展史上,放松管制、鼓励投资是主线,但是,公司及股东、高管的应有的责任并没有放松,而恰恰是增强了。首先,公司独立的法律人格本身意味着责任,即作为承担有限责任的股东不得操控公司,不得从事损害第三人利益之情事,否则可能产生公司人格否定制度的适用,从而使本来可以承担有限责任的操控股东承担无限连带责任。其次,良好的公司治理不仅指能够促进企业发展和公司业绩的那些设计、机制和架构的组合,同时必须甚至首先是能够保证公司得到有效控制与责任的确定。尽管现代公司法关于公司治理常常强调如何激励,但激励是基于清晰明确的责任之上的。现代公司法不仅有传统股东的直接诉讼制度,也新制定了派生诉讼制度。另外,责任的明确不仅仅是责任内容的确定,还包括责任主体的明确。由于投资关系的复杂,现代公司法不仅确定了名义股东和名义董事的责任,还确定了背后具有控制能力者(控制股东或控制人)及"影子董事"的应有责任。

公司是资本的产物,或者说其本身就是资本的人格化,而体现资本人格化及其信用的一个重要表现是公司财务和利润分配制度。公司财务和利润分配制度不仅关系到股东与公司之间的信用,也关系到公司与债权人之间的信用。股东通过公司财务可以知悉其投资和委托经营的效果,债权人则可以通过法定的公司财务报表或约定的财务信息作出相应选择,并通过法定的妥当利润分配规则知悉债权受到的保护程度。公司法规定的财务会计制度并非为了公司经营的需要,而是确保在特定场合中对利害关系人的会计信息披露。[1]

总之,公司法关于公司的一系列制度规定,均体现了公司及相关利益者之间必要的信用。它们为公司及相关利益者之间的交易提供了复杂关系下的简化机制,以较大程度消除交易时的不确定性。

三、我国公司法对公司信用的塑造

20 世纪 70 年代末至 90 年代初,我国的国有企业改革经过了承包经营、租赁

---

〔1〕 参见[日]山本为三郎:《日本公司法精解》,朱大明等译,法律出版社 2015 年版,第 228 页。

经营、厂长负责制等各种各样的模式,但基本没有成功。个中原因固然很多,但从法律上而言,这些国有企业由于产权不清而导致无人格,进而无信用。尽管当时的法律[1]已经规定了国有企业为法人,但它们仅具法人形骸,而无法人实质,既无独立的财产,也无负责任的管理者。1993 年《公司法》则较好地规范了股东、公司、管理层及债权人之间的合理期待及预期,从而为我国国有企业改革奠定了扎实的法律基础。可以这样说,当今包括国有企业在内的企业成功,应归功于 1993 年《公司法》所确立的公司信用价值。建立现代企业制度,完善公司治理结构,理顺有关关系,其实质就是确立公司自身应有的信用。1993 年《公司法》实施以来,其间也进行了几次修改,但较大的修改是 2005 年和 2013 年。2005 年《公司法》修改是为了顺应世界各国关于公司的放松管制趋势,特别是对于代表中小企业的有限责任公司的有关规定作了符合其自身发展需要的灵活性修改。2013 年《公司法》则是为了适应我国经济发展需要而对公司资本制度作了较大修改。应当说,1993 年《公司法》及其后的有关修改有力地促进了我国社会主义市场经济的发展,其确立的公司法人制度已深入人心,被视为与自然人一样的社会主体。但是,我国的公司及公司法并非社会经济发展的内生产物,很大程度是借鉴西方的。因此,在确立公司的有关制度设计上,公司法仍然存在较大的问题,其中重要的就是关于公司信用品格塑造的不足。从最高人民法院已经出台四个专门的公司法解释可以看出,《公司法》的许多规定(包括司法解释本身),是需要重新认真审视的,而其主线,应是如何更好地塑造公司信用。

(一)关于公司人格及其信用的重塑

现行《公司法》第 3 条第 1 款规定了公司的法人格,第 2 款规定了股东的有限责任。亦即,它将公司的两个基本特征放在了同一法条,这是一种教科书式立法。《公司法》第 1 条是关于公司法立法宗旨的规定,第 2 条是关于公司的种类规定,因此,第 3 条是《公司法》中最具核心和最有价值的规定。那么,整个公司法规范应当由此展开,相应制度应主要围绕此来设计,司法实践也须主要基于此解释和运用有关法条。

1993 年《公司法》是将该两个基本特征分别规定在第 3、4 条和第 5 条的,并在其他有关法条进一步强调了公司法人格及股东有限责任的基本要求。特别是关于公司资本的规定上,更是明确须有法定的较高的最低资本,且这些出资须在公司成立时全部缴纳,并经中介机构依法验资确认,不得退股,减资须经严格的法定程序等。如果公司解散清算,则须依第 195 条规定的顺序先行确保公司债权人的债权得以优先偿付。应当说,1993 年《公司法》确立了公司法人格基础,

---

〔1〕 如 1986 年《民法通则》和 1988 年《全民所有制工业企业法》等。

使其与出资人财产得以明确区分,保证了公司自身应有的信用,为我国现代企业制度的建立打下了坚实的法律基础。为顺应世界各国公司法放松规制、鼓励投资的发展趋势,2005 年《公司法》修改,降低了股东最低出资要求,并将完全的法定资本制修改为有期限要求的分期缴纳资本制。这种修改,既尊重了公司的自治,也并不明显损害公司自身的应有信用,因为公司相应资本仍在相当可控的程度内具有确定性和可区分性。但 2013 年《公司法》修改,不仅取消了一般公司的法定最低资本的数额,还一改原来要求的实缴登记制,独创了"注册资本认缴制",废除了公司设立的验资程序。这种独创的公司资本制度本意是为了进一步鼓励投资,以实现政府所希望的"大众创业、万众创新"的局面。但由于该制度既非大陆法系的传统法定资本制,也非英美法系传统的授权资本制,也非如日本那样的折中资本制,备受学界争议,有人赞成,有人质疑。[1] 赞成者认为,"公司资本从有限制的认缴制到无限制的认缴制,改变的只是股东履行出资义务的期限,股东以其认缴而非实缴的出资额为限对公司债务负责,资本的认而不缴并不免除股东的出资义务或责任"。[2] 质疑者则认为,如此"重认缴资本,轻实收资本"的登记模式,是与公司资本制度的重要目的——资本公示大相径庭的,这是一种无边无际的放宽。[3] 毫无疑问,认缴资本制确实有利于鼓励投资,但这种独创的资本制度存在根本缺陷,即导致以公司财产独立为基本原则的公司资本、资产关系的扭曲异化,[4]使公司财产与股东财产之间的区分原则遭到根本性破坏,它不仅削弱公司独立人格,弱化公司的稳定性与可信度,同时还不利于股东有限责任功能的发挥。因为,完全的认缴资本制其实是将本应由法律必要强制的资本制度交给了股东们的自愿,从而导致公司资本存在极大的不确定性。严格来讲,取消公司注册资本的最低额限制,并不会引致公司资本的不确定,仅仅会产生所谓零资本公司而已,但完全的认缴资本制并将其视为注册资本则使公司资本事实上处于一种不确定状态。因为这无法确定出资人真正的出资能力

---

〔1〕 主要文献有:赵旭东:《资本制度变革下的资本法律责任——公司法修改的理性解读》,载《法学研究》2014 年第 5 期;刘燕:《公司法资本制度改革的逻辑与路径——基于商业实践视角的观察》,载《法学研究》2014 年第 5 期;施天涛:《公司资本制度改革:解读与辨析》,载《清华法学》2014 年第 5 期;甘培忠:《论公司资本制度颠覆性改革的环境与逻辑缺陷及制度补救》,载《科技与法律》2014 年第 3 期;王文宇:《简政繁权》,载《财经法学》2015 年第 1 期;黄辉:《公司资本制度改革的正当性:基于债权人保护功能的法经济学分析》,载《中国法学》2015 年第 6 期;蒋大兴:《质疑法定资本制改革》,载《中国法学》2015 年第 6 期;丁勇:《认缴制后公司法资本规则的革新》,载《法学研究》2018 年第 2 期。

〔2〕 赵旭东:《资本制度变革下的资本法律责任——公司法修改的理性解读》,载《法学研究》2014 年第 5 期。

〔3〕 王文宇:《简政繁权》,载《财经法学》2015 年第 1 期。

〔4〕 甘培忠、徐可:《认缴制下的资本违法责任及其困境——以财产混同为视角》,载《北京大学学报(哲学社会科学版)》2015 年第 6 期。

与履行能力,从而不能确定公司届时真正的资本能力。举例言之,假如甲、乙二股东成立公司A,二人在公司章程中约定共认缴出资100万元,若干年后缴纳。那么,如果认缴出资到期而尚未实际缴纳,而此时公司与甲、乙二股东个人均已经欠债若干,则甲、乙二人个人财产属于公司还是属于个人?是先由公司债权人优先受偿还是由股东个人债权人优先受偿?显然是无法确定的。如果股东认缴出资未到期,则更会存在同样的状况。对于认缴资本制存在的缺陷,一些学者也提出了一些建设性建议,如股东出资责任的加速到期制度,[1]实践中法院也有类似做法。但这只能在某种程度上弥补,而无法解决公司的财产区分问题,从而产生严重的公司人格与信用问题。无论是大陆法系的法定资本制度,还是英美法系的授权资本制度,即使不要求最低资本,也都明确表达了公司资本的确定性价值与公司财产的积极区分要求。我国独创的认缴资本制并非不能通过有关制度的完善,如可借鉴现行英美法系国家声明资本制下的催缴制度,[2]完善公司信息披露制度等来减少其存在的问题,但它们均无法从根本上解决公司财产的区分问题,不能保证公司的信用。

从我国现行公司法基本规定上看,其是基于传统大陆法系法定资本制设计的,故从修改而言,可以考虑在取消最低资本额的情况下,回归2005年《公司法》关于公司资本分期缴纳的制度规定,甚至回归非常低的最低资本制下的法定资本制,都是适当之选。[3] 这种设计,既符合我国公司法以股东为中心的原则,也无损于政府鼓励投资之希求,当然也能够解决公司基础信用问题。如果仍然以2013年确立的完全认缴资本制为主线,则须较大修改《公司法》有关规定,重构我国的公司资本和人格制度。可以说,2013年的资本规则基本上颠覆了我国一直以来所认知的注册资本制度。我国公司法理论界大多认为,认缴注册资本制仍属于传统的法定资本制度,因为相应制度的设计仍然是以法定资本制为要求的。[4] 这种认知是错误的,完全的认缴资本制既不同于传统的法定资本

---

〔1〕 参见李建伟:《认缴制下股东出资责任加速到期研究》,载《人民司法》2015年第9期;石冠彬:《注册资本认缴制改革与债权人权益保护——一个解释论视角》,载《法商研究》2016年第3期等。不过,对此也有不同意见,参见李霖:《非破产情形下有限公司股东出资义务不应加速到期》,载《人民法院报》2016年12月22日,第6版。

〔2〕 声明资本制是指公司在章程中不再规定授权资本上限,而是要求公司声明其实际发行资本的状况,董事会可根据公司的实际需要,自主决定公司资本的发行问题,而无须受到授权资本总额的限制。严格而言,声明资本制是授权资本制的改良。参见卢宁:《刍议公司资本形成制度的改革与发展——以认缴制的定性为起点》,载《法学论坛》2017年第3期。

〔3〕 有学者认为,法定资本制应是我国公司法的最佳选择。参见甘培忠:《论公司资本制度颠覆性改革的环境与逻辑缺陷及制度补救》,载《科技与法律》2014年第3期。

〔4〕 参见赵旭东:《资本制度改革与公司法的司法适用》,载《人民法院报》2014年2月26日,第7版;甘培忠:《论公司资本制度颠覆性改革的环境与逻辑缺陷及制度补救》,载《科技与法律》2014年第3期等。

制,也不同于传统的授权资本制,它是一种独创的中国式公司资本制度。[1] 既为独创,就应当在建立该制度时修改既有的以法定资本制为基础的有关资本制度,但恰恰是没有修改,结果导致完全不同于法定资本制的认缴资本制的有关规定仍然是法定资本制的,使该制度在实施中出现严重混乱情形。亦即,现行的认缴资本制存在的最大问题是,其因认缴期限完全由投资人自由确定,无法明确在认缴期限未到期或尽管已到期但未实际缴纳情况下这些出资的归属,导致公司人格与股东有限责任处于一种不确定状态,进而导致第三人特别是债权人期待的不确定性。因此,如果继续采认缴的注册资本制,则首先须明确出资人在认缴范围内的实缴资本与待缴资本之间的法律关系。既然是为鼓励投资,强化债权人自我保护意识,就应如英美国家现行的声明资本制那样,仅股东实缴出资部分为公司法定资本,未缴或待缴部分则为股东与公司之间的债权关系,进而由公司管理层适当之时催缴即可。应当说,这种设计,才是符合我国关于完全的认缴资本制度的设想的。它保证了公司资本的确定性,确立了公司应有的独立人格基础,并维护了公司的有限责任价值。进而,通过相应制度设计规定,如果股东认缴期限已到,董事会有权利、也有义务催缴,否则,未缴认缴出资的股东不仅须向其他股东和公司承担违约责任,同时对于公司债权人承担在未缴出资范围内的补充责任。当然,董事会对于未及时催缴承担相应责任。如是,则进一步强化了公司人格。所以,必须重新认识我国公司法上的注册资本制度,不能将股东认缴的全部出资额作为注册资本,而仅视在股东认缴的范围内已经实际缴纳部分作为注册资本或法定资本,[2] 因而建立注册资本或法定资本与认缴出资两个概念,并赋予其不同法律意义。[3]

除了因认缴注册资本制导致公司人格及其信用问题外,我国现行《公司法》及司法解释还存在两个较大的制度缺陷:一是关于公司人格否定制度,二是关于设立中的法人制度。公司人格否定制度是为了防止控制股东不当操控公司,损害公司债权人利益,而经由判例个案性形成的,其目的是纠正股东以公司独立人

---

[1] 王文宇:《简政繁权》,载《财经法学》2015 年第 1 期。

[2] 注意,不能将股东到期应缴纳而实际未缴纳的资金视为注册资本,仅实际缴纳部分才属于注册资本或法定资本。如股东到期应缴纳而实际未缴纳,则其须对公司债权人承担补充责任,这是一种债的法律关系,而非公司资本法律关系。

[3] 在英国,公司从那些股份认购人处获得的价值的数额,被称为法定资本。亦即,英国是从公司的角度,而非从股东或投资人方面看待公司资本的。因而,只有在股份认购人实际缴付后的出资,才成为公司(法定)资本,仅认缴但未缴付部分只构成股东与公司之间的法律关系,但可以成为债权人未来的保证,从而也能够成为公司信用。从这个意义上,我国如果继续采现行的认缴资本制,可以考虑直接借鉴英国做法,取消注册资本概念,在公司法中设定已缴付部分为法定资本,未缴付部分为未缴出资。参见[英]保罗·戴维斯、[英]莎拉·沃辛顿:《现代公司法原理》(第 9 版)(上册),罗培新等译,法律出版社 2016 年版,第 268 页。

格之名行侵犯公司债权人利益之实。但是,在其发源地的英美,尽管“当公司成为规避现有责任的工具时,法院会揭开公司面纱,但在公司形式被利用来限制股东未来的责任的情况下,法院并不愿意揭开公司面纱。运用公司来降低未来法律责任的自由,是公司法内在的不可分割的一部分”。[1] 所以,在英美,揭开公司面纱的法理所发挥的作用非常有限,法院一般不愿意这样做,即使对于封闭的有限责任公司也是如此。[2] 也就是说,揭开法人面纱主要起一种威慑作用,除非迫不得已,法院一般是不会轻易适用的。我国2005年《公司法》修改时,在第20条中规定了所谓的公司法人人格否定制度,不仅如此,2017年《民法总则》第83条也作了同样的规定。尽管理论界与最高人民法院一再强调应慎重适用公司法人人格否认制度,但通过《公司法》和《民法总则》加以明确,其实质是试图将公司法人人格否定制度常态化和扩大化,并不符合公司法本身价值取向。[3] 按照现行《公司法》第20条第3款规定,凡公司股东滥用公司法人独立地位和股东有限责任,逃避债务而严重损害公司债权人利益,均应对公司债务承担连带责任。但事实是,即使发生了股东滥用法人格之情事并严重损害公司债权人利益时,常常可以通过其他方式予以解决,如深石规则、合同的保证、侵权等,在这种情形下,就无须用法人人格否认制度。强行适用,反而效果不佳,只会严重破坏公司自身信用。所以,未来的公司法修改,应当进一步限制而非扩大其适用条件。设立中的法人制度,本是大陆法系国家和地区为解决成立后的公司,何以能够承受发起人因设立公司所为必要行为的后果,而在理论上提出并在实践中解决相关问题的法律制度。我国2010年最高人民法院《关于适用〈中华人民共和国公司法〉若干问题的规定(三)》(以下简称《公司法解释(三)》)确立了该制度,并在2017年《民法总则》第75条作出明确规定。该制度借鉴了日本有关司法实践及理论,但在日本,并不认为设立中的公司具有权利能力,仅仅认为公司章程的制定、股份的认购、高管的选举等属于设立中的公司法律关系,不需要特别移交就自然归属于成立的公司,而并不认为发起人的其他行为,如公司经营行为或为经营的附属行为必然归属于成立后的公司。这是因为,如果这样的话,将会对成立公司的资力产生影响,进而影响成立后公司的资信及人格的完整。但按照《公司法解释(三)》及《民法典》规定,我国设立中的公司可以对外从事相

---

[1] [英]艾利斯·费伦:《公司金融法律原理》,罗培新译,北京大学出版社2012年版,第16页。

[2] [英]保罗·戴维斯、[英]莎拉·沃辛顿:《现代公司法原理》(第9版)(上册),罗培新等译,法律出版社2016年版,第219~220页。

[3] 有学者指出,滥用公司人格的普遍性与严重性是我国引入公司法人人格否定制度的诱因,但国外向来是以个案性适用的,因而该规则采用制定法形式的缺陷是显而易见的。朱慈蕴:《公司法人格否认:从法条跃入实践》,载《清华法学》2007年第2期。

应活动，且其后果必然由成立后的公司承受。这几乎是一种毫无限制的规定，是对大陆法系设立中的法人理论及功能的不当认识，将严重破坏法人成立的基础，损坏成立后法人应有的品格。当设立人所有的为设立法人而从事的民事活动后果均由成立后法人承担时，就意味着法人刚刚成立就要背负各种各样的债务与负担，那么，法人成立的确定性也就不复存在了。法人的设立是一个过程，其需要从事一定的为设立法人所必要的活动，但也仅限于为设立法人而必要的活动，如制定章程、收取股款、进行工商登记，超出该等范围的活动，即使其有利于成立后的法人，也不应该轻易得到认可。所以，公司法进行修改时，应当就《民法典》第75条规定作出严格限定，限制设立人的行为范围，以保证成立后的法人不因此遭受不必要的负担，维系法人成立时的独立人格与信用。[1]

（二）完善公司治理与公司信用

从管理学上来看，良好的公司治理是既能够实现股东的价值追求，也能够鼓励管理者努力工作来实现股东的价值。[2] 但从法律层面来看，公司法只是为良好的公司治理提供一个合理、清晰的权利、义务和责任框架，该框架能够较好地处理股东、公司与管理层之间的关系，使其各知其权，并各司其职。尽管管理学上一再强调股东的所有者地位，并提出所谓两权分离，但在公司法上，公司是投资人出资物化的人格体，该人格体一旦成立，就成为具有自身价值和利益的法律主体。亦即，公司一旦成立，则其不但可以以自己之名义对外从事经营活动，其也能够以公司之名并以公司利益为重协调并处理公司内部关系。同样，虽然管理学一再强调如何激励管理层，但管理层发挥积极性和能力是通过公司或以公司之名为之的，并由此与股东发生相应法律关系。所以，在整个公司治理的法律框架中，公司是核心。股东之间、股东与管理层之间、管理层之间均是通过公司这个人格体产生公司法律关系的。正是以公司为核心，股东、公司、管理者之间才因此权利义务清晰，责任归属到位，关系顺畅，最终使公司信用得以保障。从这个意义上，公司治理的实质也是公司人格能否妥当实现的问题，进而使股东会、董事会和监事会之间关系得以良好处理。

关于公司治理，有所谓股东优位主义与董事会优位主义。在公司法的历史发展进程中和不同的国家和地区，股东优位主义与董事会优位主义确实有很大不同，但其实质是指在公司权力的分配上，是侧重于股东，还是侧重于董事会。无论是采股东优位主义，还是董事会优位主义，均须按照法定或章定程序通过公

---

〔1〕 关于设立中的法人问题，参见徐强胜：《设立中的法人制度的功能及缺陷——兼评〈民法总则〉第75条》，载《法学杂志》2017年第4期。

〔2〕 [美]凯文·基西、[美]史蒂夫·汤普森、[美]迈克·莱特：《公司治理：受托责任、企业和国际比较》，刘霄仑等译，人民邮电出版社2013年版，第2页。

司并以公司之名行使相应的权力,故都不偏离公司自身主体的核心价值,而体现公司主体价值和地位的关键是董事会。

从各国公司法及实践看,公司董事会制度中有三个隐性的统领原则,即董事会是公司权力的最高行使者;董事会采一人一票平等且集体合议的方式行事;董事会对公司制度的有效运行和正当运作负有最后责任。[1] 可以说,正是该三原则维系着公司主体的价值与意义,[2]是董事会将股东与公司人格区分开来,并处处体现了公司的人格;同时,也是董事会将股东与公司连接起来,使股东的意愿与利益得以表达与实现。尽管我国公司法采比较符合我国经济体制与文化背景的股东优位主义,[3]但它仍是以董事会为中心来运营公司并体现公司主体价值的。我国公司法上的股东优位主义只是体现在股东会的权力相对较大,股东只能通过股东会会议的方式行使这些权力,并将决议交由董事会执行。[4] 所以,我国公司法关于股东会的权力分配较多,但董事会仍是中心。董事会既为中心,则相关制度的设计就应体现出其应有的权力、义务与责任,并以此清晰界定董事会与股东会、监事会及经理之间的关系。从形式上观察,我国公司法关于所谓"三会"制度的设计与定位是比较清楚的,即在体现出股东优位主义前提下的董事会管理职能与监事会监督职责,并特别以列举的方式对公司权力进行了分配。不过,对于董事会的角色与定位,由于受到股东至上的影响,在法律规范的表述中呈现出诸多模糊之处,其有些权力可能被股东会侵蚀,如依照《公司法》第 37 条规定,股东会享有 11 项权力,特别是最后一项关于"公司章程规定的其他职权"的规定极具争议。如果按字面解释,股东会可以剥夺董事会的职权,从而使董事会的职权可能处于一种不确定性状态。对此,有学者提出,可以基于公司的封闭性与开放性的区分而解释该规定。[5] 如果是有限责任公司或者以发起设立方式成立的股份公司,则第 37 条第 11 项的规定可以剥夺董事会的权力,董事会也只能按照第 46 条第 2 项"执行股东会的决议"的规定予以执行。如果是以募集方式设立的股份公司,则不予适用,从而缓和关于该规定的不合理性。该解释具有合理性,但难以赞同。从法解释学上,无论是对于有限公司,还是股

---

[1] 邓峰:《董事会制度的起源、演进与中国的学习》,载《中国社会科学》2011 年第 1 期。

[2] 有学者指出,公司董事会的权威和特定行使职权方式,更多是促进组织独立,制约管理霸权,为了体现全体成员的意志。参见邓峰:《董事会制度的起源、演进与中国的学习》,载《中国社会科学》2011 年第 1 期。

[3] 参见叶林:《公司治理机制的本土化——从企业所有与企业经营相分离理念展开的讨论》,载《政法论坛》2003 年第 2 期。

[4] 在这方面,与其他国家和地区一样,只要是公司,就必然以董事会为中心,否则,公司将不成为公司。

[5] 许可:《股东会与董事会分权制度研究》,载《中国法学》2017 年第 2 期。

份公司,第37条第11项"公司章程规定的其他职权"的事项,也仅是和前述10项性质相同或相近之事项,超出该等,则不应为公司法认可。封闭公司尽管具有很强的人合性,但其本质仍为资合公司,故其权力结构的配置是以公司董事会为中心,股东会仅涉及公司基本结构、组织结构及公司长远发展、重大投资事项,除此之外,均由董事会为之。该问题的实质是将公司简单地当作股东的投资工具还是基于公司独立人格的工具问题,如果是前者,则公司将和合伙无异。因此,为避免歧义,《公司法》修改应当就此所谓"公司章程规定的其他职权"作出明确规定。

除了与股东会之间权力分配存在模糊之外,我国公司法关于董事会的权力定位还受到法定代表人严重侵蚀及作为纯经营管理的经理分割。按照《民法典》,法人代表机关采所谓法定代表人制度,该代表一经法律或者章程确定,则其具有法定性与唯一性。法定代表制是我国在20世纪国有企业改革的产物,尽管经过一定的变化,特别是2017年《民法总则》对其作了较新的定位,[1]但其法定性及唯一性并没有因此改变。从理论上来讲,公司代表的法定性与唯一性具有对外交往便利的优点,易于第三人判断,有利于交易安全的保护。但是,法定代表人的法定性与唯一性不仅易陷公司于被代表的困境之中,且易引致公司代表人在公司中的中心地位之嫌。因为代表人的法定性意味着"法定代表人以法人名义从事的民事活动,其法律后果由法人承受"(《民法典》第61条第2款),唯一性意味着对于第三人而言,法定代表人就是"负责人"(《民法典》第61条第1款)。但在公司治理机制中,作为决策形成与执行机关的董事会处于中心地位,其突出体现了公司应有的人格。[2] 按照公司法,无论是董事长还是总经理,其都是董事会中的成员或董事会领导下的机关,亦即其应服从于董事会。但依章程而作为法定代表人的董事长或经理,特别是董事长作为法定代表人的情况下,加上其在董事会中的召集权与主持权,使其成为我国公司实践中事实上的中心,董事会其他成员仅仅是参会而已。形成该后果的因素尽管很多,但与所谓法定代表人制度的规定有很大关系。我国学界指出,从一般理论上看,单一法定代表人有损良好的公司治理结构,其甚至与现代公司治理结构在根本上是矛盾的。[3] 因此,公司法应当回归以董事会为中心的代表或代理制,从代理而非代

[1] 在原《民法通则》中,法定代表人既是法人的意思决定机关也是意思表达机关,原《民法总则》则立基于意思决定与意思表达的分离的法人意思表示逻辑,以代理机制重新厘定了法人与法定代表人之间的关系。参见蔡立东:《论法定代表人的法律地位》,载《法学论坛》2017年第4期。

[2] 邓峰:《普通公司法》,中国人民大学出版社2009年版,第543页。

[3] 叶林:《公司法研究》,中国人民大学出版社2008年版,第207页。

表意义上建构该制度，所谓法定代表人仅具有法定公示意义，[1]其须受到董事会的即时管理与监督。在公司治理体制上，我国公司法同时规定了经理制度，其中有限责任公司"可以设经理"，股份公司则"设经理"。尽管经理是"由董事会决定聘任或者解聘"，并"对董事会负责"，但经理一旦设置，则其权力很大。特别是对于股份公司而言，因必须设置经理，且有关权力具有法定性，就使经理在一定程度上可以对抗董事会，从而严重削弱董事会的中心地位。我国公司法的这种结构安排，将董事会与经理相提并论，事实上形成了与国外董事会和董事相提并论的对照物，使公司经理人的地位几乎相当于外国公司的董事。因此，公司法修改可以考虑将经理作为担当业务执行的机关，地位类似于英美法上的执行董事，即从公司董事会内部关系确立经理的地位。[2]

可以说，我国公司法存在的最大问题在于董事会中心地位的不明晰，股东会、董事长、经理的地位和权力被有意无意地加重和扩大，使公司董事会应有的最高权威与共管模式流于形式，并进一步导致董事会成员不能或不愿发挥其应负的勤勉职责，但最后他们却要承担公司最后的责任，导致权力、义务与责任的不一致，[3]最终导致相应关系混乱。

由于对于董事会角色认识的错位，使公司法中的其他需要董事会行使权力并承担责任的地方也出现空白，其重要表现就是在许多制度设计中缺少管理人应有的角色与地位，而这是公司作为核心的关键。如现行《公司法》规定，凡依照公司章程认购公司资本或依法受让股权（股份）者，均取得成员身份，并进一步规定了出资证明书、股东名册、工商登记制度。表面上，这些关于股东资格取得的规定是比较完备的。但产生争议时，如何认定股东资格常常是混乱的，既可基于出资或认购的事实确认、因章程记载确认、因工商登记确认，也可因股东名册记载确认、因受让股权确认等，以上标准既可单独适用，也可综合适用，且无孰优孰劣之分。[4] 按照这些所谓的标准，对于公司和确定身份的股东而言，将存在不确定的人可能是股东；对于本想通过投资而成为股东的人则会因标准的不确定而可能不具有股东身份。出现如此混乱的原因并非标准过多，而恰恰是没有标准。对于投资人而言，其依法出资或受让股权，须经法定程序成为公司股东后，方产生成员权法律关系。可以这样说，股东资格是一个"股东"与公司之间的关系，而非投资人与投资人之间的事情。那么，股东资格确认的关键是公司。在股东资格的原始取得途径中，不仅需要投资人认购股权，还同时需要公司登记

---

[1] 殷秋实：《法定代表人的内涵界定与制度定位》，载《法学》2017年第2期。

[2] 王保树、钱玉林：《经理法律地位之比较研究》，载《法学评论》2002年第2期。

[3] 邓峰：《董事会制度的起源、演进与中国的学习》，载《中国社会科学》2011年第1期。

[4] 参见虞政平：《股东资格的法律确认》，载《法律适用》2003年第8期。

在册或以其他方式认可。投资人即使认购了股权,但如未得到公司的登记或认可,则其不能成为股东,反之亦然。对于希望通过转让方式继受取得者,则不仅需要转让方与受让方双方的同意,尚需得到其他股东和公司的同意并记载于股东名册或认可。也就是说,股东资格的取得是投资者与公司之间双方互相接受的问题,不是单方的。[1] 尽管该要求具有很大的形式性,但意义重大,其法理在于,公司一旦成立,即具有独立法律人格。而代表公司者,则为管理者或业务执行人,所以一般国家和地区的公司法都规定,对于投资人依法认购或受让股权的,公司管理者或业务执行人应依法律和章程规定,及时进行登记或以其他方式接纳,以确认其股东资格,否则将承担相应责任。投资人或受让人也有权要求管理者或业务执行人予以登记。我国公司法关于股东资格规定的问题在于,没有规定管理者或业务执行人相应的权力与义务,而似乎完全由出资人或股东自由决定,这完全是惘顾公司自身人格价值的结果。[2] 尽管股东名册对于股东资格仅具有证明作用,且管理者依法登记于股东名册的权力形式大于实质,但它在法律关系上清晰地表明,投资人与公司是两个相互独立的主体,双方需要相互接纳,而作为团体的公司,需要以法定或章定的程序和形式接纳投资人为股东。因此,未来公司法的修改,应当就股东与公司之间关系作出形式上的明确要求,规定管理者或业务执行人有权利也有义务及时登记,或以其他方式确认投资人的股东资格,从而避免不必要的公司信用关系的混乱。确立管理者或业务执行人相应的权利与义务,是公司人格的应有体现,并因而理顺了股东之间的关系。可以说,离开了公司,股东之间仅是个人之间的非公司法律关系而不受公司法调整。所以,股东之间仅因公司、并在公司内部产生公司法上的权利、义务与责任,股东之间是不允许有违公司法强行性规定的私下协议或一致行动的。股东的权利与义务,无论是实体上还是程序上的,均直接关联于公司,或者说以公司为媒介,故股东行使权利或履行义务,也均应是针对或通过公司而言的。我国《公司法》关于股东资格认定的错误就在于,它忽视了公司的主体价值,进而忽视了公司管理者应有的权力与法律责任。除此之外,还有其他一些规定,也存在同样的问题,如第 28 条第 2 款规定未按期缴纳出资的股东,“除应当向公司足额缴纳外,还应当向已按期足额缴纳出资的股东承担违约责任”。未按期足额缴纳出

---

〔1〕 如依英国 2006 年《公司法》第 112 条规定,要想成为公司成员,须符合两点,一是认购公司备忘录或同意成为公司成员;二是其名称被记载于成员登记册。参见林少伟:《英国现代公司法》,中国法制出版社 2015 年版,第 114 页。

〔2〕 如我国《公司法》第 71 条规定了有限公司股权转让的限制,但对于不按照该限制规定转让股权的,法院倾向于认为是有效,这是不符合公司法理的。参见徐强胜:《股权转让限制的效力——〈公司法〉第 71 条规定的功能分析》,载《环球法律评论》2015 年第 1 期。

资的股东是否应向其他股东承担违约责任，并非公司关系，不属于公司法范畴。[1] 在公司法上，本条应当强调，未按期足额缴纳出资的股东应向公司及时缴纳并承担支付迟延利息之责任，同时规定董事会或执行董事有权力并有义务及时催缴。至于股东之间因此产生的违约责任，则完全交由合同法由投资协议约定就是了。无论何时，不通过公司，股东之间并不产生公司法律关系，前述股东之间的忠诚义务也是在公司内部并以公司为载体的义务，而非在股东之间直接产生的。

作为团体法，公司法的核心是如何通过恰当的程序和应有的信息披露实现良好的公司治理。首先，整体而言，我国公司法关于公司治理的程序性规则是比较合理的，有关主体及其权利、义务、责任的规定是比较清晰的。但同时也有待完善的地方，兹举几例：一是《公司法》第101条第2款关于股东大会少数股东召集权规定就过于简单，它没有妥当均衡有关各方的程序性权利，缺少相应的程序性控制，从而可能被少数股东滥用，不仅影响公司管理秩序，还会造成社会成本浪费，[2] 因而，对于该少数股东股东大会自行召集权，应设置一定的前置性程序限制。二是《公司法》第148条第1款关于董事与公司的自我交易的规定过于形式化，尚需对自我交易的范围、信息的披露、监督机构的审查等作出明确规定。[3] 三是《公司法》第166条关于公司利润分配的规定没有对债权人利益加以应有的关注，将来修改时应强化对于债权人利益的维护，这直接关系到公司对外的信用。可以说，公司法上的程序性规则至关重要，它是确定公司关系人之间信用的基本判断标准。其次，关于公司信息披露，从公司设立起，到公司经营及解散清算终止阶段，公司法规定了公司基本的信息披露要求，其中公司经营过程中的财务信息的公开是最主要的，这主要体现在《公司法》第163条、第164条和第165条。不过，这三条规定过于简单，仅仅规定了财务会计报告须依法制作，进行年终审计及交给股东查阅，但没有规定交给必要的登记机关并公开的要求。公司财务的公开是必要的，这不仅是公司对于股东的义务与责任，也是公司换取政府允许（股东）有限责任的必要对价。因此，下一步《公司法》修改的一个重要内容应当是考虑公司财务对外的强制公开。

另外，关于公司法对于有关机构和董事等高管的责任制度。应当说，2005年《公司法》修改在放松管制的同时，强化了相关责任制度，如借鉴西方公司法增加了派生诉讼制度等。但考虑到我国经济文化背景，应明确具有控制能力者

---

〔1〕 朱慈蕴：《股东违反出资义务应向谁承担违约责任》，载《北方法学》2014年第1期。

〔2〕 卢文道、方俊：《我国上市公司控制权之争的最新态势与监管路径研究》，载黄红元、徐明主编：《证券法苑》（第13卷），法律出版社2014年版，第20页。

〔3〕 参见孙英：《论董事自我交易的法律规制》，载《法学》2010年第6期。

(控制股东或控制人)及“影子董事”的责任规定,从而有利于增强公司自身人格及提高公司内部治理与外部管控。

四、结语——从个人性信任走向制度性信用

自1993年以来,我国公司法就试图塑造公司信用,但实践中的公司常常重视的是个人性信任,缺乏应有的制度性信用。其原因尽管有天生不足及我国经济文化背景因素,但与公司法本身对公司人格重视不足是有很大关系的。现行公司资本制度的缺陷和公司董事会地位的模糊等问题,导致股东与公司、董事会、经理等公司关系有待进一步清晰与明确。

“法律是用来创立一种特别的权利运用方式以及建立一种相互同意的推定准则基础上社会意义的塑造方式。”[1]公司法应该也能够塑造公司制度性信用,制度性信用的实质是一种秩序,“而要维护这种秩序,就要依靠各种禁止不可预见行为和机会主义行为的规则”。[2]

---

[1] [美]罗宾·保罗·马洛伊:《法律和市场经济——法律经济学价值的重新诠释》,钱弘道等译,法律出版社2006年版,第115页。

[2] [德]柯武刚、史漫飞:《制度经济学——社会秩序与公共政策》,韩朝华译,商务印书馆2000年版,第3页。

论新公司法肩负的四大历史使命*

刘俊海**

1993 年《公司法》的立法宗旨体现了立法者当时对公司法的价值与使命的最高认识水平。随着我国在新时代深化改革、扩大开放的新进展,以“一带一路”倡议为核心的经济全球化进程的加快,我国内外资企业立法的统一并轨,鼓励“大众创业、万众创新”的共识的形成以及社会主义核心价值观融入法治建设立法修法规划的新要求,《公司法》的立法宗旨也需要与时俱进。根据 2016 年中共中央印发的《社会主义核心价值观融入法治建设立法修法规划》,并借鉴《民法总则》第 1 条规定的立法宗旨,建议新《公司法》的立法宗旨确定为:规范公司的组织和行为,促进公司可持续发展,保护股东权益,维护交易安全,防范金融风险,鼓励公司承担社会责任,优化法治化营商环境,完善社会主义基本经济制度,推动经济高质量发展。

笔者认为,新《公司法》肩负着四大历史使命:尊重与保障公司的生存权与发展权,促进公司生存维持与可持续发展;弘扬股权文化,完善产权保护制度;强化交易安全,防范金融风险;鼓励公司承担社会责任,促进经济高质量发展。这四大使命就是新《公司法》修改的主旋律,不仅要体现在第 1 条的立法宗旨之中,更要洋溢在整部《公司法》的字里行间。

---

* 本文为全国人大常委会法工委 2019 年度重点课题“公司法修改研究”研究报告之一。

** 刘俊海,中国人民大学法学院教授。

一、尊重与保障公司的生存权与发展权,促进公司生存维持与可持续发展

(一)促进公司可持续发展是《公司法》修改的首要使命

公司是市场经济的核心细胞与核心商事主体。公司是就业增加、经济增长、科学创新、技术进步、财税增加、民富国强、社会和谐的发动机,是稳就业、稳金融、稳外贸、稳外资、稳投资、稳预期的压舱石。公司是推进供给侧结构性改革、推动高质量经济发展、建设现代化经济体系的重要主体。因此,公司乃国家与社会之栋梁。

为实现新旧动能转换,转变经济增长方式,应对经济下行压力,新公司法的制度设计必须要千方百计地鼓励公司生存与维持,更要促进公司繁荣与可持续发展。虽然经济下行压力倒逼公司友好型的制度变革,即使在我国经济软着陆以后,新公司法仍应牢记促进公司生存与发展的初心与使命。无论是公司登记注册制度的设计,还是公司治理体系与能力的现代化、公司纠纷的裁判活动、公司监管战略的调整、上市公司行政监管与处罚工具箱的运用、公司刑事司法政策的选择、税收征管乃至宏观调控政策的谋篇布局,都要着眼于促进公司生存维持与可持续发展,增强公司核心竞争力,力戒重蹈因噎废食、因小失大、顾此失彼的覆辙。

为从法理上取得共识,建议立法者确认公司的生存权与发展权,将尊重与保障公司的生存权与发展权作为贯穿《公司法》始终的一条红线。自然人享有生存权与发展权,法人也同样享有生存权与发展权。公司不是维持会。公司既要生存,更需要繁荣与可持续发展。新公司法的首要使命是与人(包括自然人与法人)为善,充分尊重与有效保护公司的发展权,千方百计促进公司可持续发展。

(二)公司登记制度的设计要着眼于提高公司的存活率与竞争力

随着 2018 年 3 月 16 日我国企业注册进入亿户时代,公司登记机关不应盲目追求公司注册的天文数字,而应追求公司的发展质量。当前,公司登记制度在实践中暴露出不少短板与漏洞。例如,P2P 平台以及有限合伙型私募股权基金的乱象暴露出了公司登记制度在“先证后照”转变为“先照后证”过程中的监管漏洞。假冒他人名义注册公司,并擅自将他人注册为公司的股东、董事或法定代表人的乱象暴露出了公司登记机关人员在履行形式审查义务是存在的疏忽与懈怠,更暴露出了“形式审查”规则自身的缺陷。非上市非公众公司之外的股份公司的发起人之外的股东信息无法查询也是公众诟病的问题之一。凡此种种,不一而足。

公司登记制度是公司法的核心制度,涉及公司设立、公司退出、公司治理、股东权益、债权人安危以及公众的知情权。立法者应要求登记机关在坚持注册资

本认缴制及先照后证的基础上，简政放权，改进公司登记服务，激活行政指导职责，根据公司规模与行业，量身定制地升级改版章程范文，将章程纳入公众网上查询的登记信息，完善非上市股份公司股东的变更登记制度与股份质押制度。要切实扭转千篇一律的"傻瓜章程"现象，尊重与鼓励个性化章程设计。建议立法者将公司章程增加规定为公众可以上网查询的公司登记信息。

(三)针对公司的监管制度转型要转向公司治理监管

我国存在市场与监管的双重失灵现象。立法者应要求监管者要把完善公司治理作为事中事后监管的抓手。就国内资本市场与消费品市场中的法律风险而言，民营公司违法违约失信侵权的主要根源在于公司治理失灵。例如，长春疫苗事件的根源在于公司治理失灵。就中资企业(包括国企)在"走出去"过程中遭遇的跨国法律风险而言，公司治理短板(尤其是刑事合规体系的缺失)也开始引起企业界与法律界关注。例如，中兴通讯2017年至2018年先后被美国商务部处罚20余亿美元，并接受美国法院委派的合规监察官及美国商务部指定的特别合规协调员进入公司开展监督。为提升监管效能，建议以该案例为契机，导入司法机关或行政机关选派的合规监察人与特别合规协调员制度，将就监管部门对企业经营行为的监管转向对企业治理体系与能力的监管。这是对行政处罚、刑事处罚制度的创新，也是公司治理制度的创新。"难言之隐，一罚了之"的传统监管思维仅强调事后处罚，而忽视了事先预防与事中监管尤其是公司治理监管，亟待扭转。

(四)上市公司监管要立足于上市公司及其投资者与违法者的责任切割

我国上市公司监管的成绩可圈可点，但缺点与问题也随处可见。其中最为突出的是，监管者的行政处罚虽然动机纯正、程序合法、事实确凿、依据明确、理由充分，但客观上会造成对公众投资者的二次伤害。

上市公司监管要以促进上市公司可持续发展为目标，以加强公众投资者保护为重点，扭转监管者处罚失信的上市公司后因股价下跌导致的普通无辜股民的二次伤害。建议将行政监管处罚的重点对象锁定在上市公司背后的真正失信者违法者(如控制股东、实际控制人、董事与高管)。打击上市公司背后的违法者，放开放活上市公司，有助于资本市场的稳定与发展。要做到这一点，推进《公司法》与《证券法》联动修改势在必行。

(五)涉刑民营企业家的刑事责任追究也要体现促进公司维持与可持续发展的理念

法人也是人。但法人毕竟不是来自父母所生的自然人，而是来自法律与公众的拟制。因而，在公司法人背后站立着股东、董监高等一系列自然人。法人的过错意味着法人背后的自然人的过错。因此，仅看到违法公司的法人资格，而看不到公司背后的违法主体,有一叶障目之嫌。

鉴于公司利益凝聚着众多利益相关者的利益,而假借公司名义的作恶者仅系利益相关者中的一小撮(如法定代表人、控制股东、实际控制人以及董监高),因此有必要穿透公司法人资格背后的违法者,稳准狠地严惩终极的元凶巨恶,适度给公司放开一条生路。

就涉及民营企业家的刑事案件而言,要严格甄别民营企业家与民营企业的不同法律主体,严格区分民营企业家个人财产(含股权)和公司的法人财产,避免民营企业家的违法犯罪行为殃及无辜的民营企业。依法精准锁定违法企业家个人,坚决保护无辜民营企业的生存与发展,体现了违法主体责任自负的公平理念,也可预防民营企业因控制股东和法定代表人涉刑而无辜停摆,有助于保就业、保民生、保税收、保稳定。倘若需要对民营企业家使用没收财产或者罚金的措施,民营企业家的股权当然可以拍卖或者变卖,但依然不影响民营企业的正常经营。要切割单位犯罪与个人犯罪,刑事合规体系建设非常必要。

企业的商业模式本身必须合法正当,才有被拯救的资格与前提。倘若民营公司从事的商业模式本身就是犯罪行为(如从事集资诈骗罪、非法吸收公众存款罪、非法经营罪以及传销犯罪),不但不应予以拯救,还要依法取缔。

(六)立法者有权要求法院与仲裁机构在审理公司解散、破产及设立无效的案件中贯彻促进公司维持与可持续发展的裁判理念

救人一命,胜造七级浮屠。因为,人死不可复生。因此,现代刑法倾向于废除死刑;即使保留死刑的国家,也在强调慎杀少杀,慎用死刑。对自然人如此,对法人也应如是也。在现实中,有些股东之间的争股夺权经常导致公司业务停顿,整个公司被逼停。有些小股东为了维护自己利益,被迫向监管部门举报公司的不规范经营行为。虽然公司经过调查幸免躲过处罚一劫,但元气大伤,商机失之交臂,客户严重流失。思之,不禁令人扼腕叹息。无论是小股东不理性的“碰瓷”现象,还是大股东与内部控制人滥用控制权的乱象,都不应让无辜的公司沦为“替罪羊”。

2019年4月最高人民法院出台的《关于适用〈中华人民共和国公司法〉若干问题的规定(五)》(以下简称《公司法解释(五)》)第5条强调的注重调解理念就有利于促进公司维持:“人民法院审理涉及有限责任公司股东重大分歧案件时,应当注重调解。当事人协商一致以下列方式解决分歧,且不违反法律、行政法规的强制性规定的,人民法院应予支持:(一)公司回购部分股东股份;(二)其他股东受让部分股东股份;(三)他人受让部分股东股份;(四)公司减资;(五)公司分立;(六)其他能够解决分歧,恢复公司正常经营,避免公司解散的方式。”鉴于这一条款仅限定于化解股东重大分歧的案件,建议立法者明确重申裁

判者（包括法官和仲裁员）在裁判设计公司的各类民事、行政与刑事诉讼案件时都要始终体现尊重公司生存权与发展权的新时代法治理念。

法院在公司解散诉讼、公司破产诉讼、公司设立无效诉讼中要审慎而积极地行使自由裁量权，尽量维持公司的生命力。对可解散、也可不解散的公司，坚决不予解散。在公司僵局案件中，裁判者也要审慎裁判，尽量寻求公司解散之外的其他替代化方案，以打破公司僵局，缩短公司休克期，尽快让公司生命复苏。

对可破产清算、也可实行破产重整的公司，坚决鼓励重整。少破产，多和解；少破产清算，多破产重整；少解散，多兼并，要成为统一的裁判理念。考评破产法官的工作业绩时，要切记：不是破产清算案件办得多的法官就是好法官。既要看破产清算案件的数量与质量，也要看破产和解与重整的数量与质量。如果火葬场的工作人员能够在火化前能发现一息尚存的患者，并能将其转院治活，更是功德无量。这就需要《公司法》与《企业破产法》之间的无缝对接。

公司设立无效确认之诉及瑕疵补救的制度设计要充分体现企业维持与可持续发展主义。监管者与裁判者对可确认公司设立无效、也可采取瑕疵补救措施促成公司有效设立的公司，要坚决采取瑕疵补救措施。对需要补办行政许可或登记备案手续才能维持公司合法性存在的案件，法官和仲裁员也应与人为善，判令相关当事人协助办理行政手续的启动义务。行政权的行使是公法行为，但启动行政程序的义务是民事义务。

（七）为鼓励中小股东挺身而出维护公司利益，建议激活股东代表诉讼机制

为完善公司治理、增强公司核心竞争力，建议激活股东代表诉讼，允许多重代表诉讼。商人无利不起早。建议明确胜诉股东对胜诉利益的分取请求权。最高人民法院《关于适用〈中华人民共和国公司法〉若干问题的规定（四）》（以下简称《公司法解释（四）》）第 26 条规定了胜诉原告股东对公司的合理费用补偿请求权："股东依据公司法第一百五十一条第二款、第三款规定直接提起诉讼的案件，其诉讼请求部分或者全部得到人民法院支持的，公司应当承担股东因参加诉讼支付的合理费用。"该条规定利弊参半。利是减轻了原告股东负担，弊端是降低了被告的失信成本，增加了公司的负担。

基于公平原则，参酌仲裁界惯例，胜诉原告股东预付的合理费用（律师费、保全费、财产保全保险费、差旅费和案件受理费等）理应由败诉的被告承担，毫无由胜诉的苦主公司承担的道德与法律依据。建议立法者调整《公司法解释（四）》第 26 条规定的费用承担方式。

凡是股东胜诉的，因参加诉讼支付的合理费用一概由败诉的被告，而不应由公司承担。仅在被告缺乏执行能力、无法从败诉被告获偿的情形，例外由公司承担胜诉股东因参加诉讼支付的合理费用。另外，即使股东败诉，倘若股东提起股

东代表诉讼并非出于明显恶意,公司也要承担胜诉股东因参加诉讼支付的合理费用,以褒奖股东维护公司利益的公益之心。公司的兜底态度有利于提振中小股东捍卫公司利益的决心。

为预防控制股东、实际控制人或法定代表人操纵股东代表诉讼程序的走向,建议立法者增加规定,作为第三人的公司在诉讼程序中保持消极中立的态度。股东之所以提起股东代表诉讼,乃因作为被害者的公司已陷入哑巴状态,无法做出并表达符合自己最佳利益的意思表示。倘若哑巴公司在法庭上依然能够说话,则说话者与其说是公司,不如说是操纵公司决策机构与表意机构的被告人或其党羽。

建议立法者甄别股东直接诉讼与股东代表诉讼,允许股东在股东直接诉讼请求权与股东代表诉讼请求权竞合的场合,鼓励股东自由选择提起直接诉讼,实现自身的自益权与共益权。

(八)原则禁止公司为他人债务作保,除非法律或者章程另有特别规定

公司具有担任担保人的权利能力与行为能力。《美国模范商事公司法》第3.02条第5项允许公司以其全部或者部分财产设定抵押或者质押,第7项则允许公司为他人债务提供保证。当然,根据该法第8章第6节有关董事利益冲突交易行为的法律规制,如果子公司董事在母公司强大压力下以子公司财产对母公司提供了担保,就有可能构成利益冲突交易,就要接受相关法律规则的制约。如果公司为其股东提供担保的行为对公司是公平的,不损害公司利益,且遵循了信息披露要求,则可以获得法律确认。

为盘活担保资源,我国原《担保法》第7条确认了法人作为保证人的权利能力与行为能力:"具有代为清偿债务能力的法人、其他组织或者公民,可以作保证人。"因此,公司作为法人的范畴,具有为他人债务提供担保的主体资格。

但由于担保的潜在风险,我国古代遂有"一不为媒、二不作保"之说。担保有风险,乃古今之通理。为防范任性担保行为拖垮公司担保人,促进公司可持续发展,可增加规定该条款内容。建议同步修改我国现行《公司法》第16条,规定公司法定代表人违反前款规定签署的担保合同全部或者部分无效:"(1)公司依照法律或者公司章程的规定为他人提供担保,依照公司章程的规定,由董事会或者股东会、股东大会决议;但是,公司为公司股东、实际控制人或者其他关联方提供担保的,必须经股东会或者股东大会决议。违反前款规定的决议要求的,担保合同无效。(2)公司章程担保的总额及单项担保的数额有限额规定的,不得超过规定的限额;超过限额的担保部分无效。(3)前款规定的股东或者受前款规定的实际控制人、其他关联方支配的股东不得参加前款规定事项的表决,该项表决由出席会议的其他股东所持表决权的过半数

通过。违反该规定的股东会决议为可撤销决议，但在该决议被人民法院或者仲裁机构撤销之前不得对抗善意债权人。”建议要求公司对外作保时索要反担保，作为倡导性规范。

外部股东（PE）与目标公司之间的对赌条款也具有目标公司为人作保的实质效果。因此，新公司法针对对赌条款的效力的重新厘定也要立足于促进公司可持续发展，以免“只见树木、不见森林”。为捍卫公司资本制度，落实资本维持原则，裁判者对对赌条款的效力应当采取二元论：外部股东（PE）与目标公司之间的对赌条款原则无效，外部股东（PE）与目标公司的控制股东、实际控制人、法定代表人及/或其配偶甚或第三人之间的对赌条款原则有效。当然，立法者也可针对外部股东（PE）的“名股实债”的特点，引导投资者选择可转股的债权投资。

为实现公司治理的民主化，建议全面建立股东大会表决时的利害关系股东回避表决制度。为预防法律规避，建议对关联交易做扩张解释，不把关联交易拘泥于买卖、借贷、担保与租赁等狭义的交易情形，而且囊括投资、重要人事（董监高）任免等领域。

二、弘扬股权文化，完善产权保护制度

（一）建议专章规定股东权利保护，完善股东权益保护制度

有恒产者有恒心，而有恒产的前提是有恒法。中共中央、国务院于2016年11月印发的《关于完善产权保护制度依法保护产权的意见》强调，“保护产权不仅包括保护物权、债权、股权，也包括保护知识产权及其他各种无形财产权”。2019年10月31日党的十九届四中全会决定再次强调，“健全以公平为原则的产权保护制度”。加强产权保护工作有助于全面建设小康社会、全面深化改革、全面依法治国、全面从严治党。

现代产权制度具有广、中、狭二义。狭义的产权制度，仅指所有权（含动产与不动产）制度。中义的产权制度，限指物权制度，包括所有权制度与他物权制度（含用益物权和担保物权）。广义的产权制度，泛指具有财产内容的各项民事权利，既包括物权，也包括债权、股权和知识产权以及具有财产内容的其他民事权利。换言之，凡是具有财产元素的民商事权利都属于产权保护范围。

在市场经济时代，股权是产权王冠上的宝石。股权保护是产权保护的关键。正因股权保护的极端重要性，亚当·斯密、米尔顿·佛里德曼与F. A. 哈耶克等西方经济学家奠定了当代的企业股东理论的基石，认为企业就是股东的，股东是企业的主人。[1]

---

〔1〕 Timothy L. Fort & Stephen B. Presser, *The Legal and Ethical Environment of Business*, West Academic Publishing, 2017, p. 2.

股东有祖国,资本无国籍。哪里有回报,哪里就是投资乐土。我国资本市场长期低迷的主要症结在于股权文化不彰。近年来家族财富海外信托与家族企业治理问题的火爆说明了股权保护制度存在的缺陷。为留住内资、吸引外资,新公司法必须弘扬股权文化,专章规定股东权利保护,全面构建股东友好型的法治规范体系。

建议立法者明确股权文化的六大内涵:股东主权、股东平等、股东民主、股东诚信、扶弱抑强与道义担当(社会责任)。主权在民、人民当家作主的民有民享民治的思想对公司治理的民主化具有指导与启发意义。股东主权思想对股东会中心主义、董事会中心主义以及管理层中心主义之争具有指点迷津的指引作用。倘若法学界能够凝聚股东主权理论的法理共识,就应意识到无论是董事会的权利,还是管理层的权利,归根结底源于股东们的授权,而非源于立法者的授权,更非天上掉下来的天赋经营权。在捍卫股东主权思想的问题是,我国的国有股东与民营股东均有社会共识,也应获得新《公司法》的进一步确认。既然公司治理权最终源于股东、为了股东、并由股东参与行权,则董事会与管理层的权力除了由《公司法》以默认性规范(default rules)予以例示外,均可有公司章程根据自身情况与公司自治予以适度缩放。

鉴于控制股东通常能够实现自我保护,建议立法者重点加大对非控制股东尤其是中小股东的保护力度,实现对弱势小股东的精准靶向保护。向弱势股东适度倾斜的原则是对股东平等原则的继承发展。鉴于"蛇吞象"的现象时有发生,不享有实际控制权的大股东遭受小股东滥权之苦的,也享受法律保护股权是市场经济中的核心产权。

(二)中小股东沦为弱势群体的根源

小股东与大股东(控股股东)本是同甘共苦的公司利益命运共同体,本应同享知情权、分红权、表决权、转股权等一系列自益权与共益权。但在实践中,由于信息不对称、财力不对等以及大股东的贪婪任性以及代理人道德风险等诸多因素,小股东在控股股东和内部控制人面前却容易沦为弱势群体。

控股股东滥用控制权、恶意掏空公司资产、攫取不法利益的行为既损害公司利益,也损害小股东利益。见怪不怪的是,有些公司盈利甚丰,肚满肠肥的控制股东赚得盆满钵满,而小股东却颗粒无收,分红权沦为画饼。有些大股东却说,"公司利益高于股东利益,长期利益高于短期利益"。由于公司法奉行一股一票、资本多数决的治理规则,小股东要挑战大股东在股东会决议中的决策权威、罢免大股东一手提拔的董事监事,无疑是蚍蜉撼大树。小股东行使知情权时也会绝望地发现,大股东炮制的财务会计报告和会计账簿无法真实准确完整地反映公司的经营与财务状况。虽说"三十六计走为上",但进退维谷的小股东欲出让股权也难上加难。因为，倘若小股东如实披露其遭受大股东侵权之苦的真相，大吃一惊的买主必然退避三舍；倘若小股东有意隐瞒真相，上当受骗的买主必然在签订股权转让合同后以自己遭受欺诈为由提起合同撤销之诉。

如果大小股东缺乏共同的价值观、无法结成高度互信的利益共同体，一旦大股东无法慎独自律，小股东就很容易陷入"赶人入穷巷、穷巷狗咬人"的窘境。即使执着维权的小股东有意复制"秋菊打官司"的成功模式，也会发现自己很快陷入"为了追回一只鸡，必须杀掉一头牛"的尴尬。小股东利益受侵后无法获得公平及时的司法救济，不仅是小股东之不幸，也是社会之不幸。

(三)建议立法者全面细化知情权、退股权、分红权、解散公司诉权、索赔权等法律规则

为提振投资信心，保护"大众创业、万众创新"的投资热情，拉动实体经济发展，深化供给侧结构性改革，建设法治中国与诚信中国，消除弱肉强食、"坏人神气、好人受气"、劣币驱逐良币的假恶丑现象，优化公司治理与营商法律环境，《公司法》必须旗帜鲜明地保护小股东免受控股股东侵权之苦。

上市公司的股权受法律保护，非上市公司尤其是有限责任公司的股权也受法律保护。控制股东的股权受法律保护，非控制股东尤其是中小股东的股权也受保护。建议《公司法》进一步细化知情权、分红权、表决权、覆盖各类公司董监事选举的累积投票权、股东代表诉权；股东的转股权(含优先购买权)；股东的退股权；股东请求解散公司的诉权；股东的损害赔偿请求权等法律规则，允许股东查阅公司的原始凭证与记账凭证。就股权司法保护领域的突出案件而言，法院要依法确认股东资格，明确股权代持关系，确认隐名股东的合法权益，促进股权安全顺畅流转。

(四)建议确认控制股东与实际控制人对公司及其他股东对信托义务，并确认受害股东对滥用控制权的控制股东享有索赔权

《公司法》第20条确认了股东滥用股东权利尤其是控制权的侵权行为属性以及侵权行为之债。该条第1款从正面要求"公司股东应当遵守法律、行政法规和公司章程，依法行使股东权利，不得滥用股东权利损害公司或者其他股东的利益"；第2款从反面规定，"公司股东滥用股东权利给公司或者其他股东造成损失的，应当依法承担赔偿责任"。

控股股东滥用股东权利的伎俩与手段繁多，既包括明火执仗的侵占挪用，也包括暗度陈仓的不公允关联交易。不公允关联交易的核心特征是信息不透明，程序不合法，对价不公允。鉴于此，《公司法》第21条确认了控股股东滥用控制权从事不公允关联交易的违法性与侵权属性："公司的控股股东、实际控制人、董事、监事、高级管理人员不得利用其关联关系损害公司利益。违反前款规定，给公司造

成损失的,应当承担赔偿责任。"该条规定是对《公司法》第20条的充实,但未否定《公司法》第20条规定的滥权大股东对受害小股东的赔偿责任。《民法典》侵权责任编也为小股东对失信大股东行使损害赔偿请求权提供了法律依据。

鉴于大股东滥用股东权利尤其是控制权的行为是侵权行为,鉴于侵权行为客体是受害股东依法享有的股权中的财产权益(包括但不限于自益权中的所有者权益),受害股东有权依《民法典》侵权责任编和《公司法》第20条第2款向滥权股东主张侵权损害赔偿之债。

在大股东直接损害小股东利益的情况下,小股东当然享有诉权。在大股东同时直接损害公司利益和股东利益的情况下,公司和小股东均分别享有直接诉权。在大股东直接损害公司利益、间接损害小股东利益的情况下,公司对大股东行使诉权。如果公司拒绝或怠于提起直接诉讼,股东可唯公司利益、以自己名义提起股东代表诉讼。一旦公司获得损害赔偿,小股东利益当然可间接获偿。但这仅是一般原则。

在例外情况下,如果公司对大股东的直接诉权或小股东对大股东的股东代表诉权在法律上或事实上陷入不可能或没有意义,就必须确认与保护小股东对控股股东的直接诉权。有些公司作为大股东控制下的傀儡与工具积极主动配合大股东从事损害公司自身及小股东的不公允关联交易,客观上已沦为小股东的共同侵权行为人,而侵权行为唯一受害者只剩下小股东。幻想公司状告大股东,然后将胜诉利益按持股比例拱手转交受害小股东,纯属与虎谋皮。

有些受损公司不但拒绝或者怠于依法对侵权大股东提起诉讼,甚至公然阻挠小股东提起股东代表诉讼或股东直接诉讼。在实践中,有些受损公司的法定代表人或代理人在诉讼中竟然与被告大股东结成攻守同盟,保持诉讼策略和观点的高度一致,矢口否认控股股东滥权的基本事实,竭力对抗小股东损害赔偿请求权。即使小股东对大股东提起的股东代表诉讼胜诉,胜诉利益也不直接归属小股东,而直接归属公司,最终毫无悬念地由大股东左兜流进右兜。到头来,小股东竹篮打水一场空。

在公司自治失灵、公司无法摆脱侵权大股东控制的情况下,苛求公司对大股东行使直接诉权不可能,苛求小股东对大股东行使股东代表诉权耗时费力,而且由于胜诉利益归被告控制的公司,不少受害股东缺乏提起股东代表诉讼的强大内在激励。既然公司直接诉权与股东代表诉权都无法保护小股东利益,只能确认与保护受害小股东对大股东的直接诉权。法院不能将本是共同侵权人的公司锁定为唯一受害人,不能否定小股东的真正受害人地位,更不能剥夺其提起股东直接诉讼的原告主体资格与救济权利;否则,将徒增南辕北辙、缘木求鱼、本末倒置之讥。

(五)建议赋予受害的前小股东对滥用关联交易损害公司利益的侵权人的求偿权

鉴于前股东(老股东)在司法实践中频频陷入救济无门的窘境,建议立法者明确前股东的合法权益尤其是损害赔偿请求权也依法享受法律保护。《公司法》第20条第2款所保护的股东,既包括权益受损的"现股东",也包括权益受损的"前股东"。倘若将该条款保护的股东狭隘地限缩解释为"权益受损的现股东",将权益受损的"前股东"排斥于外,则该条款的立法目的会落空,真正受到侵害的股东将会彻底丧失司法救济,"有侵害即有救济"的基本法理将会被彻底颠覆。失信的控制股东将肆无忌惮地损害小股东利益,然后无偿或者不公平地剥夺小股东的股东资格,进而彻底剥夺小股东的诉讼主体资格。股东身份与股东的权利是两个不同的概念。通常情况下,股东身份(股东资格)与股东的权利同时并存。基于股东身份,股东既享有公司法规定的股东权利,也享受《侵权责任法》项下的债权以及人格权等。倘若小股东的权利受到控股股东侵害,此种侵权行为就创设了受害股东对控股股东的债权,该债权脱离股东身份而单独存在并受到法律保护。因此,分析股东的侵权之债是否仍然存续,不能简单地根据受害者是否依然具有股东身份作出判断。

作为保护失去股东资格的前股东的索赔权的治本之策,建议《公司法》第21条修改为:"公司的控股股东、实际控制人、董事、监事、高级管理人员不得利用其关联关系损害公司和股东的利益。违反前款规定,给公司或者其他股东造成损失的,应当承担赔偿责任。"

为弥补《公司法解释(五)》第1条与第2条仅立足于事后救济(包括公司的损害赔偿之诉以及关联交易合同的无效确认之诉或撤销之诉)的弱项,建议立法者从正面规定关联交易的原则:程序严谨、信息透明与对价公允。程序严谨强调审计与资产评估程序、招拍挂程序、公司决议程序等,旨在体现程序正义理念。信息透明强调非关联股东的知情权,上市公司要履行对公众的信息披露义务,非上市公司包括有限责任公司也要尊重股东的知情权,旨在激活公众或中小股东的监督机制。对价公允,强调独立交易原则(arm's length principle),旨在弘扬契约正义精神。

(六)建议规范股权代持,明确隐名股东

股权代持现象存在具有合理性。在多数情况下,公司股东是名实相符的显名股东。在现实生活中,常有投资者认缴并实缴全部出资,并将第三人尤其是亲朋好友、秘书、司机等登记为股东。股权代持就是指隐名股东与名义股东相互分离的法律现象与法律关系。易言之,名义股东虽然记载于股东名册甚至被登记于公司登记机关,但不真正履行投资义务,亦不享受股东权利,是"稻草人"股东。隐名股东实际上履行投资义务并享受股东权利,但并未在公司登记机关登记为公司股东,致使公司的外部人和社会公众(包括债权人、交易伙伴)无法或很难获知名义股东背后的隐名股东,以及名义股东与隐名股东间的股权代持关系。有限责任公司的人合性决定了,股东之间本应情投意合,彼此深知。但在股权代持的场景中,有些股东并不知悉隐身于其他股东背后的神秘股东姓甚名谁。

黑格尔曾说:“存在的应是理性的,理性的就应存在。”股权代持现象的存在并非没有缘由。相反,股权代持的社会与法律根源五花八门。有些投资者惧怕“仇官仇富”的民粹心态,刻意保持“低奢内”的处事方式,注重保守个人隐私和商业秘密。有些隐名股东意在规避法律。因此,股权代持现象将长期存在。既然《公司法》未禁止当事人为他人利益代持股权,就不能因为《公司法》没有出现“隐名股东”的概念,就武断地认为隐名股东不具有法律地位,并对股权代持现象一棍子打死。正确的态度应当是具体案件具体分析,原则有效,例外无效。

股权代持的法律性质为信托。股权代持双方当事人之间,即隐名股东与名义股东之间存在何种法律关系,存在争议。备选方案之一是《信托法》框架下的信托关系。隐名股东是受益人,名义股东是受托人。备选方案之二是《民法典》合同编框架下的委托合同关系。隐名股东是委托人,名义股东是受托人。备选方案之三是《民法典》总则编框架下的代理关系。备选方案之四是隐名股东与名义股东之间存在借名协议关系。备选方案之五是《民法典》合同编框架下的无名合同。这一思路的智慧之处就是避开裁判者与争讼当事人围绕股权代持协议性质开展的不必要争论,凸显股权代持双方的契约自由。

上述五种思路均可都用于解释与梳理名义股东与隐名股东之间的法律关系。最为理想的思路是信托关系;二是代理关系说;三是无名合同说;四是委托合同关系;五是借名协议。

鉴于无名合同说回避了股权代持关系的性质、而回避矛盾只会滋生更多争议,鉴于信托关系蕴含着委托合同与代理关系均无法创设的独立信托财产,鉴于信托义务(fiduciary duty)远高于委托合同中受托人或代理人的义务,鉴于借名协议中出借人的合同义务以消极不作为为主,建议立法者运用信托关系去解释和梳理实质股东与名义股东之间的权利义务关系。其中,隐名股东是受益人,名义股东是受托人。

股权信托在实践中运用甚广。股权信托关系的法律效力应受尊重,除非股权信托违反了强制性法律规定中的效力性规范(如《公务员法》禁止公务员经商办企业的规定)。在股权信托关系中,受托人是名义股东,受益人是实质(隐名)股东。现实生活中,担当受托人的既有信托投资公司,也有其他法人和自然人。受托人有义务为实质股东利益而行使股权,受益人也有权要求受托人履行信托义务(如转交股利)。如果受托人违反诚信义务,反客为主,假戏真做,意欲将受托股权窃为己有,委托人可依《信托法》解除信托合同,并将信托股权移转给受益人或返还委托人。由于股权代持纠纷中的矛盾主要方面是名义股东,股权信托的关键是妥善保护实质股东、隐名股东的股东权益。

基于契约自由理念,最高人民法院《关于适用〈中华人民共和国公司法〉若干问题的规定(三)》(以下简称《公司法解释(三)》)第24条第1款和第2款确认了股权代持关系原则有效、例外无效的裁判规则:"有限责任公司的实际出资人与名义出资人订立合同,约定由实际出资人出资并享有投资权益,以名义出资人为名义股东,实际出资人与名义股东对该合同效力发生争议的,如无法律规定的无效情形,人民法院应当认定该合同有效"。《台湾同胞投资保护法》第11条更明确允许股权代持:"台湾同胞投资者可以委托亲友作为其投资的代理人。"

根据2010年最高人民法院《关于审理外资企业纠纷案件若干问题的规定(一)》(以下简称《外资企业司法解释一》)第15条,合同约定一方实际投资、另一方作为外资企业名义股东,不具有法律法规规定的无效情形的,法院应认定该合同有效。一方当事人仅以未经外资企业审批机关批准为由主张该合同无效或者未生效的,法院不予支持。实际投资者请求外资企业名义股东依据双方约定履行相应义务的,法院应予支持。双方未约定利益分配,实际投资者请求外资企业名义股东向其交付从外资企业获得的收益的,法院应予支持。外资企业名义股东向实际投资者请求支付必要报酬的,法院应酌情予以支持。

为预防名义股东监守自盗、不法侵吞代持股权的道德风险与失信行为,《公司法解释(三)》第24条第2款规定:"前款规定的实际出资人与名义股东因投资权益的归属发生争议,实际出资人以其实际履行了出资义务为由向名义股东主张权利的,人民法院应予支持。名义股东以公司股东名册记载、公司登记机关登记为由否认实际出资人权利的,人民法院不予支持。"可见,实质股东与名义股东的分离具有一定的合理性,符合契约自由的精神,本身不具有违法性。遗憾的是,该项司法解释在实践中尚未落地生根。

毋庸讳言,有些股权代持计划旨在规避法律,有些旨在逃避瑕疵出资和抽逃出资的股东的责任,有些旨在回避有限责任公司股东人数上限的强制性规定。例如,《公司法》第24条规定"有限责任公司由五十个以下股东出资设立"。有些企业包括国有企业在公司制改革中迫切成立全员持股的有限责任公司。但因股东人数上限所困,职工持股计划采取了股权代持方式。依《公司法》第78条,股份公司发起设立时也存在200人封顶限制。又依《证券法》第9条,向特定对象发行证券累计超过200人的被视为公开发行。为遵守或规避该条规定,发起人也会采取股权信托的方式把名义发起人控制在200人以内,其他隐名发起人则是“拉线木偶主人”或“手攥风筝线的人”。

有些股权代持计划表面上有两名以上股东。实质上,公司是仅有一名股东的实质一人公司。有些属于股东为保守个人隐私与商业秘密而选择的公司组织战略。鉴于《公司法》设计了预防一人公司制度滥用的防弊措施,鉴于“一人公司”常被限定解释为注册股东仅有一人的公司,隐名股东借名注册公司的现象也就有了存在土壤。

由于个人隐私、商业秘密与法律规避等原因,实质股东(隐名股东)与名义股东(名头股东)的身份分离现象并不少见。但规避法律的行为并非当然无效,而要取决于被规避法律规范的性质。股权代持计划若仅违反任意性规范或倡导性规范,当属有效;若仅违反强制性规范中的管理性规范、而未违反效力性规范,仍属有效,但要承受相关行政处罚;若违反了强制性规范中的效力性规范,则应确认无效。

倘若某股权代持协议虽未违反目前的法律法规,但违反了部门规章,且部门规章背后保护的法益是公共利益,则按照《民法典》第153条之规定,该股权代持协议也应认定无效协议。

(七)建议允许双重或多重股权架构,但要严格预防权利滥用

虽然现行《公司法》尚未规定特别表决权股份,但上交所的科创板公司已经开始乘着公开发行股票并上市的注册制试点的春风,试水双重股权架构,为创始股东和发起人设计特别表决权股份。

证监会2019年3月1日发布的《科创板首次公开发行股票注册管理办法(试行)》第41条已经委婉地为特别表决权股份的合法性作了信用背书:“存在特别表决权股份的境内科技创新企业申请首次公开发行股票并在科创板上市的,发行人应当在招股说明书等公开发行文件中,披露并特别提示差异化表决安排的主要内容、相关风险和对公司治理的影响,以及依法落实保护投资者合法权益的各项措施。保荐人和发行人律师应当就公司章程规定的特别表决权股份的持有人资格、特别表决权股份拥有的表决权数量与普通股份拥有的表决权数量的比例安排、持有人所持特别表决权股份能够参与表决的股东大会事项范围、特别表决权股份锁定安排及转让限制等事项是否符合有关规定发表专业意见。”当然,着眼点是借助信息披露制度强化公众投资者的知情权。

最高人民法院2019年6月20日印发的《关于为设立科创板并试点注册制改革提供司法保障的若干意见》也迅速表态,要“尊重科创板上市公司构建与科技创新特点相适应的公司治理结构。科创板上市公司在上市前进行差异化表决权安排的,人民法院要根据全国人大常委会对进行股票发行注册制改革的授权和公司法第131条的规定,依法认定有关股东大会决议的效力”。

双重或多重股权架构意味着不同股东持有的每一股股份蕴含着不同的表决权权重。美国证券交易所对上市公司尤其是互联网企业的特别表决权制度采取包容态度。许多互联网企业巨头在资本市场上市时都允许创始股东(企业家股东)与嗣后加入的股东享有不同的表决权。确切而言,创始股东(企业家股东)享有的表决权权重远远高于嗣后加入的股东享有的表决权。创始股东(企业家股东)的特别表决权既可表现为一股多票表决权,也可体现为一票否决权。

创始股东(企业家股东)的特别表决权似乎违反一股一票的股东平等原则,而且在客观上也会滋生创始股东(企业家股东)滥权的风险。因此,对于特别表决权制度的抨击在公司法学界从未停止过。

笔者认为,企业家股东一言九鼎的表决权制度设计有一定的正当性。所谓"无利不起早",利益捆绑机制是最好的激励机制,也是最好的约束机制或监督机制。特别表决权制度实质上是对企业家股东在公司上市前提出的独特商业创意以及百折不挠的创业精神的最佳褒奖,解除了控制权争斗的危险,有助于企业家股东心无旁骛地谋划公司长远发展,进而造福公众股东。其实优秀企业的DNA是有价值的。而且,倘若企业家懈怠滥权,上市公司的财务业绩下滑,股价暴跌惨不忍睹,也会导致企业家自身利益受损。因此,权倾一时的企业家股东实际上在走"钢丝绳"。

企业家股东的特别表决权也有滥用之虞。例如,企业家股东离世后的创二代能否善用表决权就不无疑问。因此,最高人民法院《关于为设立科创板并试点注册制改革提供司法保障的若干意见》也表示,要"积极调研特别表决权在科创板上市公司中可能存在的'少数人控制''内部人控制'等公司治理问题,对于以公司自治方式突破科创板上市规则侵犯普通股东合法权利的,人民法院应当依法否定行为效力,禁止特别表决权股东滥用权利,防止制度功能的异化。案件审理中,要准确界定特别表决权股东权利边界,坚持'控制与责任相一致'原则,在'同股不同权'的同时,做到'同股不同责'。正确审理公司关联交易损害责任纠纷案件,对于通过关联交易损害公司利益的公司控股股东、实际控制人等责任主体,即使履行了法定公司决议程序也应承担民事赔偿责任;关联交易合同存在无效或者可撤销情形,符合条件的股东通过股东代表诉讼向关联交易合同相对方主张权利的,应当依法予以支持"。

建议立法者允许公司依据公司自治与股东自治精神,自主设计表决权与收益权多元化的不同种类股份,以适合投资理念与投资风险承受能力不同的股东的制度需求。但立法者也要倡导权利与义务成正比、利益与风险相匹配的公平理念,明文禁止享有特别表决权的股东(包括创一代与创二代、创三代)滥用权利,损害公司与全体股东利益。欲戴王冠,必承其重。

三、强化交易安全,防范金融风险

(一)公司法肩负着维护交易安全的历史使命

公司法是一部兴利除弊兼顾的安全型公司法。《公司法》要深入开发公司法在保护债权人方面的富矿资源,而不能剥离公司法的债权人保护职责。有人认为,《公司法》应当忘记交易安全,进而淡化甚至删除公司法中有关维护交易安全的制度设计。此种观点是错误的。

首先,基于社会契约论,公司被授予法人资格、股东被赋予有限责任待遇是基于公司及其股东善待债权人的承诺。因此,保护债权人是法人制度创设与存在的前提与基础。没有债权人保护制度的落地生根,就没有公司制度存在的正当性与合法性。

其次,从债权人的法律角色看,债权人虽是公司的重要利益相关者,但与公司债务人相比处于相对弱势地位。鉴于公司不能离开信用和债权人而存在,《公司法》不仅肩负着提高公司效率的历史使命,而且肩负着维护交易安全、呵护公司债权人的历史使命。公司效率源于公司及其股东的营利性。但公司效率又离不开交易安全。公司效率与交易安全作为矛盾的两个方面既相对立,也相统一。法律艺术的最高境界就是实现二者的动态平衡和统一。

再次,从公司组织形式看,由于股东仅对公司债务承担有限责任,公司债务人会承担较大的交易风险。债权人保护本属债法范畴中的合同与担保问题,公司法本不必涉足。但债法领域的债权人和债务人都是抽象的法律人格。债法在保护债权人、约束债务人时,无法也不可能针对债务人的不同具体身份做出量体裁衣的个性化制度设计。因此,债务人不分男女,也不区分自然人与法人、上市公司与非上市公司,都适用同一法律规则。结果,公司债务人作为债务人的特殊性往往被普通债法忽略和遗忘。公司债务人的特性之一是,公司面纱背后的控制股东、实际控制人和高管有可能滥用公司法人制度逃废债务。

最后,从担保法角度看,公司法的调整对象蕴含着宝贵的担保制度资源。五颜六色的担保工具箱中既有人的担保,也有物的担保;既有执行程序中的担保,也有执行程序外的担保。公司是活跃的担保人,股权是日益重要的质押标的,公司担保决策程序则是公司治理的重要内容。因此,担保法与公司法水乳交融。

鉴于此,保护公司债权人的重责大任既需要民法,也需要公司法从自身的独立视角筑牢债权人保护的安全网,保护和造福公司的债权人,营造债权人友好型的公司法治环境。在一定意义上看,保护债权人就是保护公司制度。

(二)公司法在保护债权人方面的特殊性

公司法保护债权人保护的自身特色是立足于公司内部的制度设计,包括但不限于公司资本制度、股权质押制度、公司治理制度与揭开公司面纱制度。与普通债法的债权人保护制度相比,公司法的债权人保护制度处于特别法地位。既然二者是普通法与特别法的关系,公司法对公司债权人的特别保护条款(如瑕疵出资或抽逃出资股东的责任条款)优先适用;普通债法对债权人的普通保护条款(包括债的保全制度和担保制度)补充适用。例如,《民法典》合同编第535条规定的债权人代位权、第538条规定的债权人撤销权,公司的债权人均可行使。

广而言之,债权人既包括民事关系中的债权人,也包括公法关系尤其是税收关系中的国家税收债权人。公司法对债权人提供的法律保护原则上也适用于国家税收债权人,除非依其本质不适用于国家税收债权人的除外。

(三)脱实向虚现象背后的高杠杆风险呼吁债权人友好型的公司法

有交易必有风险。公司就是在应对风险挑战的过程中乘风破浪,披荆斩棘的。为捕捉商机,公司必然借助信用杠杆。当前,我国公司的资产负债率(杠杆率)普遍较高。这也是"去杠杆"之所以成为"三去一降一补"的供给侧结构性改革的核心内容。资产负债率过高绝不仅仅是公司自治范畴内的家务事,而且存在严重的风险外溢现象。资产负债率的居高不下纵容了企业的盲目扩张与虚假繁荣,削弱了企业的内生发展动力与抗风险能力,严重危及了交易安全,更直接制约了宏观经济的平稳健康发展。

为维护交易安全与金融安全,将企业的资产负债率控制在合理范围之内,不仅要依靠精准有效的宏观调控政策以及公司组织外部的债权担保制度,更要依靠公司组织内部的制度设计。建议新公司法适度扩大实行最低注册资本制度以及实缴注册资本制度的产业与公司范围,授权金融监管机构对金融机构以及准金融机构(如房地产公司与典当行)适度调整期股权资本比例与资产负债率。建议立法者明确允许对股权资本显著不足的公司适用揭开公司面纱制度,以保护债权人和消费者。

(四)为弥补2013年注册资本制度认缴制改革遗留的制度漏洞,建议限定实缴制的最长期限为5年

2013年注册资本制度由实缴制向认缴制转变的改革大刀阔斧,既释放了改革红利,也遗留了制度漏洞。突出表现在,放权有余,但监管不足,服务滞后。因此,滥用认缴资本制的现象开始浮出水面,认缴资本巨大、但实缴期限长达数十年的公司开始出现。更有甚者,在公司成立且开展运营活动以后,又为了悬空债权人而恶意延长实缴注册资本的期限。另外,公司登记制度在"先证后照"转变为"先照后证"以后,有些不肖之徒在取得私募基金管理公司的营业执照后,恶意不前往监管部门或者行业协会办理行政许可、主体登记或产品备案手续,导致投资者血本无归。

鉴于注册资本制度的自由化并未彻底否定公司资本制度;鉴于"放管服"的改革实效有利有弊;鉴于人生苦短、几十年以后的出资承诺往往意味着承诺股东缺乏履行股东出资义务的诚意与决心;鉴于资本虚空的公司交易安全的风险尚不能通过事先事中事后的行政监管予以识别与化解,建议立法者创新债权人保护制度,及时设计配套的平衡或对冲制度,弥补 2013 年注册资本制度认缴制改革遗留的制度漏洞。建议新公司法明确限定实缴制的最长期限为 5 年,公司章程规定的实缴制期限长于 5 年的一概无效。

(五)建议全面规定债权人友好型的股东实缴出资加速到期制度

1. 保护认缴出资股东期限利益为原则、出资义务加速到期为例外

基于契约自由原则以及股东认缴出资期限等企业信用信息查询系统的开通,笔者主张保护认缴出资股东期限利益为原则、出资义务加速到期为例外。

2019 年《全国法院民商事审判工作会议纪要(征求意见稿)》就股东出资能否加速到期指出,"鉴于在认缴制下股东依法享有期限利益,故对债权人以公司不能清偿到期债务为由,请求未届出资期限的股东在未出资范围内对公司不能清偿的债务承担补充赔偿责任的诉讼请求,人民法院原则上不予支持。但是一概保护股东的期限利益,有时也会损害债权人的利益,故一旦出现下列情形之一的,应当例外允许股东的出资加速到期:(1)股东恶意延长出资期限以逃避履行出资义务的;(2)出现股东破产、被强制清算等新的法律事实,据此可以确定股东在出资期限届至时不可能完全履行出资义务的;(3)人民法院受理公司破产申请的。"

2019 年 11 月 14 日正式发布的《全国法院民商事审判工作会议纪要》第 6 条作了文字修改:"在注册资本认缴制下,股东依法享有期限利益。债权人以公司不能清偿到期债务为由,请求未届出资期限的股东在未出资范围内对公司不能清偿的债务承担补充赔偿责任的,人民法院不予支持。但是,下列情形除外:(1)公司作为被执行人的案件,人民法院穷尽执行措施无财产可供执行,已具备破产原因,但不申请破产的;(2)在公司债务产生后,公司股东(大)会决议或以其他方式延长股东出资期限的。"

笔者基本赞同该观点,但例外情形列举毕竟有限,应予充实。建议新公司法除了明确列举以上两种情形外,还应增列以下三种股东出资加速到期的情形:公司启动破产清算程序的情形;公司启动非破产清算程序的情形;公司在执行程序中不能清偿到期债务的情形。

2. 公司启动破产清算程序时,股东的实缴出资义务加速到期

为扩大与保全债务人公司的全部财产,《企业破产法》第 35 条规定:"人民法院受理破产申请后,债务人的出资人尚未完全履行出资义务的,管理人应当要

求该出资人缴纳所认缴的出资,而不受出资期限的限制。”

该条款背后的基本理念是,股东加入公司之初与公司及其债权人存在以下无言的默契与承诺:不管股东认缴出资缴付期限多么漫长,也不管公司寿命多长,只要公司终止其法人资格、退出市场,股东就将在公司退出市场前的清算阶段提前缴纳尚未到期的出资。

在公司进入破产清算程序以后,资不抵债的公司无法全额偿债,股东的出资义务视为提前到期,以提高债权人的获偿比例。对尚未实缴出资的股东来说,“难言之隐,一破了之”,对公司的债权人是不公平的。

3. 公司启动非破产清算程序时,股东的实缴出资义务加速到期

《企业破产法》第 35 条仅适用于破产清算程序。《公司法》对公司非破产清算程序中的股东实缴出资义务是否应加速到期,语焉不详。

笔者认为,在公司进入非破产清算程序以后,股东虽承诺出资,但尚未届至实缴出资期限的,该股东的出资义务也应视为提前到期。基本的法律逻辑依然是,股东加入公司之初与公司及其债权人之间的默契:不管股东认缴出资缴付期限多么漫长,不管公司寿命多长,只要公司不再是持续经营的企业(going concern)、公司法人资格即将终止,股东就要提前缴纳尚未到期的出资。

“出来混,迟早是要还的。”股东认缴出资的承诺不仅在股东之间产生拘束力,而且在股东与公司甚至公司的债权人之间产生了法律效果。公司的债权人有权合理信赖股东的出资承诺、并期待股东的实缴出资足以维持公司的正常运营而对公司授予信用。在公司进入普通清算程序以后,虽然公司剩余资产总额可能足以偿债,但清算内容并不限于公司与债权人的债权债务关系,也涉及股东之间的权利义务关系,而且在清算程序最终终结之前无法确保公司的每位特定债权人都能获得足额清偿。当然,如果债权人足额获偿,股东可按其实缴出资比例分取剩余财产(包括补缴出资)。

基于此,2014 年最高人民法院《关于适用〈中华人民共和国公司法〉若干问题的规定(二)》(以下简称《公司法解释(二)》)第 22 条确认公司解散之时即为股东实际缴纳出资的义务加速到期之时:“公司解散时,股东尚未缴纳的出资均应作为清算财产。股东尚未缴纳的出资,包括到期应缴未缴的出资,以及依照公司法第二十六条和第八十条的规定分期缴纳尚未届满缴纳期限的出资。公司财产不足以清偿债务时,债权人主张未缴出资股东,以及公司设立时的其他股东或者发起人在未缴出资范围内对公司债务承担连带清偿责任的,人民法院应依法予以支持。”

4. 公司在执行程序中不能清偿到期债务时,股东的实缴出资义务加速到期

笔者认为,当公司不能清偿到期债务时,债权人有权请求分期缴纳出资的发

起人在未缴纳且未届实缴期的出资范围内对公司债务承担补充赔偿责任。理由有四:一是有利于维护交易安全,提高分期缴纳出资制度在债权人心目中的公信力,因为债权人有理由信任公司的注册资本和股东在公司成立之时业已承诺的出资缴纳义务;二是在分期缴纳出资股东享受期限利益的前提下,该股东有限责任待遇依然享有,该股东的出资义务并未实质增加;三是在公司陷入支付不能的境地时,可以理解为允许股东履行分期缴纳出资的义务有必要加速到期,因为立法者允许股东分期缴纳出资的默示条件是公司能够作为持续运营的企业开展经营活动,尚未陷入支付不能的紧急状况;四是在解释《公司法》项下的分期缴纳出资制度遇有疑义时,应当采取有利于债权人的解释方法。

为维护交易安全,公司不能清偿到期债务的界限应当慎重把握。既不能苛求公司必须进入清算程序后才认为公司不能清偿债务;也不能认为公司不能及时清偿债务就属于公司不能清偿债务。笔者认为,公司不能清偿债务的时点应当界定为公司拒绝或者怠于履行生效法律文书(包括裁判文书与公证文书)之时。

加速到期制度适用于所有认缴出资、但实缴期限尚未届满的股东,包括原始的发起股东以及嗣后加入公司的股东。

(六)建议激活揭开公司面纱制度

任何原则皆有例外。公司人格独立与股东有限责任的基本原则(股东无责任原则)有助于降低股东投资风险,是公司制度长盛不衰、始终对股东保持魅力的奥秘所在。该原则与公司的法人性互为表里、互相依存。前者着眼于股东角度,后者着眼于公司角度。但不能忽视的是,公司享受法人资格、股东享受有限责任特权的前提条件是他们必须善用法律恩惠,真诚对待社会,以感恩之心回报与造福社会,至少要避免交易风险的不合理外溢。

鉴于奸诈股东和实际控制人热衷于玩弄"草船借箭""借尸还魂""坚壁清野""瞒天过海""走为上"等阴谋诡计,滥用法人资格、欺诈坑害债权人;为矫正股东有限责任原则绝对化的制度缺陷,在特定案件中对债权人提供公平的司法救济,立法者在2005年《公司法》第20条第3款引进了揭开公司面纱制度,承认了公司法人性的法定例外情形。这意味着,公司的法人性与股东有限责任待遇不再绝对。但需要强调的是,揭开公司面纱仅仅股东有限责任的例外情形,而非常态化的一般原则。

公司人格否认制度在世界范围内仍处于成长阶段,在我国司法实践中的解释与运用也面临同案不同判的现象。为统一裁判思维,2019年11月14日正式发布的《全国法院民商事审判工作会议纪要》(以下简称《纪要》)要求,"准确把握《公司法》第20条第3款规定的精神","在审理案件时,需要根据查明的案件事实进行综合判断,既审慎适用,又当用则用。实践中存在标准把握不严而滥用这一例外制度的现象,同时也存在因法律规定较为原则、抽象,适用难度大,而不善于适用、不敢于适用的现象,均应当引起高度重视”。

《纪要》将《公司法》第20条第3款规定的滥用行为概括为三类情形:人格混同、过度支配与控制、资本显著不足等。认定公司人格与股东人格是否存在混同,最根本的判断标准是公司是否具有独立意思和独立财产,最主要的表现是公司的财产与股东的财产是否混同且无法区分。在认定是否构成人格混同时,应当综合考虑以下因素:(1)股东无偿使用公司资金或者财产,不作财务记载的;(2)股东用公司的资金偿还股东的债务,或者将公司的资金供关联公司无偿使用,不作财务记载的;(3)公司账簿与股东账簿不分,致使公司财产与股东财产无法区分的;(4)股东自身收益与公司盈利不加区分,致使双方利益不清的;(5)公司的财产记载于股东名下,由股东占有、使用的;(6)人格混同的其他情形。在出现人格混同的情况下,往往同时出现以下混同:公司业务和股东业务混同;公司员工与股东员工混同,特别是财务人员混同;公司住所与股东住所混同。人民法院在审理案件时,关键要审查是否构成人格混同,而不要求同时具备其他方面的混同,其他方面的混同往往只是人格混同的补强。

《纪要》认为,公司控制股东对公司过度支配与控制,操纵公司的决策过程,使公司完全丧失独立性,沦为控制股东的工具或躯壳,严重损害公司债权人利益,应当否认公司人格,由滥用控制权的股东对公司债务承担连带责任。常见情形包括:(1)母子公司之间或者子公司之间进行利益输送的;(2)母子公司或者子公司之间进行交易,收益归一方,损失却由另一方承担的;(3)先从原公司抽走资金,然后再成立经营目的相同或者类似的公司,逃避原公司债务的;(4)先解散公司,再以原公司场所、设备、人员及相同或者相似的经营目的另设公司,逃避原公司债务的;(5)过度支配与控制的其他情形。控制股东或实际控制人控制多个子公司或者关联公司,滥用控制权使多个子公司或者关联公司财产边界不清、财务混同,利益相互输送,丧失人格独立性,沦为控制股东逃避债务、非法经营,甚至违法犯罪工具的,可以综合案件事实,否认子公司或者关联公司法人人格,判令承担连带责任。

资本显著不足指公司设立后在经营过程中,股东实际投入公司的资本数额与公司经营所隐含的风险相比明显不匹配。股东利用较少资本从事力所不及的经营,表明其没有从事公司经营的诚意,实质是恶意利用公司独立人格和股东有限责任把投资风险转嫁给债权人。由于资本显著不足的判断标准有很大的模糊性,特别是要与公司采取“以小博大”的正常经营方式相区分,因此在适用时要十分谨慎,应当与其他因素结合起来综合判断。

为增强揭开公司面纱制度的可操作性与可诉性,降低公司治理风险,建议立法者合理细化《公司法》第20条第3款,列示股权资本显著不足以及法律人格高度混同的法定情形。《纪要》提及的"人格混同""过度支配与控制"可以合二为一,统一归类为"人格高度(严重)混同","资本显著不足"则应限定为"股权资本显著不足"。建议立法者将人格严重混同列举为机构、人员、资产、财务与业务等人格要素的混同。

为避免法律解释分歧,建议扩大受益人范围,明确《公司法》第20条所称的"公司债权人"既包括民事关系中的各类债权人,也包括劳动关系中的债权人(劳动者),还包括行政关系中的特殊债权(如国家税收债权)人。在控制股东(含母公司)滥用子公司法人资格、逃避子公司确定应当履行的法定税收义务时,税收征收管理机关也有权援引该条规定请求公司及其背后的滥权股东承担缴纳税款的连带责任。

为充分保护债权人,建议扩大公司面纱背后的责任主体。奸诈之人有可能滥用"稻草人"股东之名,行滥用公司法人资格之实。对此等"实际控制人",可否适用第20条第3款?立法者语焉不详。建议对第20条所称的"股东"作扩张解释,从而将实际控制人(包括实质股东、隐名股东以及控制股东的控制股东)涵盖其内。《公司法》第20条第3款规定聚焦股东与公司之间的公司面纱,至于姊妹公司的债权人可否主张揭开其姊或者妹公司的面纱,责令姊妹公司对彼此债务连带负责,只能留待法律解释。笔者对此持肯定见解,但认为需要对《公司法》第20条第3款做出扩张解释。当控制股东滥设一串"糖葫芦公司",导致此类公司间财产和责任界限模糊,坑害兄弟公司的债权人时,法院也可否定公司法人资格,责令控制股东、沦为木偶的兄弟公司与债务人一道对债权人承担连带债务清偿责任。换言之,否认公司人格不仅适用于控制股东与公司之间(含母子公司之间)的纵向关联关系,也可能适用于兄弟公司之间的横向关联关系。

为充分保护债权人利益,建议立法者允许法院或仲裁机构在公司侵权责任案件积极运用揭开公司面纱的规则,充分保护侵权行为受害人的利益,树立侵权行为受害人友好型的理念。为凸显以人为本、生命至上的理念,建议对侵权行为案件中的自然人受害者采取股东无限责任原则。当然,这也会引发学术界的激烈辩论。

(七)建议导入深石规则(衡平居次规则)

深石规则又称衡平居次规则(Equitable Subordination Rule),确立于美国法院在1938年受理的"泰勒诉标准煤气和电力公司(以下简称标准气电)"一案。在深石公司破产重整中,美国最高法院认为标准气电(母公司)在设立深石公司

(子公司)时没有足额出资,且标准气电基本控制着深石公司的经营利益,遂判决标准气电公司对深石公司的债权劣后于其他普通债权人的债权居次受偿。后来,该原则被美国破产法所确认。

美国法院通常基于"实质重于形式"的理念,重点审查母公司对子公司是否存在以下不公正行为:(1)子公司资本明显不足;(2)母公司违反对子公司的信托义务;(3)母子公司之间资产混同或不当转移;(4)母公司滥用子公司独立法律人格。如果法院认定母公司利用其控制地位从事不公正行为取得对子公司的债权并损害子公司的其他债权人利益时,法院可以裁判母公司的债权劣后受偿。

我国《公司法》虽然尚未导入深石规则,但该法第20条第3款规定的揭开公司面纱制度的适用情形之一是公司的股权资本显著不足。而股东认缴的股权资本较少,出借给公司的债权资本过高,属于股东债权杠杆过高的股权资本显著不足的情形,应当适用揭开公司面纱制度。因此,股东债权劣后于其他债权人债权的"深石原则"实际上是揭开公司面纱制度的第二法律效果,第一法律效果则是股东对公司债务连带负责。前者较为温和,后者效果更猛。

2015年3月31日,最高人民法院公布的一个典型案例"沙港公司诉开天公司执行分配方案异议案"的判决书就借鉴了美国深石规则,确认出资不实的股东对公司的债权劣后于公司外部债权人的受偿顺位。

2010年6月11日,松江法院判决茸城公司向沙港公司支付货款以及相应利息损失。后茸城公司被注销,沙港公司向法院申请追加茸城公司股东开天公司及7名自然人股东为被执行人,在各自出资不实范围内向沙港公司承担责任,共计扣划股东款项696,505.68元(包括开天公司出资不足的45万元)。2012年7月18日,开天公司起诉要求茸城公司8个股东在各自出资不实范围内对茸城公司欠付开天公司各类款项以及违约金承担连带清偿责任。以上两案均进入执行程序。

2013年2月27日,松江法院执行局作出《被执行人茸城公司追加股东执行款分配方案表》,将上述三案合并,确定执行款696,505.68元在先行发还三案诉讼费用后,余款再按31.825%同比例分配,今后继续执行到款项再行分配处理。沙港公司遂于2013年4月27日向松江法院提起异议之诉,认为开天公司不能参与就其出资不到位而被扣划的款项分配。

一审法院认为,开天公司因出资不实而被扣划的45万元应首先补足茸城公司责任资产,向公司外部债权人沙港公司进行清偿。开天公司以其对茸城公司也享有债权为由要求参与其自身被扣划款项的分配,对公司外部债权人是不公平的,也与公司股东以其出资对公司承担责任的法律原则相悖,最终否定了出资不实股东进行同等顺位受偿的主张。

一审判决后,当事人均未上诉,一审判决生效。该判决实借鉴了美国"深石规则"。股东债权劣后受偿的司法态度值得立法者肯定。至于其立法排序,可置于揭开公司面纱之后。

(八)建议立法者限定列举债权人可追加公司或者股东为被执行人的法定情形

为破解执行难,保护债权人合法权益,最高人民法院2016年11月7日发布了《关于民事执行中变更、追加当事人若干问题的规定》(以下简称《变更追加司法解释》)。在执行程序中可以追加被执行人,意味着债权人可以跨越诉讼程序,直接追加更多更有清偿实力的、与原被执行人由特定法律联系的当事人成为被执行人,进而极大提高债权人获偿的概率和效率。对于最高人民法院在执行程序中送来的这份大礼包,债权人当然欢天喜地。但几家欢喜几家愁。被执行人的追加意味着诉讼程序中并未被列为被告的案外人成了被执行人,若拒绝履行生效裁判文书,就会被强制执行,甚至会被添加到老赖(失信被执行人)的"黑名单"。

为妥善平衡债权人保护与案外利害关系人之间的利益冲突,司法解释既允许债权人(申请执行人)在具备正当与法定事由的情形下申请追加被执行人;又严格限定被追加为被执行人的主体范围,并根据法定条件与程序保护异议人的权利,确保不殃及无辜的案外人和第三人。

《变更追加司法解释》由两部分组成:一部分内容是要解决申请执行人侧(债权人侧)的变更、追加;另一部分内容是要解决被申请执行人侧(债务人侧)的变更、追加。前者主要是债权人群体内部利害关系人的利益与资源的再分配;后者则是债务人群体内部利害关系人的义务、责任与风险的再配置。

鉴于变更、追加被执行人的制度设计既属于民事诉讼法、执行程序中的程序法问题,更属于攸关被执行人的民事权利的实体法问题,建议立法者在《公司法》中限定列举申请执行人有权请求法院变更、追加的被执行人范围。

1. 公司合并后的存续公司或新设公司。基于公司合并制度,作为被执行人的法人或其他组织因合并而终止,申请执行人可申请变更合并后存续或新设的法人、其他组织为被执行人(第11条)。

2. 分立后的新设公司。基于公司分立制度,作为被执行人的法人或其他组织分立时,申请执行人可申请变更、追加分立后新设的法人或其他组织为被执行人,对生效法律文书确定的债务承担连带责任。但被执行人在分立前与申请执行人就债务清偿达成的书面协议另有约定的除外(第12条)。

3. 分公司。分公司不是子公司,不是独立法人。分公司的所有资产或财产都可用于清偿总公司对外负债。基于分公司的法律地位,倘若作为被执行人的分公司不能清偿生效法律文书确定的债务,申请执行人有权申请变更、追加该法人为被执行人。法人直接管理的责任财产仍不能清偿债务的,人民法院可以直接执行该法人其他分公司的财产。被执行人公司直接管理的责任财产不能清偿生效法律文书确定债务的,法院可依职权直接执行该法人分支机构的财产,而无需债权人的申请(第15条)。

4. 瑕疵出资股东(包括实际缴纳出资义务尚未届满时的股东)。《公司法解释(三)》第13条规定了瑕疵出资股东对公司债务的补偿清偿责任。因此,被执行人公司的财产不足以清偿生效法律文书确定的债务时,申请执行人有权申请变更、追加未缴纳或未足额缴纳出资的股东或依公司法规定对该出资承担连带责任的发起人为被执行人,在尚未缴纳出资的范围内依法承担责任(第17条)。

5. 抽逃出资股东。《公司法解释(三)》第14条规定了抽逃出资股东对公司债务的补偿清偿责任。因此,被执行人公司的财产不足以清偿生效法律文书确定的债务,申请执行人有权申请变更、追加抽逃出资的股东为被执行人,在抽逃出资的范围内承担责任(第18条)。

6. 瑕疵股权的出让人。《公司法解释(三)》第18条重申了瑕疵股权的出让人对公司债务的补偿清偿责任,第13条第3款重申了《公司法》第30条规定的设立时足额出资的原始股东对其他瑕疵出资的原始股东的连带责任。鉴于此,被执行人公司财产不足以清偿生效法律文书确定的债务,其股东未依法履行出资义务即转让股权的,申请执行人有权申请变更、追加该原股东或依公司法规定对该出资承担连带责任的发起人为被执行人,在未依法出资的范围内承担责任(第19条)。但遗憾的是,该司法解释漏写了本应一并被追加为被执行人的两类特定主体:一是已被《公司法解释(三)》第18条规定的应当与瑕疵出资股东共同承担连带责任的非善意的瑕疵股权受让人。二是《公司法解释(三)》第13条第3款规定了在公司增资时未能诚实守信、勤勉尽责、致使公司出资未缴足的董事与高管。若债权人要让这两类被漏写的主体承担责任只能另行提起民事诉讼,而不能享受《变更追加司法解释》的快速直通车。建议新公司法弥补这一漏洞。

7. 未能举证证明自己财产独立于一人公司财产的一人股东。《公司法》第63条规定了一人股东不能举证证明一人公司财产独立于该股东个人财产时对公司债权人的连带责任。基于法人格滥用的推定制度,倘若作为被执行人的一人有限责任公司财产不足以清偿生效法律文书确定的债务,而且该股东不能证明公司财产独立于自己的财产,则申请执行人有权申请变更、追加该股东为被执行人,对公司债务承担连带责任(第20条)。

8. 未经清算就注销公司的清算义务主体。《公司法解释(二)》第20条规定了有责任公司股东、股份公司董事的董事和控股股东以及公司的实际控制人未经依法清算就办理注销登记时对公司债务的相应赔偿责任。鉴于此,倘若被执行人公司未经清算即办理注销登记,导致公司无法进行清算,申请执行人有权申请变更、追加有限责任公司的股东、股份有限公司的董事和控股股东为被执行人,对公司债务承担连带清偿责任(第21条)。但该司法解释有两个漏洞:一是遗漏了《公司法解释(二)》第19条规定的有责任公司股东、股份有限公司的董事和控股股东,以及公司的实际控制人在公司解散后,恶意处置公司财产给债权人造成损失,或者未经依法清算,以虚假的清算报告骗取公司登记机关办理法人注销登记时对公司债务的相应赔偿责任。《变更追加司法解释》貌似整合了《公司法解释(二)》第19条和第20条,实则不然。因为《变更追加司法解释》列举的情形无法覆盖《公司法解释(二)》第19条项下的情形。二是遗漏了《公司法解释(二)》第20条第1款规定的公司的实际控制人在公司未经依法清算就以虚假清算报告办理注销登记时对公司债务的相应赔偿责任。公司的实际控制人不同于控股股东,而是控股股东的背后控制人。司法解释漏写了公司的实际控制人主要考虑到实际控制人若不登记于公司登记机关,则很难认定。执行法院的畏难情绪可以理解,但申请执行人一般会协助执行法院发现被执行人背后的实际控制人。但由于司法解释漏写了实际控制人,将为实际控制人恶意规避债务预留了后门,亟须制度补漏。当然,《变更追加司法解释》也有可圈可点的大胆创新之处:把《公司法解释(二)》第20条第1款规定的被追加的被执行人的民事责任性质由"清偿责任"明确为连带责任。这一司法举措体现了债权人保护力度的加大,但被追加的被执行人可能会心有微词。

9. 在被执行公司解散时无偿接受公司财产的股东或主管部门。基于债务随着资产走的朴素理念,倘若作为被执行人的公司被注销或出现被吊销营业执照、被撤销、被责令关闭、歇业等解散事由后,其股东、出资人或主管部门无偿接受其财产,致使该被执行人无遗留财产或遗留财产不足以清偿债务,申请执行人有权申请变更、追加该股东、出资人或主管部门为被执行人,在接受的财产范围内承担责任(第22条)。

10. 清算承诺人。《公司法解释(二)》第20条第2款规定,被执行人"公司未经依法清算即办理注销登记,股东或者第三人在公司登记机关办理注销登记时承诺对公司债务承担责任,债权人主张其对公司债务承担相应民事责任的,人民法院应依法予以支持"。基于此,作为被执行人的公司未经依法清算即办理注销登记,在登记机关办理注销登记时,倘若第三人书面承诺对被执行人的债务承担清偿责任,申请执行人有权申请变更、追加该第三人为被执行人,在承诺范围内承担清偿责任(第23条)。

为提高债权实现效率，建议将立法者允许公司的债权人在执行程序中遇有公司不能清偿到期债务的情形，可以直接追加负有加速到期出资义务的股东为被执行人。

(九)代持股权作为执行标的时隐名股东的异议权

现行执行异议之诉制度无法解决执行程序中名义股东与隐名股东及其债权人相互之间的权利冲突。笔者主张，法院对于代持股权采取"别内外，论阴阳，分善恶，讲先后，重担保，防双悬，辨民商"的裁判与执行理念。

"别内外"强调严格区分隐名股东与名义股东之间的内部法律关系，以及名义股东与其债权人之间的外部法律关系。桥归桥，路归路。外观主义原则及其派生出来的名义标准应当作为处理外部法律关系的基本准则。

"论阴阳"强调区分代持股权是否办理了登记手续、获得了公示公信效力。阳光是最好的防腐剂。可预期是交易安全的基本保障，是营商法治环境的本质要求。在登记机构办理登记的股权信息具有保护善意第三人合理信赖的功能，也具有对抗非善意第三人的功能。

"分善恶"强调申请执行人对被执行人代持股权的主观心态是恶意明知、重大过失，轻微过失，还是善意无过失，也强调隐名股东对自己的财产转至他人名下是否知情、是否同意、是否存在过失。坏人不能获得好处。老实人不应吃亏。

"讲先后"强调在名义股东与隐名股东皆有善意的债权人作为申请执行人的情况下，应根据债权生效时间的先后顺序保护权利在先的申请执行人。

"重担保"强调已经就代持股权设定担保的债权人可以优先受偿。物权优于债权为基本法理。

"防双悬"强调避免出现名义股东以自己身后有隐名股东为由对抗自己的债权人，而隐名股东以自己不是权利人为由对抗自己的债权人，结果导致名义股东的债权人和隐名股东的债权人双双被悬空的尴尬状态。

"辨民商"强调在代持财产执行问题上应严格区分民事关系与商事关系。法律是有温度的。基于以人为本的法律理念，有必要坚持民商事关系的二元论，正确区分民商事财产。民事财产(如住宅房产)往往涉及自然人生存权等人权问题，而商事财产(以股权和证券化资产为代表)往往涉及商人(商法人与商自然人)的商事权利问题。倘若代持财产(如唯一的居住用房，不包括投资投机性住宅)为涉及公民生存、正常生活与学习所必需的生活资料，私人产权的保护就涉及民生和人权问题。因此，当此类民事股权代持人对外负债时，其债权人(申请执行人)不能执行代持财产。在这种情形下，应当强调对具有人权属性的私人产权的优先保护，而非交易安全的保护。交易安全也很受尊重与保护，只不过要礼让人权而已。当然，股权代持的法律关系一定要真实合法，以预防民事股权代持优先规则之滥用。在商事股权代持的情形下,应更多向债权人与交易安全倾斜。

绝对的名义标准较为僵硬。如果缺乏必要的、仅适用于极端例外情形的灵活性,就容易脱离社会现实与公序良俗。而绝对的内部权利事实标准对名义股东的债权人也不公平。笔者认为,作为中庸之道,以代持财产为执行标的物的,以外观主义或名义标准为原则,以代持财产免于被名义股东的债权人申请强制执行为例外。

四、鼓励公司承担社会责任,促进经济高质量发展

(一)公司社会责任基因决定着现代公司制度文明的发展方向

公司社会责任是权利本位与社会本位有机融合的公司法现代化成果,是现代公司制度文明自我修正与自我进化的结果。我国现行《公司法》在追求股东价值最大化的同时,强化了公司的社会责任。公司既具有营利性,也具有社会性。既然公司具有社会性,就不能将公司利益仅仅还原为股东利益;相反,公司理应对其劳动者、债权人、供应商、消费者、公司所在地的居民、自然环境和资源、国家安全和社会的全面发展承担一定责任。股东与其他利益相关人的利益既相互对立,又辩证统一于公司利益基础之上。

中外公司社会责任运动皆有殊途同归的哲学基础。在西方市场经济国家,杰里米·边沁以及在此后笔耕不辍的约翰·苏图尔特·穆勒主张的为绝大多数人谋求最大福祉的功用主义(或多数人主义)与康德的权利学说、罗尔斯的正义论一起共同构成了企业利益相关者理论的三大当代哲学基础。在我国,公司社会责任的哲学基础既包括社会主义市场经济理论,也包括以人为本的儒释道等传统文化。

强化公司社会责任不仅是公司法的重要内容,也是国家治理现代化的重要内容。党的十六届六中全会决定指出,要"着眼于增强公民、企业、各种组织的社会责任"。党的十七大报告也强调,"大力弘扬爱国主义、集体主义、社会主义思想,以增强诚信意识为重点,加强社会公德、职业道德、家庭美德、个人品德建设,发挥道德模范榜样作用,引导人们自觉履行法定义务、社会责任、家庭责任"。党的十八届三中全会指出,"国有企业总体上已经同市场经济相融合,必须适应市场化、国际化新形势,以规范经营决策、资产保值增值、公平参与竞争、提高企业效率、增强企业活力、承担社会责任为重点,进一步深化国有企业改革"。党的十九大报告更指出,"推进诚信建设和志愿服务制度化,强化社会责任意识、规则意识、奉献意识"。党的十九届四中全会还专门强调,"完善文化企业履行社会责任制度,健全引导新型文化业态健康发展机制"。

（二）2005 年《公司法》确立的公司社会责任理念与制度设计获得海内外一致好评

为体现以人为本的科学发展观，《公司法》第 5 条旗帜鲜明地要求，“公司从事经营活动，必须遵守法律、行政法规，遵守社会公德、商业道德，诚实守信，接受政府和社会公众的监督，承担社会责任”。此乃我国社会主义公司法的一大特色，也是我国立法者对世界公司法的一大贡献。虽然美国诸州的公司法中有许多保护和增进公司股东之外其他利害关系人利益的条款，但大多限于在公司董事会面临敌意收购的威胁时，授权或者要求董事会为非股东利益相关者的利益而采取必要的防御措施。虽然德国的《共同决定法》等相关法律中设有职工监事制度，但在其《股份法》和《有限责任公司法》的总则中缺乏强调公司社会责任的一般条款。

《公司法》不仅将强化公司社会责任理念列入总则条款，而且在分则中设计了一套充分强化公司社会责任的具体制度。例如，《公司法》完善了职工董事制度与职工监事制度。就职工监事制度而言，《公司法》第 51 条第 2 款、第 70 条和第 117 条要求监事会应当包括股东代表和适当比例的公司职工代表，其中职工代表的比例不得低 1/3，从而有助于扭转一些公司中职工监事比例过低的现象。就职工董事制度而言，《公司法》第 44 条第 2 款和第 67 条要求两个以上的国有企业或者两个以上的其他国有投资主体投资设立的有限责任公司以及国有独资公司的董事会成员中有公司职工代表；第 44 条第 2 款和第 108 条第 2 款允许其他有限责任公司和股份公司设立职工代表董事制度。

鉴于公司重组经常造成职工下岗的严重影响，借鉴欧盟的立法经验尤其是 2001 年《欧盟委员会关于全部或部分转让企业或营业时雇员权益的保护指令》，《公司法》第 18 条第 3 款规定：“公司研究决定改制以及经营方面的重大问题、制定重要的规章制度时，应当听取公司工会的意见，并通过职工代表大会或者其他形式听取职工的意见和建议。”

《公司法》第 142 条虽然原则禁止公司回购自己股份，但例外允许公司为将股份奖励给本公司职工而回购不超过本公司已发行股份总额的 5% 的股份；同时规定用于收购的资金应当从公司的税后利润中支出，所收购的股份应当在一年内转让给职工。

为保护职工在公司解散的情况下获得适当的保护，《公司法》第 186 条第 2 款要求公司在缴纳所欠税款之前，除了支付职工工资，还要支付社会保险费用和法定补偿金。而 1993 年《公司法》第 195 条第 2 款除了提及“劳动保险费用”外，并未规定“法定补偿金”可以优先支付。该款规定：“公司财产能够清偿公司债务的，分别支付清算费用、职工工资和劳动保险费用，缴纳所欠税款，清偿公司债务。"《公司法修订草案二次审议稿》第 187 条第 2 款规定,公司正常清算时,其财产在分别支付清算费用、职工工资和社会保险费用,缴纳所欠税款,清偿公司债务后的剩余部分,再分配给股东。

在 2005 年《公司法》修改过程中,有的全国人大常委会委员提出,公司正常清算时,对依法应当支付给职工的补偿金,应当与职工工资和社保费用一样,在清偿公司其他债务前先予清偿。法律委员会经研究,建议将这一款修改为:"公司财产在分别支付清算费用、职工的工资、社会保险费用和法定补偿金,缴纳所欠税款,清偿公司债务后的剩余财产,有限责任公司按照股东的出资比例分配,股份公司按照股东持有的股份比例分配。"最终出台的 2005 年《公司法》第 187 条第 2 款(2013 年《公司法》第 186 条第 2 款)采纳了这一意见。

(三)建议新《公司法》从理念、制度与实践三个维度充实与细化公司社会责任制度

公司社会责任既是逻辑严密的公司治理理念,也是成熟完善的制度安排,更是自觉自愿的商业实践。没有公司社会责任的理念,便没有成熟完善的制度设计;没有自觉的公司社会责任实践,公司社会责任理论也就成了无源之水。而其中的制度设计扮演着承上启下的核心作用。

就理念而言,公司社会责任是资本观、财富观、价值观。公司社会责任强调资本的社会性与伦理性,强调资本有伦理,商业有道德。公司不仅要取得阳光财富,还要善用阳光财富。不但公司取得财富的过程要符合法律和商业伦理的要求,而且公司使用、转让与处分财富的过程也要符合法律和商业伦理的要求。公司社会责任就是对资本无伦理、商业无道德的极端理论的彻底否定。

就制度设计而言,公司社会责任的贯彻落实离不开兴利除弊的法律制度与伦理制度的完善设计。例如,政府应当通过政府采购、简化行政手续等手段鼓励公司承担社会责任;立法者应当鼓励投资者尤其是机构投资者的公司社会责任投资。

就商业实践而言,公司应当自觉出台惠及劳动者、消费者、环境利益与社会公共利益的社会责任政策。公司社会责任运动的最高境界不是通过法律与外在舆论的强大压力迫使公司承担社会责任,而是帮助公司社会责任理念深深扎根于公司投资者及其经营者的心灵深处,并随时转化成自觉自愿的公司社会责任运动。

(四)区分法律意义上的社会责任与伦理意义上的社会责任

按照公司社会责任的规范来源为准,公司社会责任分为法律意义上的社会责任(如及时足额地履行债务、纳税、支付劳动者工资、保护环境)与伦理意义上

的社会责任。落实法律意义上的公司的社会责任主要靠法律责任追究机制,而法律责任又以强大的国家公权力为后盾。可见,法律意义上的公司社会责任乃为刚性的社会义务。强化法律意义上的公司社会责任的条款散见于整个法律体系。立法者不需要、也没有足够的智慧制定一部包罗万象的“公司社会责任法”。但作为底线,公司必须履行法律层面的社会义务,如劳动法、消费者权益保护法、民法典、产品质量法、税法和环境保护法设定的社会义务。

如果说法律为公司设定的社会责任是有限的,而伦理为公司设定的社会责任则是无限的。聪明的公司不仅应当成为守法经营的模范,而且应当成为诚实敦厚的儒商。落实道德意义上的公司社会责任主要靠奖励、良心、舆论与市场。可见,伦理意义上的公司社会责任乃为柔性的社会义务。但是,缺乏商业道德、不诚实守信的公司,即使算得上合法公司,也必将为市场所唾弃。有远见、有出息的公司应当努力追求卓越,争取成为信誉卓著、为劳动者、消费者和社会公众信赖和敬重的贵族公司与儒商,而不应把自己定位为“死猪不怕开水烫”的无赖公司与奸商。

立法者可鼓励公司自我加压,自觉推出高于法律标准而且独具公司文化特色的公司社会责任守则。可喜的是,国家电网公司2005年率先发布公司社会责任报告,在引领公司社会责任实践方面产生了较好的社会效果。行业协会(商会)也应针对本行业的具体情况,制定量体裁衣的公司社会责任守则。

公司承担社会责任应当量力而行,适度承诺。公司承担社会责任有一个默示前提:公司有能力承担社会责任。如果公司陷入瘫痪、破产,就无力承担社会责任。因此,公司社会责任的承诺和标准的确定应当定位于谋求公司利益、股东利益与非股东利益的多赢,将公司社会责任负担控制在公司可持续发展的范围之内。

(五)既要重视实体意义上的公司社会责任,也要重视程序意义上的公司社会责任

公司社会责任既有实体层面的含义,又有程序层面的含义。作为程序意义上的概念,公司社会责任要求公司决策程序考虑和反映社会利益与社会权。例如,德国的职工监事制度允许职工代表通过担任监事的途径参与公司的决策程序(如任免董事、决定董事报酬、其他重大决策)和监督活动。建议明确允许利益相关者对有法律瑕疵的公司决议提起决议无效确认之诉、撤销之诉及不成立确认之诉。

作为实质意义上的概念,公司社会责任要求公司决策的结果能够对社会利益与社会权负责。例如,美国采取公司利益相关者理论的诸州立法允许公司董事会在作出反收购决策时可以不拘泥于股东利益最大化的思维方式,而以为增

进利益相关者的正当权益而采取反收购措施。

（六）建议明确将鼓励公司承担社会责任作为《公司法》解释与适用的价值引领

《公司法》第5条规定的社会责任条款体现了立法者重视公司社会责任的基本理念,因此位于公司法总则较为妥当。该公司社会责任条款不仅是强制性、倡导性规定,而且对统率公司法分则规定、指导法官和律师解释公司法、指导股东和其他公司法律关系当事人开展投资和决策活动具有重要现实意义。

建议立法者在总则中明确,在公司设立、治理、运营、重组、破产、监管与裁判等各个环节适用与解释《公司法》时,也应始终弘扬公司社会责任的精神。立法者应授权董事会依据公司社会责任条款在作出重大决策时(包括制定反收购措施)时考虑并增进职工、消费者等利益相关者利益。又如,根据公司社会责任的立法理念,公司维持原则应当得到充分尊重。再如,为落实扩大就业、保护环境等社会公共政策,应当鼓励大公司优先采购中小企业以及环境友好型企业的商品或者服务。

（七）建议明确利益相关者之间利益冲突的优先顺位,缓解"一仆两主"的道德困境

以受益人类别为准,公司社会责任分为对消费者的社会责任、对劳动者的社会责任、对债权人的社会责任、对环境与自然资源保护的社会责任以及对其他利益相关者的社会责任。利益相关者的身份不同,对公司主张的社会权性质各异,利益诉求也千差万别。因此,在公司资源有限的情况下,利益相关者之间也存在利益冲突。例如,税收密集型的公司(如烟草公司)虽对政府税收贡献居功甚伟,但对消费者和社会公众健康的损害度也很高。再如,生产商提升消费品安全度的行为虽然会造福广大消费者,但在短期内会降低股东的投资回报率,进而引发投机股东的强烈反对。

又如,在公司进入破产程序后,破产财产不足以同时满足劳动债权与担保债权之时,优先保护哪个权利就是我国《企业破产法》起草中的一个棘手难题。有观点认为,物权优于债权,设定担保物权的债权当然应当优于劳动债权获得清偿。但有观点针锋相对地指出,物权虽然优于债权,但人权优于物权,劳动债权属于人权之一种。2006年新《企业破产法》采取了新老划断的中庸之道:新《企业破产法》颁布之前的职工债权优先;该法颁布之后的担保债权优先。具体说来,对破产人的特定财产享有担保权的权利人原则上对该特定财产享有优先受偿的权利(第109条)。这就尊重了担保制度的权威,有利于鼓励银行融资,扩大就业。

但作为例外,该法施行后破产人在该法公布之日(2006年8月27日)前所欠职工的工资和医疗、伤残补助、抚恤费用,所欠的应当划入职工个人账户的基

本养老保险、基本医疗保险费用,以及法律、行政法规规定应当支付给职工的补偿金,依照新《企业破产法》第 113 条的规定清偿后不足以清偿的部分,以新《企业破产法》第 109 条规定的特定财产优先于对该特定财产享有担保权的权利人受偿。由于这部分历史欠账已是一个定量,其优于有担保的债权受偿可能带来的风险基本上是可预期、可控制的。

在面对诸多利益相关者的利益冲突面前,公司管理层何去何从,不无疑问。笔者一直认为,妥协是人生的最大智慧,也是公司经营和公司治理的最大智慧。和谐社会本质上是妥协社会、中庸社会。公司利益相关者之间既有竞争,也有合作,而合作大于竞争。公司社会责任制度的设计应当着眼于寻求利益主体各方的利益共享、平等、多赢。

笔者认为,在公司承担社会责任而利益相关者存在利益冲突时,应坚持以下原则:

1. 利益相关者的人权和基本自由优先的原则。各类利益相关者(包括但不限于劳动者、消费者与其他利益相关者),人权和基本自由(如劳动者与消费者的生存权、生命权、健康权)都应放到压倒一切的优先位置上。

2. 社会公共利益优先的原则。在不损害利益相关者人权和基本自由的情况下,构成社会公共利益的利益相关者利益优先于未构成社会公共利益的利益相关者利益。公共利益与个体利益既严格区别,又相辅相成,相互转化。积万家之私,乃为天下之公。量大面广的利益相关者的利益聚合在一起,就会转化为社会公共利益。从单个微观主体看,利益相关者的利益似乎仅是民事主体享有的民事权利;但从不特定的宏观主体看,利益相关者的利益则汇集成为社会公共利益。构成社会公共利益的利益相关者利益之所以居于优先地位,乃由于社会公共利益的重大性及其蕴含的伦理价值。

3. 法律层面的社会责任优于伦理层面的社会责任的原则。前已述及,法律层面的社会责任具有刚性,是公司承担的最低限度的社会责任。在公司资源不足以同时承担法律与伦理层面的双层社会责任时,法律层面的社会责任应当处于优先地位。

4. 利益相关者对公司的贡献率与公司对利益相关者的贡献率成正比的原则。利益相关方对公司盈利能力的贡献不同、受公司负面影响的程度各异。例如,对烟草公司盈利贡献最大、受烟草损害最严重的利益相关者是消费者,而非政府税收债权人。又如,对劳动密集型公司(如建筑工程公司)盈利贡献最大、身体健康损害最严重的利益相关者是劳动者。基于权利义务相对称的法律理念,公司对利益相关者的贡献度也应有所不同。建议公司对受公司产品和服务的负面影响最严重、对公司盈利贡献最大的利益相关者的社会责任原则上应界定为法定义务。

5. 鼓励企业全面承担社会责任的原则。劳动密集型公司侵害劳动者权益、破坏环境型的企业侵害周边居民权益、食品公司侵害消费者权益的现象都比比皆是。从大局和长远看,公司诸多利益相关者既有利益冲突的一面,也有共生共荣的一面;而且利益共同点在通常情况下大于利益差异点。睿智的公司应当学会努力缩小利益相关者之间的利益冲突,扩大其共同利益基础。此乃对公司及其董事会和经理层的商业智慧与伦理智慧的一大考验。一些公司在肆无忌惮地侵害某类利益相关者权益的同时,通过对其他利益相关者的慷慨捐赠提升自己的社会形象,就不符合全面承担社会责任的原则。

(八)董事会要植入社会责任基因

要固本培元、为公司植入商业伦理基因,董事会发挥着重要作用。《G20/OECD公司治理原则》要求董事会适用严格的伦理标准,考虑利益相关者的利益。董事会的核心作用之一是确定公司的道德基调,不但要以身作则,而且要通过任命和监督关键高管乃至整个管理层来发挥作用。执行严格伦理标准符合公司长远利益,是提升公司公信力与可靠度的方式之一,不但有利于公司日常运营,也有利于公司长期计划的实现。为使董事会目标清晰且具有可操作性,许多公司已发现一种非常有用的做法是,在专业标准的基础上制定公司行为准则和更广泛的行为准则,并在公司中予以宣传推广。更广泛的行为准则可能包括公司(含子公司)自愿承诺遵守《经合组织跨国企业指南》,而该指南体现了《国际劳工组织关于工作的基本原则和权利的宣言》(*ILO Declaration on Fundamental Principles and Rights at Work*)中的四项原则。同理,越来越多的法域开始要求董事会监督管理层被允许实施的财务和税务筹划管理,从而遏制过度避税的做法。这些做法不仅无助于公司和股东的长远利益,而且会引发法律和信誉风险。《G20/OECD公司治理原则》指出,全方位的公司道德准则是董事会和关键高管的行为规范,也为妥善处理公司与各不相同的、甚至互有冲突的利益相关者之间的关系确定了判断框架。公司道德准则至少应明确限制私人利益的追求(如开展公司股份的交易)。守法始终是最基本的要求,而公司道德准则的整体框架大大超越了守法的范畴。建议立法者对这一国际惯例予以必要回应。

(九)国有公司要比非国有企业承担更大的社会责任

任何公司,不管产业、规模、投资者所有制如何,均应承担社会责任。强化公司的社会责任与投资者的所有制性质之间不存在直接的关联。不能解释为只有国有企业或者国家跨国公司才应承担社会责任,而其他公司不承担社会责任。任何公司都应自觉履行自己的社会责任。

国家出资企业的实质投资者是全国十四亿人民。国有公司理应承担更大的社会责任。把全民界定为国有资产的实质权利主体,有助于把全民利益和社会公共利益最大化作为强化国有资产监管、完善国有企业治理、提高国有企业透明度的指南针。鉴于此,《企业国有资产法》第17条第1款要求国家出资企业加强经营管理,提高经济效益,接受监管,接受公众监督,承担社会责任,对出资人负责。概括起来,国家出资企业要对国家负责,对人民负责,对社会负责。就企业的营利责任而言,该法第18条第2款要求国家出资企业依照法律、行政法规以及企业章程的规定,向出资人分配利润,以满足国家股东的分红权。

国家出资企业既然是全民所有的企业,理应造福更大范围的社会公众,比其他企业承担更多的社会责任。当然,这并不意味着可以忽视民营企业的社会责任。相反,为遏制民营企业为富不仁的现象,强化民营企业的社会责任也迫在眉睫。近年来,国家电网公司、中石油、中远集团等一批中央企业也开始陆续发表企业社会责任报告。例如,国家电网公司2005年率先发布公司社会责任报告,引领国有企业的社会责任运动。华能集团也提出了"三色公司"理念,并于2008年5月发布了《履行社会责任行动指引》。

(十)上市公司要比非上市公司承担更大的社会责任

我国上市公司的数量虽然远不如非上市公司,但其经济力量和社会资源却远远超过非上市公司。与非上市公司相比,上市公司应承担更大的社会责任。近年来,一些公司纷纷宣称其愿意承担公司社会责任,在章程中增加了公司社会责任条款,并在年度报告中专门披露其履行公司社会责任的相关信息。

建议完善证监会行政指导。为推动公司社会责任运动,证监会与商务部(原国家经贸委)在其2002年1月7日发布的《上市公司治理准则》第6章用6个条款专门规定了"利益相关者"。建议立法者授权在证监会在总结《上市公司治理准则》实施的正反经验与教训的基础上,专门出台系统性的《上市公司社会责任准则》,引导上市公司转变传统公司治理理念。强化董事、监事和高管对上市公司的诚信义务是公司治理的核心问题。但是,忠诚于公司利益,并不简单地意味着忠诚于股东利益。因为,公司利益既包括股东利益,也包括股东之外的利益相关者利益。在评价公司的董事、监事和高管履行忠诚义务的结果时,既要看其行为是否符合股东利益最大化原则,也要看其行为是否尊重了利益相关者的合理利益诉求。这就意味着,传统的公司治理原则和结构有必要进行制度创新。

建议加强证券交易所自律监管。证券交易所作为上市公司自律组织,在强化公司社会责任方面大有可为。深圳证券交易所于2006年9月25日发布的《上市公司社会责任指引》将公司社会责任界定为"上市公司对国家和社会的全面发展、自然环境和资源,以及股东、债权人、职工、客户、消费者、供应商、社区等利益相关方所应承担的责任"。其中第3条要求公司应在追求经济效益、保护股东利益的同时,积极保护债权人和职工的合法权益,诚信对待供应商、客户和消费者,积极从事环境保护、社区建设等公益事业,从而促进公司本身与全社会的协调、和谐发展。2008年5月14日,上海证券交易所也发布了《关于加强公司社会责任承担工作暨发布"上海证券交易所公司环境信息披露指引"的通知》。上交所通知的出台虽晚于深交所,亦有许多亮点:一是鼓励公司在年度社会责任报告中披露每股社会贡献值,即在公司为股东创造的基本每股收益的基础上,增加公司年内为国家创造的税收、向员工支付的工资、向银行等债权人给付的借款利息、公司对外捐赠额等为其他利益相关者创造的价值额,并扣除公司因环境污染等造成的其他社会成本,计算形成的公司为社会创造的每股增值额,从而帮助社会公众更全面地了解公司为各类利益相关者所创造的真正价值;二是对重视社会责任承担工作、并能积极披露社会责任报告的公司优先考虑入选上证公司治理板块,并相应简化临时公告审核工作。

(十一)建议立法者确立社会责任报告制度

传统公司法为追求保护股东与债权人的立法价值,在信息披露制度上只强调财务信息,很少涉及股东与债权人之外的利益相关者关注的社会信息。建议我国公司法和证券法导入公司社会责任信息公开机制,丰富信息披露的外延与内涵,把信息公开披露内容由传统财务性内容扩大到包括财务性公开和社会性公开在内的广泛内容。

阳光是最好的防腐剂,灯泡是最有效的警察。沪深两地的证券交易所都鼓励公司披露社会责任报告。这种以信息披露为基础的社会责任自律监管态度,能够与市场机制尤其是竞争机制以及投资者、消费者的意思自治机制有机衔接,副作用小,但正面效果显著,有助于激浊扬清,弘扬社会主义核心价值观。

上海证券交易所允许公司根据自身特点拟定年度社会责任报告的具体内容,但报告至少应当包括如下方面:(1)公司在促进社会可持续发展方面的工作,如对员工健康及安全的保护、对所在社区的保护及支持、对产品质量的把关等;(2)公司在促进环境及生态可持续发展方面的工作,如如何防止并减少污染环境、如何保护水资源及能源、如何保证所在区域的适合居住性以及如何保护并提高所在区域的生物多样性等;(3)公司在促进经济可持续发展方面的工作,如如何通过其产品及服务为客户创造价值、如何为员工创造更好的工作机会及未来发展、如何为其股东带来给高的经济回报等。

2008年12月30日,上交所发布《关于做好上市公司2008年年度报告工作的通知》,要求上证公司治理板块公司、金融类公司和境外公司必须披露履行社会责任的报告。与传统的财务信息披露指引相比,沪深证券交易所的社会责任年度报告信息披露指引具有较强的原则性与倡导性,可操作性有待增强。一些公司的社会责任报告避重就轻，言之无物，存在走过场现象，亟待纠正。

建议立法者建立统一的公司社会责任信息披露制度，规定公司有义务在其年报、中报、季报和临时报告中增加社会责任报告信息，并强化社会责任信息披露的真实性、客观性、全面性、准确性、公平性、易得性与易解性。

（十二）建议立法者要求证券交易所编制上市公司社会责任指数

为鼓励社会责任投资，激活公司的社会责任竞争机制，立法者应鼓励证券交易所与学术机构等社会组织积极编制社会责任指数，细化和量化公司对利益相关者的社会责任和社会贡献度。

2007 年 12 月 12 日，深圳证券信息有限公司宣布与天津泰达股份公司联合推出国内资本市场第一只社会责任型指数——泰达环保指数。[1] 为促进公司积极履行社会责任，为投资者提供投资标的并推广社会责任投资理念，上海证券交易所和中证指数有限公司在 2009 年 8 月 5 日正式对外发布上证社会责任指数指数代码为 000048 指数简称为责任指数。该指数是由在社会责任履行方面表现较好的 100 只沪市股票组成样本股，基日为 2009 年 6 月 30 日，基点为 1000 点。统计显示，2008 年度上证社会责任指数平均每股社会贡献值 2.42 元，平均每股收益为 0.69 元，均远高于沪市平均水平，较好地体现了社会责任的主题特征。[2]

鉴于公司社会责任指数具有较强商业伦理指引和社会责任投资引导功能，必须确保公司社会责任指数的公信力。但由于公司的利益相关者类别繁杂、人数众多，利益相关者之间的利益诉求也往往存在差异和冲突，因此公司社会责任指数的编制程序应当坚持专业编制、民主编制、开门编制的基本原则。

（十三）公司社会责任理念应贯穿于资本市场各领域

公司社会责任理念刚刚进入我国资本市场，相应制度设计还缺乏系统性。例如，我国现行 IPO 制度对拟上市公司的社会责任表现并无明确具体要求，对社会责任感较强的拟上市公司亦无明确的优惠政策。建议证监会把好上市公司的社会责任关，把公司社会责任表现纳入 IPO 的核准、注册审查范畴。证监会发行部在初审、发行审核委员会在正式审核时，对自觉承担社会责任、善待利益相关者的拟上市公司给予相应的优惠权重，严防财务指标较好、但社会责任感严重缺失的失信企业混入资本市场融资。

---

[1] 有关泰达环保指数编制方案及相关指数信息，参见深圳证券交易所网 http://www.szse.cn 和巨潮指数网 http://index.cninfo.com.cn。

[2] 参见《上证社会责任指数今日正式发布（2009－08－05）》，载 http://www.sse.com.cn/ps/zhs/sjs/hotspot/hotspot20090805a.html，最后访问日期：2009 年 9 月 9 日。

(十四)独立董事不仅要代表与维护中小股东利益

《公司法》应调整董事只对股东利益负责的传统态度,授权董事在作出公司经营决策时适当考虑消费者及其他利益相关者的利益。公司应把增进消费者利益视作公司的经营目标和行为指南之一,而非赚钱的手段。当消费者利益与股东利益发生冲突时,公司应当尽力兼顾二者利益;如果二者实在无法兼顾,消费者利益应当优先考虑。对保险公司、银行等诚信度要求很高的产业而言,尤为如此。例如,当被保险人、受益人的利益与保险公司股东的利益发生冲突时,股东利益应当礼让被保险人、受益人的利益。

【公司法专题研究】

关联企业与企业集团的公司法规制*

吴　越**

引言:企业集团与关联企业、关联交易之立法概念转换

若欲立法,则概念的选择和概念的界定必定十分重要。就企业集团与关联企业或者说关联交易的公司立法而言,企业集团、关联企业、母子公司、控股公司、从属企业、关联关系、关系人、一致行动人、控制等概念都可以纳入选择范围的立法概念。不过,只要跳出法律的圈子,从经营管理界的角度乃至从社会的角度去观察,即可发现企业集团,公司集团(corporate group)概念被广泛地运用。例如,在德国,BMW Group(宝马集团)的电视广告可谓家喻户晓。除此之外,"跨国公司"(Transnational Corporations,TNCs)和"跨国企业"(Multinational Enterprises,MNEs)也被国际上广泛采用,从有关跨国公司的国际规范来看,显然"跨国公司"这一概念也隐含着"集团"的概念,因为跨国公司内部,也有着统一的管理权,且其内部也存在极其严密的组织架构和内部管理规定。

通常,企业集团被定义为在"统一管理"(Einheitliche Leitung)之下的企业法人群体。而跨国公司也往往具有这个特征,因此也可以说所有的跨国公司都是企业集团,只不过其子企业分布在不同国家而已。

---

* 本文系 2013 年 6 月在台北举行第三届海峡两岸商法论坛参会论文以及 2015 年 12 月在东莞举行的中日企业集团法制研讨会参会论文的基础上修改而成。本文系笔者另行撰文的《公司关联交易的安全港程序与效力规则研究》的姊妹篇。

** 吴越,西南财经大学法学院教授,西南财经大学公司法治研究中心主任,德国法兰克福大学(J. W. Goethe University)法学博士。

然而,当我们回到公司立法的层面来讨论问题的时候,即发现各国有关“企业集团”或者“公司集团”的立法少之又少,除德国、巴西、斯洛文尼亚等少数几个国家或地区之外,公司与企业立法中很少有专门针对企业集团的规定。反之,对关联企业、关联关系尤其是关联交易进行专门规制则是更多国家或地区的普遍做法。

这里自然会产生一个问题:既然全世界范围内企业集团与跨国公司如此之多,为何在公司立法中很少有针对集团立法的呢?

笔者思考了很多年,得出的初步结论是:

首先,公司法的主要立法意图在于保护少数股东和债权人等“局外人”,因此它必然大量地涉及针对控制股东和实际控制人的规定,为了贯彻这一立法意图,各国(地区)公司法中都有大量针对关联交易和债权人保护的规定。

其次,至于企业集团,充其量只能说是关联企业的高级形态而已,也即集团内部形成了高效的统一管理制度和极其严密的内部管理制度。德国是第一个对企业集团(康采恩企业)进行系统立法的国家,试图为企业集团这一高级企业形态设计一部精巧的“集团组织法”,通过公司立法正式赋予集团内部的“统一管理权”,并试图同时在集团内部的子公司保护(少数股东保护)和集团外部的债权人保护之间寻找一个平衡点,然而,现在看来,德国立法者的这种“理想”虽然很丰满,然而现实却非常之“骨感”,因为即使在德国,也很少有企业集团对外声称自己是德国公司法意义上的康采恩企业,因为这样做的成本太高。而德国的康采恩法也无法对企业集团千变万化的集体管理模式和集体组织模式进行立法。不过,德国康采恩法虽然有着上述的先天不足,但是其在保护控制权形成过程中少数股东的知情权,和解决少数股东和债权人的举证难等方面的贡献,则至今没有过时。

最后,虽然公司法对企业集团的专门规定并不常见,但是在会计法和税法上,对企业集团集团的规定则非常之多。例如,世界上很多国家的税法都允许企业集团合并会计报表纳税,这样有利于减少集团的税负。税法和会计法上的这种规定,不仅德国有,中国和美国也有。中国的做法体现在有关税收的法律文件中,如关于企业合并纳税的有关规定。美国的做法也是在税法中关于“实质合并”(consolidation)的规定,即符合“实质合并”标准的若干独立企业,可以合并会计报表纳税,从而也可以减少税负。

如此看来,在公司法中专门规定公司集团或企业集团的必要性大大降低或者说,这是一个几乎不可能完成的立法任务。换言之,公司法不大可能对企业集团的内部组织和内部管理进行统一规定,因为企业集团的组织和管理是千变万化的;反之,公司法可以对企业集团、关联企业的行为进行规定。也即,从公司法角度制定企业集团的“组织法”过于理想化,不现实,但是,从公司法角度规制企业集团的行为,尤其是关联交易的"行为法"则非常有效,而且是各国公司法的普遍做法。而各国公司法规制企业集团的行为法的逻辑基点就是利用集团内部的控制权和管理权从事关联交易的行为,换言之,企业集团法制理念下的统一管理权和关联交易法制理念下的控制权,在本质上是通约的。

在达成上述共识后,下文主要探讨对关联企业,尤其是关联交易的法律规制。

一、现行《公司法》对关联交易规定的历史回顾与法条梳理

我国于1993年颁布《公司法》,标志着中国的公司法治逐步告别了由计划经济向市场经济过渡中的以"所有制"型态来划分的"企业法分治",尽管改革开放之初以"所有制型态"标准制定的某些法律至今还发挥着重要的作用。[1] 因此,1993年《公司法》具有举足轻重的意义。然而,由于1993年《公司法》本身就是经济体制转型的过渡产物,加之市场经济的迅猛发展使1993年《公司法》显得在诸多方面已经不能适应时代的需求,于是有了2005年的公司法修法。

较之1993年《公司法》,2005年《公司法》的一大显著特征则是增加了涉及关联企业和关联交易的规定。其立法背景主要是我国的上市公司中普遍存在不正当的关联交易损害小股东利益的乱象。当时上市公司与其关联企业企业之间相互担保、相互借款甚至相互投资的现象十分普遍。概括而言,这些规定包括了如下几方面:

第一,增加了若干与关联交易有关的基础法律概念并作了概括性的界定,分别是第十三章"附则"第216条中的"控制股东"(第216条第2款)、"实际控制人"(第216条第3款)和"关联关系"(第216条第4款)。

第二,增加了针对关联企业的限制性或者禁止性规定。在第一章"总则"第21条系对关联交易的原则性规定,即"损害禁止与损害赔偿"原则[2]。

除上述基础概念与原则性规定外,还有一些特别规定。在总则第16条第2、3款增加了股东会或股东大会就公司为本公司股东或实际控制人担保事项表决时该股东或代表实际控制人利益的股东表决权禁止规定。[3] 另外,第五章第

---

〔1〕 1993年《公司法》颁行之前,当时的国有企业(最初称国营企业)、集体企业、乡镇企业、私营企业、外资企业分别有各自的法律或者行政法规,如《国营企业法》《城镇集体所有制企业条例》《乡镇企业法》《私营企业暂行条例》等。目前这些法律或法规大多已经废除或失去效力,但是这些法律或行政法规在我国改革开放的过程中曾经发挥着巨大的作用,如1979年《中外合资经营企业法》虽然已于2020年废止,但是该法在某种意义上说就是新中国成立以后的一部重要的"公司组织法"。

〔2〕 《公司法》第21条规定:"公司的控股股东、实际控制人、董事、监事、高级管理人员不得利用其关联关系损害公司利益。违反前款规定,给公司造成损失的,应当承担赔偿责任。"

〔3〕 《公司法》第16条第2、3款规定:"公司为公司股东或者实际控制人提供担保的,必须经股东会或者股东大会决议。前款规定的股东或者受前款规定的实际控制人支配的股东,不得参加前款规定事项的表决。该项表决由出席会议的其他股东所持表决权的过半数通过。"

五节“上市公司组织机构的特别规定”第124条禁止有关联关系的董事就涉及该关联事项行使表决权。[1]

除上述直接针对关联企业的有关规定之外,还有一些针对所有类型公司的一般规定也可视为对关联企业的限制性或者禁止性规定。如总则第20条第1、2款禁止股东滥用权利损害其他股东的利益(“兜底条款”)[2]。又如第四章第115条规定(股份)“公司不得直接或者通过子公司向董事、监事、高级管理人员提供借款”。再如第148条第5款禁止董事、高管未经授权的“自我交易”[3]。后两项规定虽然是针对董事、高管的个人规定,但若该董事或高管系“稻草人”代表其背后的实际控制人(类似英美法中的“影子股东”或者“影子董事”)的利益,也可视为对关联交易的一种间接禁止。同理,第20条第3款规定的“成文版的刺破公司面纱”规则虽然是针对所有类型公司的所有股东,但从各国或地区的司法实践不难看出,该规则实质主要是针对控制股东。因此,该款的规定也可以理解为对关联企业中债权人保护的“兜底条款”。

第三,增加了一些能够影响关联企业(关联关系)形成的规定。例如,总则第16条第1款授权公司章程对公司对外投资作出限制性规定。该款规定的意义在于,所有公司的转投资行为都必须由董事会或者股东会、股东大会表决。这就意味着公司的对外投资事项不在经理的日常管理权限范围之内。除此之外,法律还授权公司章程还可以就转投资的总额或单项投资的数额进行限制。由于公司的初始章程系全体股东制订,这就意味着至少在公司设立之初,公司章程可以限制董事会对外投资的权限,从而影响关联企业的形成。至于公司在形成之后,大股东动议修改公司章程绕开股东会而改由大股东控制的董事会进行投资决策则另当别论。此外需要强调的是,第16条之规定仅仅是控制公司的角度规范公司转投资行为和担保行为,与下文将要讨论的从从属公司的角度规范关联企业的形成有着本质的不同,因为后者更强调对从属公司少数股东及债权人的保护。

综上,现行《公司法》对中国关联企业的发展已经有了一些原则性的回应,其立法初衷主要在于遏制中国上市公司中普遍存在的不正当关联交易。

---

[1] 《公司法》第124条规定:“上市公司董事与董事会会议决议事项所涉及的企业有关联关系的,不得对该项决议行使表决权,也不得代理其他董事行使表决权。该董事会会议由过半数的无关联关系董事出席即可举行,董事会会议所作决议须经无关联关系董事过半数通过。出席董事会的无关联关系董事人数不足三人的,应将该事项提交上市公司股东大会审议。”

[2] 《公司法》第20条第1、2款规定:“公司股东应当遵守法律、行政法规和公司章程,依法行使股东权利,不得滥用股东权利损害公司或者其他股东的利益;不得滥用公司法人独立地位和股东有限责任损害公司债权人的利益。公司股东滥用股东权利给公司或者其他股东造成损失的,应当依法承担赔偿责任。”

[3] 《公司法》第148条规定:“董事、高级管理人员不得有下列行为……(四)违反公司章程的规定或者未经股东会、股东大会同意,与本公司订立合同或者进行交易……”

二、现行《公司法》调整关联交易整体性构思之阙如

本文认为,尽管我国现行《公司法》对关联交易有了一些规定,但是其存在如下问题:

第一,现行《公司法》对关联交易缺乏系统、集中的专门规定,显得杂乱无章。如前所述,现行《公司法》对涉及公司关联交易的规定非常之分散,除总则中有少许零星的原则性规定之外,其他规定分别见于对股份公司和上市公司的特别规定。现行《公司法》中已有的调整关联企业的规定也显得杂乱而无章法。一个明显的例证是,该法将"控制股东""实际控制人""关联关系"三个实质性的法律条文放在最后的"附则"中,这种做法有悖于常规的立法例。而其余的一些规定则散见于"总则"及"董事高管的法律责任"或"上市公司的特别规定"等章节中,这除了反映出现行《公司法》对关联企业的调整毫无章法、缺少系统化考量之外,也给法律实务工作者如企业法律顾问、律师、法官运用法律带来不便。

第二,现行《公司法》缺乏对公司关联交易行为的效力的统一规定。其中,争议最大的就是《公司法》第16条有关公司担保效力的争论。从最高人民法院2019年11月14日颁布的《全国法院民商事审判工作会议纪要》[1]的规定来看,现在的争议焦点其实就是公司关联担保的效力问题,换言之,争议的焦点已经超出了公司担保的范畴,从而上升为一个公司关联交易是否有效的一般性的问题。鉴于这个问题非常复杂,笔者已经另行撰文论述[2]。

第三,现行《公司法》对关联企业的有关基础概念界定过于概括,使大量隐蔽性、连环性的关联关系无法被纳入法律规制的对象,并导致司法实践中举证的困难。《公司法》第216条第2款规定:"控股股东,是指其出资额占有限责任公司资本总额百分之五十以上或者其持有的股份占股份有限公司股本总额百分之五十以上的股东;出资额或者持有股份的比例虽然不足百分之五十,但依其出资额或者持有的股份所享有的表决权已足以对股东会、股东大会的决议产生重大影响的股东。"本款规定区分了"绝对控制"和"相对控制"两大

---

〔1〕《全国法院民商事审判工作会议纪要》(法2019〔254〕号),载最高人民法院官网,https://www.chinacourt.org/law/detail/2019/11/id/149992.shtml,最后访问日期:2019年11月20日。

〔2〕有关公司关联交易的内部控制程序和关联交易的效力问题,参见吴越:《公司关联交易的安全港程序与效力判断规则研究:以公司关联担保效力为视角》,已过某刊外审,尚未发表。另见吴越:《法定代表人越权担保行为效力再审》,载《政法论坛》2017年第4期;吴越、宋雨:《公司担保合同中善意相对人认定标准研究》,载《社会科学研究》2018年第5期;Wang Xiyan & Wu Yue, *On Actvating A Criditor-driven Detrerence Mechanism in Related Party Ultra Vires Corporate Guarantees*, in China Legal Science, Vol. 7, No. 6, 2019, p. 123 – 147(王郗燕、吴越:《论激活越权担保中债权人驱动的威慑机制》,载《中国法学(英文版)》2019年第6期)。

标准。其缺点是对“相对控制”缺少法律推定,[1]导致在司法实践中存在认定的难题,不仅受关联企业的关联交易损害交易损害的股东很难举证,法官在个案裁判中也很难认定,容易出现法官自由裁量权的滥用。

《公司法》第216条第3款规定:“实际控制人,是指虽不是公司的股东,但通过投资关系、协议或者其他安排,能够实际支配公司行为的人。”这条针对类似英美公司法中的实际控制人(“影子股东”,shadow shareholder)的规定看似完美,但在司法实践中则存在着认定上的难题。原因在于,由于在立法技术上没有采用法律推定的方式,举证责任被分配到了受关联企业损害的少数股东一方,而少数股东作为局外人,很难从“稻草人”股东那里去发现其幕后的实际控制人或者实际控制的企业是谁。这就使该条规定的力度在司法实践中大打折扣。

此外,《公司法》第216条第4款规定,“关联关系,是指公司控股股东、实际控制人、董事、监事、高级管理人员与其直接或者间接控制的企业之间的关系,以及可能导致公司利益转移的其他关系。但是,国家控股的企业之间不仅因为同受国家控股而具有关联关系”。(姑且不论对国家控股的企业之间是否存在关联关系,是否有助于国企和民企的平等保护,是否有助于营商环境的改善。)本款规定也看似完美,但是要让少数股东举证也十分困难。由于没有量化直接或间接“控制”标准,局外人很难收集内幕人的内部间接控制证据,法官裁判类似案子也因为无客观标准而陷入难题。[2]

---

[1] 在过去,我国的立法习惯于采用“宜粗不宜细”的原则性、概括性立法方式。2005年《公司法》的修订也不例外。相比之下,大陆法系国家如德国的成文法大量采用法律推定技术,从而强化了法律规范的可操作性。笔者于2003年设计的《关联企业与企业集团法草案》正是借鉴了大量的法律推定技术。至于在关系企业的立法中如何运用法律推定技术,参见笔者《关系企业与企业集团法草案》及其说明,载王保树教授主编:《中国公司法修改草案建议稿》,社会科学文献出版社2004年版,第467~516页。

[2] 笔者咨询过如下一则案例:张某作为大股东在广州市设立一家鞋厂,由于广州的人工成本增加,故其把鞋厂的主要生产业务转移至人工成本相对低廉的四川某皮革工业园区。由于担心面临原广州鞋厂的小股东和员工的诉讼(广州鞋厂已经停业,“人去楼空”),此人在四川设立鞋厂进行公司登记时,不仅其本人没有登记为股东和法人代表,甚至其夫人何某也没有被登记为股东和法人代表。从四川工商局网站查询得知,该鞋厂的法定代表人为非其夫人的另一何姓女士。而律师介入调查时,该何姓女士否认跟张某或其夫人之间存在血缘关系或者其他任何方面的关联关系,也不配合调查,尽管张某现在四川鞋厂上班,张某则辩称四川鞋厂根本不属于自己所有,自己纯粹是打工仔,也不配合调查。若原广州鞋厂的员工为讨要工资向张某实际控制的四川鞋厂提起“刺破公司面纱”诉讼,则必须证明四川鞋厂与广州鞋厂系被同一股东控制,而作为局外人的员工举证相当困难。根据现行《公司法》的上述规定,很难将四川鞋厂视为广州鞋厂的关联企业,也很难将另一何姓女士视为张某所控制的广州鞋厂的“稻草人”股东。广州鞋厂的少数股东或员工如果打算以该四川鞋厂为被告提起诉讼,法院极有可能不受理此案,因原告方无法有效证明四川鞋厂与广州鞋厂间存在“关联关系”,甚至连“表见证据”恐怕都不够,而广州鞋厂与四川鞋厂为不同的商主体,各自受责任限制的保护。本案也同时表明,现行《公司法》对“控制股东”、“实际控制人”和“关联关系”的界定过于原则,立法技术含量低导致原告举证困难,上述规定面临隐蔽性关联关系时事实上形同虚设。

最后,若将实际控制人与关联关系合并考察即可发现,以上两款都没有采纳"合并计算"方法(或采用证券法上的"一致行动人"标准),即把关联企业的关联企业("关联企业链")整体性合并纳入一个关联企业的范畴。这使得立法调整的缺陷更加明显。

第四,现行《公司法》缺乏对公司控制权间接转移的规定,从而导致关联关系在形成过程中缺乏预防性控制措施,缺乏对少数股东知情权的有效保护,缺乏对竞业禁止的有效预防。

世界上一些国家或地区的公司法的经验表明,若欲有效地防止关联企业损害少数股东利益,第一道防线就是建立形成关联企业中的"预防保护",其主要内容就是赋予少数股东的知情权,以让少数股东及时知情,而不至于被突然形成的关联企业(公司控制权间接转移)打个措手不及。而现行《公司法》在这方面属空白。在现实中,案外人通过收购控制股东的母公司实现对目标公司的间接控制的现象比比皆是,由于目标公司的小股东对此往往没有知情权(事先并不知道),以至于间接控制已经实际形成时才恍然大悟。在公司控制权间接转移的情况下,根据我国《公司法》,少数股东事先的知情权尚无法满足,同时甚至无法主张优先购买权,因此无法很好地抵御敌意收购。[1] 现行《公司法》对公司控制权的间接性、隐蔽性转移的形成不仅留有法律空白,而且这种法律空白还导致有限公司中的股东优先权与股东知情权落空,形成法律冲突。

第五,公司间相互持股现象增多,但现行《公司法》缺少有效而合理的限

〔1〕 笔者咨询过一个案例,"舍得酒业"下属合资公司"四川天马玻璃有限责任公司"的外方60%股权原来由马来西亚玻璃公司(Malaya Glass,以下简称马玻)持有,后来,马玻被美国OI公司收购,OI公司事实上取得了对四川天马公司的控制权,然而,舍得酒业事先并不知情,直到OI公司派遣其亚太区老总和技术人员进驻四川天马要求行使大股东的权利时,舍得酒业方才得知四川天马的外方股东已经多次易手,而这家美国公司设在中国的另外几家玻璃公司一直是四川天马的直接竞争对手。而根据现行《公司法》的规定,无论是该美国公司还是四川天马的原外方控股股东"马玻"都无法定义务向小股东舍得酒业履行告知义务。本案中,美国公司的法律依据是,其并没有直接收购四川天马公司的外方60%股权,而且整个连串交易都发生在中国境外,故其没有义务告知小股东舍得酒业。原外方股东"马玻"的法律依据是,其没有直接将四川天马的60%股份转让给美国公司,故其依据我国《公司法》及《中外合资经营企业法》并无义务向小股东舍得酒业履行告知义务,以满足舍得酒业的知情权和优先购买权。而舍得则坚称,四川天马是一家有限责任公司,按照《公司法》的规定,美国公司若欲行使其事实上的控制股东权利,必须按照有限公司股权转让的法律规定,由原股东向沱牌履行对外转让股份的告知义务,同时舍得保留行使优先购买权。然而问题是,原外方股东"马玻"被美国公司整体收购已成既成事实,"马玻"仅仅是美国公司的"稻草人"而已,其印章和营业执照都在美国公司手中,这时履行告知义务有何意义?这时又如何行使优先购买权?股权转让价格又如何计算?如此还带来了法律适用上的冲突。本案中,倘若美国公司继续以原"马玻"名义在四川天马行使大股东权利,也存在法律冲突。由于美国公司在中国的另外几家公司系四川天马的直接竞争对手,再加之"马玻"已经名存实亡,若美国公司的高管以原"马玻"高管面目在四川天马公司任职,舍得酒业据此认为美国公司的做法有违"竞业禁止"原则。

制。近年来,除上市公司间相互持股现象较为明显[1]外,非上市公司之间相互持股的现象也较为普遍。尽管从管理学角度以观,公司间相互持股有助于稳固关联企业集团间的统一管理与长期协作,有助于防止敌意收购,但相互持股引发的虚增资本和虚增利润以及损害小股东和债权人利益等弊端也非常明显[2]。鉴于非上市公司并无披露公司间相互持股情况的法定义务,因此缺乏全面可靠的统计数据。但笔者通过咨询发现,交叉持股现象在非上市公司中也较为普遍。

针对相互持股甚至循环持股的危害,如下文所述,一些国家或地区的公司法早有应对策略,主要体现在三个方面,即(1)增加披露义务;(2)限制公司相互持股的最高比例;(3)限制相互持股的表决权[3]。但现行《公司法》在以上三个方面均告阙如。

第六,现行《公司法》缺少关联企业债权"公平居次"与"抵消禁止"规则,为关联企业逃避债务大开方便之门。在涉及关联企业的债权人保护方面,尽管2007年施行的《企业破产法》中有关于"撤销权"(第31、32条)和(逃避债务、虚构债务)行为无效(第33条)的有关规定可以适用于关联企业(并非直接针对关联企业),但在公司非破产或者非清算情形,关联企业逃债现象泛滥而法律适用极为困难。其原因在于现行《公司法》缺少如下文所述的对关联企业债权的"公平居次"与"抵消禁止"规则,因此在实践中,法官对此类案件的法律适用争议颇大[4],笔者曾对此类案件进行过较为系统的研究,发现在很

[1] 关于上市公司交叉持股的数据与危害,参见《交叉持股的罪与罚:"广发三宝"业绩大降超5成》,载证券之星网,http://stock.stockstar.com/SS2009042030110598.shtml,最后访问日期:2019年11月20日。又见《2011年中期我国上市公司交叉持股一览表(1)》,载证券时报网,http://epaper.stcn.com/paper/zqsb/html/2011-08/17/content_296503.htm,最后访问日期:2019年11月20日。

[2] 参见吴越:《企业集团法理研究》,法律出版社2003年版,第3、15页。

[3] 同上。

[4] 笔者咨询过如下案例:四川某公司欠第三人债务人民币500万元,在诉讼中发现该公司对其母公司有一笔到期债权也是人民币500万元,第三人于是主张代位权,法官也支持第三人的代位权主张,要求该公司的母公司向该公司以银行转账方式支付500万元。该母公司于是向该公司支付500万元,但就在支付的当天,该公司即将这500万元以银行转账方式支付给了该母公司的另一家子公司,其理由是该公司对该母公司的那家子公司同样负有500万元的到期债务。这一举措导致第三人的债权仍然无法实现。审理此案的一审法官认为,该公司、母公司及其另一家子公司同属关联企业,具有关联关系,且在法院诉讼未了结期间,该公司即支付500万元给另一关联企业的行为具有滥用公司人格逃避债务的重大嫌疑。最终,一审法官适用了《公司法》第20条第3款有关"刺破公司面纱"的规定,判令该母公司承担债务清偿责任。而该公司及其母公司均认为法官枉法裁判,立即提起上诉,理由是其并没有逃债,而只是清偿了该公司另一笔到期债务。二审法院当初对此也是认识不一,莫衷一是。比较保守的观点认为,这种情形不能适用"刺破公司面纱"规则,因为法官无法确信关联企业此举系为了逃避债务。庆幸的是,由于二审法院的法官业务水平精湛,合议庭最终支持了一审法院法官的观点,驳回了上诉人的请求。

多类似的案件中,法官也很难适用“刺破公司面纱规则”对债权人进行有效的保护。[1]

这表明,在公司债务权人保护方面,尽管《公司法》增加了“刺破公司面纱”的规定,但鉴于缺少针对关联企业中的债权人保护的特殊规定(“公平居次”与“抵消禁止”规则),司法实践仍然是困难重重,具有极大的不确定性,严重损害法的安定性与司法权威性。反之,倘若在《公司法》中也有专门针对关联企业债权人保护的规定,则在法律适用上会更加完全可靠,法官也更加安心。因为在本案中,该公司、该母公司与另一家子公司间的关联关系是确定无误的。在这个事实基础上,如若加上“公平居次”与“抵消禁止”规则,法官即可安心裁判,保护第三人的合法权益不受关联企业的侵害。

总之,我国现行《公司法》对关联交易规制的不足主要体现在三大不足,一是在控制权形成过程中,缺乏对少数股东的事先知情权的保护,二是对公司债权人保护的不足,三是对关联交易的效力,公司法缺乏系统性的规定。限于篇幅,下文重点探讨关联交易的效力问题,这也是目前司法实践中争议最大的问题,尤其是围绕《公司法》第16条所引发的争议。与此同时,鉴于此,要不要对企业集团进行专门立法也是一个问题,本文对此进行探讨。

三、“企业集团组织法”或“关联企业法”的立法例及其评价

如上,现行《公司法》对关联企业和关联交易的立法缺乏系统性规定,这仍然归咎于2005年及其之前修订《公司法》时的酝酿不够充分,导致当时的修法准备工作缺乏前瞻性,使当时的学术界部分学者主张将“关联企业及企业集团”的有关规定单列一章纳入现行《公司法》的主张和相应的法律草案[2]没有得到立法者的采纳,也没有得到进一步的立法论证。从今天来看,这在一方面是一个

---

[1] 关于我国“刺破公司面纱”案件的系统研究与整体评价,参见吴越编著:《公司法先例初探》,法律出版社2008年版,第275~344页。

[2] 笔者曾于1998~2003年在德国法兰克福大学专门研究中德两国的关系企业与企业集团法(参见笔者的德文版博士论文“Rechtsfragen der Unternehmensgruppen und transnationalen Gesellschaften in China, Hamburg”,2003)。笔者回国后,在原德文版博士论文的基础上出版了《企业集团法理研究》(王保树教授主编的商事法研究系列丛书,法律出版社2003年版)。在该著作的附录中,笔者设计出了“中国公司法之关联企业与企业集团法草案”,即在原2003年《公司法》中增加一章专门规定。后来,该草案很快得到王保树教授牵头的“公司法修改”研究小组(其成员包括石少侠、叶林、朱慈蕴、沈四宝、陈甦、赵旭东等)的肯定,同时被纳入王保树教授主编的《中国公司法修改草案建议稿》(社会科学文献出版社2004年版)。在该建议稿中,笔者设计的草案及立法理由说明被单列一编全部采纳(建议稿第七编“关联企业与企业集团”,草案第249~278条,第56~67页)。笔者设计的草案分为“关联企业的一般规定”和“集团管理合同”两大部分共计30个条文。其中“关联企业的一般规定”主要参照参照了德国及其他一些国家或地区的立法例,而“集团管理合同”则是主要是结合德国的立法例,并着重结合中国的实际情况制定的。

巨大的遗憾,但是另一方面,对能否对“企业集团组织法”进行立法,则有重新探讨的必要。

如今,全面系统地修订《公司法》又被提上了议事日程,在这一背景下,笔者简要地介绍部分国家或地区的企业集团法或关联企业法的主要内容。

(一)德国的关联企业法(“康采恩法”)及其对其他国家或地区立法的影响

应当说,在企业集团和关联企业的系统立法方面,作为大陆法系国家的德国走在了最前列。德国于 1965 年全面修订其《股份法》(AktG,也即“股份公司法”)时,在其第一章“总则”中增加了关联企业及“康采恩”(企业集团)基础法律概念及其定义(德国《股份法》第 15 ~ 22 条),并在该法第三编专门增加了“关联企业”的系统性规定(第 291 ~ 337 条)。德国的关联企业成文法虽然仅针对股份公司,但德国联邦法院法律续造活动则通过建立“适格的事实康采恩”规则将上述规定扩大适用至有限公司,直到 2001 年,联邦法院才放弃了类推适用股份公司法中的康采法的做法,回归到以控制股东是否违背信义义务,尤其“是否滥用公司人格为危及企业生存”追究有限责任公司的控制股东的法律责任。[1]

大致说来,德国的关联企业法(“康采恩法”)的主要内容及特点如下:

首先,德国关联企业法对关联企业有关的基础概念等值得借鉴。例如,“关联企业”(第 15 条)、“多数持股”(第 16 条)、“从属与控制企业”(第 17 条)、“康采恩”与“康采恩企业”(第 18 条)、“相互投资企业”(第 19 条)等法律概念,这些法律概念是关联企业立法的起点。而德国立法者惯用的法律推定术则不仅大大减轻了少数股东的证明责任,而且也便利了法官的法律适用。

其次,德国关联企业法全面地规定了涉及关联企业的告知义务(第 20 ~ 22

---

〔1〕 所谓“适格的事实康采恩”(qualifizitierter Faktischer Konzern)是指德国联邦法院通过 Autokran, Tiefbau, Video 以及 TBB 等著名判决所形成的所谓“适格的”有限公司事实康采恩(qualifiziert faktischen GmbH-Konzern)概念,原因在于德国《有限责任公司法》并未规定有限责任公司集团,而联邦法院在有关判决中有意识地类比适用了《股份法》之康采恩法规定。2001 年,联邦法院在 Bremer Vulkan 一案中终于放弃了在类比适用股份法基础上形成的“适格的”事实性有限公司概念,法院的判决引导词明确指出:“1. 保护从属的有限责任不受其唯一投资人的侵犯不能采用康采恩法的责任系统(股份法第 291 条以下条文),而应当以资本维持原则和保障其生存为限,即要求合理地顾及有限公司的自身利益。如果该有限公司因为其唯一投资人的侵犯无法清偿其债务,则视为未顾及公司之利益。2. 若唯一投资人指使其从属的有限公司将其可以清偿的资金转移到该投资人所支配的流动资金中,则他有义务在处分资产时顾及维护公司的生存能力并能清偿债务,他也有义务不危及公司之生存。若未尽此种义务,他可能因为违背刑法典(StGB)第 266 条意义上之诚信而犯法。”[BGH Urt. v. 17. 9. 2001 - II ZR 178/99 (Bremen) = NJW 2001, 3622 = NZG 2002, 38 = LM H. 5/2002 § 309 AktG 1965 Nr. 1.] 而在 2002 年的一个判决中,联邦法院再次确认放弃“适格的事实康采恩”概念,主张对于有限公司而言,追究控制股东的法律责任的基础仍然在于控制股东对信义义务的根本违反[BGH, Urt. v. 24. 6. 2002 - ZR 300/00 (München) = NJW 2002, 3024.]。参见吴越:《企业集团法理研究》,法律出版社 2003 年版,第 30 页以下。

条)。这种法定告知义务的最大优势在于让利益攸关方(少数股东与债权人)及时知晓关联企业的形成过程,即形成了所谓"预防性保护"。

最后,德国关联企业法严格区分了"合同型康采恩"(Vertragskonzern)与"事实型康采恩"(faktischer Konzern)两大类型。德国《股份法》第三编"关联企业"包括第一部分"企业合同"[1](第291~307条);第二部分"涉及从属企业的管理权与责任(第308~318条);第三部分"一体化企业"[2](第319~327条);第四部分"相互参股企业"(第328条);第五部分"康采恩(企业集团)的会计报表"(仅存第337条)。大致而言,其中第一部分和第三部分所规定的康采恩即属于合同型康采恩,而第二部分和第四部分涉及的康采恩则属于事实型康采恩。

需要指出的是,即使在德国,合同型康采恩(含"一体化企业")实践中也并不多见。这导致德国关联企业法在一定程度上打了折扣。出于同样的原因,德国之外的一些学者批评德国的关联企业法实际作用不大。

尽管如此,德国关联企业法中对关联企业的法律界定(尤其是法律推定)、从属报告义务、对相互投资的限制、年度补偿机制和董事高管的损害赔偿责任等内容依然能适应新形势下关联企业存在的问题。因而从整体上说,德国的关联企业法即使直到今天来看,也算是较为成功的。

不仅如此,德国的康采恩法也被巴西、斯洛文尼亚等国家或地区借鉴。巴西于1976年修订《股份公司法》时,增加了公司集团(grupo de sociedades)有关的规定(第265~279条)。同时,巴西公司法中也有"从属公司""控制公司"等类似概念。巴西的公司集团法虽然没有全盘照搬德国康采恩法,但同样区分了合同型公司集团与股权型公司集团两大类型[3]。而斯洛文尼亚的公司法由于全盘借鉴了德国股份公司法,因此可以说是全盘照搬了德国康采恩法[4]。

---

〔1〕 德文Unternehmensvertraege直译为"企业合同",但根据上下文,译为"关系企业合同"或者"企业联合合同"似乎更准确,因为依据该法第292条和第293条之规定,"企业合同"是一个集合概念,主要包括"控制合同"(又译"支配合同")、利益共同体合同、利润上交合同以及管理权出租或者管理权转让合同。参见*Hüffer*,AktG § 291 I 1。

〔2〕 德文"Eingegliederte Gesellschaften",又译"公司归附",即当一个公司的全部股份或大部分股份被另一个持有时,前者可以作出决议,归附到后者公司,但前者的公司人格并不消灭。此举目的在于推进企业间的一体化经营,同时也在于保护少数股东,赋予少数股东退出权及获得合理补偿的请求权。不过,此规定在德国的实践中并不多见。

〔3〕 参见Fabio Konder Comparato, die Konzerne im Brazilianischen Aktiengesetz, in *Lutter*, *Marcus* (Hrsg.), Konzernrecht im Ausland, Berlin/New York, de Gruyter, 1994, SS. 32f。

〔4〕 Johann Tischler, Gesellschaftsrecht der Republik Slowenien, 1993, SS. 5f.

(二)英美国家的"关联企业法"

1. 英国涉关联企业的立法及实践[1]

第一,英国1985年《公司法》并没有对关联企业下定义,但是该法中却有几个相关的概念值得注意,即子公司(subsidiary)、控股公司(holding company)和全资子公司(wholly owned subsidiary)。上述概念均采用了法律意义上的控制(control)标准。按照该标准,只要满足了下列条件之一,即构成母子公司:(1)公司(母公司)拥有另一公司(子公司)的半数以上的表决权;(2)母公司是子公司的股东,而且有权任免后者的半数以上的董事会成员;(3)母公司是子公司的股东,它依据自身的权利或者与其他公司的约定控制着该子公司的半数以上的表决权。在这种情况下,子公司的表决权将视为母公司的表决权。此外,子公司自己的子公司也将被视为母公司的子公司。如此一来,多重母子公司关系也在法律调整范围之内。例如,公司丙是公司乙的子公司,而公司乙则是公司甲的子公司,则公司丙将被视为公司甲的子公司,而公司丙所持有的全部股份将被视为公司甲持有的股份。

第二,英国1989年的《公司法》就专门为合并会计报表之需要而引进了"母子企业"概念。该概念在传统的公司法的母子公司概念的基础上将母子企业扩大到凡是一个企业事实上控制着另外一个企业的管理的情形。具体来说,只要满足下列条件之一,则一企业将被视为另一企业的母企业:"(1)它拥有另一企业的多数表决权;(2)它是另一企业的投资人并有权决定后者的多数董事会成员的任免并因此决定着该企业的一切重大事务;(3)它有权对另一企业实施支配性影响。此种影响可以建立在对后者的表决权基础上,也可以是基于控制合同,该控制合同必须采取书面形式、不违背后者的企业组织形式而且不能违背后者成立地的法律;(4)它是后者的投资人并且单独或者依据协议与其他企业一起控制着后者的多数表决权;(5)它对后者拥有实质性的投资;而且实际上对该企业发挥着支配性影响或者该二者有着统一的管理。"

第三,英国关于上市公司的财务会计制度的规定其实是协调欧洲共同体1979年3月19日的关于股票上市的指令、1982年5月12日上市公司半年报表指令和1980年4月17日的上市说明书指令的结果。由于指令众多且规则复杂,这里只能作一简单介绍。不过,其中关于与关联人的交易的规定值得一提。

---

〔1〕 本文所涉及英国法方面的内容,主要参考 Robert R. Pennington: *Company Law*, 8th ed., Butterworths, 2001, "Chapter 19, Groups of Companies", p. 892 – 918, 以及 Dan D. Prentice, das Recht der Gesellschaftsgruppe in Grossbritannien, *Hopt/Hommelhoff* Konzernrecht und Kapitalmarktrecht, Muenchen, C. H. Beck, 2001, S. 93ff。

若一公司与关联人做一笔有着重大经济意义的交易,则必须告知公司股东并取得股东的同意。为此,关联人并相应地定义为至少持有该公司 10% 股票的股东。如果股东大会就与该股东的交易进行表决,则该股东自己无表决权。

若母子公司都是上市公司,则上述规则适用于母子公司间的一切交易。由于上市的子公司必须保持其独立性,加之上市的母子公司往往不愿意受上述规则的约束,所以上述规则对上市的母子公司而言是不够的。为此,上市条件规定中对控制股东的定义就比公司法中的法律控制定义更加严格,上市规则第 3 章第 12、13 条规定:

3.12　若申请人(申请上市许可的公司)有控制性股东,则必须满足本规则第 3 章第 13 条的条件。为此,下列人属控制股东:

(1)拥有申请人的股东大会的 30% 以上的表决权的人,或者

(2)有能力控制申请人的董事会的半数以上成员的表决。

3.13　申请人必须能够随时独立于控制股东的影响作出决策。申请人将来与控制股东的一切交易都必须符合等臂原则(at arm's length,即正常交易原则)。申请人必须证明,董事会的所有重要决议都是在不受控制股东的影响下独立作出的。若申请人与控制股东之间发生冲突,则申请人必须证明有避免这种冲突损害全体股东利益的约定。当存在潜在的冲突时,申请人有义务向交易所咨询。

第四,会计标准委员会发布的财务报告标准(Financial Reporting Standards)对于判断公司对交易的记载是否真实而公平而言也具有重要的意义。财务报告标准之二对子公司的会计事务作了规定。该规定是对 1985 年《公司法》中合并会计报表的补充,它要求记载企业集团内部的交易和事项,如母公司对子公司持有股份的增减情况。上述规定与欧共体第 7 号条例的要求是相符的。

如果拿母子企业的定义与为合并会计报表而规定的企业集团概念作一个比较就会发现,后者所采用的控制标准大大地超出了法律上的控制标准。在上述标准基础上,企业集团必须制作合并的会计报表。

第五,对纯粹的投资公司亦有特殊规定。鉴于设立投资公司之目的仅仅是为了持有别的公司的股票,因此投资公司上市时必须遵守以下原则:

(1)有关责任人员必须具有管理投资的经验;

(2)投资的风险必须得到合理的分配;

(3)申请人(投资公司)必须是被动的投资人,即不得干预被投资公司的事务,也不得试图控制被投资的公司;

(4)投资人自己不得大量地交易投资份额。

上市规则第 21 章则规定了对被动投资公司的许可。若某母公司主动地控

制着其子公司,则该母公司无法满足投资公司的条件。

最后,若被持有股份的公司怀疑持有人为所谓"稻草人"(相对于"事实股东"或"实际控制人"),则公司有权要求咨询谁是真正的所有权人。按照1985年英国《公司法》第212条的规定,公司有权向"稻草人"发函,要求其说明为谁持有股票。若该人拒绝提供信息,则公司有权申请法院对该人持有的股票进行多种限制,即取消红利、限制转让或者限制表决。因此,第212条授予了公司很大的权利。此外,即使持股比例未达到公开告知义务,公司也有权要求其提供信息。为此,公司也不需要提供特殊的理由,因为公司有权知道谁是股票的真正所有权人。除应当向被持股的公司履行告知义务外,也必须就有关事项进行登记。与此类似,英国公司法中还建立了"影子董事"(shadow director)概念。

小结:英国公司法及其证券法中虽无针对关联企业和企业集团的系统性规定,但同样建立了母子公司等重要的法律概念和法律推定,对连锁性的关联企业做了合并处理,对关联企业附加了披露义务,同时要求上市公司遵循公平交易原则,也对"稻草人"股东或事实股东规定了披露义务。

2. 美国有关关联企业的立法及实践[1]

美国有关关联企业的立法及其实践可谓复杂多样,除传统的公司法领域外,有关关联企业的立法还拓展到破产法、证券法、税法、劳动法、能源法等众多的法律领域。

依据飞利浦·布鲁门伯格(Philip Blumberg)教授的观点,大致说来,美国调整关联企业的立法和相关的判例法的核心手段就是建立了各种"控制"(control)标准。与此同时,在不同的法律领域,在"控制"标准的基础上又衍生出了各种与控制有关的学说或者新的标准,如果达到了上述标准,若干个关联企业即被视为"(同一)企业"(enterprise),也即不再适用传统的单一公司法(entity law),而是适用"企业法"(enterprise law),从某种意义上说,也即美国式的"关联企业法"。

美国关联企业的简要历史如下:在1888年至1893年间,美国公司之间相互不持有别的公司的股份的情况发生了巨大变化。当时的新泽西州颁布了新的法律,原则上允许公司取得和占有其他公司的股份。新泽西州试图通过这种方式引进一种新的公司类型,即控股公司(holding company),并希望借助控股公司在

〔1〕 本文涉及美国法的内容,主要参考飞利浦·布鲁门伯格(Philip Blumberg)教授的著述。布鲁门伯格教授著有七卷本英文版《公司集团法》(*laws of corporate groups*),堪称大家。本标题之下的大部分内容主要参考了布鲁门伯格教授应德国同行之邀撰写的浓缩版"美国公司集团法",参见Philip Blumberg, Amerikanisches Konzernrecht, in *Lutter*, *Marcus* (Hrsg.), Konzernrecht im Ausland, Berlin/New York, de Gruyter, 1994, SS. 264ff。

金融领域代替原有的信托制度,这在当时招来了攻击。其他的州也纷纷效仿新泽西州的做法。越来越多的大企业采纳了控股公司的形式,公司集团与关联企业便因此产生了。这被视为美国经济的转折点。随着企业集团的形成和企业规模的扩大,公司原有的简单的双层结构(从事经营的公司层和作为投资人的投资层)已经不复存在。相反大公司的结构越来越复杂,大公司通常由一家母公司、若干中间控股公司以及许多具体运作的子公司组成,所有的成员公司都参与公司的经营管理。

毫无疑问,美国公司法并不一般地干预公司之间的控制关系,但"过度控制"使从属企业受到损害时,美国判例法即会纠正这种过度控制,以防止其损害从属公司债权人利益。

按照布鲁门伯格教授的总结,企业集团或者关联企业的经济结构和意思表示结构是按照下列标准来决定的:

(1)控制:在这方面,所有判例都认为单凭借母公司对子公司的意思表示的控制的可能性是不能界定企业集团的,例如两个公司的董事会以及经理人员相同的情形(人事连锁)。至关重要的是控制在实际上运用了多少。法院首先要查明是否存在对子公司的意思表示存在严重的干预,为此法院在认定时将"一般"的独立公司的决策过程作为参照物。如果母公司对子公司一直施加着影响,虽然少数法院不这样认为,但按照多数法院的观点,这将导致母公司对子公司的债务承担责任。

如果母公司对子公司的控制只是表现在局部领域,则法院的评价就很不一致。控制的领域包括:公司经营方针、计划、投资或者薪金问题,还包括企业集团内部规则的制定,如安全守则、与员工的关系、对外形象宣传、会计、财务或者关联业务等。然而,要确定控制的范围到底有多大是十分困难的。控制范围的大小虽然不是法院判决的唯一因素,但却是最关键的因素。

(2)经济的交叉:另外一个标准就是母公司与子公司在经济活动中的交叉,尤其是当各个公司只不过是整个企业集团业务的一部分的时候。重要的是企业集团内部的买卖关系,因为从这个方面可以清楚地看到企业集团内部在生产和销售上的交叉联系。此外还包括企业集团担保、集团采购、仓储、市场营销、信贷以及损害责任保险等。

(3)财务上的相互依赖:另外一个重要标志就是,企业集团成员间在多大程度上存在财务以及人员方面的相互依赖。各个公司是独立的,还是仅仅是企业集团的一部分?如果子公司直接用企业集团的贷款为本公司融资,就可以认定这种财务上的相互依赖性。此外,虽然子公司是从第三人那里获得资金,但是由母公司或者另外的子公司提供了偿还担保,同样可以认定这种依赖性。这种企业集团内部成员间彼此为贷款担保的现象在美国如此普遍,以至于它已经成为一个单独的法律问题领域。

(4)管理上的相互依赖性:越来越多的企业集团通过集中企业集团成员的管理来获得更大的利益。集中管理的领域包括法律事务部、财务部、研究与开发部、保险、对外形象、人员培训或者安全规程等。

(5)同类型的就业结构:这里所指的是企业集团内部人员的职业,如在内部企业之间的人员调换、企业集团范围内的培训计划、个人损害责任保险或者养老金待遇、对公司利润的分享或者类似的优惠措施。

(6)在对外经济交往中一致行动:最后一个特征就是在对外经济交往中一致行动。在企业集团业务的经营中,各个成员使用同样的公司名称、商标和图案设计,甚至公司的职员穿着同样的服装。

在上述背景下,首先是在公司债权人保护领域,美国判例法所建立的"刺破公司面纱"(piercing the corporate veil)规则系对美式"关联企业法"的首要贡献,理由在于,该规则更容易在母子公司或公司集团中得到司法适用。在此基础上,美国判例法所建立的"公平居次"(equitable subordination)原则,也即"深石原则"[1]丰富和发展了"关联企业法"的内容。美国法上的上述规则被许多其他国家和地区仿效,其理由在于,美国法中上述原则对于保护关联企业中的债权人而言最为有效。

除此之外,美国"关联企业法"的另一个特点就是根据各个行业的不同情况"量身定做"不同的控制标准。

布鲁门伯格教授研究发现,对美国的整个工业行业都适用的特别法的调整对象就是企业集团或者说关联企业。所有这些法律都使用了两个定义的要件,该两个要件视不同情况被选择地予以运用:第一,用"控制性的影响"这一比较宽泛的概念来扩大"控制"概念的外延。该概念只出现在适用范围广泛的成文法之中。第二,对"控制"概念的法律推定。该推定是建立在公司占有或者控制的另一公司的有表决权的股份的百分比的基础之上的。该百分比从能源供给行业法中的控股公司的10%到金融控股公司、储蓄银行以及合作银行的控股公司的25%不等。

美国"能源法"第2款(A)7对控股公司的一般定义是:"任何直接或者间接拥有或者被授权可以行使表决权的(其他公司)的10%的股份的公司。"其补充

[1] "深石原则"源自美国一公司名称(Deep Rock Oil Corp.), see Taylor v. Standard Gas & Electric Co. (S. Ct. 1939) in Robert W. Hamilton, The Law of the Corporations, West Group, 4th ed., p. 121 (1999年影印版)。

定义是，任何直接或者间接地（单独地或者采取与他人联合的方式）对其他企业的管理或者企业决策施加“控制性影响”的人。

该定义不仅被立法目的众多的其他成文法所采纳，而且也被扩大到许多“选择性”法律中，其不仅要调整母公司和子公司，而且包括了其兄弟公司。所有有关的公司，不管是支配企业或者是被支配的企业或者被共同支配的企业，也就是说，整个企业集团都是这些法律的调整对象。

上述三个有关控股公司的法律的共同要件表明，企业集团的整个活动都在法律的调整之下，以使一些特别成文法的目标得到优先实现。它涉及企业集团的合法的活动范围以及企业集团所管理的企业的合法的活动范围。之所要强调这个问题，原因是多方面的。例如，在金融控股公司的立法方面立法者担心的是，如果因为控股公司的影响，子公司在财力不稳定或者收益率不高将波及其他的企业集团企业。相反，在能源法中，立法者希望能源工业的结构简化，建立联合的能源供给系统。

尽管上述法律的目标间相差很大，但是却有一个共同点，那就是法律并不是针对各个具体的公司，而是从行业特点出发来规范在该行业活动的企业集团企业。

除此之外，在美国判例法体系中的“关联企业法”的基本原则中，税法领域的“一体化经营”（unitary business）学说当属其中重要的一个。该理论是由美国联邦最高法院在1980～1983年的五个案例发展起来的。它所涉及的是跨国公司在美国的当地企业的纳税方面的合宪性问题。在计算该当地企业的应纳税所得时，该企业在世界范围内的所得都应当计算在内。在一体化经营学说看来，如果在美国的当地企业与美国之外的企业已经构成一体化经营，那么实践中这种汇总计算应纳税所得的做法就是符合美国宪法的。因此是否存在统一化的经营就成了法院若干企业间是否独立的标准。法院也强调，现实的经济关系才是决定性的。

小结：美国“关联企业法”只是一个学术研究上的称呼，美国并没有对关联企业的统一立法，其核心是“控制”标准，依立法目的之不同，控制标准在许多特别法中有不同的规定，其优点是能够照顾到不同法律的不同立法目的。其缺点则是复杂的法律规定与判例法令法律适用变得困难。美国“关联企业法”的另一个特征即是“刺破公司面纱规则”与首先是来自美国判例法上的“公平居次规则”（“深石原则”）。这对保护关联企业的债权人而言尤其有效。至于在关联企业的相关披露义务方面，美国证券法上有诸多规定，中文著述也十分丰富，本文不再赘述。

(三)小结及其对我国《公司法》系统修订的启示

从以上对一些有代表性的国家或地区的关联企业法的简单梳理中不难得出以下几点结论:

第一,上述国家或地区对企业集团与关联企业的立法存在一些共性,这主要包括重要法律概念如"控制"、"关系企业"("关联关系")、"从属企业"、"控制企业"、"事实股东"(稻草人)等的法律界定与法律推定,事先的披露与报告义务,公平交易原则与损害禁止(滥用禁止)等。

第二,对企业集团的组织或者内部管理,从公司法的角度进行规制,或者说,从公司法的角度为企业集团制定集团组织法的设想,从总体上来看,效果并不理想。即使是德国的康采恩法,也无法对企业集团的组织和管理进行很好的立法,尽管其规定了"统一管理权"和"合同型康采恩"(类似于我国的集团管理合同),但是其实践效果并不理想。这主要是因为,集团管理模式千变万化,且这在本质上属于企业集团的内部事务,公司立法不宜对其过度干预,而应当尊重企业集团的自主权,或者说应当尊重私权自治(private autonomy)。尽管从这个意义上,德国的康采恩法是失败的,但是在少数股东的事先知情权以及债权人保护方面,德国的康采恩法则为我国的公司立法提供了有益的启示,且至今并不过时。

第三,对于企业集团、母子公司和关联交易的系统立法,除公司法外,还应当包括众多的法群,如会计法、税法、破产法,其中,公司立法仅仅占很少的一部分,而有关企业集团或者关联企业的许多立法内容,由公司法进行规定并不合适,例如,涉及企业集团合并会计报表以及税务处理的规定,应当由税法、会计法等规定。换言之,公司立法对企业集团和关联企业的调整是非常有限的。

第四,立法者应当转变立法思路,转而对企业集团和关联企业和其他关系人的关联交易进行行为立法,尤其是对关联方或者说关系人的认定标准,内部控制程序(安全港程序)以及关联交易的效力问题,这才是重点。为此,笔者已经另行撰文进行探讨。

四、漏洞填补:公司修法、司法解释抑或法官造法?

前已述及,2018年《公司法》虽然有众多的圈点之处,但就关联企业和关联交易的立法而言,不能说不存在缺陷与漏洞,这尤其体现在现行《公司法》立法的当时对关联企业和企业集团缺乏通盘考虑和欠缺利用法律推定等外国或地区立法者广泛采用的立法技术,导致这方面的立法缺少前瞻性,不能适应新形势下关联企业的隐蔽性、全方位蔓延所带来的新问题。

综上所述,现行《公司法》存在如下方面的漏洞:

第一,在涉及关联企业的几个基础法律概念如"控制股东""实际控制人"

“关联关系”等的法律界定方面缺少可以有效适用并可资司法裁判操作的法律标准，而“相互投资企业”“公司控制权间接转移”等基础概念甚至阙如。这尤其体现在对隐蔽性的（非因直接持股而形成的）关联关系的认定上。由于基础概念或者说基础标准的界定缺乏可操作性，现有的法律规定对大量存在的隐蔽性关联企业（尤其以民营企业为甚）而言很大程度上无异于“无牙的老虎”。

第二，除上市公司外，缺少涵盖所有类型的公司关联企业的披露义务或告知义务。这导致在企业并购的现实和司法实践中缺少对公司控制权间接、隐蔽性转移过程中缺少对少数股东的知情权和决策权（如是否行使优先购买权）的预防性保护。而这一点，在海外企业跨境收购的中外合资公司的外方控股股东的股权交易案件中尤为明显。

第三，就少数股东保护而言，由于缺乏德国康采恩法中的年内补偿平衡机制，导致关联企业中的从属公司利润被盘剥、被不正当转移的现象十分突出。从属公司的小股东大多只能听命于大股东的施舍，或者选择“用脚投票”退出公司甚至请求法院解散公司。然而，即使在小股东主张退出公司并主张合理补偿或者解散公司的司法实践中，小股东的维权依然极为艰难，对此，本文不展开论述。

第四，就关联企业的债权人保护而言，尽管现行《公司法》第 20 条第 3 款将“刺破公司面纱”原则成文化，但同样是由于缺少可操作性的标准，该规则对正常经营中（非破产程序中）的关联企业而言，其司法裁量方面仍然存在难题。

第五，对相互投资（交叉持股）公司缺少诸如持股比例最高限制和适度限制表决权等已经被别国或地区证明有效的法律规定。

第六，对公司控制权间接转移，缺乏法律规定。

第七，面对因为历史或现实原因而造就的大量“企业集团”，现行《公司法》则是只字未提，保持了罕见的沉默。如果要说考虑中国国情，那么，中国的“企业集团”无疑有着特殊的含义和特殊的历史背景。《公司法》对此保持罕见的沉默实在令人意外。笔者扼要说明如下：

一方面，就国有企业集团而言，其中既有历史的原因，也有现实的原因。历史原因在于“改革开放”之初中央政府期望通过联营、跨行业、跨地区组建企业集团的方式来打破当时的市场分割与地区封锁。现实原因则在于，中央政府期望央企集团承担着发挥市场经济的主导地位和实现“走出去”的跨国兼并战略，也即“做大做强”企业集团的思路在当下也没有改变。毕竟，鼓励甚至促进企业追求规模经济和规模效应是各国政府的同行做法。

另一方面，就民营企业而言，除事实上的关联企业外，经过登记或者未经登记以集团企业名义对外做宣传的数量也不在少数，因为“集团”在通常情况下是企业经济实力和多元化经营的代名词,有助于集团企业获得商机。因此“集团”的名称光环对多半是白手起家的民营企业家而言,在过去和现在都具有吸引力。然则,过去民间对“集团”名称的使用不太规范,没有门槛限制,有的也没有经过登记,一些规模不大、公司治理也不太健全的关联企业也对外展示“集团”的形象,这无异于砸了“集团”的品牌溢出效应。鉴于此,1998 年国家工商行政管理总局出台了《企业集团名称登记管理暂行规定》(以下简称《规定》),[1]《规定》提高了企业集团名称登记的门槛(第 5 条[2]),并禁止企业以(集合概念意义上的)“集团”名义进行民事交易,仅允许其作对外宣传之用(第 14 条)。

既然企业集团在中国具有历史和现实的特殊性,加之客观上存在对“集团”名称的现实需求,那么,作为商法基础法的《公司法》为何没有界定“企业集团”,也没有吸收现有规定中好的经验以规范集团名称的登记管理呢?现行《公司法》的罕见沉默其实没有考虑到中国的特殊性。这无疑也属于公司法的一大漏洞。

由比较法角度以观,类似中国的企业集团与集团登记管理制度已经由国家将之上升为议会颁布的法律。例如,除德国外,与中国同属“金砖五国”(BRICS)的巴西,不但在其《股份公司法》规定了合同型与事实型的企业集团,而且将企业集团(名称)的登记条件与使用条件(第 267 条)纳入其中。同时,巴西《股份公司法》中有关“集团合同”的规定(第 269 ~ 272 条)与中国上述规定要求集团名称登记时提交的“企业集团章程”(《规定》第 10 条)有极大的相似之处。[3] 这表明,将合同型企业集团及其相关的登记管理的规定纳入现行《公司法》中并非没有先例可循,而中国企业集团的特征与历史也折射出这种立法需求。

第八,对于关联交易内部控制程序(安全港程序)和关联交易的效力问题,《公司法》缺乏明确规定。这无疑是最大的一个问题,也是最棘手的一个问题。

那么,接下来的问题是如何才能填补关联企业立法存在的上述漏洞?

---

〔1〕 国家工商行政管理总局工商企字〔1998〕第 59 号文《企业集团名称登记管理暂行规定》,1998 年 4 月 6 日颁发。

〔2〕《规定》第 5 条规定:“企业集团应当具备下列条件:(一)企业集团的母公司注册资本在 5000 万元人民币以上,并至少拥有 5 家子公司;(二)母公司和其子公司的注册资本总和在 1 亿元人民币以上;(三)集团成员单位均具有法人资格。国家试点企业集团还应符合国务院确定的试点企业集团条件。”

〔3〕 参见 Fabio Konder Comparato, die Konzerne im Brazilianischen Aktiengesetz, in *Lutter*, *Marcus* (Hrsg.), Konzernrecht im Ausland, Berlin/New York, de Gruyter, 1994, SS. 32f。关于“集团合同”与“集团章程”的区别,请参见笔者在《关联企业与企业集团法草案》中的说明,载王保树主编:《中国公司法修改草案建议稿》,社会科学文献出版社 2004 年版,第 491 ~ 493 页。

(一)系统性修订《公司法》,增加对关联企业和企业集团的原则规定的必要性

依笔者之见,如欲系统地克服现行《公司法》中的上述漏洞或缺陷,系统性修法,即在现行《公司法》中增设一章集中规定"关联企业与企业集团"自然是上策。这方面,除参考域外立法经验外,也应当考虑到我国"企业集团"的特殊性(后者可借鉴德国及巴西等国的经验)。

本文认为,尽管对企业集团和关联企业的组织进行公司立法的设想过于理想化,但是仍然可以在总则之中,进行一些原则性和参照性的规定。例如,可以考虑在总则之中,增加对企业集团的名称使用和推定为关联关系的规定,从而为从行为法的角度规制关联交易奠定基础。倘若这样,则一方面可以对滥用"企业集团"名号的现象进行有效的规制,同时又可以以此为契机将其认定为具有关联关系的企业。从这个角度来说,在系统修订《公司法》时,对关联企业和企业集团进行原则性规定不仅是可行的,而且是必要的。

(二)最高法司法解释与"纪要"的可为与不可为

针对现行《公司法》实施以来司法实践中所暴露出来的问题,最高人民法院迄今已经连续出台了与《公司法》实施有关的五个司法解释。其中,《公司法解释(一)》[1]主要是解决新旧公司法法律适用上的衔接问题,《公司法解释(二)》[2]主要是针对法院如何裁判公司解散与公司清算(非破产解散与破产清算)的纠纷问题,而《公司法解释(三)》[3]则是针对"公司设立、股东出资与股东资格"有关的纠纷中的法律适用问题。《公司法解释(四)》[4]主要针对公司决议(股东会决议、董事会决议)的有效性等问题的裁判规则作出了规定。《公司法解释(五)》[5]主要针对股东权益保护等纠纷案件适用法律问题作出了规定。

而2019年11月14日最高人民法院公布的《全国法院民商事审判工作会议纪要》涉及的领域则十分广泛,其中与公司法相关的包括公司担保纠纷的裁判规则。

---

〔1〕 最高人民法院《关于适用〈中华人民共和国公司法〉若干问题的规定(一)》(法释〔2014〕2号),自2014年3月1日起施行。

〔2〕 最高人民法院《关于适用〈中华人民共和国公司法〉若干问题的规定(二)》(法释〔2020〕18号),自2021年1月1日起施行。

〔3〕 最高人民法院《关于适用〈中华人民共和国公司法〉若干问题的规定(三)》(法释〔2020〕18号),自2021年1月1日起施行。

〔4〕 最高人民法院《关于适用〈中华人民共和国公司法〉若干问题的规定(四)》(法释〔2020〕18号),自2021年1月1日起施行。

〔5〕 最高人民法院《关于适用〈中华人民共和国公司法〉若干问题的规定(五)》(法释〔2020〕18号),自2021年1月1日起施行。

应当说,上述的司法解释或纪要对于填补现行《公司法》法律漏洞作出了很大的贡献。

那么,是否可以期待最高人民法院在涉及关联企业的上述五大法律漏洞领域进一步出台司法解释呢?

依笔者之见,短期内出台上述领域的司法解释的可能性并不大。这主要是由于上述五大法律漏洞较之先前的司法解释或纪要所填补的漏洞不同,不但国内司法实践所积累的经验较少,而且诸如“公司控制权间接转移中的控制股东的告知义务”“相互投资中的最高比例限制与表决权禁止”“从属企业利润的年内补偿与平衡机制”等内容方面,属于典型的“立法空白”而非立法漏洞,法院出台解释可能也涉嫌超越司法权限。所以,在上述领域出台司法解释的可能性并不大。至少在短期而言如此。至于合同型企业集团与集团名称登记方面的问题,更不能指望最高人民法院有所作为,因为这属于更大范围的法律空白。唯有立法者修订《公司法》才有可能。

反之,在现行公司法中的几个基础概念即“控制股东”、“实际控制人”(“影子股东”与“稻草人”)、“关联关系”等现行《公司法》已经采纳的几个基础概念或者说基础标准的认定方面,可以预期最高人民法院以司法解释或者其他方式进行漏洞填补。理由在于,现行《公司法》对此已有原则性的规定,主要不足则是举证责任方面的困难。故这种法律续造或者说最高人民法院造法的难度相对较小,且不涉嫌超越司法权限。

除此之外,在关联企业中的刺破公司面纱规则的法律适用方面,也不排除最高人民法院出台司法解释的可能性。这是因为下级法院在“刺破公司面纱”规则的法律适用方面已有一定的司法经验积累,甚至在现行《公司法》颁行之前都有过相关的案例。

(三)个案裁决意义上的法官造法的可能性

在个案裁决意义上的法官造法方面也存在些许可能性。如前所述,在关联企业中的“刺破公司面纱”规则的法官造法已经出现。再者,在诸如关联关系、实际控制人的法律认定方面,法官造法的空间也很大。再如,在“公司控制权间接转移中控制股东的告知义务”等领域,也存在法官“自由裁量”的空间。

但是,本文尤其要指出,法官造法的空间是非常有限的,对《公司法》进行系统化修订,增加对关联企业和关联交易的专门规定才是当务之急。

公司关联交易的安全港程序与效力判断规则研究

——以关联担保效力争议为切入点*

吴　越**

自2005年《公司法》修订以来，围绕《公司法》第16条所产生的越权担保的效力之争，就没有停止过。现有的研究分歧聚焦于《公司法》第16条的规范性质、[1]表见代理（代表）与无权代理（代表）[2]以及相对人是否善意、[3]相对人是否负有注意义务（形式审查义务）[4]等多重维度之上，辅之以民法上的交易安全价值，[5]各种学说和裁判路径谁也说服不了谁。即便是在影响深远的最高人民法院公报案例“招商银行诉大连振邦股份关联贷款担保案”（以下简称“招

---

* 本文为国家社科基金项目“法人代表权限制的效力规则研究”（项目批准号：15BFX099）最终成果之一部分。本文为笔者撰写的《关联交易与企业集团的公司法规制》参会论文的姊妹篇。

** 吴越，西南财经大学法学院教授。

〔1〕 蒋大兴、高圣平、叶林等：《未经决议的公司担保：合同效力与解释路径》，载《人民司法》2016年第31期。

〔2〕 杨代雄：《公司为他人担保的效力》，载《吉林大学社会科学学报》2018年第1期。

〔3〕 曾大鹏：《公司越权对外担保的效力研究》，载《华东政法大学学报》2013年第5期。

〔4〕 梁上上：《公司担保合同的相对人审查义务》，载《法学》2013年第3期。

〔5〕 当前的司法裁判立足于交易安全的价值考量，倾向于认定越权担保行为有效。例如，（2016）最高法民再24号等案例，将《公司法》第16条的规定理解为“内部管理规定”，认为不得约束交易相对人。

商银行案")[1]之后,有关越权担保行为效力判断的分歧并未就此消失,甚至有扩大的趋势,且最高人民法院自身和一些高级人民法院后来也推翻了上述公报案例中以交易安全价值作为裁判标准的裁判思路。

总体来说,随着司法实践的进展,基于"越权路径"而非"规范性质识别路径",以判断违反《公司法》第16条的担保行为效力,逐渐成为主流共识。[2] 但是即便是"越权路径"也有不同观点。例如,笔者主张须对《公司法》第16条的3个条款进行解读,区分一般担保和关联担保,并分别归纳不同的越权担保合同效力规则。[3] 另有学者则认为,不应当区分普通担保和关联担保,而应当适用统一的裁判规则。[4] 但事实上,普通担保中相对人不负形式审查义务在过往的司法实践中已经趋于一致,争议的焦点围绕在关联担保之上。[5] 司法裁判中的价值衡量基点,也从单纯重视交易安全,过渡到多方主体利益平衡的立场上来。

2019年11月14日最高人民法院公布了《全国法院民商事审判工作会议纪要》(以下简称《纪要》)[6]。《纪要》第18条明确提出了"关联担保"和非关联担保的区分,并且对两种不同情形的公司担保相对人是否为善意作出了区分规定:当公司为控制股东或实际控制人提供担保时,相对人负有形式审查义务,即审查是否取得了公司股东(大)会的授权,否则不属于善意相对人,担保合同应属无效;反之,《纪要》指出,根据《民法总则》第61条第3款之规定,[7]公司章程对法定代表人权限的限制,不得对抗善意第三人,公司章程对代表人权限的限制,不构成担保合同无效的理由。本文认为,这无疑是一个巨大的进步。然而,《纪要》也提出了一个新的问题,即法定代表人越权为控制股东或实际控制人担保

---

[1] 参见"招商银行股份有限公司大连东港支行与大连振邦氟涂料股份有限公司,大连振邦氟涂料集团有限公司借款合同纠纷案"(最高法[2012]民提字第156号),载《中华人民共和国最高人民法院公报》2015年第2期。

[2] 参见钱玉林:《公司担保中债权人"善意"的认定》,载《扬州大学学报(人文社会科学版)》2013年第5期。

[3] 参见吴越:《法定代表人越权担保行为效力再审——以民法总则第61条第三款为分析基点》,载《政法论坛》2017年第5期;吴越、宋雨:《公司担保合同中善意相对人认定标准研究——基于〈民法总则〉对〈合同法〉50条之扬弃》,载《社会科学研究》2018年第5期;赖虹宇、吴越:《关于关联担保越权合同的综合判断》,载《理论探索》2019年第2期。

[4] 参见高圣平:《公司担保中相对人的审查义务——基于最高人民法院裁判分歧的分析和展开》,载《政法论坛》2017年第5期;高圣平、范慧佳:《公司法定代表人越权担保效力判断的解释基础——基于最高人民法院裁判分歧的分析和展开》,载《比较法研究》2019年第1期。

[5] 赖虹宇、吴越:《关于关联担保越权合同的综合判断》,载《理论探索》2019年第2期。

[6] 《全国法院民商事审判工作会议纪要》(法2019〔254〕号),载最高人民法院官网,https://www.chinacourt.org/law/detail/2019/11/id/149992.shtml,最后访问日期:2019年11月20日。

[7] 目前《民法总则》已失效,原《民法总则》第61条相关内容可见《民法典》第61条第3款规定:"法人章程或者法人权力机构对法定代表人代表权的限制,不得对抗善意相对人。"

时,倘若没有经过股东(大)会授权,就一定属于无效的担保合同吗?这背后的逻辑又是什么?

为此,本文拟从我国《公司法》第16条的立法背景、比较立法例和中外案例研究中去寻求答案。

一、关联担保的效力裁判经验与立法背景重读

(一)"民法式"效力裁判思维的缺陷

在最高人民法院裁判的多个有争议的案件中,法官之间的"经验法则"出现了严重的分歧甚至矛盾,显示关联担保的效力判断思路并未统一。在"招商银行案"中,法官认为"银行不是专业的法律服务机构",这等于说最高人民法院在这一关联担保案件中,建立了"法律可以原谅法盲"这样的经验规则。从价值立场上来看,法院显然认为交易安全是必须优先维护的价值,即便是在关联担保中。但是,在公报案例之后的多个代表性判决中,法官并没有遵循类似的裁判思路,并且给出了完全不同,甚至针锋相对的裁判理由。

2016年,在河北敬业担保公司涉公司关联担保一案[1]中,最高人民法院维持了下级法院的判决,并认为担保权人作为"专业担保公司",理应尽到合理的形式审查义务,即应当要求担保人的法定代表人在从事担保交易时,出具公司机关的授权决议,"专业担保公司"明知公司法有相关规定而未尽到相关的形式审查义务,不为善意。很明显,最高人民法院在本案中建立了"法律具有推定公知属性"[2]这一经验规则,并直接与公报案例确立的规则相悖。无独有偶,其后江苏省高院、[3]上海市高院[4]的判决均从不同角度,认可了关联担保中,相对人应当负形式审查义务的观点。

可见,虽然作为公报案例的"招商银行案"影响深远,其所倡导的裁判思路,即"即使在关联担保中,相对人也不负形式审查义务"并未在法院裁判中得到一致遵循。从裁判价值取向来看,在涉及关联担保时,相对人的交易安全不再是唯一考量因素,公司与其他股东利益的维护亦得到重视。从裁判经验规则来看,后续的典型裁判都较为集中地认可,法律具有推定公知的属性,法律和司法都不能原谅"法盲"。这一思路,与本文开篇阐述的最高人民法院新近司法观点是逻辑一致的,即基于法定限制的立场,任何人不能宣称自己不知道该条文的规定,"法律具有推动公知的属性",从而必须尽到形式审查义务,进而通过判断该义

---

〔1〕 最高人民法院(2016)民申2633号裁定书。

〔2〕 参见罗培新:《公司担保法律规则的价值冲突与司法考量》,载《中外法学》2012年第6期。

〔3〕 江苏高院(2015)苏民终字第00606号判决书、江苏高院(2016)苏民申第2353号裁定书。

〔4〕 上海高院(2017)沪民申第934号裁定书。

务的履行情况,来判断相对人善意,并由此认定担保合同效力。

但是值得反思的是,虽然后续的司法裁判对“招商银行案”基于交易安全而为的裁判思路进行了一定程度的纠偏,但这种裁判思路的调整并不完整。问题的关键是,在关联担保效力判断当中,仅仅采行“民法式”的思维立场,以相对人的善意与否(只是从技术上替换为形式审查义务的适当履行与否),来进行合同效力的判断,是存在根本缺陷的,是一种违反商事活动效力逻辑规律的做法。

例一:江西高院在江西嵩汇科技管业有限公司关联担保案[1]中认为,“债权人有基本的审查义务,若债权人明知公司提供担保未经股东会决议或不可能在股东会上通过该决议,而仍然要求公司控制人以公司财产提供担保,足以证明系公司控制人与债权人恶意串通损害公司利益。对此种情形下担保合同效力应予否定”。在该案例中,法官仍立足相对人的审查义务,认为明知可能构成恶意串通,从而适用民法上恶意串通的效力判断规则,从而使合同效力无效。但本案忽视的一个核心问题是,“担保未经股东会决议或不可能在股东会上通过”本身,应当首先遵循商事特别法上的效力判断规则。基于“内外区分”的公司法原理,内部决议效力瑕疵,可能发挥影响对外行为效力的功用,因此存在系统判断的必要。[2] 然而,这一裁判却直接以民法上的相对人意思判断,替代了商法上的内部组织行为及其外部效力判断。

例二:在四川高院审理的侯某某、戴某民间借贷纠纷案[3]中,提供担保公司的法定代表人(同时也是公司股东)违反《公司法》第16条第2、3款的规定,在未经公司股东会决议的情况下,以公司名义为自身的债务向债权人提供担保。法院认为:“戴某作为担保公司法定代表人,虽然可以代表公司对外开展经营活动,但其行为应在法律、公司章程等规定的权限范围内活动。”“从交易风险控制角度而言,债权人应严格审查戴某的职务权限,并以此证明自己的善意第三人身份。”该案中,法院仍以相对人形式审查义务的履行,用以判断自身善意与否,从而判断合同效力。但是,戴某作为公司股东,公司为其进行担保的行为,本身应当受到组织法上“利益冲突交易”规则的规制,并非完全只是一个相对人主观判断的问题。

例三:在海南省高院审理的“大寺坡矿产资源开发有限公司”涉担保纠纷案[4]中,法院认定虽然公司未就关联担保召开股东会进行授权,但由于相对人并未要求公司出具,未尽合理的形式审查义务,因此认定越权担保合同无效。与前述江西高院案例类似,公司未就关联交易召开股东会,首先是一个程序判断问题,即

[1] 江西高院(2016)赣民再第6号判决书。

[2] 钱玉林:《公司法第16条的规范意义》,载《法学研究》2011年第6期。

[3] 四川高院(2018)川民申675号判决书。

[4] 海南高院(2016)琼民再第12号判决书。

关联交易语境下的“安全港”程序是否满足的问题,相对人的善意则属于另一个层面。直接通过善意判断“遮蔽”组织法上的程序控制规则,合理性存疑。

总结来看,“民法式”的裁判思维,一方面无助于对越权担保效力的准确判断,造成了当前关联担保效力裁判规则的解释僵局,加剧了“谁也说服不了谁”的状况。另一方面,仅仅通过“越权—善意”的思路来判断关联担保的效力,容易造成对关联担保与关联交易体系关联的持续性忽视,背离商事特别法规则的应用。与此同时,后文将阐释,从规制关联交易的角度来看,存在“程序加实体”的双重结构用以进行效力判断,[1]这是商事特别法上的特殊效力判断规则,迥异于“民法式”的效力判断逻辑。

(二)《公司法》第16条的立法背景解读

关联担保之所以应纳入关联交易来统合理解,与立法背景紧密相关。2005年8月23日全国人大法律委员会副主任委员洪虎在全国人大常委会就《公司法》的修订进行表决时所作的现场说明指出:“有些全国人大常委会委员和地方、部门、企业提出,公司为他人提供担保,可能给公司财产带来较大风险,需要慎重;实际生活中,这方面发生的问题较多,需要加以规范。全国人大法律委员会经同国务院法制办、最高人民法院研究,建议增加规定……”[2]

这表明,我国《公司法》第16条的出台背景,无疑与当时上市公司乱担保的现象具有极为紧密的关系,于是才有了如今的《公司法》第16条的三个条文的规定。笔者的前期研究即表明,通过文义解释的方法,以及与《民法总则》第61条进行体系解释的方法,是能够在第16条中得出区分普通担保(意定限制)和关联担保(法定限制)的结论的。[3] 另有学者指出了二者不同的规范价值,认为《公司法》第16条第1款并没有单独成文的规范意义,因为它实际上遵循了公司治理的一般性要求,即由公司自主决定。……只有公司决议机制具有特殊性,公司法才有必要予以专门规定。公司担保决议确实存在一定的特殊性,公司法也确实反映了这种特殊性。譬如,《公司法》第16条第2、3款关于关联交易及其表决权回避的规定。[4] 更有学者在《公司法》2005年修订后不久便指出,《公司法》第16条有三大规制目标:一是不限制公司对外担保的主观能力,包括对公司

---

〔1〕 赖虹宇、吴越:《关于关联担保越权合同的综合判断》,载《理论探索》2019年第2期。

〔2〕 南方网法制频道:《透视公司法修订草案》,载 http://www. southcn. com/law/flpl/flpltp/200508260198. htm,最后访问日期:2019年5月20日。

〔3〕 吴越、宋雨:《公司担保合同中善意相对人认定标准研究——基于〈民法总则〉对〈合同法〉50条之扬弃》,载《社会科学研究》2018年第5期。目前《民法总则》已失效,其立法精神及内容为《民法典》第61条所吸收。

〔4〕 施天涛:《〈公司法〉第16条的规范目的:如何解读、如何适用?》,载《现代法学》2019年第4期。

股东、实际控制人进行关联担保;二是将规制意图锁定在防止不公平关联担保的发生之上;三是重视程序公正以实现实体公正。[1]

总体来说,立法者的本意是,对于公司的非关联担保,适用该法第16条第1款的规定,即立法者仅仅是授权公司章程自行建立约束机制。反之,对公司向股东和实际控制人提供担保,无论章程是否有限制或授权,都“必须”取得股东会决议的授权,且结合该条第3款,股东(大)会表决时,关联股东或者代表实际控制人利益的股东无表决权,并且应当回避表决。也就是说,无论公司章程是否有此禁止性规定,所有的公司,只要有股东会存在的(一人公司除外),其关联担保交易必须取得股东会决议的授权。

因此,将关联担保纳入关联交易规制的逻辑当中,符合当时的立法目的。只是,囿于立法者的疏忽,抑或是立法技术的粗陋,当时的修订并未在《公司法》中系统性地设置关联交易的规制框架。此外,原国务院法制办主任曹康泰于2005年2月25日在第十届全国人民代表大会常务委员会第十四次会议上所作的关于《中华人民共和国公司法(修订草案)》的说明中指出:“关于关联交易。社会各方面普遍反映,一些上市公司的控股股东、董事、监事、高级管理人员和其他实际控制公司的人利用关联交易‘掏空’公司,侵害了公司、公司中小股东和银行等债权人的利益。据此,修订草案从以下四个方面对关联交易行为加以规范……四是规定‘上市公司董事与董事会会议决议事项所涉及的企业有关联关系的,不得对该项决议行使表决权,也不得代理其他董事行使表决权。该董事会会议由1/2以上无关联关系董事出席即可举行,董事会会议所作决议须经无关联关系董事过半数通过。出席董事会的无关联关系董事人数不足3人的,应将该事项提交上市公司股东大会审议’。”“应当回避表决的董事未回避表决的,上市公司有权自作出决议之日起3个月内向人民法院提出撤销有关合同、交易,但对方为善意第三人的除外。”

可见,正是因为修法的当时上市公司乱担保的现象的存在,于是才有了《公司法》第124条针对上市公司关联交易的特殊规定。从上述立法背景不难看出,2005年《公司法》的立法者,的确也曾经想对上市公司中的关联交易设置特殊的“安全港”程序,而当时的草案起草人已经在修改草案中参考国际通行法例建立了安全港规则。但是非常遗憾,这一安全港程序仅仅适用于上市公司。从第16条第2款的实施效果来看,至少对上市公司而言,关联担保泛滥的现象已经得到了有效的抑制。遗憾的是,由于未对违背《公司法》第16条规定的担保合同的效力作出明确规定,实践中又忽视从商事特别法或组织法角度,立足关联交易规

[1] 李建伟:《公司关联担保规制的制度变迁与政策选择——兼论法律规制的目标与方法》,载《商事法论集》2006年第2期。

则而对效力进行综合判断,才导致了旷日持久的争论。

二、对关联担保个别规制的域外立法例

观诸国外立法例,对于关联担保也强调特殊规制。鉴于借贷和担保往往是同时进行的,因而有的国家对此作了专门规定,不过不同国家亦存在较大区别。

(一)股东会决议模式

英国《2006 年公司法》第 197 条要求公司对董事的贷款和担保须取得股东(会)的批准;而对于公众公司而言,根据该法第 200 条,则要求公司对董事及与董事关联的人提供贷款、"准贷款"或者担保时,均需要得到股东(会)的批准。鉴于此处的"董事"根据英国《2005 年公司法》第 251 条第 1 款包含了影子董事,因此该条的调整对象,也包括了公司为控制股东和实际控制人担保的情形。从这里不难看出,根据英国公司法,公司为公司的董事、控制股东和实际控制人提供贷款、"准贷款"和相应的担保,均需要得到股东(大)会的授权,这与我国《公司法》第 16 条第 2 款的规定不谋而合。

(二)董事会决议模式

美国《特拉华州通用公司法》第 143 条规定:"公司可以向本公司或其分、子公司的任何高管或者其他雇员,包括担任公司或分子公司董事的高管或雇员,提供贷款或为其债务担保,或提供其他帮助,只要董事会合理认为此种贷款、担保或帮助符合公司的利益。贷款、担保或帮助可以有利息,也可以无利息,可以无担保,也可以有担保,但须以董事会批准的方式进行,包括但不限于股权质押。本条的任何规定均不得推定为否认、限制公司依据普通法或成文法的担保权力。"

从该条的最后一句话可以得知,公司关联贷款或者关联担保,正如其他类型的关联交易一样,也是一把"双刃剑"。法律并不禁止关联贷款或者关联担保,特拉华州公司法仅仅是授权公司董事会依照其职权合理判定,判定的依据即是这种关联交易是否符合公司利益,是否能够给公司带来利益。可见,虽然设置了不同的决议机关,但却有了"实质公平性"判断的意涵。

(三)规制"资产处置"模式

美国《示范商事公司法》第 12.01 条和第 12.02 条则从公司的"资产处置"视角对公司担保是否需要股东(大)会批准进行了规定。通常情况下,无须股东会批准,但如果"将导致公司无法维持重要的经营活动,则要求公司股东(会)的批准"。该条的其他条款还进一步规定了如何提交股东批准和决议程序等规则。对此,《示范商事公司法》的立法者的官方评论[1]指出:"重要的经营活动"

---

〔1〕 Charles R. T. O'kelley & Robert B., *Corporations and other Business Associations: Selected Statutes, Rules and Forms*, Thompson, Wolters Kluwer, New York, 2014, p. 106 – 107.

有不同的衡量标准。过去,大部分的州立法所采用的标准均是“全部或者实质性的全部”资产,但也有采用类似标准的司法案例。例如,在 Gimbel v. Signal Cos. 一案中,法院认为,认定的关键因素是“如果资产出售从数量上来看对公司经营而言是致命的,并且超出了常规的范围,实质性影响到公司的生存和目的,那么,它就超出了董事会的权限范围”。[1]

(四)启示:关联交易对关联担保的体系限定

前述立法例启示我们,设置不同的决议机关,仅仅是规制关联担保的一个方面,同时表明一个疑问:公司向控制股东或实际控制人提供担保,一定要股东(大)会批准吗?尤其是对公司集团而言,子公司对母公司债务提供担保,就属于公司为控制股东提供担保的情形,根据英国公司法,它也仅仅要求公司董事会自行决定,仅当董事会自己认为必要时,才可以交由股东(大会)决策。这意味着,仅仅从结果(决议机关程序违反)单一判断行为效力的思路,并不可取。

特别是,美国《示范商事公司法》的思路虽然与英国公司法、特拉华州公司法的单独立法思路各有侧重,但判断“是否危及公司生存”本质上也未免还有“实质公平判断”的意涵在内。加之美国《示范商事公司法》还有对关联交易的特殊的安全港程序的规定,因此,可以说,美国《示范商事公司法》给公司担保上了“双保险”。换言之,看似对关联担保事项设置了某些特殊规制规则,但其实都置于关联交易的规制框架当中,或实质上体现了关联交易规制的具体意涵。

在我国《公司法》2005 年修订中,除第 16 条的规定外,还有第 21 条中涉及关联交易的兜底性规定。但是该条规定仅仅是从结果出发的一个原则性规定。事实上,关联交易千变万化,且很多的关联交易非常之隐蔽,这一兜底性的规定虽然对于非法的关联交易行为具有震慑作用,但是无法起到有效的预防作用。加之关联交易本来就是一把“双刃剑”,一项关联交易,是否在董事、高管的正常的商业判断规则[2]范围之内,不仅董事、经理在行使其职权范围的自由裁量权时很难把握,而且即便是法官在进行司法审查时,也很难把握。

以此来看,能否以域外的立法体系为镜鉴,改变我国公司法的这种只能从关联交易结果的不公正性出发,进行“事后规制”的模式呢?换言之,关联交易的系统化规制是否可能呢?答案是肯定的。

三、涉及公司一切关联交易的效力判断规则

(一)英美立法例中的利益冲突交易规则

英国《2006 年公司法》第 41 条第 2 款规定,当(a)公司发生交易并且(b)该

---

〔1〕 Gimbel v. Signal Cos. ,316 A. 2d 599(Del. Ch.),aff'd,316 A. 2d 619(Del. 1974).

〔2〕 Gabaldon/Sagers, *Business Organizations*, Wolters Kluwer, New York, 2016, p. 585.

交易的当事人包括(i)公司或者其控股公司的董事,或(ii)与任何该董事相关联的人,该交易基于公司的请求是可以撤销的。

该条第4款进一步规定了交易不可撤销的情形:如果发生下列情形,该交易不再是可撤销的:(a)不再可能归还该交易之下的任何款项或其他资产;(b)对于因该交易而造成的任何损失或损害,公司已获得赔偿;(c)不是该交易一方的人在事实上不知道董事超越权力,则其不承担第3款之下的责任(向公司承担缴纳收益或承担损失的责任);(d)公司确认该交易。由此可见,根据英国公司法,与该法第40条建立保护善意相对人的一般规则不同,涉及与公司董事、董事的关联人以及控制股东的交易,应公司的请求是可撤销的。

美国《特拉华州通用公司法》第144条a款规定:

公司与1名或数名董事或高管之间的合同或交易,或者公司与任何其他公司、合伙、协会或者组织的合同或交易,在上述组织中本公司的董事或高管在该其他组织中任董事或高管,或拥有金钱利益,不得仅仅因为上述理由而无效或撤销,或者仅仅因为该董事或高管在董事会或专门委员会的现场或者参与了批准该合同或交易的投票,或者仅仅因为该董事或高管的投票为此目的而计算在内,如果:

(1)该董事或该高管与该合同或该交易的关系或利益的实质性事实已经向董事会或专门委员会披露或者被其知悉,并且董事会或专门委员会通过非利益关联董事的多数表决善意地批准了该合同或该交易,即使非利益关联董事达不到法定人数;或者

(2)该董事或该高管与该合同或该交易的关系或利益的实质性事实已经向有表决权的股东披露或者被其知悉,并且股东以特别表决的多数方式善意地批准了该合同或该交易;或者

(3)在合同或交易被董事会、专门委员会或股东授权、批准或者追认的当时,该合同或交易对公司是公平的。

而美国《示范商事公司法》则在第8章之F次章中用4个条文完整地规定了涉及董事的利益冲突交易能否收到公平救济的问题。该法第8.61条规定:

(a)在依据董事在交易中拥有冲突利益而由股东或者股东代表公司对该董事提起的诉讼中,如果不构成"董事冲突利益交易",那么一项影响到或者被认为影响到公司(或者公司控制的实体)的交易可以不享受公平救济(equitable relief),也不构成该董事的损害赔偿或其他制裁。

(b)在依据董事在交易中拥有冲突利益而由股东或者股东代表公司对该董事提起的诉讼中,董事冲突利益交易可以不享受公平救济,也不构成该董事的损害赔偿或其他制裁,如果(1)该董事的涉及该交易的行为在任何时候都符合8.62(有关董事会表决的规定),或者(2)股东的涉及该交易的行为在任何时候

都符合 8.63;或者

(c)已经能够证明,根据当时的情形,该交易对公司公平。

英美法将董事的受托义务作为忠实义务的核心内涵。[1] 英国法下则由此发展出禁止受托人利益冲突的义务(non-conflict rule),明确董事应当防止对公司的义务与自己利益或对他人义务发生冲突。[2] 美国特拉华州最高法院在 Guth v. Loft 一案亦有类似的观点。[3] 关于涉及董事利益冲突交易的有效性,无论是美国的司法实践还是相关的立法,都经历了不同的认识阶段,为此,美国《示范商事公司法》的官方评论写道:[4]

英美普通法根据类推适用信托法中的信义义务原则,曾认为董事与公司的所有交易都会受到董事的冲突利益的侵害,因此,这种交易是自始无效的,或者至少是可撤销的。并认为,利益关联的董事不仅应当将相关交易中获取的好处"吐出",并且应当对公司遭受的损害承担责任。最终人们发现,"呆板的无效/可撤销规则"其实可能并不符合公司利益。尽管"自我交易"可能给公司带来潜在的损害,但同时也可能给公司带来潜在的利益。拥有自我利益的董事也可能公正行事,比如,只有该董事才拥有公司需要的特殊资产,或者该董事愿意以比市场上更为优惠的条件提供给公司。相应地,法院放弃了"呆板的无效/可撤销规则",取而代之的是,如果该董事能够证明交易是公平的,则法院将支持该自我利益交易,从而将举证责任转移到董事一方。或者,某些利益冲突交易如果对公司有利,无须一概否认其效力。[5] 例如,在特拉华州公司法上,董事的利益冲突交易,经过信息充分披露后的无利害关系董事或无利害关系股东同意后,才能依照商业判断法则推定该交易有效,除非原告可以证明有欺诈或浪费公司资产的情况。[6] 再到后来,《示范商事公司法》以及州立法则进入到了另一个极端:只要该交易得到了无利益关联董事的批准,那么对自我利益交易就免于受到无效或撤销的挑战。

(二)利益冲突交易的界定

从"董事的利益冲突交易"角度去建立关联交易的预防控制制度,可谓"打蛇打七寸",抓住了关联交易的关键控制节点。笔者认为,关联交易是一把"双

[1] Beveridge Jr. N. P., *The Corporate Director's Fiduciary Duty of Loyalty: Understanding the Self-Interested Director Transaction*, DePaul L. Rev. 41: 655(1991).

[2] Paul Davis & Sarah Worthington, *Principles of Modern Company Law*, 2006, p. 16 – 52.

[3] Guth v. Loft, Inc., 5 A. 2d 503, 510 (1939).

[4] Charles R. T. O'kelley & Robert B., *Corporations and other Business Associations: Selected Statutes, Rules and Forms*, Thompson, Wolters Kluwer, New York, 2014, p. 106 – 107.

[5] Min G., *The SEC and the Courts' Cooperative Policing of Related Party Transactions*, Colum. Bus. L. Rev., 2014: 663.

[6] In re Walt Disney Co. Derivative Litigation, 746 A. 2d 244(Del. 2000).

刃剑”,很多的关联交易都是在董事会和经理的职权范围之内,甚至有的关联交易在高管的日常经营管理所必须的自由裁量权[1]范围内。例如,公司执行董事或者总经理同时系关联公司的股东或高管,为该关联公司的一笔小额买卖合同的履行,该董事或经理以本公司名义签订一份担保合同,因为这种买卖合同非常之常见,并未超出本公司以及关联公司的经理的日常经营活动的职权范围,因此也可以认为这种担保行为也在董事、经理的通常的职权范围之内。倘若只要涉及任何形式的关联交易都需要启动公司机关的决议审查机制,那么这势必影响交易效率和交易安全。那么,到底什么时候应当启动关联交易的公司机关决议审查机制,而什么时候则可以不启动这种审查机制呢?这种启动权限,其实掌握在公司的董事和高管手里,因为只有董事和高管自己最清楚一项交易是否涉及自身的利益或者其关系人的利益,也就是自己知晓利益冲突的存在。

需要进一步说明的是,英美公司法侧重从董事的利益冲突交易着手对关联交易进行规制,是否涉嫌规制的范围过窄呢?笔者认为答案是否定的。首先,英美公司法中,均存在影子董事的概念。例如,根据英国2006年《公司法》第251条第1款,所谓“影子董事”,就是指公司的董事习惯性地听从其指导或指示的人。换言之,公司的控制股东和实际控制人如果本人并不担任该公司董事,而又习惯性地对在位的董事进行指导甚至直接发号施令,这样的人就是“影子董事”。而根据《特拉华州通用公司法》第144条之规定,不仅董事可能涉及利益冲突交易,高管同样也包括在其中。因此,英美公司法表面上看仅仅约束董事的利益冲突交易,实际上已经全面覆盖了董事、高管、控制股东或者实际控制人所涉及的关联交易。其次,对“交易”(transaction)也不宜作宽泛解读。在英美公司法“关联交易”所指的交易中,对“交易”应当作狭义理解,也即通常意义上的商业交易,而并非泛指任何形式的交换(deal),狭义的利益冲突交易仅仅是指金钱利益上的好处,而不包括非金钱利益上的某种好处[2]。并且,特拉华州最高法院在Cede & Co. v. Technicolor Inc.一案中,认为不应采用“理性人标准”(a reasonable person standard),而采“客观性测试”(the actual person test),法院主要判断董事是否在实际上已经受到或可能受到财务利益冲突的影响。[3] 最后,与董事“有关系的人”,包括了关联法人与自然人,虽然包括了董事的近亲属以及

---

〔1〕 根据英国2006年《公司法》第172条第1款,公司董事必须以其善意地认为为公司股东的整体利益而将最大努力地促进公司成功,并考虑到其他因素。相关案例请参见:Edge v. Pensions Ombudsman [2000] Ch 602., in D. French, S. Mayson, C. Ryan, *Company Law*, 28th ed., Oxford, 2011, p. 496.

〔2〕 Charles R. T. O'kelley & Robert B., *Corporations and other Business Associations: Selected Statutes, Rules and Forms*, Thompson, Wolters Kluwer, New York, 2014, p. 109.

〔3〕 Cinerama, Inc. v. Technicolor, Inc., 663 A.2d 1156, 1167 (Del. 1995).

长期生活的同居对象,但通常不包括“远亲关系”。

四、涉及公司一切关联交易的程序控制规则

(一)事前控制:信息披露义务

英美公司法规定了涉及利益冲突的董事(以及高管、控制股东、实际控制人)的信息披露义务。如前所述,董事、高管、控制股东以及实际控制人自身最清楚一项关联交易是否涉及自身利益,根据英国2006年《公司法》第177条之规定,涉事董事如果在一项与公司的交易或安排中享有利益,则必须在交易前通过(书面或口头)通知或在董事会上说明的方式向其余董事披露这种利益的性质和范围。通常,仅当其他董事已经知道或者该涉事董事根据自己的合理判断并不产生利益冲突的情况下或者该董事自己都不知道关联交易的存在的情况下,才可以免于披露。美国《示范商事公司法》第8.62条(b)项的规定与此类似,但如果该董事合理地认为如果披露会违背其法定的责任或职业伦理,或者有约束力的保密义务,则董事可以免除这一部分的信息披露。即使如此,其仍然应当对无关联董事披露冲突利益的存在,并说明不予披露部分信息的性质。

(二)事中审查:安全港程序与明线规则

在规定涉及利益冲突交易的董事的信息披露义务的基础上,英美公司法进一步规定了涉及利益冲突的董事的表决权禁止与回避表决制度。倘若说某董事认为某一项交易涉及利益冲突,那么该董事有义务首先向董事会披露,再由董事会中的无利益关联董事以法定或约定多数进行表决。倘若董事会认为该交易涉及重大关联交易,为保护无关联股东的合法权益,有必要将交易提交股东(大)会表决,则董事会应当向股东会披露哪些股东涉及利益冲突,所有涉及利益冲突的股东均应回避表决,并由非利益关联的股东进行投票表决。不过,对于利益关联股东应否表决和应否回避,不同的法律之间也存在微小的差异。

例如,美国《示范商事公司法》第86.2条规定:

(a)依照8.61(b)(1)之目的,涉及某董事冲突利益交易的表决(行动),(在下列情形)有效,在冲突董事按照要求披露了适格董事尚不知情的事项之后,或者依照(b)进行了变通的披露之后,由多数适格董事(不少于两名)批准了该交易,则该交易有效,前提是:(1)适格董事经过了慎重考虑并且在其余董事不在场并且未参与该表决;并且(2)如果系通过董事会的某专业委员会表决,该委员会的所有董事都是适格董事,并且(i)该委员会全部由董事会成员组成或者(ii)委员会成员系由董事会的适格董事由多数表决任命。

(b)无损于前款(a)的规定,当某一项交易系该董事的冲突利益交易,仅仅是因为8.60(5)中(v)或(vi)中的关系人是交易的一方当事人或者拥有实质性的金钱利益,那么该董事无义务进行披露,如果该董事合理地相信进行此种披露

会违背其法定的责任,或者有约束力的保密义务,或者职业伦理,前提是该冲突董事向进行表决的适格董事披露:(1)需要披露的一切信息而该披露并不违背该董事的义务;(2)该董事的冲突利益的存在和本质,并且(3)该冲突董事的不披露保密信息的责任的性质。

(c)依据本规定之目的,董事会所有适格董事(但不得少于两名)或者专门委员会构成了表决多数比例。

(d)如果根据公司初始章程,章程或法律的规定,无法达到授权该交易所要求的多数比例,而董事会或专门委员会又必须独立表决授权该交易,那么非适格董事可以参与表决。

此处的"适格董事",系指无利益关联的有资格参与表决的董事。

第86.3条规定:

(a)依照8.61(b)(2)之目的,涉及某董事冲突利益交易的表决有效,如果适格的股权持有者多数表决支持该交易,在之后(1)涉及该交易的信息向股东进行了披露;(2)依据(b)满足了公司的知情权;并且(3)与有权表决的股东在其应当知悉而未知悉的范围内进行了沟通。在通过股东会表决时,有表决权的股东的范围取决于股东会会议通知的记录日期。

(b)涉及冲突利益交易的董事应当,在股东表决之前,以书面形式向有权具体列明表决权(tabulate votes)的公司秘书或其他高管或代理人告知该董事知悉的本条(c)规定的非适格股权以及这些股权的持有人的身份。

(c)为本款之目的,(1)持有人(holder)和"持有"(held by)是指本法13.01(7)意义上的有记载的股东或者本法13.01(2)意义上的受益股东;并且(2)适格的股权是指就该交易的表决而言有权表决的股权,但不包括公司秘书或高管或代理人具体列明的知情的或者依据前款(b)通知的由(a)与该交易存在利益冲突的董事,或者(b)该董事的关系人[但不包括8.60(5)(vi)中的人]所持有的股权。

(d)依照本条,适格的有表决权股权的持有人表决构成表决多数。根据下项(e)之规定,股东表决时不受不适格股权的持有人在场的影响。

(e)倘若股东表决时不符合前款(a)之规定仅仅是因为某一董事未遵循前款(b),并且该董事能证明并非有意影响该表决并且在事实上也未对表决结果产生决定性的影响,则法院可以根据实际情况受理涉及该交易以及该董事的诉讼,并可以根据案情由法院合理支持该交易的效力。

(f)如果根据公司初始章程,章程或法律的规定,无法达到授权该交易所要求的多数比例,而股东又必须独立表决授权该交易,那么非适格股权(的持有人)可以参与表决。

上述条文中的"适格董事",系指无利益关联的有资格参与表决的董事。相应地,“适格股权”就是指代表无利益关联的股东的且有权参与表决的股权。以上内容,即是美国《示范商事公司法》中的“安全港”(safe harbor)程序规则或者说“明线规则”(bright line)。值得注意的是英美公司法有关董事的冲突利益交易的“安全港”规则,日本也在2005年公司法修订当中将其吸收,并且其标题关键词的即是“冲突利益交易的限制”。[1] 英美公司法关于董事及关系人利益冲突交易中的安全港程序内容,如表1所示:

表1　英美公司法中的安全港程序

法　律	法　条	利益关联董事的交易前的信息披露义务	董事会、股东(大)会表决与批准
英国2006年《公司法》(Companies Act 2006)	第41条　与董事或其关系人的交易 第177条　拟议交易的利益披露义务 第四章要求股东批准的交易第188～225条	向其余董事披露必要时向股东披露	需要股东(大)会批准的交易,包括与董事的服务合同、重大财产交易、贷款、准贷款和信用交易以及董事失去职务的交易等(集团内部交易例外)
美国《示范商事公司法》(MBCA)	第8章之F次章 董事冲突利益交易 第86.0～86.3条	交易前向其余董事披露利益冲突的存在和性质;(必要时向股东披露)出于保密义务或职业伦理,部分信息可不披露,但应进行说明	董事会,必要时股东(大)会批准适格董事或适格股东表决;但不得仅仅因为关联董事、股东参与表决而导致无效
美国特拉华州《特拉华通用公司法》(DGCL)	第144条　利益关联董事;表决人数 第146条　提交股东表决 第204、205条瑕疵行为批准	向其余董事披露 必要时向股东披露	仅规定董事会批准;但不得仅仅因为关联董事参与了表决而无效 董事会认为必要时,提交股东(大)会表决

美国的法官通常认为,关联交易即使获得了董事会或者股东(大)会中无关联董事或股东的批准也并非绝对有效,履行程序只是改变了原告和被告之间的举证责任分配。

具体而言,公司的非关联股东在起诉公司的董事或高管从事涉嫌违法进行关联交易损害公司和小股东利益时,首先要证明交易对公司而言是不公正的,这通常很难举证。为此,小股东只需证明交易涉及关联交易且涉事的董事或者高

[1] 吴建斌:《日本公司法:附经典案例》,法律出版社2017年版,第306页。

管并未履行披露义务,然后由涉事的董事或高管证明虽然未进行信息披露,但是交易对公司并不存在不利之处;此时,小股东又可以进一步提出证据,证明虽然涉事董事或高管进行了信息披露,但是未提交董事会表决,此时,涉事董事可以进一步提供反证,董事会或股东会已经进行了表决;此时小股东还可以进一步举证,证明董事会本应将交易提交股东(大)会表决;此时小股东还可以举证,交易虽然得到了股东会表决,但交易仍然对公司不公,为此,小股东又要举证,涉事的董事必须进一步举证,证明交易对公司而言是公平的。

由此可见,美国公司法为涉及董事、高管的利益冲突交易所设置的"安全港"规则,仅仅是相对安全而非绝对安全,它在司法实践中的最大意义是改变了举证责任的规则,从而一方面促使董事、高管在涉及利益冲突交易时主动履行信息披露义务和提交董事会甚至股东(大)会进行审查;另一方面在董事、高管未履行披露义务以及未提交公司机关审查的时候,加大了董事、高管一方的举证责任,从而起到了预防不公正关联交易的作用。

(三)实质公平的兜底判断

由于董事会、股东会的程序性控制并非完美,所以,美国的法官在对关联交易进行审查时,除了根据安全港规则进行审查之外,往往还要启动交易的内在公平性审查。

在特拉华州法院判决的经典案例 WTI 案中,论争的焦点则是:有了股东会的批准(安全港程序),交易就真的安全从而有效了吗?在本案中,法官认为:"原告认为董事的忠实义务是由交易的整体公平性所决定的,股东批准该并购交易仅仅是将公平问题的证明责任转移到原告一方。这种观点是不正确的,因为在本案中,并购并不涉及控制股东的利益关联交易……关联控股股东的参与在决定交易的整体公平性方面才是决定性的,因为,控制股东可能潜在地操纵交易的过程,并且控制股东持续地在场甚至可能影响到获得充分的披露信息的股东的投票表决,这恰好表明了司法审查和程序保护的必要性,而这正是整体公平(entire fairness)司法审查所能做到的。"因此,交易的公平性才是法官判断关联交易有效性的终极标准。[1]

何谓"公平交易"的标准呢?美国特拉华州最高法院在 Weinberger v. UOP 一案中明确,公平包括"公平交易"(fair dealing)和"公平价格"(fair price),前者应考虑交易成立的时间点,交易启动、框架、协商、信息披露,以及

---

[1] In Re Wheelabrator Technologies Inc. Shareholders Litigation, Court of Chancery of Delaware 663, A. 2d 1194 (1995).

董事与股东同意的程序等。[1] 进一步而言,涉及股东批准的交易的法律结构其实相当复杂,比如特拉华州的法律就区分了董事(或管理层)行为的"无效"和"可撤销"。特拉华州最高法院在 Michelson v. Duncan 一案中表示:"可撤销与无效行为的根本区别在于,前者是指行为的实施符合公司的利益但是超出了管理层的权限范围;它与越权行为、欺诈或浪费公司资产的行为是有区别的。我们(法院)认为,在实践中,可撤销的行为容易得到股东批准而治愈,但无效行为则不能。"[2]

股东会批准决定涉及忠实义务诉讼的有两种:①公司与其董事的关联交易(或者是公司与某个实体的交易,该公司的董事在该实体中担任董事或高管,或者拥有金钱利益);②公司与其控制股东的关联交易。

对第一种情况,根据特拉华州普通公司法第 144(a)(2)条规定,如果关联董事或高管按照法律规定履行了披露程序并获得了股东的批准,那么该交易原则上就是有效的。此时要遵守商业判断规则,司法审查的范围仅仅限定在公司捐赠或者浪费等问题上,并且由发起攻击一方进行举证:"如果独立的股东批准了董事的关联交易,反对该交易的股东应承担举证责任,证明任何具有通常的正常的商业判断能力的人都不会认为那是一桩公平的交易。"[3]

第二种情况就是公司与其控制股东的关联交易。这种交易涉及母子公司合并交易中需要得到"少数股东的多数表决"的批准的问题。在母子公司合并交易中,司法审查的标准通常是"整体公平",即董事有义务证明交易的整体公平性。但是,如果母子公司合并的交易得到了少数股东的多数表决批准,法院此时审查的仍然是交易的整体公平性,只不过举证责任倒向了原告(少数股东)一方。

由此可见,交易的公正性,才是衡量关联交易有效性以及相应的法律责任的分配的终极标准,"安全港程序"的实际意义更多地是改变了证明责任的分配。

五、关联交易效力判断的思路与应用

(一)域外关联交易效力裁判的整体思路

在早期的英美公司法判例中,法院曾经采纳了"自始无效"规则,即只要是关联交易那么就是自始无效的,最经典的案例即是克尔布斯(Kerbs)案。该案中,法院在考虑一项交易的有效性时认定关联董事对该交易的表决导致了交易的无效。法院的逻辑是,根据普通法规则,在决定争议中的行为是否得到董事会多数成员的批准时,利益关联董事的表决票不应计算在内。[4] 这项规则在 1967 年颁布的《特拉华州

[1] Weinberger v. UOP, Inc. ,457 A. 2d 701,711(Del. 1983).

[2] Michelson v. Duncan,407 A. 2d 211,218 -219(1979).

[3] Michelson v. Duncan,407 A. 2d 211,224(1979).

[4] Kerbs v. California Eastern Airways Inc. ,Del. Supr. ,90 A. 2d 658(1952).

通用公司法》第 144 条中得到改良："自身无效"规则夸大了(利益)关系是(衡量)利益关联交易的唯一的控制因素,交易的内在公平性应作适当补充。

在美国特拉华州最高法院的一个经典案例马西亚诺(Marciano)[1]一案中,该院的大法官华尔士(Walsh)在该案的判决书中全面地总结了该州有关涉及董事利益冲突的一系列判例中的规则变迁,以及特拉华州通用公司法在涉及董事利益冲突交易的安全港规则的历史背景。在本案中,马西亚诺家族将遵守《特拉华州通用商事公司法》第 144 条规定视为不适用"自身无效"规则的唯一标准,衡平法院对此不赞同。如果依据《特拉华州通用商事公司法》第 144 条认定董事的利益关联交易不具有周延性,那么内在公平测试的生命力就再次显现出来,这不仅适用于股东僵局的情况,也适用于(大)股东通过对利益关联董事(实现的对公司)的控制排除了独立性判断的情况。在这种情况下,内在公平测试提供了实质标准来对抗适用利益关联董事的举证责任。

由此可见,本案以及一系列相关案例带来的最大启示就是,特拉华州最高法院在判决涉及董事利益冲突的交易的无效或者可撤销时,通常是看《特拉华州通用商事公司法》第 144 条设置的安全港规则是否得到了遵守。但是,安全港规则得到了遵守,仅仅是判断关联交易有效的标准之一,而非唯一的标准。安全港并非绝对安全,因为法官通常还会启动交易的内在公平测试。本案带来的启示之二就是,在出现股东会或董事会僵局的情况下,启动安全港程序已经不可能,此时关联交易的有效性取决于交易的公平性。

由此可以总结,英美公司法及其判例对涉及董事、高管以及实际控制人关联交易的越权代表交易的认识曲线,如图 1 所示:

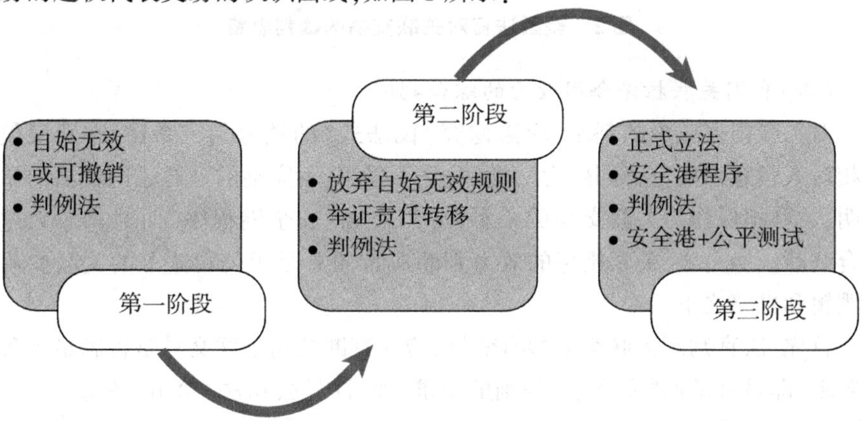

图 1　英美公司法对关联交易的认知曲线

〔1〕 Marciano v. Nakash, Supreme Court of Delaware, 535 A. 2d 400(1987).

美国学者认为,根据美国判例法,尤其是特拉华州的判例法,法官对于涉及董事、股东利益冲突的交易是否需要股东会甚至股东会决议的批准以及在没有取得公司机关决议批准情况下关联交易的效力,通常是并行采用两种测试:第一,首先是看关联交易是否得到了批准,如果批准了,相对而言就是安全的,但是有时,即使是无关联股东进行了表决,法官仍然会否定关联交易的效力;第二,即使关联交易没有经过批准,只要对公司而言是公平的,那么也有可能被法官判决有效,法官的裁判思路如图 2 所示:[1]

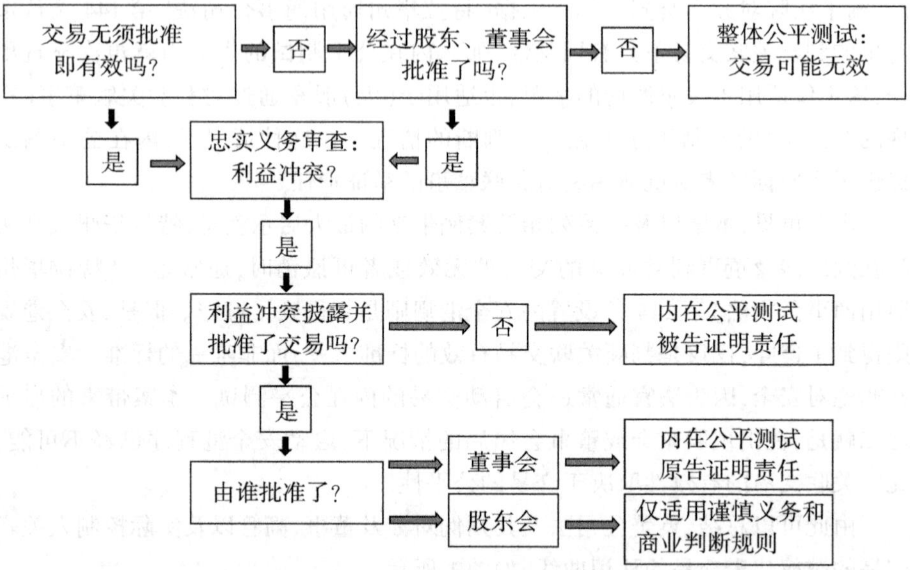

图 2　美国法官对关联交易的裁判思路

(二)我国关联担保合同效力的综合判断

对关联担保效力的判断,应当抛弃"民法式"的效力判定路径,亦即仅仅通过相对人善意来确定合同效力的做法,是不妥当、不完整的。通过比较法的研究表明,关联担保作为关联交易的一种,应当遵循"安全港程序"而对其效力进行综合判断。换言之,关联担保的效力判断应首先立足于公司法上的关联交易规制逻辑和思路之下。

首先,法官判断关联交易的有效性,应先判断公司关联交易是否满足了程序性要求,即是否遵循"安全港"规则的要求,如对照《公司法》第 16 条第 2 款和第 3 款的程序性规则,观察是否得到公司董事会或者股东(大)会的批准。

[1] Gabaldon/Sagers, *Business Organizations*, Wolters Kluwer, 2016, p. 585 – 587.

其次,无论是否遵循了前述程序性控制规则,法官在裁判关联担保纠纷的过程中,应结合该关联交易是否属于公司代表人的职务行为、是否有利于公司的整体利益,或者说结合交易的公平性来进一步判定。依照英美公司法的司法实践,即使缺乏公司董事会决议或者股东会决议授权也并非合同一律无效,判断涉及董事、高管利益冲突的交易的有效性,还应当进行所谓的内在公平测试。特别是,在出现股东会僵局或董事会僵局时,由于安全港程序根本无法启动,此时,法官根本不能直接适用第16条第2款和第3款的规定作出裁判,而应当从交易是否对公司公平出发来衡量交易的效力。

再次,法官还应当根据纠纷属于公司内部关系还是外部关系,尤其是结合纠纷当时该关联担保是否已经得到实际履行,平衡公司利益保护与交易安全。涉及董事、高管或股东利益冲突的关联交易,倘若是由公司的少数股东、从属公司提起关联担保合同有效性的诉讼,而不涉及与公司无关联的外部债权人,或者说不是由外部债权人为原告提起的关联担保诉讼,那么法官可以根据案件的具体案情判决是否撤销关联交易合同,而不是一律判决合同无效。

最后,根据英美法系国家的立法和司法实践,法官判决涉及董事高管的利益冲突关联交易的无效或者可撤销的前提是该关联担保合同尚未履行或者尚未履行完毕,倘若该交易已经履行完毕,且不可恢复不可逆转,那么法官就不会判决该交易无效。相应地,出于保护善意第三人之目的,倘若该关联担保已经履行,那么出于信赖利益保护以及维护交易安全的考量,此时判决关联担保合同无效不但显失公平,而且会助长公司一方的道德风险和机会主义行为。

由于法律具有推动公知的属性,因此相对人必须询问交易是否经过相应授权。如果相对人不履行形式审查义务,则要么表明此人的缺乏商业常识,要么表明此人知道应该询问而故意没有询问,这就为法官进一步判断交易相对人是否为善意奠定了基础。因此,善意的判断标准也并非一成不变的,而应当是动态的,这也是商事实践所决定的。

英国的阿尔多斯(W. Aldous)法官在Harrison一案[1]中认为,"……'恶意'包括了'非诚意',是一种主观状态,因此要从主观和客观两种标准的组合进行检验:如果(法官)认识到(主观标准)任何'理性人'依据正确的标准(客观标准)都会认为(这种)行为中(隐含着)恶意,那么就构成了'恶意'。"对于客观标

〔1〕 Harrison v. Teton Valley Trading Co. ltd [2004] EWCA Civ 1028, [2004] 1 WLR 2577.

准,他则指出“就是在特定的商业领域经受住检验的理性的有经验人士可以接受的商业行为(惯例)”。[1] 这表明,在具体的个案中,即使相对人知情也不代表其必然为恶意。

由此可见,仅仅依据相对人主观状态,就此判断合同效力,无疑是片面的。这也是当前的越权担保合同效力判断路径的根本缺陷。关联交易效力判断规则启示我们,确定相对人的主观状态,仅仅表明在综合判断时,要对相对人保护与否的价值倾向确定,但整体合同的效力还应进一步综合其他因素而为判断。

六、代结语:关联交易效力规则的系统化改进建议

总结来说,关联交易规则对关联担保效力判断应当发挥体系性的规制覆盖作用。亦即,法官在裁判关联担保交易的效力时,仅从第16条的条文出发进行裁判显然是不够的,仅仅依照“民法式”的效力判断思维,将永远无法平息越权担保的效力争议。就《公司法》第16条规定的关联担保效力判断而言,应当首先在特别法,即公司法层面遵循关联交易的效力判断规则,而民事一般法上的“越权—善意”判断对综合判断而言仅仅是补充性的、要件性的,至少不是决定性的。目前的司法实践,正是没有遵循这样的思维,把普通担保、关联担保的所有问题,都当作一般的民法问题进行处理,导致了极大的混乱。而关联交易效力判断的一般规则,则可以填补这个漏洞,为“拨乱反正”提供一条可行的路径。

但是遗憾的是,由于我国《公司法》在对关联交易的规制方面,还缺乏系统性的立法理念,关联交易效力判断的一般规则,尚未在我国公司法上真正建立起来。因此笔者建议,以《公司法》第16条第2、3款有关规范关联担保的预防性控制制度,以及《公司法》第124条针对上市公司的关联交易规则为基础,借鉴域外司法经验,在《公司法》总则中建立针对有限公司和股份公司的董事、高管、控制股东和实际控制人的利益冲突交易的一般性控制条款,专门调整“董事及关系人的利益冲突交易”,强化涉事董事、高管的信息披露义务和内控机制,建立我国的关联交易的安全港制度。对此,笔者有如下系统性构造的立法建议,如表2所示:

---

〔1〕 D. French, S. Mayson, C. Ryan, *Company Law*, 28th ed., Oxford, 2011, p. 634.

表2 我国《公司法》对关联交易的安全港程序构造

<table>
<tr><th>法条</th><th>调整对象
适用主体</th><th>现有内容</th><th>缺少内容
(或不合理内容)</th><th>安全港程序再造</th></tr>
<tr><td>《公司法》
第16条
第2、3款</td><td>公司为股东和实际控制人提供担保(关联担保)
适用主体:
有限责任公司
股份有限公司</td><td>股东会表决
表决权禁止
回避表决</td><td>1.缺涉事董事利益披露义务
2.缺董事会表决制度
说明:董事会作为一个集体决策机关,当然有权就关联担保先行表决,仅当董事会认为必要时,方可提交股东(大)会表决。
3.缺违背本条款之法律后果(交易可无效/可撤销性)</td><td rowspan="2">整合第16条第2、3款以及第124条,总则中增加一条:
[董事利益冲突交易]
1.涉事董事利益披露义务
2.董事会表决
(1)表决权禁止
(2)回避表决制度
3.无关联董事不足法定多数或董事会认为必要时提交股东(大)会
4.股东(大)会表决(规则同董事会)
5.违背本规定的交易可撤销,但不得仅因决议有瑕疵而无效
6.公司已获得赔偿或交易不可逆转时,交易不可撤销。
(包含涉事董事的关系人和关联企业,如控制股东/实际控制人/控股公司等)</td></tr>
<tr><td>《公司法》
第124条</td><td>涉董事关联交易的董事会决议
适用主体:
仅适用上市公司</td><td>1.董事会表决
表决权禁止
2.无关联董事不足三人时提交股东大会表决</td><td>1.缺涉事董事利益披露义务
2.缺回避表决制度
3.缺股东(大)会表决程序
4.适用主体过窄
说明:虽然本条因我国上市公司关联交易泛滥而诞生,但无疑具有普遍意义,但仅适用上市公司显然主体范围过窄。
5.缺违背本规定之法律后果(交易可无效/可撤销性)</td></tr>
</table>

综述而言,当前《公司法》修法已经再次被提上了议事日程,加之《公司法解释(五)》第1条当中,已经明确将"实质公平",即"未损害公司利益"作为判断关联交易效力的核心要素,但是设计一套逻辑贯通、要素齐备、结构精巧、体系完整的关联交易效力判断一般规则,仍是我国公司法未完成的使命,也是值得追求的立法方向。在未来的立法完善过程中,对"安全港规则"为代表的公司关联交易规则进行系统性规定,以强化对关联交易的程序控制,无疑是域外比较法经验带给我们的重要启示。同时,以此系统化思维重构相关规则,重新完成对越权担保合同效力认定思路的纠偏与改造,无疑也具有突破性的意义。除此之外,本文的结论对于最高人民法院《纪要》在区分关联担保和普通担保基础上如何进一步完善司法裁判规则无疑也具有启示意义。也就是说,即使没有获得股东(大)会授权,但倘若担保对于各方而言是公平的,也可以例外有效。

我国公司集团制度设计思路

熊雷鸣*

一、我国公司集团发展现状

随着社会经济的现代化发展，企业之间在多行业、多领域、多环节的交易日益增加，而公司集团化模式正日益成为一种普遍化的存在。根据工商统计，截至 2019 年在各行业内，我国公司集团数量已超过 130 万家，其中已上市的公司集团达 2254 家。公司集团凭借资本优势、协同优势、规模优势正在经济效益上发挥着重要作用，同时也正逐步取代单体公司成为企业组织的主流趋势。

从内部来看，公司集团在经济效益、组织形式、管理模式、资源协同、品牌优势等方面都具有比较竞争优势和实际效率；但从外部性来看，公司集团在利益相关者的矛盾和保障方面仍存在较多问题，集中体现在以“康美药业”“康得新”“中弘股份”为代表的集团公司对上市公司资金违规占用、违规使用；以“保千里”“庞大集团”为代表的大股东违规关联交易。

上述问题究其原因，是由于我国目前《公司法》的法条尚未对公司集团制度进行明确的界定和约定。当前解决公司集团利益相关者问题主要通过公司法中人格否认制度来实现。但上述法条中仍存一定的局限性，即虽然我国探索性地以成文法的形式引入英美判例法上的公司法人格否认制度，但相关法条还非常模糊和原则化，对于适用要件、适用范围和否认理由等具体问题都没有作出清晰的界定。正因法律的边界，才导致我国证券市场上广泛存在的公司集团将上市子公司视

* 熊雷鸣，民生证券股份有限公司财务总监、首席风险官。

为“圈钱机器”和“提款机”,[1]通过各种方式“掏空”上市子公司从而损害中小股东和债权人利益的现象频发。[2] 因此,我国公司法中对于公司集团的法律制度仍有待进一步明确和完善。

二、新形势下我国公司集团概念界定

与其他发达国家相反,我国的公司制出现在公司集团之后,是在已经存在的公司集团中进行公司制改造。因此,在国民经济迅速发展,资本市场规模持续扩张,混业经营逐步开放,国有控股和民营企业混改日益推进的新形势下,“公司集团”的概念正不断延伸。

(一)法律层面的公司集团

从法律层面来看,虽然《公司法》没有对公司集团进行系统性的界定,但我国部门规章体系中确零星有对公司集团的定义。1998 年实施的《企业集团登记管理暂行规定》第 3 条规定:“企业集团是指以资本为主要联结纽带的母子公司为主体,以集团章程为共同行为规范的母公司、子公司、参股公司及其他成员企业或机构共同组成的具有一定规模的企业法人联合体,企业集团不具有企业法人资格。”2006 年《企业集团财务公司管理办法》第 3 条第 1、2 款规定:“本办法所称企业集团是指在中华人民共和国境内依法登记,以资本为联结纽带、以母子公司为主体、以集团章程为共同行为规范,由母公司、子公司、参股公司及其他成员企业或机构共同组成的企业法人联合体。本办法所称成员单位包括母公司及其控股 51% 以上的子公司(以下简称子公司);母公司、子公司单独或者共同持股 20% 以上的公司,或者持股不足 20% 但处于最大股东地位的公司;母公司、子公司下属的事业单位法人或者社会团体法人。”

(二)经济层面的公司集团

公司集团并不是一种凭空出现的经济体,和传统单体公司一样,是社会发展到一定阶段的产物。较早使用“公司集团”一词的国家是日本,日本学者奥村宏系统地描述了企业集团具有的本质特征,认为企业集团本质上是大企业之间在资本上的相互结合,体现为规模经济和集团领导制。[3] 科斯的交易费用理论认为,公司集团是节约交易费用的一种有效的制度安排。根据交易费用理论,企业和市场是两种协调配置经济资源的方式,前者体现为组织协调,后者体现为价格协调,现代企业起源是由于组织协调比价格协调更加有效,即节约了交易费用。[4]

---

〔1〕 高雷、何少华、黄志忠:《公司治理与掏空》,载《经济学(季刊)》2006 年第 5(4)期。

〔2〕 参见李增泉、孙铮、王志伟:《“掏空”与所有权安排——来自我国上市公司大股东资金占用的经验证据》,载《会计研究》2004 年第 12 期。

〔3〕 参见[日]奥村宏:《日本六大企业集团》,金明善译,辽宁人民出版社 1981 年版,第 11 页。

〔4〕 See Ronald H. Coase, *The Nature of the Firm*, Economica, No. 4, 1937, p. 386.

在现实生活中,除了企业和市场两个极端的经济形态外,还存在一种介于市场和企业之间的联结机制,那就是企业集团。具言之,它可以对企业集团的成员进行产业分工,通过集团内部市场的机制手段调节资源配置并进行有效管控,保证集团内部组织交易成本低于市场价格协调成本,从而节省交易费用;同时,通过集团管控机制让集团成员之间进行资源互补和共享,促进协同效应,获得竞争优势,最终实现规模经济的收益。

(三)学术层面的公司集团

从学术界对公司集团的界定来看,江平教授认为,"企业集团是由若干具有独立法人地位的企业在统一管理的基础上组成的经济联合组织。两个以上企业的联合性、成员企业的独立法人地位和集团的统一管理就是企业集团的三个基本法律特征"。[1] 学者施天涛认为,"企业集团是一种具有独立法人人格的企业之间的联合体。企业集团中的成员必须具有独立的法律人格,这是构成企业集团的一个不可或缺的前提条件,失去了这个前提条件,就不可能形成企业集团"。[2] 学者吴越认为,企业集团应该被定义为:"是具有独立法律地位的受支配企业统一管理的企业联合。"[3]

综上而言,目前的法律、经济体系与学者对企业集团的相关表述存在若干较为一致共性:首先,公司集团必须要有一个统一的管理(以资本为纽带的统一,以控制公司行使统一控制权的管理);其次,公司集团里的成员企业具备独立法人的地位。

三、基于效率与公平的公司集团制度设计思路

(一)国外关于公司集团制度实践比较

1. 以英美为代表的公司法人人格否定制度

在英美法系制度体系下,公司集团中的各成员公司存在股权关系和经营协作等方面的联系,但它们都是分离的个体,享有独立的法人人格,独立权利与义务,其法律地位与单体公司无本质区别。其主要法律实现形式是公司法人人格否认制度。对公司集团中的各成员公司法人格否认主要依据:(1)子公司的利润是否直接处理为母公司的利润;(2)子公司的管理人员是否完全由母公司决定;(3)母公司是不是子公司的最终决策人;(4)母公司是否完全控制着子公司,包括其经营管理和资本结构等;(5)母公司是否通过上述的对子公司的控制和管理获得利润;(6)母公司是否对于子公司拥有有效和持续的控制等。

上述制度体系是以公司集团各成员保持独立法人人格为出发点,有利于提

---

〔1〕 江平主编:《法人制度论》,中国政法大学出版社1994年版,第391页。

〔2〕 施天涛:《中国企业集团的公司化构造》,载《法律科学》1999年第2期。

〔3〕 吴越:《公司集团法理研究》,法律出版社2003年版,第123页。

高企业活性，解决资本风险分散和信任底线问题。但实践中对于司法判定的主观要求极高，具有较大的灵活性；同时，由于判例的外部性，也使得此类审判极为审慎，与现实巨量案件相比，实际解决的问题可谓杯水车薪。在大陆法系的推行中也多以原则性法条为主，规则并不明确，实践中具有局限性。

2. 以德国为代表的康采恩制度体系

德国将公司集团分为契约型康采恩和事实型康采恩，并采用合同这种途径来规范集团内部关系。在契约型康采恩中，法律明确赋予控制公司对从属公司商业事务的广泛的指令权（这些权利只能根据集团利益行使）；规定控制公司应对从属公司的年度亏损承担补偿义务。在特殊情形下，控制公司还应对从属公司的债务承担连带责任。此类公司集团内部的控制权和统一管理权已因控制公司与其从属公司缔结了一种特殊合同而合法化。在事实型康采恩中，控制公司未被赋予任何对从属公司的合法指令权，它只能为从属公司的最佳利益而运用其控制性影响，并且应对因此而给从属公司或其债权人造成的每一损失承担赔偿责任。可见，在特殊合同以外实施控制行为和统一管理行为应遵循传统的公司法，进而尊重独立公司的自主权益。[1] 在这种集团公司法下，一方面，立法者将企业合同视为母公司对子公司事务和财产拥有广泛控制权的唯一法律基础；另一方面，又明确禁止母公司在企业合同以外利用其他法律机制对子公司施加影响，并加重事实集团控制公司的责任。[2]

在德国公司集团主要系国资和银行的背景下，康采恩制度体系在法律上将公司集团被视为单个企业进行规制，这样有利于推动集团化运营阳光化，有利于企业间资源整合和协同。在层级化的公司集团治理结构下，公司集团内部具有严格的上下层级关系，各成员公司的自主经营权受到压抑，需要服从于集团的组织协调和命令，服务于集团的总体目标和利益。

但从合同法来看，合同的是平等地位法律主体间的合意。德国康采恩中公司集团内部签订集团契约的双方公司之间经济关系是不平等的，决定"是否""何时""如何"签订合同的权力完全由拥有股东大会、董事会的控制权的母公司掌握，因此合同不是为公司创造了一种控制权，而只是使控制权的行使和效力合法化，从属公司也不是因控制合同而从属，而是在此之前已经形成从属关系，控制合同只是使该关系合法化，因此这种经济关系中地位的不平等决定了这种契约形式在集团成员关系调整中有局限性。

---

〔1〕 参见蒋大兴：《公司集团内部责任构造之折衷模型研究——对一种现实主义公司集团立法模式的评价与检讨》，载梁慧星主编：《民商法论丛》2001 年第 1 号总第 18 卷，金桥文化出版有限公司 2001 年版，第 98 页。

〔2〕 同上书，第 128、129 页。

3. 以澳大利亚为代表的母公司破产交易责任制

以澳大利亚为代表的公司集团法律制度,主要特点是引入了母公司破产交易责任制,即母公司需要为子公司的"破产交易"承担责任,以遏制利用母子公司关系金蝉脱壳的做法[1]。其判定规则主要体现在四要素:(1)在子公司产生债务时,母公司的控股法律地位已经确立。(2)在交易债务产生时,子公司已经处于破产状态,或者由于该交易债务的产生而发生破产问题。(3)在子公司产生上述债务时,客观上存在合理的基础去怀疑该子公司已经处于破产状态,或者将由于该债务而破产。(4)在子公司产生上述债务时,母公司知道或应当知道第三个要件中的合理基础。另外,允许母公司进行合理抗辩。

澳大利亚模式相较美国的法人人格否认制度更加明确,规定了破产这一极端条件下的刺破,具有极强的实践意义;与德国康采恩模式相比,公司集团的模式选择更加灵活,适用于资本主体多元、市场化程度更高的环境。

(二)公司集团制度解决的重点矛盾与设计原则

从实践和研究来看,本文认为未来公司集团制度主要须解决两个重点矛盾。其一,解决集团化控制的法律障碍。从科斯的交易费用理论来看,公司集团成立的目的是通过内部交易费用低于外部,从而实现资源整合和规模经济;但现行法律将集团中各主体认定为独立法人,独立法人间需要按照公司法、证券法等法律要求决策和经营,这实际否定了集团组织设立的经济效率这一目的。其二,解决集团化经营中,各主体间权利人权益保障问题。母公司股东与其权利人、子公司股东与其权利人的利益保障可以通过现有《公司法》解决。实际集团化经营中矛盾突出的主要是因母公司统一管控,从而侵占或侵害下属子公司权利人权益,引发母公司股东与下属子公司权利人或子公司股东与其他子公司权利人之间的矛盾(见表1)。

表1 不同矛盾主体权利人权益的法律实现形式

矛盾主体		法律实现形式
母公司股东	母公司权利人	现有《公司法》
母公司股东/子公司股东	子公司权利人	公司集团法
子公司股东	子公司权利人	现有《公司法》

注:权利人包含中小股东、合同债权人和其他利益相关者。

因此,本文认为公司集团法律制度应建立基于效率与公平的法律体系。从经济效率的角度,鼓励和充分发挥公司集团的资源整合和规模经济效率,保障投

[1] See e. g., Frank H. Easterbrook & Daniel R. Fischel, *The Econmic Structure of Corporate Law*, Harvard University Press, 1991, p. 41 – 44.

资人权益和积极性;同时,从公平保障利益相关者合法利益的角度,设计合理的法律规则来解决因集团化协同而导致的各主体间中小股东股权、债权人权益影响的保障和救济措施。

(三)我国公司集团制度设计建议

从我国的现实情况以及历史上各国的立法约束范围来看,公司集团这一组织形式是市场经济发展过程中的必然产物,是优化资源配置、实现规模效益重要的组织形态,其存在具备相当的合理性,同时公司集团作为多个独立经济体的联合体,在实际运作过程也普遍存在集团中的支配企业侵占被支配企业的资产进而损害集团外股东或者债权人的利益,因此面对现实存在的问题,应制定所谓的"公司集团法",对公司集团进行法律上进行界定,进而规范其发展,在企业集团实现优化资源配置、规模效益的同时对其应该承担的对内和对外的法律责任进行明确的规定,最终通过一系列的组织程序、权利义务认定,实现公司集团作为一个整体以及集团与其内部支配成员之间的权责利的问题。具体设计思路和建议如图 1 所示。

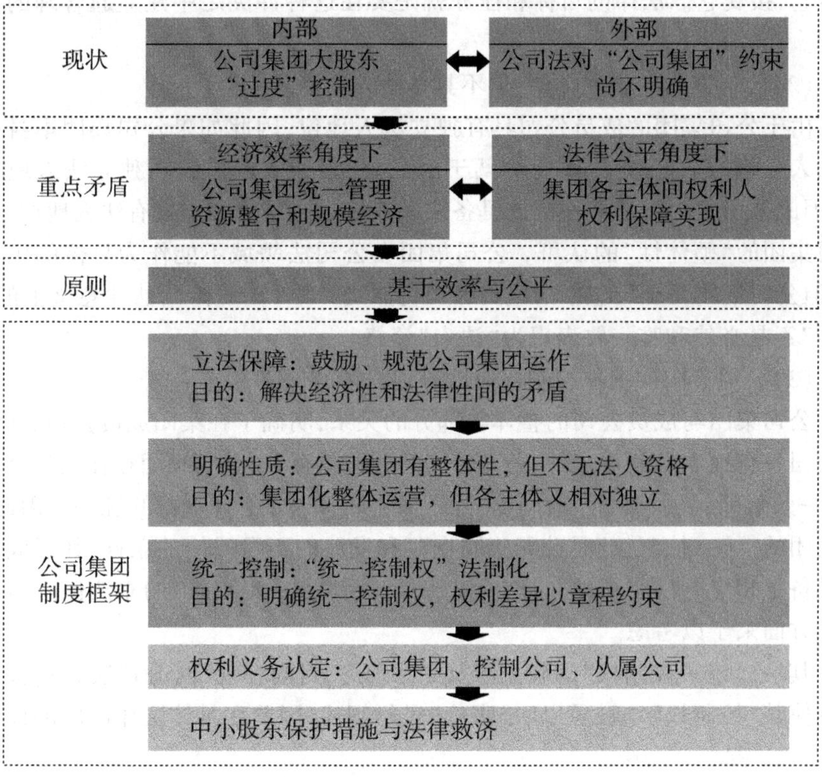

图 1　公司集团制度设计思路及框架

1. 通过立法形式明确企业集团的法律地位

(1)"公司集团"立法以鼓励、规范公司集团运作为原则

2005 年修订的《公司法》重点强调企业法人的人格独立,对关联关系、关联交易进行了严格的界定和限制,而后续的法律法规、司法解释、规范性文件以及学界、监管领域的观点更加强化了这种趋势,一味地强调对集团成员独立法人地位的保护,强调对债权人的保护。但是如前所述,公司集团是市场经济发展的必然产物,是经济实体持续做大做强的保证。因此"公司集团法"的价值取向应该是提升经济体的竞争实力,而且从动态来看,只有企业集团的整体经济实力提高,蛋糕做大,集团成员和债权人的利益才有更长远的保障,因此企业集团的立法不应仅单独片面地强调被从属公司和债权人的利益,应该站在维护、促进企业集团这一经济体合理、合法的地位以便持续地发挥统一管理的规模效益。

学者施天涛提出企业集团法律制度的建立相应地由两部分内容构成:一是要建立起企业集团的合法化机制;二是要建立起企业集团的责任机制。既不能因为企业集团所带来的负面效应而否定它、拒绝它,也不能靠牺牲他人的利益来肯定它、接受它。法律的目标和任务就是要在这种冲突之中建立起合理的平衡机制。[1]

(2)公司集团具备整体性,但不具备法人资格

由于公司集团的成员公司具有独立法人地位,因此如果公司集团本身也具备法人资格的话,公司集团将凌驾于成员公司,导致成员公司独立法人地位丧失,因此公司集团本身并不应该具备法人资格。但是集团不具有法人地位,不妨碍对集团的"整体性"的认可。公司集团在公司法领域不能作为具体的民事主体,但公司集团乃至所包括的成员公司仍然是一个"统一体",法律意义上的"统一体"不是必然和唯一要表现为"法人"资格。

(3)公司集团的统一控制权应该得到法律的保障

公司集团与成员公司的整体与部分的关系,明确了在集团成员公司之间,除了公司各自独立的利益之外,还有共同的利益的存在,公司集团存在成员公司利益"一荣俱荣,一损俱损"的局面,除了利益的对立,还有利益的统一。因此,公司集团的"统一控制权"是公司集团生存和发展的不可或缺的条件,其形成和发展具备了相应的现实基础,应该予以认可。而"统一控制权"的立法保障需要从两个方面来予以考虑。

其一,"统一控制权"的确立涉及立法理念,目前在现行《公司法》下,公司集团行使其"控制权"均被冠以"损害论"进行阐述,因此在具体法律制度的设计上

---

[1] 参见施天涛:《中国企业集团的公司化构造》,载《法律科学》1999 年第 2 期。

采用表决权排除等使控制关系无法存在的法律规定。然而如前所述集团立法必须基于发挥集团整体优势的立场,在集团模式中,如果仍以"损害论"去建立立法价值取向,进而通过限制、隔断关联与控制的方式调整集团内关系,将会使集团难以存在。综观境外对关联、控制的态度,都是从隔断向放开的变化过程。以表决权排除制度为例,表决权排除制首创于德国1897年商法,1937年德国股份法修正时废止,日本也是先建立后删除。在英美法系,目前还没有引入表决权排除制度。[1] 因此贯彻公司集团法的立法理念,承认"统一控制权"的合法性,从公司法理念到整个公司法律制度的各个方面体现出对"统一控制权"合法性的认可上。具体来说是公司法本身不能有禁止控制权及统一控制权行使的规定,但是统一管理权要受到公司法和公司章程的制约,控制公司不具有凌驾于其他成员公司之上的法律地位。

其二,在承认"统一控制权"的合法性之后,由于公司集团成员的多样性,因此会存在集团控制公司对各个从属公司的控制如何有差异地行使的问题。本文认为,可以通过从属公司的章程确定控制关系的具体内容和控制程度,即公司集团立法应该为公司章程的规定留有相当的调整空间。

2. 公司集团、控制公司、从属公司的权利与义务

既然公司集团是通过行使"统一控制权"这一纽带来实现整个集团的利益,因此应该从公司集团的构成原则和构成方式的角度明确各自的权利与义务。

在公司集团的运营中起主导作用的是处于核心地位的控制公司,"由于核心企业具有巨大资金实力及诸多优势,通过各种联结纽带,对集团成员企业的投资决策、重要人事、市场开发及生产经营等诸方面发生影响,维持企业集团行为的一致性和协调性,实现集团的整体发展战略,核心企业发挥着重要的主导性作用"。[2] 如前所述,控制公司通过"统一控制权"的行使来支配从属公司,实现集团的既定战略。因此集团的控制公司与从属公司是母公司与子公司,二者之间的关系就是股东与公司之间的关系,是对公司拥有支配、控制权的股东与受支配的公司之间的关系,因此公司集团、控制公司、从属公司的权利与义务实际上就是控制公司的权利与义务,即是"统一控制权"的边界问题。

然而公司集团的产生、发展、存续是市场经济的内在需求,不同的集团个体面临的外在经济环境和内在的发展需要的不同,对集团成员的控制程度也不同。但控制权权力本身的内涵和外延是不变的,在产权明晰的情况下是存在清晰界

---

〔1〕 参见梁上上:《论股东表决权——以公司控制权争夺为中心展开》,法律出版社2005年版,第146~155页。

〔2〕 王键:《日本企业集团的形成与发展》,中国社会科学出版社2001年版,第64页。

限的,如果超出界限就属于权力的滥用。虽然“统一控制权”是市场资源配置机制的作用下,由市场起决定性作用的,并不是由公司法决定的,但是其应由公司法来调整和规范这种统一控制权的取得及行使,明确统一控制权的内容及合法地位,规定权力不当行使的法律责任。

3. 中小股东保护措施及法律救济

公司集团的“统一控制”是集团整体性的客观要求,没有统一管理,集团自身也无法存在。但不可否认,统一控制权的行使也存在一个硬币的两个方面,其利弊均较为明显。利的一方面是,它是集团存在和发挥集团优势的必备因素;弊的一方面是,该权力的滥用会给集团成员造成损害,“统一控制权的形成正是股东大会形骸化和董事会傀儡化的结果,即一方面控制公司拥有扩张了的从属公司股东权,是股东权利从量上改变——伴随股东大会形骸化而出现,另一方面控制公司拥有了从属公司董事会的管理权,是股东权利质的变化——伴随董事会傀儡化而出现”。[1] 因此公司内部的主要矛盾从股东与董事会的矛盾转变为大股东、控制公司与从属公司(“从属公司”在这里实际指代从属公司的中小股东,下文即用从属公司代表中小股东)的矛盾。集团的控制公司作为从属公司的股东,掌握了从属公司的控制权,成为集团统一控制权的拥有者,而从属公司则处于弱者的地位,因此应注重保护从属公司的利益。

既然“统一控制权”的行使是通过法律来限定,有其相应的程序和行使的边界,因此其边界以外就应该是从属公司的权利的范围,确定“统一控制权”的边界就是从属公司的保护措施及法律救济具体落实,而此处正是现行《公司法》所重点规范的领域,在此就不做进一步的赘述。

四、我国公司集团制度设计的意义与展望

在新的市场趋势下,公司集团问题已经成为一个亟待解决的重要问题,然而,我国目前法律实现方式主要是依据一般性的公司法人格否认制度,但该制度在现实中并不能完全满足当前经济和市场发展的需要。实际上,2005 年我国在修订《公司法》时,原本计划对于公司集团问题单列一章进行规制,但由于时间紧迫而暂时搁置。鉴于公司集团问题的日益普遍和重要,公司集团的规制问题应当在下一轮的公司法修改中得到充分重视。

对于企业集团制度的设计问题,从经济学上讲主要是强调效率,发挥企业集团的优势,而法学上主张的是公平,强调公司集团法律关系主体地位的平等和公平原则的实现。公平与效率的冲突是立法过程中现实存在。由于公平原则在立法角度毋庸置疑,因此企业集团的立法应遵循公平原则,但是对集团成员和债权

---

[1] 连金英:《公司集团法律制度研究》,中国政法大学出版社 2007 年版,第 69 页。

人利益的保护并不应该一味地从禁止的角度强调公平，可以在一定情况下采用市场的方式通过对价的支付来进行保护，这需要从集团整体的利益来进行考量。

公司集团的出现是生产力与生产关系相互协调的产物，集团作为整体所体现出来了，整体与部分的不平等（指从属公司）在法律制度就表现为，从单体公司法的“平等经济关系为调整对象”演变为集团公司法“以不平等经济关系为调整对象”，公司法律制度的演变过程也伴随“单体公司—公司集团”经济组织演变过程而依次出现“对公司（关联公司）的法律调整以及对公司集团法律调整”的阶段。在这个过程中，公司法会根据不同阶段出现的问题及时进行调整，在关联公司阶段制定针对关联公司的法律规定，在公司集团阶段制定针对公司集团的规定。对于关联公司，法律上更强调关联的弊端而采取隔断关联的法律手段；对于公司集团，则要考虑控制与关联对发挥集团优势的作用而不能采取隔断关联的法律手段。“西方国家的公司制度繁衍了四百年之久，公司的控制股东与非控制股东之间在漫长的博弈历程中逐步发现了各自的恰当位置和权力的内涵与外延。法律不仅构造了正当行使公司控制权的理性的制度体系，而且通过强制性与任意性两种规范方式对其应时补充，不断地使之臻于完善，符合公司管制时间的时代要求。”〔1〕

综上所述，适时调整现行《公司法》的立法理念以及相关限制条款，既是现阶段市场经济发展的必然要求，也有利于公司集团这一经济体竞争力的整体提升，并为社会经济发展与转型带来积极意义。

〔1〕 甘培忠：《公司控制权的正当行使》，法律出版社2006年版，“导言”第3页。

从《公司法》的角度看上市公司会计信息披露

王　瑛*

一、《公司法》规定的财务会计报告制度

公司的财务会计报告是反映公司生产经营的成果和财务状况的总结性书面文件，由公司的会计报表构成，是公司会计信息的载体，会计信息系统向外界输出财务信息的主要形式。其目的在于系统地、有重点地、简明扼要地反映公司的财务状况和经营成果，向公司经营者、股东、债权人、潜在投资者、潜在交易方和政府有关部门等会计报表使用人提供必要的财务资料和会计信息。公司财务会计报告制度安排主要包括：财务会计报告的编制人、财务会计报告的编制时间、财务会计报告的构成、财务会计报告质量的审查验证与认可、财务会计报告的公示等。

1. 财务会计报告的编制人。《公司法》第164条[1]规定了财务会计报告的制作和年审制，要求公司应当在每一会计年度终了时编制财务会计报告，并依法经会计师事务所审计。

2. 财务会计报告的编制时间。《公司法》对财务会计报告的编制时间的规定主要是在第145、164条。第145条[2]规

---

* 王瑛，中央民族大学法学院教授。

〔1〕《公司法》第164条【财务会计报告的制作和年审制】规定：公司应当在每一会计年度终了时编制财务会计报告，并依法经会计师事务所审计。财务会计报告应当依照法律、行政法规和国务院财政部门的规定制作。

〔2〕《公司法》第145条【上市公司的信息披露公开制度】规定：上市公司必须依照法律、行政法规的规定，公开其财务状况、经营情况及重大诉讼，在每会计年度内半年公布一次财务会计报告。

定,上市公司必须在每会计年度内半年公开其有关信息,包括财务状况、经营情况及重大诉讼。第 164 条的是年度会计报告的公布。《证券法》对上市公司的信息披露,有着更详尽、更具体的规定,包括:中期报告的报告时间及内容;年度报告的报告时间及内容;当出现重大事件可能影响上市公司股票交易价格,向主管机构提交临时报告等。

3. 财务会计报告的构成。《公司法》并没有规定财务会计报告的构成,仅在第 170 条[1]规定,公司向会计师事务所提供会计资料应当履行一定义务,保证真实提供会计资料。

4. 财务会计报告质量的审查验证与认可。《公司法》并没有规定公司如何审查验证财务会计报告的质量,只是在第 164 条规定公司的财务会计报告应当经会计师事务所审计,在第 169 条[2]规定公司对聘用、解聘会计师事务所由股东会、股东大会或者董事会决定。会计师事务所对财务会计报告质量的独立审计仅作为一个中立第三方的外部监督,公司内部的审计制度属于公司内部会计控制与自我审查,更有利于公司建立良好的会计制度,建议在修订《公司法》中更明确。

5. 财务会计报告的公示。《公司法》第 165 条[3]规定财务会计报告的公示,要求公司保障股东对公司年度财务会计报告的知情权。股东作为公司的投资者,有权利了解公司的经营情况和经营成果,并依据公司的经营情况和经营成果作出正确的决策,让公司的股东了解作为反映公司的经营情况和经营成果的年度财务会计报告,是公司应尽的义务。[4]

二、《公司法》对上市公司财务会计信息披露

上市公司会计信息真实、充分、及时披露是资本市场良好秩序的基石,但会计信息违规披露一直是扰乱各国证券市场的顽疾,严重地损害投资者的信心。本文试图通过对 2008 ~ 2018 年中国证券监督委员会(以下简称证监会)处罚的上市公司违规披露会计信息的分析中,了解我国上市公司会计信息披露的现状,并着重分析十一年呈快速增长的关联方及关联交易披露、或有事项披露两种方

---

〔1〕《公司法》第 170 条【公司对会计师事务所的诚实义务】规定:公司应当向聘用的会计师事务所提供真实、完整的会计凭证、会计账簿、财务会计报告及其会计资料,不得拒绝、隐匿、谎报。

〔2〕《公司法》第 169 条【公司对会计师事务所的聘用及解聘】规定:公司聘用、解聘承办公司审计业务的会计师事务所,依照公司章程的规定,由股东会、股东大会或者董事会决定。公司股东会、股东大会或者董事会就解聘会计师事务所进行表决时,应当允许会计师事务所陈述意见。

〔3〕《公司法》第 165 条【财务会计报告送交股东及公告】规定:有限责任公司应当依照公司章程规定的期限将财务会计报告送交各股东。股份有限公司的财务会计报告应当在召开股东大会年会的二十日前置备于本公司,供股东查阅;公开发行股票的股份有限公司必须公告其财务会计报告。

〔4〕参见邱泽新:《对完善〈公司法〉中财务会计制度的思考》,载《财务月刊》2005 年第 12 期。

式作出细致分析,试图寻求其根源,找到解决途径。

《公司法》第145条对上市公司公开其有关信息作出规定,要求上市公司在每会计年度内半年公布一次财务会计报告,公开其财务状况、经营情况及重大诉讼。上市公司的股票在依法设立的证券交易所进行公开交易,面对广大的投资者,为了方便投资者进行投资决策、保护投资者的合法权益,上市公司应当将公司的有关情况及时、准确地予以披露。《公司法》对会计信息客观性的要求比较原则、模糊,而《证券法》对上市公司的信息披露,有着更详尽、更具体的规定。

从证监会2008～2018年所有处罚决定书,分析会计信息披露违规的情形。根据图1显示,存在于证券市场上我国上市公司在会计信息披露违规主要方式包括:(1)推迟披露会计信息;(2)关联方及关联交易违规披露;(3)调整收入及利润(不包含利用关联交易方式);(4)或有事项违规披露;(5)内幕交易;(6)违规担保;(7)其他。证监会处罚最多的是推迟披露会计信息,十一年来呈逐年上升趋势的主要是关联方及关联交易及或有事项的会计信息违规披露。推迟披露会计信息占比约24%,关联方及关联交易占比约15%,或有事项占比约8%。本文主要分析关联方及关联交易及或有事项的财务会计信息的披露。

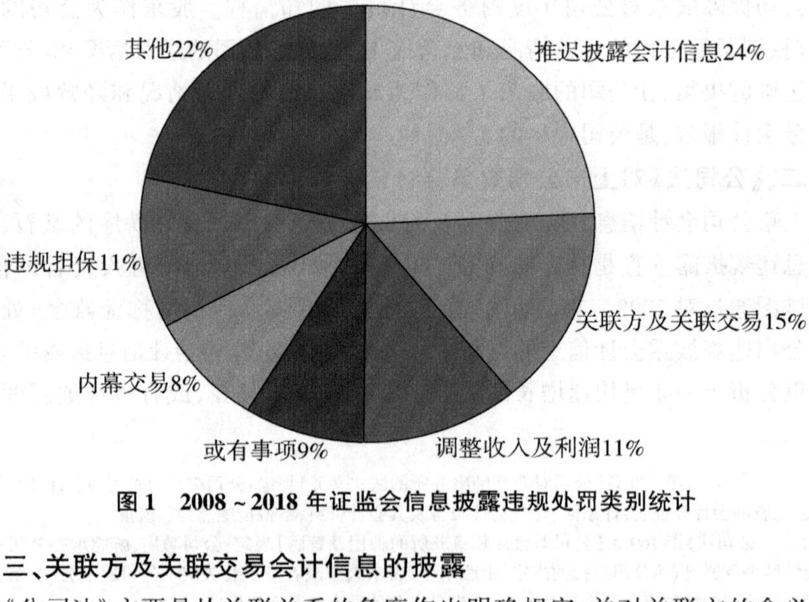

图1　2008～2018年证监会信息披露违规处罚类别统计

三、关联方及关联交易会计信息的披露

《公司法》主要是从关联关系的角度作出明确规定,并对关联方的含义及范围进行了解释和说明,但并没有对关联交易信息披露单独作出规定。《公司法》

第216条第4款[1]规定了关联关系,可能导致公司利益转移的各种关系,包括公司控股股东、实际控制人、董事、监事、高级管理人员与其直接或间接控制的企业之间的关系,以及可能导致公司利益转移的其他关系。同时,《公司法》第145条[2]规定上市公司的信息披露公开制度,要求上市公司在每会计年度内半年公布一次财务会计报告,并规定了相关内容,主要包括财务状况、经营情况及重大诉讼。

《证券法》对关联交易信息披露规则,对关联交易信息披露规制,主要在第3章第3节有关于持续信息公开义务中作了明确规定。《证券法》第78条规定了上市公司披露的关于关联交易的信息在内容上的标准,必须真实、准确、完整、简明清晰、通俗易懂。第79条明确指出,上市公司、公司债券上市交易的公司、股票在国务院批准的其他全国性证券交易场所交易的公司,应当按照国务院证券监督管理机构和证券交易场所规定的内容和格式,在每一会计年度结束之日起四个月内,报送并公告年度报告,在每一会计年度的上半年结束之日起二个月内,报送并公告中期报告。《证券法》第82条虽然没有直接提及关联关系,但是主要要求上市公司董事、高级管理人员对所披露的信息的真实性、准确性、完整性、及时性、公平性负责,而关联交易信息也是必须披露的信息之一。除此之外,第85条还明确提到,如公司信息披露资料存在虚假、误导性陈述或者重大遗漏,导致投资方利益遭受损失,应当承担赔偿责任。由此可以看出,《证券法》对于关联交易的规制主要靠信息披露义务来实现的。同时还有相关的规章对关联方及关联交易会计信息的披露作出了规定,《企业会计准则第36号——关联方披露》第3条对构成关联方的情形作了明确的说明,第7条对关联方作出了界定,第10条对信息披露的范围作出了详细规定,证监会也发布《上市公司信息披露管理办法》等。

从证监会处罚情况分析,关联交易信息披露违规主要有三种方式:(1)关联交易隐形化;(2)关联交易复杂化;(3)关联方名义的解除化。关联交易隐形化,主要表现在公司为了规避监管,寻找一个非关联方的公司作为中间人,如与潜在客户或存在股权关系的第三方,将所有交易的资产先行转移,之后再利用非关联方业务交易,将资产转回关联方,通过"曲线救国"的方式逃避披露。由于不存在关联交易,可能存在"合法"的高价资产出售,高估资产价值。关联交易复杂

---

〔1〕《公司法》第216条【本法所涉相关用语的含义】第4款规定:关联关系,是指公司控股股东、实际控制人、董事、监事、高级管理人员与其直接或间接控制的企业之间的关系,以及可能导致公司利益转移的其他关系。但是,国家控股的企业之间不仅因为同受国家控股而具有关联关系。

〔2〕《公司法》第145条【上市公司的信息披露公开制度】规定:上市公司必须依照法律、行政法规的规定,公开其财务状况、经营情况及重大诉讼,在每会计年度内半年公布一次财务会计报告。

化,主要目的就是关联交易双方为了降低交易成本,将关联交易转变为非关联交易之后进行资产置换,混淆真正的关联交易。关联方名义的解除化,就是解除实质上存在的关联关系,如利用转让或收购股权等方式解除关联关系,逃避监管。

《公司法》的修订期待建立一个完善的关联方及关联交易会计信息披露机制。

1. 明确关联方、重大关联交易的界定。虽然有相关的部门规章对关联方、重大关联交易作出了界定,但立法层面尚未确立,实务中难免造成遗漏,关联方便会寻求"法律漏洞"。特别在重大关联交易的界定,我国依旧未能形成统一的标准,依据具体的交易金额来作出判定,并不符合商事的基本逻辑。

2. 建立关联交易定价机制。判断关联交易的公允性的关键在于其价格的制定,关联方属于利益共同体,常进行内部价格的商议,从而导致出现关联交易会计成本严重高于交易价格。在《企业会计准则第36号——关联方披露》对具体的定价方式及标准也并未作出明确规定,因此对关联交易价格加以明确界定,确保其合理性十分关键。当然对于投资者而言,要判断交易价格十分有失公允,只能凭借所披露的相关信息来进行判断。

3. 明确关联交易会计信息披露的时间。《证券法》第79条第2项对上市公司的中期报告时间作了明确规定,具体为每个会计年度上半年结束之日起两个月内。第79条第1项规定了上市公司年度报告的公布时间为在每一会计年度结束之日起四个月内。第80条规定了临时报告的公告时间。在《上市公司信息披露管理办法》中则对股份有限公司的中期报告时间作了明确规定。但涉及关联交易,除了对最终信息公告进行批注以外,还需对审批程序进行披露,以此来证明关联交易的公允性,但是我国法律却并未严格规定关联交易会计信息披露时间,及时有效地披露财务会计信息才能保证相关体制的作用得到全面发挥。

四、或有事项会计信息的披露

或有事项并非当前已经发生或正在进行的经济事项,最终带来的财务影响也无法证实,但是一旦或有事项转变为现实,对上市公司的影响是巨大的。因此,在上市公司财务会计管理规范中,要求对或有事项加以确认或者披露。《公司法》并未对或有事项作出规定,我国财政部、证监会和交易所等部门都对上市公司或有事项会计信息披露作出了不同程度的规定,却依旧存在不少或有事项会计信息违规披露的上市公司,主要方式包括:(1)隐瞒披露、推迟披露或有事项的会计信息;(2)或有事项会计信息披露不规范;(3)或有事项的会计信息披露不充分;(4)或有事项会计信息披露的信息含量低。

或有事项作为公司的潜在风险,公司担心披露过多的或有事项会影响市场对公司信心不足,公司会选择隐瞒披露或推迟披露或有事项信息。如ST金城隐瞒担保十年，紫金矿业隐瞒环境污染负债。同时，会计信息质量的最大特征在于及时性，能否及时披露是保障中小股权知情权的重要保障。

或有事项会计信息披露包括表内披露与表外披露。表内披露主要是以预计负债的形式列示在资产负债表的非流动负债中，但预计负债的内容并没有规定，如债务纠纷产生的债务准备是否记入预计负债？坏账准备中的回购准备金、养老金等是否记入预计负债。表外披露主要在会计报表附注中披露，可以对或有事项单列一个项目集中披露，或者将或有事项信息零散披露，大多数公司在或有事项附注中选择不披露，特别是金融业上市公司，其承诺内容并未对或有事项进行集中披露，而是采取了单列式披露的方式，也有公司在或有事项披露过程中，是在重要事项及关联方交易中进行分散披露。不集中的披露方式，对投资者而言，难以对其或有负债情况作出更为全面了解。不同行业营运情况的不同导致所涉及的或有事项类型差异，进而呈现或有事项信息披露质量的参差不齐，就会出现或有事项的会计信息披露不充分。同时，或有事项会计信息披露的信息含量低，《企业会计准则第 13 号——或有事项》对或有事项的披露作出了明确规定，对于本期确认金额、预计负债补偿金额等，公司必须加以说明，由于预计负债概率发生不高，大多数公司未进行披露，只是将准则中的相关规定进行了简单的复述。虽然在准则中明确规定，或有事项对公司所产生的影响必须要进行相关披露，即便是无法预计，也应当对其原因作出解释说明，大部分公司在或有事项的附注中即使作出了披露，但会作“或有事项不会对公司产生严重影响”的说明。比如，环保治理、质量保证等对公司运营至关重要，紫金山铜矿，伊利、蒙牛等。

虽然我国法律法规已经规定或有事项的披露分为表内披露和会计报表附注中披露，但由于或有事项的不确定性与计量的复杂性，从证监会的处罚数据分析，或有事项会计信息违规披露的处罚呈快速上升，就其法制规定而言主要在于：(1)或有事项的界定不明确；(2)或有事项的披露范围过窄；(3)或有事项的披露形式不完善。

建议在《公司法》修订中，设立或有事项会计信息披露的机制。

1. 明确或有事项的界定。在《企业会计准则第 13 号——或有事项》中提到或有资产、或有负债、预计负债，但未对或有事项进行明确界定，第 4 条规定了应当确认为预计负债的三种情形，其中第二项情形是“履行该义务很可能导致经济利益流出企业”，第二项条件以“很可能”作为预计负债在经济利益流出可能程度方面的判断标准，未明确“基本确定”。因此，企业就可以依照自身情形作出自由选择，给予企业绝对的信息披露的选择权。

2. 明确或有事项的披露范围。《企业会计准则 13 号——或有事项》规定了重组的会计核算纳入了或有事项准则的规范范围,深交所和上交所的《股票上市规则》也将未决诉讼、担保、仲裁的披露包含其中。上交所《上市公司环境信息披露指引》中规定对环境信息、潜在负债信息的披露,但是对于辞退福利等不确定性事项,准则未明确规定为或有事项。

3. 规定或有事项的披露形式。目前在《会计法》规定了应该披露的或有事项的内容,但对披露的形式没有涉及,《企业会计准则第 13 号——或有事项》对或有事项披露的形式不够明确。为了保障整个会计信息披露的完整性和连续性,以便于信息使用者能够更为明了、精准、系统地掌握相关信息,做出合理的投资选择,披露形式的很关键。

股权平等原则及具体适用问题研究

金娜贤*

一、引言

股东平等原则的重要性如同民法的诚实信用原则,但作为宣言性较强的一般原则,相比实务,在学术上被讨论得更多。股东平等原则大致可细化为股东对公司利润(earnings)、净资产(net assets)、控制权(control)享有平等利益(权利)。股东平等原则是决定如何分配给股东收益、净资产、支配权的基准,可以说是公司法支配体系最基本的大原则。所以想要提高公司法支配体系的逻辑完整度,必须明确股东平等原则的内容和效力范围。

此外,由于公司支配格局依赖于践行多数表决原则的股东大会,如果大股东滥用表决权侵犯小股东的利益,此时就要依据股东平等原则设置多数权行使的极限。尤其是股东差异表决权、新股认购权的行使,以及库存股转让、股改等在实务中占据重要地位,能对公司利害关系人的利益产生直接影响,并且能决定公司利润、净资产流向,导致公司控制权变化的事项,均属于股东平等原则的具体表现,或者股东平等原则适用的例外情形。想要合规合理地设计以上内容的细节,就应准确理解作为其基准的股东平等原则,在此前提下设计具体规定,这样才能完成一以贯之的整体规制体系。

2019 年 3 月 1 日发布的《科创板股票上市规则》,明确规定允许设置"表决权差异"的企业在科创板上市,这是中国首次在境内 A 股市场实施"表决权差异"制度。但是股权

* 金娜贤,华东政法大学经济法学院师资博士后研究人员。

平等原则出台的历史背景就是特殊表决权的严重滥用,其是针对公司内部大股东的专制决策和表决权滥用现象而推出的原理。股权平等原则是以股权的均等性为基础,在资本团体的股份公司法上体现了团体成员平等的原则,是基于定义和平衡理念的理所当然的请求,是贯通整个股份公司法的基本原则。而特殊表决权股始终是股权平等原则的限制性例外,应谨慎使用。因此,本文深入讨论了引入特殊表决权制度可行与否的重要判断标准——股权平等原则的内容和例外、股权平等原则出台的历史背景和关于股权平等原则性质的对立观点等。

二、股权平等原则的内容和例外

股权平等意味着在基于股东资格而发生的公司与股东、股东与股东之间的法律关系中,所有股东均按其所持股份的性质、内容和数额享受平等待遇,并且免受不合理的不平等待遇。[1]

股票平等原则常从股东的角度表达,称为股权平等原则。

股权平等原则是宪法上的平等原则以股票的均等性为媒介,在资本团体股份公司法中体现的。对团体来说,成员平等待遇是建立在正义,公平理念基础上的必然要求;[2]股权平等原则是贯穿股份公司法全局的基本原则。[3] 股权平等原则是对股东的机会和风险(Chance und Risiko)按比例分配的制度化,[4]按照实现平等权的办法加以区分,即绝对平等和按比例分配。所谓绝对平等(股份内容平等),是指向所有股东赋予与拥有的股票数量无关的同等权利的平等,即股份内容平等;而所谓比例上的平等,是指向股东赋予按照各股东拥有的股票数来加以决定的权利的平等,即按股比享有权利的平等。

绝对平等的问题强调在两个层次。首先,无关公司的种类,相同的股东之间在权利内容上的平等,不同种类的股东享有的权力内容可不同。[5] 其次,在《合伙企业法》第30条的规定,如果合伙企业[6]对表决办法没有约定或者约定不明,则实行一人一票并经全体合伙人过半数通过的表决办法处理。

在此规定中,作为合伙企业的补充性决策办法,不以出资比例原则,而是以"一人一票主义"作为规定,同样适用了股票内容平等原则。因为在合伙企业

---

〔1〕 参见刘俊海:《现代公司法》,法律出版社2015年版,第312页。

〔2〕 平等一直被视为对正义国家行为的请求,平等是"正义的精神";한수웅, 헌법학입문, 법문사, 2019,266 쪽。

〔3〕 이영철, 포이즌 필과 주주평등의 원칙, 기업법연구23(3),한국기업법학회,2009,194 쪽.

〔4〕 Wurdinger,Hans,Aktienrecht und das Recht der verbundenen Unternehmen,4.,neubearb. U. erw. Aufl.,C. F. Muller,1981,p.49; 이철송, 회사법강의 제28판, 박영사,2020,318 쪽에서 재인용.

〔5〕 参见刘俊海:《现代公司法》,法律出版社2015年版,第313页。

〔6〕 合伙企业,实质上即为一种无限责任公司(通常提到公司,都指有限责任公司),其成员虽然名为合伙人,但实际上也是无限责任公司的股东。

中,由于员工承担无限责任,各员工的风险负担与出资额不成正比,因此各员工应享有的机会也不必与出资额成正比。[1]

相比之下,在有限公司中,股东承担有限责任的结果是股东各自的风险承受力表现为股票数量所代表的出资额本身,并与之成正比。因此,在有限公司中,主要存在比例平等的问题,因为股东享有的机会也是按出资额,即股票数量比例给予的,可以对应于风险承受能力的股权公平。而且这种对股票平等的要求,股份公司和有限责任公司之间是同等的,没有其他需要规范的实际利益。但是,相比于《公司法》第103条规定股份有限公司的每一股份有一表决权,《公司法》第42条规定有限责任公司的表决权可以在公司章程上另有规定。《公司法》第42条对于有限责任公司,通过章程规定的方式允许"同股不同表决权",这规定与"相同之事同样对待,不同之事不同对待"的大原则违背,也与股权平等原则中绝对平等(股份内容平等)违背,这属于股权平等原则相冲突的体现。比例上的平等是指公司的收益、净资产,以及对公司支配的比例性利益(权利)。[2]

对收益的比例性利益意味着在利益分配上的平等(2018年《公司法》第34条),对净资产的比例性利益是指在剩余财产分配上的平等(2018年《公司法》第34条)。而且,公司治理所涉及的比例性利益是指表决权的平等(1周1议决权的原则)。股东的权利除此之外还有多种,但大体上是为了从以上三种比例利益中衍生出来或维持或实现这些权利。

类似地,股票平等原则也可以例外地在法律中作出明文规定,排除或限制。比如,优先股等特殊股权,少数股东权等规定是对股票平等原则的例外设定。但是规定例外情况时,也要在民法和宪法的大原则下系统地运用。

在允许对股权平等原则作出例外规定的情况下,也均应为实际实现股权平等原则而采取不同的技术性、方法性措辞。实质平等意味着权利行使的实质机会意义上的平等。例如,小米的一股股东,因为拥有的股权太少,现实中不容易行使权利。如果国家做积极立法保护中小股东的权利,这就为实现权利行使的实际机会平等创造了条件。

对于股权平等原则的内容中实际平等意义,可以参考德国通说,[3]作为股权平等原则依据的分配性正义(justitia distributiba)的意义。所谓分配性正义原

---

[1] 因此,韩国商法对于合伙企业(合名会社)原则上采取一人一票的规定。(《韩国商法》第195条,《韩国民法》第706条第2项。)

[2] Harry G. Henn/ John R. Alexander, *Laws of Corporations*, 3rd ed., West Publishing Co. (Minnesota), 1983, p. 396; 이철송, 회사법강의 제23판, 박영사, 2015, 309 쪽에서 재인용.

[3] Ludwig Raiser, Der Gleichheitsgrundsatz im privatrecht, ZHR 111 (1948), S. 91.; 정쾌영, 주주평등의 원칙에 대한 재고, 상사판례연구 제23집 제4권, 2010.141쪽 재인용.

则,是指在合同当事人一方具有单方面决定合同关系的力量的情况下,为了在私人自治领域也公平进行财物分配,平等原则作为修正原理发挥作用。[1] 如果将这些法律原理应用于《公司法》,则是为了在法律上保障缓解现有经济差异,行使股东权利的实质性机会平等的情况下,作为实质性股票平等原则的适用,可对形式上的股票平等原则作出修订。换句话说,这些股权平等原则的体现适用于现实需要,根据平等原则的例外,股东从制度上,相关,例外制度之间的经济差距的股东,扩大贡献不能,反而股票公司制度现实运用的情况下例外纪律制度。

此外,作为绝对平等的适用,例外的特殊股权相互之间也要遵守平等的原则。例如,在不同种类的股票发行时,同一种类的股票之间仍然适用股票平等原则。

三、股权平等原则出台的历史背景

首先,简单回顾一下股权平等原则出台的历史背景。

1620 年荷兰东印度公司首次采用股份公司制度之后,成为各国最有影响力的经济主体。股份公司制度的萌芽期直至 17 世纪,当时对股份公司的成立适用的是特许主义,股东的有限责任也尚未确立,每股股票金额也千差万别,不具有资本构成的意义。之后到了 18 世纪后期,随着社会上市民阶层抬头,对股份公司的成立改为许可主义,股份公司也开始从专制组织转为民主组织。自从 18 世纪后期股东的有限责任被批准后,股份的平等和多数表决原则理所当然地成为前提条件,直到 1807 年《法国商法典》出台后,终于奠定了近代股份公司的基础。[2]

不过,当时德国在欧洲国家中算是落后的资本主义国家,为了防止海外资本获取德国本地公司的资本,推出了所谓的"多重表决权股票"而且在本国内横行。结果,原本 2 ~ 50 次的每股股票表决权,最后成了每股股票具有几百次甚至几千次的表决权。

多重表决权股票在德国横行,结果在各公司的决策中发生了多重表决权股东的专横,也没有有效的牵制手段。这样的现象被认为是股份公司内部的贵族专治支配制度复活的征兆,并出现了各种关于管制这些问题的讨论。[3] 在此背景下,作为多重表决权股票的管控理论,股票平等原则以及表决权的滥用法理、固有权理论等同时出台并确立。

---

〔1〕 Gotz Hueck, Der Grundsatz der gleichmaBgen Behandlung im Privatrecht, 1958, S. 173ff. ; 정쾌영, 주주평등의 원칙에 대한 재고, 상사판례연구 제23집 제4권, 2010.141쪽 재인용.

〔2〕 参见李东升:《有关股东新股认购权的研究——其排他条件为主》,高丽大学 1998 年博士学位论文,第 4 ~ 8 页。

〔3〕 김태진, 주주평등원칙에 관한 소고, 기업법연구 22(3), 한국기업법학회,2008. 9,18 면.

其中股票平等原则最早的依据是1797年《德国普鲁士一般法典》(Allgemeines Landrecht für die Preu ßsischen Staaten)中的成员平等有关条款,与之相关的学说和案例在德国一直被认可。[1] 1979年德国在《德国股票法》(Aktiengesetz)第53条a项规定了"股东在相同条件下应该相同对待",从此股权平等原则有了明文规定。因为关于股权平等原则的学说和案例已很早就被认可,所以这一明文规定被人们认为只不过是再次确认了股权平等原则。[2]

也就是说,从沿革来看,允许多重表决权,导致了公司内部决策中多重表决权人的专横。股权平等原则从一开始诞生就是为了管制多重表决权,这一点对2019年科创板允许差异表决权启示较大,应深入研究股权平等原则的必要性。

四、关于股权平等原则性质的对立观点

对于股权平等原则的性质,是把它视为强制性规范还是当作任意性法规,又或者该原则是否具备法定效力,这些都是争论的焦点,有必要对此进行研究。如果把股权平等原则理解为任意性规范甚至法律原则,那么如果受到不利影响的股东自己接受违背股权平等原则的公司行为,这样的公司行为就是有效的。但是,如果将其理解为强制性规范,那么这种例外情况在法理上就难以说通,这样的公司行为就会因违背股东平等原则而无效。

(一)把股权平等原则理解为强制性规范的观点

股权平等原则作为一般条款能得以适用的最高原理就是将其认作强制规范。

这种观点认为每股股票内容相同的例外情况只限于法律上规定的股票,违反每股股票内容相同时应享受相同权利的章程规定、股东大会决议以及业务执行均为无效,除非个别性处置行为被受不利影响的股东接受。这是韩国的一般说法,也是判例的观点。[3]

这种观点的理论依据是"法律理念的公平性""正义公平的理念""自然法律的要求"等。[4] 此外,通过股权平等原则保护少数股东对股份公司履行吸收小资本的资本集中职能起着至关重要的作用。如果少数股东得不到保护,小资本

---

〔1〕 不是全部成员,而是其中1人或部分成员根据成员地位所归属的组合商议权利,限于该成员的意见,不得通过多数表决剥夺或限制。(《普鲁士一般法典》第2篇第6章"公司、公司法人以及团体有关的"第68条)이병규, 주주평등원칙의 적용과 입법화에 관한 연구, 성균관대학교 법학전문대학원 박사학위논문, 2013, 4 쪽.

〔2〕 김재범, 주주평등의 원칙을 개관함, 안암법학 제4권, 고려대학교 법학연구소,1996,684 면.

〔3〕 参见李英哲:《自戕式防御措施(Poison P ill)与股东平等原则》,《企业法研究》第23条第3号,韩国企业法学会2009年版,第194页。

〔4〕 김태진, 주주평등원칙에 관한 소고, 기업법연구 22(3), 한국기업법학회,2008. 9,28 쪽.

家就不愿意投资股份公司,最终将损害股份公司的资本集中功能,进而影响社会经济。为了谋求经济的持续发展,当然要抑制董事或大股东的机会主义行为,在满足普通股东合理预期的同时,保护少数派股东。因此,股东平等原则是立法和司法的重要课题,应该通过强制法予以保障。[1]

这种观点认为,股权平等原则的目标在于防止控股股东的多数决议的滥用和经营者的专横以保护中小股东,[2]股权平等原则是解释公司和股东之间法律关系的标准,同时是适用于法定例外情况以外的所有条款的法律原理,是可以作为一般条款适用的最高原理,因此违反此股权平等原则的章程规定或股东大会的决议、董事会决议等均应被视为无效。[3]

此观点的优点在于,在资本多数表决权滥用的规制方面更加客观明确。但也有意见认为,虽然股东平等原则被视为强制性规范时有这些优点,但除了特定情况外,其实际作用是微弱的。因此,视为强制性规范也对控股股东滥用权力不能起到实质性有效的防御作用。[4]

(二)把股权平等原则理解为法律原则,或者任意性规范的观点

此观点主张,应从宪法平等权利的司法效力的角度来理解股权平等原则。值得注意的是,虽然其本身不直接产生法律约束力,但却能通过以之为依据的个别规定而间接具有约束力。

这种观点批评强制规范的观点,如果股权平等原则的依据是"法律理念的公平性""正义公平的理念""自然法律的要求"等法律上位的理念,那么为什么在下位概念的现行法律中,却又规定"数种股票,优先股,无表决权股票"等"例外",这在上述根本理念中无法获得解释。根据这一观点,股东平等原则在明文规定上有例外的原因是立法政策上的原因,明文规定为股东平等原则设置例外情况的原因也是立法政策上的原因。[5]

有人批评该观点从法理角度上难以说明违反股权平等原则的股东大会决议为什么无效等。

(三)股权平等原则的否定说

部分韩国和日本的学者提出应该否定股权平等原则的观点。

---

〔1〕 高橋英治,ドイツ法における株主平等原則,民商法雜誌 138(2),227,2008;정쾌영,주주평등의 원칙에 대한 재고,상사판례연구 제23집 제4권,2010.141쪽 재인용.

〔2〕 이철송,회사법강의제23판,박영사,2015,308 쪽.

〔3〕 徐钝角:《普通法讲义》(上册),法文社 2000 年版,第 302 页。

〔4〕 H. Wiedemann,Gesellschaftsrecht Bd. I,H. Beck,1980,2,p. 427 – 428. 转引自朴世华:《关于大股东的义务与责任的研究——忠实义务与无限责任为主》,延世大学 1997 年博士学位论文,第 21 页。

〔5〕 上村達男『株主平等の原則,特別講義商法Ⅰ』(有斐閣,1995 年)第 16 页;김태진,주주평등 원칙에 관한 소고, 기업법연구 22(3),한국기업법학회,2008. 9,28 쪽 재인용.

从内容上看,商法上的股权平等原则并无明文规定,所以此种观点认为只需认可章程自由原则和公序良俗原则。[1]也就是说,只有在章程规定的内容违反法律规定的公司本质或强制性规定以及违反公共秩序和善良风俗时,才可以否认其效力。但对于作为资本团体的股份公司来说,从其定义和利益平衡的立场上需要有股权平等原则。因此,无正当理由否定与股票持有数量成正比的股东权利义务的行为,如果违反了定义和平衡的理念以及公共秩序和善良风俗,则应被认为无效,但没理由认为公司行为在任何时候都受到股权平等的一般约束,因此更应该认可章程自由原则。[2]

不过,这种股权平等原则否定论否认了平等原则和固有权论,这很可能有利于大股东的利益,所以有些人批判此观点会损害一般投资人的投资热情以及给公司经营带来副作用。[3]另外,如果从一般的定义和平衡的理念去理解股权平等原则,其范围变得无限制,所含内容变得模糊,这样的批判也越来越多。[4]

在美国法律中,保护少数股东的利益不受控股股东的侵犯,不是以股权平等的原则来实现,而是以控股股东的诚信义务或董事忠实义务来解决。在美国法律上,股东也对其他股东承担类似于董事及高级管理人员的诚信义务,特别是控股股东对公司业务行使违反诚信义务的表决权的话将会被认为是"对少数人的欺诈"(fraud on the minority)、"对少数人的压迫"(oppression of minority)或"不公正的行为"(unfair)。但是在美国法制中,也适用普通法上的平等待遇原则,因此,对特定股东的差别待遇也违背了该原则。所以,是否违反平等原则也成为问题。[5]

五、限制或加重表决权的股份种类的发行

(一)原则:一股一表决权原则

表决权,是指股东在股东大会上通过表决,按其持有股份参与股东决策的权利。[6]公司决策内容与股东有着直接的利害关系。无论什么样的决策,按照这个决定承担风险的人具有自决权,这是法律上之事理(naturalis ratio),体现了只

---

〔1〕 이문봉, 주주평등의 원칙과 이에 관한 문제점, 사법행정 제11권 제2호, 한국사법행정학회, 1970, 30 쪽.

〔2〕 김태진, 주주평등원칙에 관한 소고, 기업법연구 22(3), 한국기업법학회,2008. 9,27 쪽.

〔3〕 이병규,주주평등원칙의 적용과 입법화에 관한 연구, 성균관대학교 법학전문대학원 박사학위 논문,2013,52 면.

〔4〕 이병규,주주평등원칙의 적용과 입법화에 관한 연구, 성균관대학교 법학전문대학원 박사학위 논문,2013,51 면.

〔5〕 Harry G. Henn/ John R. Alexander,*Laws of Corporations*,3rd ed.,West Publishing Co.(Minnesota),1983,p. 654; 정쾌영, 주주평등의 원칙에 대한 재고, 상사판례연구 제23집 제4권, 2010.141쪽 재인용.

〔6〕 이철송, 회사법강의제23판, 박영사,2015,510 면.

有股东才能拥有表决权的正当性。

表决权是股东最重要的公益权,是固有权的一种,如果没有明文规定,即使章程规定也不得剥夺或限制,更不能把股东和股份分离甚至放弃。[1]

表决权是出资人的风险管理手段,所以在股东对股份公司承担的有限责任风险与出资额即持股数成正比,相应地风险管理手段也应成正比行使。总之,股东的风险承担和对公司的影响力之间的比例均衡成就了一股一表决权制度。

如果根据一股一表决权原则和其他原则,假设 A 持有 10% 的股份并行使 15% 的表决权,那么,A 对公司决策结果带来的收益,只拥有 10% 的限制性利害关系(marginal interest)而已。所以对于 5% 部分,A 多拥有了无利害关系的表决权。

也就是说,表决权是股东最基本的权利,应适用股份平等原则的最典型的对象。因此,限制表决权或表决权赋予特权的内容等,对表决权加以变形的股份种类的发行必须具体,且遵循个别法律依据。

对此,2018 年中国《公司法》第 103 条规定,"股东出席股东大会会议,所持每一股份有一表决权"。据《公司法》第 131 条规定:"国务院可以对公司发行本法规定以外的其他种类的股份,另行作出规定。"

《公司法》第 42 条规定,有限责任公司可通过章程例外设置一股一表决权的原则,而上述一股一表决权原则的原理同样适用于上市公司和有限责任公司。但不再具体说明或限制,只依靠章程规定设置一股一表决权的例外,这说明章程规定本身无法保障多数决议的滥用,由此可看出该公司法的规定未能充分保护股权平等原则和有限责任公司的少数股东。

(二)例外一:特殊表决权股

特殊表决权与一股一表决权的原则不同,是指一股赋予一个以上表决权或按股份数量比例递增表决权的股份。

《关于在上海证券交易所设立科创板并试点注册制的实施意见》正式提出"允许特殊股权结构企业和红筹企业上市"。2019 年 3 月 1 日最新发布的《上海证券交易所科创板股份上市规则》对表决权差异安排进行了更加详细地规定。允许每份特别表决权股份的表决权数量应当相同,且不得超过每份普通股份的表决权数量的 10 倍。

综上所述,允许科创板上市特殊表决权股,诱导高新企业或封闭公司积极 IPO 上市,这就是优点。

一般来说,IPO 可使创业人融资范围更广泛,从一般大众立场上看可以分享

[1] 이철송, 회사법강의제23판, 박영사,2015,511 면.

成功的高新企业成果,所以从社会层面上认为值得。可创业人多数对企业本身依依不舍,有可能认为自己丧失经营权,从而干脆放弃IPO[1]或选择特殊表决权股允许的国家IPO上市。

但为了以上理由,突然引进差异表决权股会出现大股东代理费的问题,这也是一直争论不休的焦点。

特殊表决权赞成论的最重要论据是有必要对敌对公司收购提供防御手段。按照这个逻辑,这种防御手段会使经营层或大股东的支配权定型,这可能不利于企业价值,这是反对方提出的意见。尤其是把家族企业的支配权继承给后代时,其风险变得更大。甚至上市之后分散持股情况下,上市公司可修订章程发行特殊表决权股,此时很难找到使现有大股东的分配正当化的论据。据研究,尤其是已分散持股情况下允许差异表决权时,即使小股东不同意结果,也不得不同意,这样会降低企业价值,可进行非效率的资本结构重组将表决权集中于一部分股东。[2]

此外值得注意的是,对于上市公司而言,特殊表决权股的发行能提高企业价值的观点难以得到证明。科创板考虑到高新企业的特性,允许发行特殊表决权股,使IPO得以增加,这是广受社会认可的一大亮点。但在公司上市后,差异表决权只会强化股东的支配力量,并破坏资本市场的监视功能。

值得提醒的是,股权平等原则的构思来自曾经在德国特殊表决权股泛滥之后,导致公司内部出现的大股东专治支配横行现象。并且,作为特殊表决权股的主要功能是对敌对回购的防御功能,但这样一来与享有公司支配权的创业人甚至他们的子孙的能力无关,绝对保障并提高了经营权的确定性。对这个问题,我们应深思熟虑为了国家整个经济的发展是不是值得这么做。

综合考虑这些特殊表决权制度的优点和问题时,当前原则上严格禁止特殊表决权制度但例外允许科创板中存在特殊表决权的公司法立法方向是很妥当的。

(三)例外二:表决权限制股

公司是否可以发行没有表决权或表决权被限制的股票种类也是需要探讨的问题。

最近股票投资逐渐成为资产增值手段,大众投资者和机构投资者日益增多,他们对公司经营毫不关心,只盼着获取类似分红或转让差价的投资收益。当这

---

[1] Arnoud W. A. Boot, Radhakrishnan Gopalan and Anjan v. Thakor, *The Entrepreneur's Choice between Private and Public Ownership*, 71 Journal of Finance 803(2006).

[2] Jeffrey N. Gordon, *Ties That bond: Dual Class Common Stock and the Problem of Shareholder Choice*, 76 California Law Review 1(1988).

样的股东那里融资时,即使没有表决权也可以招募股东,无表决权股不会减少公司经营人或大股东的支配力度,反而成为灵活的资本手段。如果发行无表决权优先股时,使股东放弃不怎么感兴趣的表决权,取而代之享用优先分红的稳定利润,对所有公司利害关系人来说都是有魅力的股份。因此,无表决权股督促现代公司将所有权与经营分离。另一方面,股票广泛分散的上市公司来说,向参加股东大会也没有实际利益的少数股东散户提供无表决权股,可以把该部分的表决权数量排除在外,又可以期待法定人数不足导致股东大会不成立的效果。[1]

只是这种表决权限制股被过度利用的话,可能会导致表决权数量很少的股东也可以支配公司的弊端,因此最好通过明文规定限制可发行最高数量。

(四)例外三:黄金股

所谓"黄金股",是指无论所持有的股票数量或比例,都具有对企业主要事项行使否决权的权利。黄金股无论其持有数量还是比例,即使只持有1股,也可以对敌对性M&A等特定的股东大会议案行使否决权,因此具有一定的意义。[2]

在德国、英国、荷兰等国家,欧洲法院认为黄金股违反了EC条约,因此不允许,而其他国家也出现了同样的结果。[3] 与此相反,因为英美法与成文法相比,公司法的规定比较灵活,带有Nagative系统形式,所以除了几个例外,原则上允许设定黄金股。

---

〔1〕 이철송, 회사법강의 제23판, 박영사,2015,283 면.

〔2〕 유주선, 주주평등원칙의 완화와 차등의결권주식의 도입가능성, 증권법연구 제16권 제3호, 2015, 134 쪽.

〔3〕 성승제, 황금주에 대한 비교법적 검토, 법제연구제48호, 한국법제연구원,2015,334 쪽.

上市公司股份回购制度改革与债权人利益保护平衡研究*

赵树文　王嘉伟**

股份回购制度是现代公司法体系的重要内容构成，对于改善公司财务结构、保护股东权益、促进上市公司健康发展甚至对保持一国证券市场的持续稳定都具有十分重要的意义，当前在英美等域外国家公司股份回购呈现加速发展之势，“股份回购已经成为西方国家股份公司在不同的发展阶段和外部环境下所采取的一种常见发展战略与资产重组方式”。[1] 我国公司法对股份回购制度一直持审慎规制的态度，但是在此前提下，其制度架构改革也在不断地趋于放松化：1993 年《公司法》奉行严格的法定资本制理念，对上市公司股份回购制度采取了原则性的禁止规制，除减少公司股本以及与持有本公司股份的公司合并外，不得实施回购，意在贯彻资本维持原则、保护公司债权人安全；2005 年《公司法》则在公司自治理念的推动下，拓展了公司股份回购的情形，拓展了奖励职工型以及股东异议型回购，旨在保护中小股东利益，促进公司治理；2018 年《公司法》则针对上市公司股份回购制度进行了较大力度的改革，进一步拓展了公司回购情形，包括用于发行可转换公司债券以及维护公司价值及其股东权益所必需的情形。总体而言，尽管原则上对上市公司股

---

* 本文是 2019 年国家社科基金后期资助项目《系统论范式下公司资本规制体系修正及其制度实现研究》(19FFXB010)研究成果。

** 赵树文，河北大学法学院副教授、法学博士，硕士研究生导师，主要从事企业与公司法学研究。王嘉伟，河北大学创业指导中心教师。

〔1〕 孙文军、栗建国、薛莲：《上市公司股份回购：理论与实务》，西南财经大学出版社 2002 年版，第 1 页。

份回购制度进行了禁止性规制，但是放松化的改革已经成为现实，也是未来公司法改革的重要方向。2018 年《公司法》股份回购制度改革对我国证券市场也产生了重要的积极影响，截至 2019 年 11 月，“数据显示，年内共 566 家公司实施回购计划，回购金额达 5952.85 亿元，较 2018 年全年的 617.02 亿元增长 864.77%，创历史新高”。[1] 但是，上市公司股份回购制度在具体实施当中也产生了一些不容忽视的问题，其中一个核心表现就是对债权人利益保护规制的缺失问题，2018 年《公司法》在放松上市公司股份回购的同时并未强化公司债权人保护规制，因为股份回购的进行可能危及到公司的清偿能力，进而导致债权人债权难以实现。因此，应当强化上市公司回购制度构成中的债权人保护制度，唯其如此，才能够更好地推进上市公司股份回购制度的实施。

一、上市公司股份回购制度的立法与公司资本制度理念的交织

(一)1993 年《公司法》回购制度规定：资本信用理念的贯彻

1993 年《公司法》对上市公司股份回购确立了严格的行政管制，不但对股份回购进行了原则性的禁止性规定，而且作为除外情形，只是限于公司降低注册资本或者持有与本公司股份的公司合并。这种立法规制模式是当时公司法资本信用理念的重要贯彻，因为立法设计者旨在确立严格的法定资本制，并坚定地贯彻“资本确定、资本维持与资本不变”三大原则，其目的是更好地保护公司资本的担保功能，更好地维护公司债权人合法权益。因为股份回购意味着公司自己收回自己资本，标示着注册资本数额的减少，如果不严格限制股份回购，将会严重冲击法定资本制，进而危及公司债权人利益。即使在美国公司法发展的历史上，通过强化股份回购管制进而维护法定资本制的逻辑也有着十分鲜明的体现，正如 Thought Works 案法官所指出：“公司立法禁止公司在削弱资本的情形下回购股份，其意图是为了保护债权人。法律实现上述意图的方式，是禁止那些可能会导致向股东返还或再分配公司特定资产的交易，这些特定资产构成了 19 世纪以及 20 世纪早期的法学家所言的向公司提供信用的债权人赖以依靠的永久性融资基础。”[2]

(二)2005 年《公司法》回购制度改革：资本信用理念的松动

随着经济发展对公司运行效率的需求以及法定资本制弊端的显露，2005 年《公司法》对严格的法定资本制进行了改造，资本信用理念松动，不仅降低了公司设立阶段的最低注册资本限额，允许分期缴纳出资，还放松了公司经营阶段的

---

〔1〕 袁元：《上市公司股份回购“点亮”明年投资方向》，载《证券日报》2019 年 12 月 4 日，第 A01 版。

〔2〕 Thought Works, Inc. v. SV Inv. P'rs, LLC, 902 A. 2d 745 (Del. Ch. 2006). 转引自刘燕：《对赌协议与公司法资本管制：美国实践及其启示》，载《环球法律评论》2016 年第 3 期。

股份回购管制,拓展了股份回购的情形,允许通过股份回购奖励公司职工、允许对公司重大决策持有异议的股东主张公司回购股份。上述立法改革是对严格法定资本制理念的突破,对公司资本功能的认识有了新的拓展,开始注重公司资本所具有的经营性功能。通过回购股份奖励职工,就是意在激发职工在公司经营过程中的积极性,进而通过对职工人力资本的激励推进公司的经营与发展,这是资产信用理念的初步体现。同时,股份回购制度的改革开始注重对中小股东权益的维护,如果中小股东对公司合并、分立以及重大资产出售等行为持有反对意见,也可以要求公司回购股份,这也是对中小股东参与公司治理以及保护中小股东权益的重要保障。

(三)2018年《公司法》回购制度改革:资产信用理念的推进

2018年《公司法》则秉承2013年《公司法》认缴资本制确立的资产信用理念,强力地推进了公司股份回购制度改革,通过股份回购制度改革进一步强化了公司资产的经营性与效率性价值追求。

1. 拓展股份回购情形

第一,明确回购股份可用于员工持股计划或者股权激励。员工持股计划或者股权激励计划对于公司发展与公司管理者收益都意义重大,"像其他类型的选择一样,股票期权向员工提供的奖励与公司雇主的股票价值直接相关,从而为员工提供了改善公司整体绩效的动力"。[1] 我国《公司法》改革也在推进股票期权计划的实施,而该计划的实施一个前提条件就是公司必须要有足够的股票作保障,能够直接出售给管理者。为了解决这个问题,早在2005年《公司法》修正之时就规定公司可以回购股份奖励给本公司职工,而此次公司法股份回购制度改革则进一步明确回购股份可用于员工持股计划或者股权激励。这种改革旗帜鲜明地表明了股份回购制度的公司经营性功能,"员工持股计划或者股权激励"替代"奖励职工"的形式表达更加凸显了公司股份回购制度对于激励董事、经理等管理层的内在价值。

第二,股份回购可用于债转股情形。债转股是公司优化资本结构的一种重要方式,对于公司发展具有重要价值,"如果公司希望长期重组债务以及股权结构以取得成功,则可以选择在情况需要时将债务转换为股权或将股权转换为债务"。[2] "它授权给了公司(借款人)以股份改变公司贷款的权利。"[3]我国公司法对债转股也有着明确的规定,早在2005年《公司法》修正时,就规定上市公司

[1] David E. Kahen, Cheryl F. Fisher, *Incentive Stock Options Revisited*, 49 Tax Executive 487 (1997).

[2] Abdel Ghany & Abdullah Qazi, *Debt to Equity Conversions*, 6 Ct. Uncourt, 13 (2019).

[3] Ibid.

可以发行可转换债券,但是需要发行新股才能将可转换债券转换成公司股份,此次股份回购制度改革将为债转股的顺利进行奠定高效的制度条件,无须再发行新股,通过直接回购即可。

第三,设置了股份回购的兜底条款。此次《公司法》修正后强调"上市公司为维护公司价值及股东权益所必需"构成公司股份回购的情形,这一规定实际上是将公司股份回购的其他情形直接赋予了公司自己,是对公司自治理念的有力推进,根据该规定,公司股东大会或者董事会可以根据公司经营情况,为了保护公司利益以及股东权益而做出股份回购决定,而不受 2018 年《公司法》第 147 条前 5 项的限制。这种规定实际上极大地拓展了公司的股份回购自治权,有学者对这一规定给予了高度的肯定:"在被允许实施回购的一众情形中,相比减资、与持有本公司股票的公司合并、实施员工持股计划、补偿异议股东、兑换可转债,'为维护公司价值及股东权益所必需'(也称'护盘''安定操作')而实施回购的外部性无疑最为突出。"[1]

2. 简化公司股份回购制度安排

第一,优化决策程序。2018 年《公司法》第 142 条第 2 款规定对于将股份用于员工持股计划或股权激励情形、用于可转换公司债券情形以及用于维护公司价值与股东权益情形,可以经公司章程或股东大会授权由董事会决定,这就简化了公司股份回购的决策成本,董事会决策替代股东大会决策,有利于提升股份回购效率。

第二,提高股份回购比例。对于员工持股计划或股权激励情形、用于可转换公司债券情形以及用于维护公司价值与股东权益情形,公司股份回购的比例确定为 10%,而 2005 年《公司法》则是将用于员工奖励的股份限制于不超过 5%。

第三,延长了股份转让或注销时间。2005 年《公司法》要求股份回购如果是用于奖励职工,必须在 1 年内转让给职工,如果是对股东异议而进行的收购,则应在 6 个月内注销。2018 年《公司法》则将转让或注销的时间规定为 3 年,这种延长的时间更有利于董事、经理层经营效果的体现,董事以及经理等在经营上的努力可能在短期内难以体现效果,3 年的时间是合适的选择。

二、上市公司股份回购制度改革对债权人利益保护的冲击

上市公司股份回购制度"对公司本身、股东及债权人、公众投资者以及资本市场均具有突出影响"。[2] "股份回购可能导致公司债权人和或公司中小股东

---

〔1〕 冯辉:《"维护公司价值及股东权益所必需"而回购的法律规制》,载《东方法学》2019 年第 10 期。

〔2〕 同上。

利益受损。”〔1〕2018 年《公司法》对上市公司股份回购制度的改革将在以下两个方面对债权人利益保护形成严重冲击。

(一)股份回购减少公司现金流:危害公司清偿能力

股份回购必然减少公司现金流,因为公司股份回购要用现金进行回购,这可能减少公司的流动性资产,或者增加公司的负债。“也正是因此,股份回购受到法律对股份分红一样的强制性限制。”〔2〕而且尽管公司的资产或许大于负债,从账目资产看公司依然具有充分的清偿能力,但是公司资产是否能够用于清偿重要的是看其流动性与可变现性,现金流无疑最具清偿能力与效率,而其他资产则可能难以及时变现,难以实现对债权人的及时清偿。同时,公司法允许通过举债方式回购公司股份,这会形成新的债务,这种债务也可能是具有担保性质的债务,可能会对先前债务人的偿还造成严重冲击。

(二)股份回购注销股份或建立库藏股:减少公司资产

如果是股份回购用于注销或者建立库藏股其实质是减少了公司注册资本或者公司资产,这也必将从总体上削弱公司清偿能力。“公司资产状况常用两个比例关系来表示,一个是公司的资产负债比,另一个是公司的产权比率,其中公司的资产负债比 = 负债/总资产,而产权比率 = 负债/所有者权益。”〔3〕如果公司回购股份用于注销,相当于公司所有者权益的减少,必然意味着公司总资产的减少,也就意味着公司资产负债比与产权比率的提升,这必然会削弱公司对债权人债权的保障能力。因为在公司债务总额不变或者通过举债进行回购进而提升公司债务总额的情况下,所有者权益的减少同时必然伴随着公司总资产的减少,表明公司资产质量状况的弱化,影响着公司债权的顺利偿还。也正因如此,许多国家或地区的公司法都规定公司股份回购不得损害公司资本,如“美国《特拉华州公司法》规定,任何公司不得将其资金或财产用于购买其自身的股本,如果这种购买行为导致公司资本遭受损失”。〔4〕

三、上市公司股份回购制度中债权人利益保护进路的具体建构

上市公司股份回购行为的实施可能会危及公司清偿能力,进而使公司债权人利益受损,因为股份回购行为如同股利分配行为会影响公司的清偿能力,“现在事实已经很清楚,股份回购对公司债权人利益保护安全边界的侵害并不比股

〔1〕 王荣康:《股份回购及对债权人和中小股东的保护》,载《现代法学》2002 年第 3 期。

〔2〕 David R. Herwitz, *Installment Repurchase of Stock: Surplus Limitations*, 79 Harvard Law Review 303 (1965).

〔3〕 王荣康:《股份回购及对债权人和中小股东的保护》,载《现代法学》2002 年第 3 期。

〔4〕 DEL. CODE ANNr. tit. 8, § I6o (I953).

利分配差”。[1] 所以有必要在推进公司股份回购进行的同时,强化对公司债权人的保护设计。

(一)强化上市公司股份回购条件规制

上市公司股份收购对公司以及股东利益的保护具有重要价值,但是也会危及公司清偿能力,损害债权人利益。2018 年《公司法》改革并未对股份回购的实质财务条件作出直接的规定,2019 年《上海证券交易所上市公司回购股份实施细则》与《上海证券交易所上市公司回购股份实施细则》则作出了相对严格的规制:股份回购后,必须具有债务履行能力与持续经营能力。这里的问题是,如何对债务履行能力与持续经营能力进行解读,如果资产负债表显示在完成股份回购后公司资产大于或等于负债,这是否符合具有债务履行能力的要求,进一步而言,如果资产大于负债是否具有持续经营能力,这些问题的具体判断标准如何界定？笔者认为,应当明确具有债务履行能力的评判标准应当是公司的流动性强与变现性较强的资产,而不是难以出售、难以变现的固定资产。

(二)严格上市公司股份回购资金来源

上市公司股份回购资金的来源问题事关债权人权益保护,美国 2013 年《纽约州公司法》规定:股份回购视为股利分配,原则上其资金来源必须是公司的盈余,可以是经营盈余,也可以是资本盈余,只有法定特殊情形才可以在非盈余状态下进行回购,如为了满足小股东对公司经营异议权行使的需要等。2019 年上交所与深交所都强调了上市公司股份回购资金来源的广泛性,甚至包括向金融机构的借贷资金,并且对使用借贷资金进行回购的范围没有任何限制,这对债权人利益而言是一个极大威胁。当债务人获取足够的借款,使其能够获取暂时充分的资金流动性,具有债务履行能力,也能保障其一定的持续经营能力,但是在整体上资不抵债,这对债权人而言就是非常危险的,笔者认为在公司股份回购制度中应当对借款回购的适用范围作出限制。

(三)明晰公司管理层股份回购法律责任

如果公司董事等管理层违反法律规定进行股份回购,如对公司的财务能力进行虚假分析,骗取股份回购资格,这时应如何对其非法行为进行规制,无论是《公司法》还是沪深回购细则都未明确作出规定,这是股份回购制度建构中的一个明显缺失。“要求董事由于其故意或者重大过失给第三者造成损失时,由公司与董事对第三者承担连带责任,既是强化董事责任,也是保护公司、债权人和

---

[1] David R. Herwitz, *Installment Repurchase of Stock: Surplus Limitations*, 79 Harvard Law Review 306 (1965).

股东权益的必要举措。”〔1〕

（四）推进上市公司股份回购信息披露

必须推进上市公司股份回购信息披露，具体路径应当包含以下两个方面：第一，强化对债权人的通知程序，如果股份回购导致公司注册资本降低，应当履行与减少公司注册资本相同的通知程序，进而给予债权人更好的保护，有利于债权人行使监督权；第二，如果公司股份注销，应当在公司档案当中予以登记，并且在公司营业执照中予以登记。从而推进未来交易债权人信息知情权的更好实现。

（五）确立债权人对公司股份回购撤销权

如果上市公司股份回购的结果造成了其无法及时清偿债务，债权人有权申请予以撤销，应当赋予债权人撤销权，“所谓股份回购撤销权，是指债权人基于特定的事由而享有的请求法院确认公司股份回购行为无效的权利”。〔2〕因为股份回购其相当于股利分配，美国《统一欺诈转让撤销法》就明确规定，如果公司进行股利分配导致无法清偿债务，债权人有权申请撤销。所以，我们可以对此加以借鉴，强化上市公司股份回购中债权人的司法救济权。

〔1〕付琛瑜：《试论公司股份回购中债权人利益的保护》，载《河南商业高等专科学校学报》2005年第4期。

〔2〕同上。

上市公司股份回购的风险与制度检视

白牧蓉　刘世雄*

股份回购,是指公司企业依照法定程序,支付现金或其他资产作为对价收购本公司已发行或流通在外的股份并依法将其注销或转让的行为。相比其他类型的公司,上市公司具有股份更为分散,股东数量更大,信息公开要求更为严格等特点。这意味着上市公司股份回购社会影响面更广,涉及内容更复杂,也因此而更具研究意义。2018 年 10 月我国《公司法》第 142 条的修订在较大程度上放宽了上市公司股份回购的限制,也带来了一些可能的负面影响,值得进行剖析和思考。

一、制度沿革与问题缘起

综观公司制度和实践历史,股份回购作为一种普通的资本运作方式,在严格践行法定资本制及资本三原则的我国传统公司法体系中长期不太受欢迎,直到近年来资本市场逐渐成熟,公司制实践逐渐深入,股份回购才开始被一些新兴上市公司所重视,而在 2018 年《公司法》修改之后获得了较为宽松的操作空间。

(一)我国股份回购制度及其发展

由于特殊的国情和制度环境,我国公司自诞生以来的很长一段时间处于政府的严格管控之下,现代公司制度发展较为缓慢。20 世纪 80～90 年代是我国市场经济、各类所有制企业及公司制度的起步阶段,当时的股份回购尚属新鲜事物。直到 1993 年《公司法》出台,股份回购才首次出现在正

---

* 白牧蓉,兰州大学法学院副教授,法学博士,主要研究方向:证券法学、信托法学、科技法学。刘世雄,兰州大学法学院硕士研究生。

式法律文件中，且受到严格的法定资本制及资本三原则框架下具体规范的种种限制。此后，我国公司证券法律法规体系对于股份回购一直采取“原则禁止，例外许可”的立法模式。回顾我国《公司法》几次修改，股份回购制度的沿革可以概括为一个从严格限制到逐步放宽的发展历程。

1993 年《公司法》仅规定了两种允许股份回购的情形，即“减少公司资本”或“与持有本公司股票的其他公司合并”，并规定回购的股份必须在十日内注销。这是为适应市场经济体制改革大局所必须作出的制度安排，但在当时特殊的经济环境（国有股一股独大以及经济政策波动）和严格的法定条件限制下，很少有企业进行股份回购，即使有，也是小规模回购，影响极为有限。

2005 年，我国《公司法》进行第三次修改，新增了两种允许回购的事由，包括“将股份奖励给本公司职工”以及“股东因对股东大会作出的公司合并、分立决议持异议，要求公司收购其股份”，并同时规定减资回购应当在十日内注销，合并回购和异议回购的在六个月内转让或注销，职工持股回购的应在一年内转让给职工。可见，此次修改放宽了对股份回购的限制，允许回购情形增加，回购持股时间延长。此后，证监会等监管部门陆续出台一系列文件，鼓励上市公司进行股份回购，如证监会 2005 年发布《上市公司回购社会公众股份管理办法（试行）》、2008 年发布《关于上市公司以集中竞价交易方式回购股份的补充规定》以及 2014 年发布《关于上市公司实施员工持股计划试点的指导意见》等。随着经济环境日益自由化、资本市场成熟化及现代公司制度和股份回购制度的完善，特别是互联网大型公司的不断增多，上市公司回购股份积极性日益高涨，回购案例越来越多，回购范围和规模不断扩大，涉及的资金量更是呈井喷式增长，美的、中国平安、苏宁等大型上市公司的回购规模动辄百亿，影响波及全国。

2018 年 10 月《公司法》第五次修改时，第 142 条除了文字表达和细节的修订外，再次新增两种允许回购的情形，即“将股份用于转换上市公司发行的可转换为股票的公司债券”和“上市公司为维护公司价值及股东权益所必需”，并规定两种新增情形和股权激励回购的应在三年内转让或注销，继续增加回购持股时间。后一种情况甚至可以理解为较为广泛的授权条款，事实上新法中允许回购的情形已远远不止六种。可以预见，此次修法之后，资本市场中上市公司回购股份情形将越来越常见，回购规模也可能越来越大。

综观股份回购制度发展历程，可以看到，我国关于股份回购制度的立法趋势是由严格限制到逐渐转向“自由许可”立法模式，旨在让股份回购回归其资本运作工具的本质，上市公司股东大会与董事会被授予较为广泛的回购决策权，体现出商法的意思自治。

(二)2018 年《公司法》第 142 条修订的具体内容

2018 年 10 月 26 日,为响应市场现实需求,推动资本市场深入发展,全国人民代表大会常务委员会对《公司法》第 142 条关于股份回购的规定进行了大幅度修改,使我国股份回购制度进入全新阶段,如表 1 所示:

表 1　2018 年《公司法》第 142 条修订前后条文对照

修订前	修订后
第一百四十三条　公司不得收购本公司股份。但是,有下列情形之一的除外:	第一百四十二条　公司不得收购本公司股份。但是,有下列情形之一的除外:
(一)减少公司注册资本	(一)减少公司注册资本
(二)与持有本公司股份的其他公司合并	(二)与持有本公司股份的其他公司合并
(三)将股份奖励给本公司职工	(三)将股份用于员工持股计划或者股权激励
(四)股东因对股东大会作出的公司合并、分立决议持异议,要求公司收购其股份的	(四)股东因对股东大会作出的公司合并、分立决议持异议,要求公司收购其股份
	(五)将股份用于转换上市公司发行的可转换为股票的公司债券
	(六)上市公司为维护公司价值及股东权益所必需
公司因前款第(一)项至第(三)项的原因收购本公司股份的,应当经股东大会决议	公司因前款第(一)项、第(二)项规定的情形收购本公司股份的,应当经股东大会决议;公司因前款第(三)项、第(五)项、第(六)项规定的情形收购本公司股份的,可以依照公司章程的规定或者股东大会的授权,经三分之二以上董事出席的董事会会议决议
公司依照前款规定收购本公司股份后,属于第(一)项情形的,应当自收购之日起十日内注销;属于第(二)项、第(四)项情形的,应当在六个月内转让或者注销	公司依照本条第一款规定收购本公司股份后,属于第(一)项情形的,应当自收购之日起十日内注销;属于第(二)项、第(四)项情形的,应当在六个月内转让或者注销
公司依照第一款第(三)项规定收购的本公司股份,不得超过本公司已发行股份总额的百分之五;用于收购的资金应当从公司的税后利润中支出;所收购的股份应当在一年内转让给职工	属于第(三)项、第(五)项、第(六)项情形的,公司合计持有的本公司股份数不得超过本公司已发行股份总额的百分之十,并应当在三年内转让或者注销

续表

修订前	修订后
	上市公司收购本公司股份的,应当依照《中华人民共和国证券法》的规定履行信息披露义务。上市公司因本条第一款第(三)项、第(五)项、第(六)项规定的情形收购本公司股份的,应当通过公开的集中交易方式进行
公司不得接受本公司的股票作为质押权的标的	公司不得接受本公司的股票作为质押权的标的

资料来源:《全国人民代表大会常务委员会关于修改〈中华人民共和国公司法〉的决定》,载中国人大网 2018 年 10 月 26 日,http://www.npc.gov.cn/npc/c12435/201810/1f5be4c9b13346519483c3d1c71fdb0a.shtml,最后访问日期:2019 年 10 月 28 日。

可见,主要的修订内容包括几个方面:第一,在原第 142 条的基础上新增了两种允许回购的例外情形。其中,新增的第 5 项为以债转股为目的的回购,在此之前,可转债到期转股时需要增发新股进行转化,这样操作可能因注册资本增加而增加公司的财务风险,且增资扩股操作较为复杂。修改后允许为债转股回购股份,即利用公司原有股份进行转换,不涉及注册资本变化,操作也更为方便快捷。而新增的第 6 项为"维护价值型回购",给予上市公司为了维护公司价值和股东利益而作出回购决策的授权,事实上该项所允许回购股份的例外情形远超过了其他情形的范畴,通过对第 6 项的解释,上市公司回购股份的事由可以有无限可能。第二,简化和规范上市公司回购股份的程序。本次修订规定了上市公司在实施股份回购时的信息披露义务,要求第(3)、(5)、(6)项的股份回购必须通过公开的集中交易方式进行,以及不同的回购事由需有不同的决议方式。这样在放松回购事由的同时规范回购程序,不仅便于回购操作,而且有助于降低上市公司股份回购中暗箱操作和内幕交易的可能性。第三,提高公司回购持有本公司股份的数量和时间,完善库存股制度。按照第(3)、(5)、(6)项事由回购股份的,将允许公司持有自己股份的数量增加到了百分之十,同时可以持续持股的时间延长到三年,这样就使得上市公司在股份回购上具有更多的操作可能性,也能更及时有效地应对市场变化,更符合当前上市公司参与资本市场竞争的需求。

(三)针对本次修改的争议

对比可知,本次修法主要是针对上市公司股份回购制度,且由于上市公司股份回购行为社会影响更大,更具研究价值,学界对本次修改的争议也大多集中于此,但还是多持乐观态度,并且对于股份回购制度的进一步发展,学界主流观点是为股份回购松绑,赋予上市公司更多自主权。

方重、武鹏认为,放开股份回购有利于增强公司灵活性和凝聚力,优化公司财务结构,维护市场秩序。[1] 吴学安分析了《公司法》第142条新规实施的意义,认为上市公司股份回购制度是成熟资本市场的基础性制度安排,是公司回报投资者的重要方式,有利于资本市场的自我调节和稳定。[2] 《证券日报》发文指出,上市公司股份回购对于维护资本市场健康稳定发展、改善市场资金链有重要作用。[3] 石运金对比中美股市发展历史与现状,得出结论:把A股看作一个整体,从供求关系角度来看待股份回购的话,股份回购将减少市场中股票筹码供给,同时给市场增加炒作的资金,所以是从供给和需求两个层面来利好A股市场,股份回购会成为未来牛市的助推器。[4] 但同时也有人对这样的改革提出了质疑,主要集中于新法关于回购条件的第(6)项"上市公司为维护公司价值及股东权益所必需",认为这样的授权条款弹性太大,公司可以打着维护公司价值及股东利益的幌子随意回购,势必带来巨大的道德风险和公司治理的重大问题。[5]

研读发现,赞成本次修法并主张继续为股份回购松绑的学者大多从两个方面分析其原因,一是参考以美国为代表的西方发达国家,认为股份回购制度是一个成熟的资本市场的基础性制度设计,而合理的股份回购制度应当是公司自主决定的,行政力量须尽可能地减少干预;二是从股份回购的正面影响分析,认为股份回购有利于公司的自我调整以及资本市场的稳定健康发展。而持质疑态度的学者则主要对新增回购事由的第六项规定进行集中探讨,认为该项授权力度过大,范围过于宽泛,容易导致证券市场的道德风险。本次修法之后,沪深交易所分别制定发布了《上海证券交易所上市公司回购股份实施细则》、《深圳证券交易所上市公司回购股份实施细则》(以下简称《实施细则》),对回购行为作出了一系列的限制性规定,可见监管者意识到了可能发生的风险。

任何一项举措的出台,有赞美就必然有质疑,应当从质疑中看到改革可能带来的潜在风险,进而探索防控风险的思路和路径,为制度建构保驾护航,兴利除弊。此次修法赞美声众多,但仍要意识到这样修改可能带来的风险和负面影响,准确分析,找准症结,进而完善相关配套制度加以防范和解决,尽量减少制度变革进程中产生的副作用。

二、风险类型与当前应对

无论是从市场表现还是从立法者的解释说明来看,本次修法是在我国证券

---

[1] 参见方重、武鹏:《上市公司股份回购机制思考》,载《中国金融》2018年第24期。

[2] 参见吴学安:《完善股份回购制度　稳定资本市场》,载《证券时报》2018年11月20日。

[3] 参见择远:《上市公司回购股份有助于改善市场资金面》,载《证券日报》2018年8月11日。

[4] 参见石运金:《股份回购:未来牛市的助推器》,载《股市动态分析》2018年第46期。

[5] 参见华尔街见闻:《再谈公司法回购制度改革的重大意义》,载 https://frontend-stage.wallstreetcn.com/articles/3428092,最后访问日期:2018年11月15日。

市场整体表现疲软、上市公司股价持续下挫的大背景下进行,修法目的也有着浓厚的“救市”色彩。修法之后市场反应迅速,多家上市公司进行回购操作,确实使我国资本市场增加了活力,抑制了个股和股指继续下挫,对于走出“熊市”迎来“牛市”发挥了积极作用,然而其中的风险也不容小觑,修法后交易所规则等制度内容对于风险防控进行了相应规定。

(一)回购的工具性适用导致市场波动

上市公司通过股份回购能够在短期内集中巨量资金买入自身股票,对提升公司股价构成重大利好,一贯被视为提升个股价格和稳定整个资本市场的利器。[1] 从理论角度出发,上市公司股份回购通过将大量资金投入市场同时减少市场内流通股总量,从而改变市场中股票的供求关系,推动股价上行。而根据信号传递假说,上市公司股份回购是公司管理层向股东传递“股价被低估”信息的一种方式,引导投资者关注公司价值,进而抬升股价[2]。从制度角度出发,本次修法的主要目的在于提振市场信心,安定提升股价。紧随其后,沪深交易所于2019年1月先后发布的《实施细则》也明确指出上市公司“为维护公司价值和股东权益所必需”而回购股份必须满足公司股价低于实际价值或股价持续降低的条件[3],其通过股份回购提升股价的目的表达得非常清晰。事实上,据统计,截至2019年10月底,国内实施回购的919家上市公司中,有六到七成是在股价降低的情况下发布回购公告,公告之后有704家上市公司股价上涨,占比76.61%,其中平均股价涨幅为26.07%[4]。自2018年10月修法以来,上证指数连续下跌走势趋缓,逐渐震荡触底,在2019年1月4日落到最低2440点后开始反弹,至2019年3月1日达到最高2997点,站上年线,涨幅超20%。[5] 同时,根据学者的实证研究,较高的回购比例对提振投资者信心效果明显。[6] 无论如何,放

---

〔1〕 参见冯辉:《“维护公司价值及股东权益所必需”而回购的法律规制》,载《东方法学》2019年第6期。

〔2〕 Ikenberry D., Lakonishok J., Vermaelen T., *Market Underreaction to Open Market Share Repurchases*, Journal of Financial Economics(1995).

〔3〕 详见《上海证券交易所上市公司回购股份实施细则》第2条:在上海证券交易所(以下简称本所)上市的公司,因下列情形回购本公司股份(以下简称回购股份),适用本细则:(一)减少公司注册资本;(二)将股份用于员工持股计划或者股权激励;(三)将股份用于转换上市公司发行的可转换为股票的公司债券;(四)为维护公司价值及股东权益所必需。前款第(4)项所指情形,应当符合以下条件之一:(一)公司股票收盘价格低于最近一期每股净资产;(二)连续20个交易日内公司股票收盘价格跌幅累计达到30%;(三)中国证监会规定的其他条件。上市公司除前两款规定以外情形回购股份的,按照《公司法》、《证券法》、中国证监会和本所的相关规定办理。

〔4〕 参见《股票回购数据全览》,载东方财富网,http://data.eastmoney.com/gphg/hglist.html,最后访问日期:2019年12月4日。

〔5〕 参见殷盛:《上市公司股份回购分析及探讨》,载《财会学习》2019年第25期。

〔6〕 参见刘莉:《A股上市公司股份回购的作用与市场效应分析》,载《商业会计》2019年第17期。

开股份回购限制对于当前国内资本市场的稳定和股价的提升确有实效。至此,本次修法救市提价的目的也已经基本实现。

然而,资本市场的繁荣并非仅体现在部分股票的短期股价上升以及对指数的短期拉动上,回购行为对于公司经营能力和价值的提升并无实际效果。实际上,当回购限制大范围放宽之后,其作为工具性举措的运用会带来市场的非理性波动。对于修法后发布回购公告的公司进行追踪分析可见,部分公司信奉"吹"字诀,或者实际回购金额远低于公告的回购金额,或者回购价格低于市场价格,往往以回购作为一个宣传噱头,吸引投资者注意,如厦门金达威集团股份有限公司发布回购公告中回购价仅为 12 元,低于当日收盘价 12.54 元;部分公司则信奉"拖"字诀,发布回购预案后迟迟不进行回购或象征性地进行少量回购便再无音讯,如世纪星源股份有限公司自 2018 年 12 月发布回购预案之后,至今未进行实际回购;部分回购完成的公司,发布回购预案时股价有所上升,然而回购完成之后股价大幅下跌,造成此类情形的原因有两种可能,一是该公司实际价值和发展前景确实有限,通过股份回购短期提升了股价却无法提升公司实际的营利能力和价值;二是公司实际控制人或大股东通过股份回购提升股价后在高点减持套现,从而使股价降低。无论是上述哪种情况,部分中小投资者都在这类回购中遭受了因回购导致的损失。

可见,放开上市公司股份回购限制能够使股价短期抬升,但若没有配套制度和措施加以规制,股份回购同时也可能被部分上市公司作为宣传公司、提升股价甚至是欺骗投资者的工具,这对上市公司乃至整个资本市场的实际发展并无裨益,反而影响公司信誉和资本市场稳定健康发展。

修法之后,《实施细则》通过限制性规定对这些风险进行了部分应对。包括要求回购方案中明确回购数量或金额上下限,其中上限不得高于下限一倍,并明确回购价格区间,上限高于决议前 30 个交易日均价 150% 的应当说明理由。回购总额上限不得过高对解决在回购信息发布中无限提高价格承诺的情形有一定的限制作用,但若下限过高则无限制。[1] 同时规定,停止回购的条件是期限届满或方案实施完毕,若期限届满未达回购最低额,也仅需进行说明,未明确责任。

---

〔1〕 参见《上海证券交易所上市公司回购股份实施细则》第 15 条规定:上市公司应当合理安排回购规模和回购资金,并在回购股份方案中明确拟回购股份数量或者资金总额的上下限,且上限不得超出下限的 1 倍。上市公司回购股份拟用于多种用途的,应当按照前款规定在回购股份方案中明确披露各用途具体对应的拟回购股份数量或者资金总额。上市公司因本细则第 2 条第 1 款第(4)项规定的情形回购股份,拟用于减少注册资本或者出售的,应当按照本条第 1 款规定在回购股份方案中予以明确并披露。未在方案中明确披露用于出售的,已回购股份不得出售。第 16 条规定:上市公司回购股份应当确定合理的价格区间,回购价格区间上限高于董事会通过回购股份决议前 30 个交易日公司股票交易均价的 150% 的,应当在回购股份方案中充分说明其合理性。前款规定的交易均价按照董事会通过回购股份决议前 30 个交易日的股票交易总额除以股票交易总量计算。

关于拖延回购的问题应对方面，限定了回购最长期限，同时要求定期公告回购进展情况，仅要求期限过半未实施回购的说明原因，[1]未进行责任规定，若公司在回购方案公布后定期象征性回购，这种行为无法规制。

（二）发生证券违法行为的空间增大

如前所述，若股份回购成为不受限制的资本工具，上市公司及其内部人拥有较高的自由度，可以通过各类不同细节和流程的回购举措合法实施实际意义上的操纵市场或内幕交易等违法行为。操纵市场，是指个人或机构背离集中竞价和市场供求关系原则，通过各种不正当方式，影响证券交易价格或交易量，制造证券市场假象，人为操纵证券交易价格，以引诱他人参与交易从而为自己谋取不正当利益或转嫁风险的行为。[2] 根据其定义内涵，操纵市场的特点包括为自身谋取利益或减少损失的目的、通过人为因素影响证券价格或成交量及不正当性，依据证监会2007年发布的《证券市场操纵行为认定指引》（以下简称《认定指引》）第22条规定，连续交易操纵行为是指行为人集中资金优势、持股优势或者利用信息优势连续买卖，操纵证券交易价格或者证券交易量，而股份回购是上市公司短时间内大量买入自身股票，也能起到提升股价的作用。由此看来，若无法律授权，股份回购的行为模式符合操纵行为的基本构成要件。《认定指引》第48条又规定上市公司及其控股股东或其他市场参与人依据法律、行政法规和规章规定进行上市公司股份回购的，不构成市场操纵，将股份回购排除在连续交易操纵行为之外。根据前文回顾，在本次修法之前，我国立法者和监管者对于股份回购一直采取一种较为谨慎的态度，因而该条所引致的法律、行政法规和规章中关于股份回购的规定较少，监管者对于此种行为也长期进行严格管制，使上市公司对于回购有心无胆，实际回购案例较少，规模不大，且都源于极为特殊的理由。[3] 本次修法对于上市公

---

〔1〕 参见《上海证券交易所上市公司回购股份实施细则》第17条规定：上市公司应当在回购股份方案中明确回购的具体实施期限。上市公司因本细则第二条第一款第（一）项、第（二）项、第（三）项规定的情形回购股份的，回购期限自董事会或者股东大会审议通过最终回购股份方案之日起不超过12个月。上市公司因本细则第二条第一款第（四）项规定的情形回购股份的，回购期限自董事会或者股东大会审议通过最终回购股份方案之日起不超过3个月。第40条规定：回购期间，上市公司应当在以下时间及时发布回购进展情况公告，并在定期报告中公告回购进展情况：（一）首次回购股份事实发生的次日予以公告；（二）回购股份占上市公司总股本的比例每增加1%的，应当在事实发生之日起3日内予以公告；（三）每个月的前3个交易日内公告截至上月末的回购进展情况。前款规定的公告内容，至少应当包括公告前已回购股份数量、购买的最高价和最低价、已支付的总金额。上市公司在回购股份方案规定的回购实施期限过半时，仍未实施回购的，董事会应当公告未能实施回购的原因和后续回购安排。公告期间无须停止回购行为。

〔2〕 参见冯果：《证券法》，武汉大学出版社2014年版，第346页。

〔3〕 2014年至2017年，中国上市公司主动回购总金额为同期现金红利金额的1.5%，而同期美国、英国上市公司回购总金额与其同期现金红利金额的这一比例分别为43.57%、49.50%。与境外成熟市场相比，境内上市公司回购股份的积极性不高。详见司法部关于《中华人民共和国公司法修正案》草案（征求意见稿）的起草说明。

司意思自治与资本运作活动的发展是一种鼓励,但也成为上市公司进行股份回购而不被认定为操纵行为的"法律依据",一定程度上为上市公司或内部人进行股价操纵提供了空间和土壤。尽管大部分上市公司进行股份回购的初衷是为了提升公司的市场价值,让投资者对公司有更理性更正确的认识,但也不能忽视,少数上市公司在控股股东及管理层的控制下,以依法回购股份为名规避法律监管,通过回购提升股价后减持等方式进行市场操纵,损害公司、投资者和债权人的利益,谋取不正当利益,而这种行为往往伪装性极强,不易被监管者发现。

另外,由于上市公司股东众多且分散,外部性比一般公司要大得多,而大多数股东并不参与公司经营,对公司了解甚少,获取信息渠道有限,为了保障股东权益,各国对于上市公司均课以严格的信息公开要求。但在股份回购中,公司大股东以及管理者具有天然的信息优势,为私利不充分公开信息或公开虚假信息可能性更大也更容易,甚至可能存在利用信息优势进行内幕交易等行为,严重危害普通投资者的利益和证券市场的秩序。

修法后,由于意识到了上述证券违法风险,《实施细则》通过限制一定期限内的内部人减持[1]及要求相关信息公开[2]等规定,防止相关人利用回购提价后减持套现。对于内幕交易的限制规定仅是原则性规定,无具体标准。

(三)中小投资者和债权人权益受损风险

无论是从市场表现还是从立法者的解释说明来看,本次修法是在我国证券市场整体表现疲软、上市公司股价持续下挫的大背景下进行,修法目的也有着浓厚的"救市"色彩。《证券法》《关于支持上市公司回购股份的意见》和沪深交易所的《上市公司回购股份实施细则》等法律法规、规范性文件及自律性规则均侧重于对公司及相关利益方和控制人的股份回购行为进行行政规制或刑法规制,保护方向侧重于市场秩序,法律责任侧重于行政和刑事处罚,对于公司债权人和

---

[1] 参见《上海证券交易所上市公司回购股份实施细则》第25条规定:上市公司相关股东、董监高在上市公司回购股份期间减持股份的,应当遵守中国证监会和本所关于股份减持的相关规定。上市公司因本细则第二条第一款第(四)项规定的情形回购股份的,其董监高、控股股东、实际控制人、回购股份提议人自公司首次披露回购股份事项之日起至发布回购结果暨股份变动公告期间,不得直接或间接减持本公司股份。

[2] 参见《上海证券交易所上市公司回购股份实施细则》第26条规定:上市公司应当在首次披露回购股份事项的同时,一并披露向董监高、控股股东、实际控制人、回购提议人、持股5%以上的股东问询其未来减持计划的具体情况,包括但不限于未来3个月、未来6个月是否存在减持计划等,并披露相关股东的回复。相关股东未回复的,公司应当在公告中提示可能存在的减持风险。第43条规定:上市公司董监高、控股股东、实际控制人、回购股份提议人,在公司首次披露回购股份事项之日起至发布回购结果暨股份变动公告前1日买卖本公司股票的,应当及时向公司报告买卖情况及理由,由公司在回购结果暨股份变动公告中披露。第36条规定:上市公司回购股份方案应当包括以下内容:……(七)上市公司董监高、控股股东、实际控制人在董事会作出回购股份决议前6个月内买卖本公司股份的情况,以及在回购期间是否存在增减持计划的说明;(八)本次回购股份方案的提议人、提议时间、提议人在提议前6个月内买卖本公司股份的情况,以及提议人在回购期间是否存在增减持计划的说明(如适用)。

投资者利益关注不够,对于民事赔偿责任关注不够。然而修法放宽上市公司股份回购限制,给予了公司大股东和控制人以极大的自主决定权,使公司债权人和中小股东利益极易受损,并且缺乏相应的救济渠道。

一方面,上市公司动用资金进行股份回购,势必有损公司偿债能力。若动用自有资金进行回购就会减少公司账面资金量,若动用借贷资金进行回购则会提高公司资产负债率,导致同样的资产负担更多债务;股份回购后若进行注销,则减少公司注册资本。另一方面,上市公司股份回购极有可能成为公司大股东、实际控制人及管理层等侵害小股东利益的工具。第一,上市公司中小股东众多且分散,与公司内部人之间存在信息不对称,控股股东或大股东可能利用其信息优势和对公司的控制权通过股份回购获取不当利益,进而侵害中小股东权益,如在定向回购中确定回购对象、数量或利用内幕信息牟利等。第二,新法允许回购情形中新增最后一项"为维护公司价值和股东权益所必须",其中"公司价值"与"股东权益"语焉不详,需要由股东大会或章程授权董事会进行决策,这就给了董事会极大的自主权,无法排除董事会以"公司价值"和"股东权益"为名进行有利于其自身需求的回购,这无可避免地提高了上市公司的代理成本。第三,若将上市公司视作投资者,那么公司回购股份将直接导致公司成为自己的股东,造成公司和股东身份的混同,可能产生公司股东和普通股东不平等的结果,这种结果之下内幕交易、股价操纵、利益倾斜等情况仍可能发生。〔1〕

从安定操作的角度出发,修改股份回购制度,放宽回购限制固然有益,但不能因此忽略债权人和中小投资者的利益,不能将其利益置于巨大市场风险之下而不为其设计救济渠道,毕竟资本市场及其制度发展最终是为了每一个投资者能在一个安全、公平的市场环境中自由投资、平等获利。对此,有观点认为,应通过将回购获利定向分红等方式对公众投资者的权益予以保障,〔2〕有待进一步探讨。

三、引发风险的根源剖析

股份回购是一种特殊的资本运作模式,传统观念中该行为有悖于公司制度的安全理念,但在市场发展的过程中逐渐呈现出独特功能以及公司意思自治的内核,逐步放宽限制也成为了发达资本市场制度发展的主流趋势。然而,在实际适用中既要看到其内涵本质,也要结合所在市场的发展状况进行规范细节的完善。

---

〔1〕 参见赵旭东:《新公司法制度设计》,法律出版社2006年版,第315~316页。

〔2〕 参见皮海洲:《将回购股份的盈利返还给投资者》,载《证券时报》2018年11月27日。

(一)回购的本质

司法部2018年9月发布《关于〈中华人民共和国公司法〉草案(征求意见稿)的起草说明》指出,“股份回购制度,特别是上市公司股份回购已成为资本市场的基础性制度安排,在优化资本结构、稳定公司控制权、提升公司投资价值,建立健全投资者回报机制等方面具有重要作用,特别是当市场出现短期非理性下跌,股价普遍被低估时,通过实施回购计划提升每股价值,促进增量资金入市,有利于为股价稳定提供强力支撑,向市场释放正面信号,减少市场恐慌情绪,维护市场稳定健康发展”,[1]修法后市场的种种表现也证明了回购信息的确具有短期提升股价的效用。可见,无论是立法与监管层还是广大投资者大多认为上市公司回购是提升股价、增资入市、减少恐慌的良方。若对上市公司股份回购的效用本质进行会计层面的探寻,可以得到的初步结论是,回购举措通过减少流通在外的普通股数,或将其转为库存股以备所需,或直接注销以减少注册资本。回购之后,公司普通股每股收益、净资产收益率等比率指标均会得到提升。该举措被认为是公司股价被低估时,公司通过自行出资提升股价,向市场释放的利好信号。

然而,回购举措及其自由化的授权模式也有其显而易见的本质缺陷。首先,正如前文的定性,回购是一种资本运作工具而非公司营利能力的提升路径。实践归纳可知,这样通过资本运作、账面操作取得的股价提升效果仅能够维持较短的时间,主要适用于短期股价受挫低估的公司。从长远来看,提升每股价值最好的方法就是提升公司总价值,而真正意义上的公司价值体现在公司实际营利能力和发展前景上。其次,上市公司面向广泛公众,具有较强的外部性,其回购举措影响股价的原理在于通过释放信号对大量投资者的决策产生正向影响,增强买方市场的实力,从而在集中竞价的二级市场提升股票价格。当回购作为自由工具进行适用时,前文所述的虚假回购、象征性回购等以发布信息而非实际回购为核心的行为大量增加,很可能使市场不再对回购举措抱有希望,从而引起负面波动。此外,除了已有单独规定的员工持股和股权激励、债转股等特殊目的回购之外,无论是库存股的安排还是股份注销减资的处理,都会使公司所有者权益的结构或规模受到影响,改变公司的融资结构,增加实际杠杆比率,很可能长期影响公司治理与债权人的权益。

(二)不成熟的市场环境

有效市场理论认为,当市场充分有效时,价格可以完全体现商品价值。根据

---

[1] 参见司法部官方网站,http://www.moj.gov.cn/news/content/2018-09/12/zlk_39738.html,最后访问日期:2019年12月1日。

目前的主流观点,我国证券市场尚处于弱势有效的发展阶段,股价对公司实际价值的体现并不全面,这既源于信息不对称的难题,也源于买卖双方的结构与理性程度。事实上,本次修法以来,上市公司股份回购的各种操作方式及其带来的股价波动也具有相当程度的非理性特点,体现出我国证券市场尚未发展成熟。

第一,我国证券市场的投资者总体水平尚未达到理性成熟的高度。由于特殊的国情与经济发展阶段,我国并未形成大规模的可支配收入及受教育水平相当于发达市场所在国家和地区中产阶级的群体,绝大部分公众缺乏参与股权投资的资金实力与认知决策能力。而由于种种因素,许多不成熟的个人投资者在进行投资决策时难免怀着一种"赌徒心理",不重视理性分析,而是期待着依靠运气与侥幸获得资本增值,甚至愿意用全部积蓄作为赌注,不惜抵押房产、挪用公款、典当资产等,这在一定程度上解释了那些以高收益为宣传噱头的投资活动乃至金融欺诈为何能吸引到诸多受众。同时,资本市场发展历史较短,专业的机构投资者数量、资金规模与投资能力也较为有限。这样的背景造成了我国证券投资者总体上未能达到发达资本市场那样的理性程度,缺乏对公司总体价值的深入判断,倾向于依据一两条信息进行投资决策,视线大多集中于短期股价涨跌,行为大多表现为短期内买进卖出的短线操作,容易受到市场噪声的影响,发生"羊群效应"从而影响股价,几年前熔断机制的教训历历在目。这样的情况使股市生态整体呈现不理想状态,将股价高低作为评判公司好坏的主要甚至是唯一标准,也使部分上市公司通过高送转等各种方式从中小投资者手中攫取利益。本次修法之后,由于大量的回购操作,市场整体表现向好,股价大幅提升,投资者心态可能趋向盲目乐观,也可能在多次回购与股价涨跌之后熄灭热情。

第二,部分上市公司内部人的经营理念有待完善。一些上市公司的内部人如控股股东、董事、高级管理人员和实际控制人出于自身利益需求与业绩追求,对于公司实际价值的判断标准存在认识上的偏差,过于重视股价的涨跌,一味通过资本操作手段拔高股价而忽视了实体发展,但实际上这样提升起来的股价存在泡沫,一戳即破,更经不起大风大浪。部分上市公司内部人将中小投资者视为任君收割的"韭菜",对其权益缺乏基本的尊重,呈现合理化歧视与隐性权益侵害的状态。同时,我国证券市场运行机制尚不成熟。作为发达资本市场代表的美国市场,其各项制度是从百年来无数契约、单据、账本、判例的堆砌中提炼出来的,是无数亡命徒、投机者、企业家在无数次危机、狂热博弈之后形成的,这样形成的治理制度是市场的选择与建构,是一种"自发秩序",并由此构建出一套健全的监管规则和成熟的监管体系。而我国证券市场从诞生至今仅经历了三十余年,各项制度仍处于初期探索阶段。以证券定价为例,多个板块实行集中竞价的投资者指令驱动制度,本应发挥重要作用的证券公司仅扮演简单代理人角色,未能从专业角度对证券定价产生影响,国际通行的做市商制度与证券商报价制度在我国发展得相当缓慢。这一情形与投资者群体的不成熟性共同影响了市场有效性,证券价格难以体现实体经济的真实发展情况。[1] 可见,此次修法是一次高风险尝试,目前通过交易所自律性监管规则进行了补充式乃至漏洞填补式的规定。

中国资本市场起步较晚,且股份回购长期受到严格限制,国内学者的研究主要停留在案例分析和经济学视角的实证研究层面,尚缺乏较为深入的法学理论研究。此外,中西方国情的差异导致西方的理论并不能完全运用到中国市场,需要构建基于中国制度背景的股份回购理论框架。[2]

(三)修法细节的缺憾

2018 年 9 月 12 日,司法部在官网公布《〈公司法修正案〉草案(征求意见稿)》及其说明,同年 10 月 26 日全国人大常委会审议通过并发布了修改《公司法》的决定,此次修法从征求意见稿到正式通过仅一个半月,而全国人大常委会对此修改稿从审议到通过仅耗时四天。本次修法的速度之快,变革之大,在我国资本市场制度改革历史上当属首次,同我国立法者和监管者长期以来对资本市场变革所持的谨慎、稳健的态度相去甚远。修法之后市场反应迅速,多家上市公司发布回购预案并进行回购操作。目前看来,本次修法确实增强了我国资本市场的活力,抑制了个股和股指继续下挫,对于走出"熊市"迎来"牛市"发挥了积极作用,但除了回购本身的特质以及我国市场的不成熟性带来的风险之外,修法细节本身的缺憾也可能导致负面影响。

首先,新法允许回购情形中新增最后一项"为维护公司价值和股东权益所必需",其中什么是"公司价值",什么又是"股东权益",这二者该怎样界定,又应当由谁来界定,语焉不详,因此成为学界与业界对本次修法讨论最多的焦点。而值得注意的是,修法之后沪深交易所很快制定了相应细则,对可能发生的风险作出了快速反应,在缺乏法律授权的情况下对上市公司股份回购行为进行了价格、期限等多个方面的限制,但仍未对此二者予以解释,可见其解释权限属于公司内部可以进行决策的范畴。基本法律的授权似乎彰显了一种自由回购的价值导向,是否可能导致上市公司走向重资本运作而轻实体发展的方向,值得进一步观察和研究。

其次,本次修法重点关注的是股份回购条件限制的放宽,对于配套制度如回购程序、信息披露和人员限制等关注不够,相关规定或过于简单,或直接援引已

---

[1] 参见白牧蓉:《我国资本项目开放进程中证券市场的发展与制度应对》,载《甘肃行政学院学报》2017 年第 1 期。

[2] 参见王国俊、郑宇昕、朱晴婧、陈浩:《国内外股份回购研究:文献回顾与研究展望》,载《学海》2019 年第 5 期。

有法律法规的相关条款,但修法改革幅度较大,这样的简单规定与援引恐怕不足以应对新的市场情况和需要。如回购程序方面,《公司法》第 142 条第 2 款规定因前款第 3、5、6 项的情形回购,可以依章程规定或股东大会授权,经过董事会会议决议,出席董事需达到三分之二以上。回购事项可以由章程或股东会授权董事会决议,那么股东会在此事项上的授权又应当如何决议?是就一次回购单独授权还是就此类型回购概括授权?内部授权文件是否需要公开以及效力如何?新法中并未涉及,也未对监管部门进行相关规定的授权,而缺乏章程与股东大会授权的董事会决议效力等司法问题也有待解释。

最后,我国证券制度长期存在重行政处罚、轻民事责任的问题,近几年该问题得到了广泛的探讨和研究,但制度构建与司法实践仍处于萌芽阶段,民事责任制度尚未充分发挥保护中小投资者权益、保障市场健康发展的功能。股份回购情形复杂,其中既包括决议阶段的细节处理,回购阶段的信息发布与回购操作,也包括回购后的相关流程及回购引发的各种情况。当各阶段的细节操作导致利益相关者权益受损时,现行法律体系提供的救济渠道仍然较为有限。

四、制度优化路径探寻

修法至今,放宽上市公司股份回购限制在短期内对股价的提升和市场的稳定发挥了重要作用,这一点是毋庸置疑的。然而其中蕴含的风险与负面影响也不可小觑,在《公司法》与《证券法》联动修订工作推进及相关问题广泛研讨的今天,关于上市公司股份回购的制度安排可以有更加完善的优化路径。

(一)信息披露的强化

相比普通公司,上市公司本身就被课以更为严格的信息披露义务,在我国推行注册制试点的当下,强制信息披露义务及相应法律责任应当成为证券市场法律制度的重中之重。《公司法》第 142 条第 4 款规定“上市公司收购本公司股份的,应当依照《中华人民共和国证券法》的规定履行信息披露义务”,这可以关联到《证券法》第 67 条规定上市公司对于可能对上市公司股票交易价格产生较大影响的重大事件应当报备公开并列举了 12 项所谓的“重大事项”,股份回购影响股票价格,当属“重大事项”,应予公开,但《证券法》中的公开内容对于股份回购事项是否能够完全适用,是否过于笼统都存在疑问。所以仅确定其为应披露事项并不够,还应当明确具体披露要求。

例如,在进行回购披露时,上市公司应当就决议内容包括但不限于回购原因、数量、价格、时间限制等内容提交监管机构并进行公告。相关具体要求可以参照证监会《关于支持上市公司回购股份的意见》和交易所相关文件如《上海证券交易所股票上市规则》和《实施细则》,如要求公开拟用于回购的资金来源及其比例、回购股份数量或资金总额的上下限同时规定上限不得超过下限一倍以及股份回购后如何处理等信息。[1] 再如,回购举措正式实施时,上市公司应当及时向市场通报实时回购情况,并于回购结束后将股份回购从决议到完成的详细情况进行公开并提交备案。

(二)相关主体的责任规制

一方面,回购决议的合法性与合理性判断是上市公司董事会决策阶段责任确定的前提。新法对股份回购采用了较为开放的态度,但并不意味着完全的自由化,违规回购的决策者仍应承担相应的责任。根据现有的实证研究成果,公司治理对股份回购行为有显著影响,而管理层权力对公司治理具有重要的调节作用[2]。前文多次指出,新增第(6)项对上市公司进行了股份回购的自由化授权,实践中进行"公司价值"与"股东权益"界定的主体往往是董事会,而对于董事会是否作出了合法合理的界定和决策,可考虑通过商业判断规则的引入来解决此问题。在该规则下,只要董事的决策在其权限之内且能证明该业务是以善意方式进行,即使决策造成了公司损失,亦可免除公司管理者的责任。[3] 鉴于回购的本质与风险,若董事会根据新增第(6)项进行回购,应当能够提供充分的依据证明其为了公司价值和股东权益作出该项决策,证明内容包括充分的信息根据、无利益冲突、决策有利于公司利益和股东权益最大化的合理依据等。此外,还应当对回购的必要性与相称性进行证明。若无法提供具有合理性和说服力的证明或提供虚假信息,相关责任人员应当根据过错程度承担责任。同时还需注意的是,司法解释已经明确规定,内容违法导致决议无效、程序违法导致决议可撤销、部分严重的程序违法导致决议不成立。若未经适当程序进行了回购决议,对外的回购交易不能因此被否定,公司在其中遭受损失时可追究内部行为人的责任。[4]

另一方面,为了避免内部人利用信息优势谋取不正当利益,应当增加其中的违法成本。为此,在限制内部人在公司股份回购前后或回购原因事项出现前后的一定期间买卖公司股票,还应当以责任形式对这类交易进行否定性评价。即使是合法交易,由于天然的信息优势,内部人也能获得更高的收益,而更高的收益往往就意味着更大的道德风险。未来可以继续适用当前交易所的规定,相关人在回购期间或前后一段时间内减持或有减持计划的要就相关情况及其理由进行公告。应当进一步探寻研究在存在无法说明或确有违法行为的相关获利时,上市公司行使归入权的理论依据。

---

[1] 参见方重、武鹏:《上市公司股份回购机制思考》,载《中国金融》2018 年第 24 期。

[2] 参见何瑛、胡月:《公司治理、管理层权力与股份回购》,载《经济与管理研究》2016 年第 10 期。

[3] 参见郑佳宁:《美国经营判断规则在公司收购中的适用——兼论对我国目标公司董事注意义务之启迪》,载《暨南学报(哲学社会科学版)》2015 年第 4 期。

[4] 参见张勇健:《股份回购制度的完善与司法应对》,载《法律适用》2019 年第 1 期。

(三)交易所作用的充分发挥

资本市场监管体系中,具有行政权力的证券监督管理机构面对规模日益扩大、专业性日益增强的资本市场和交易行为,在实际监管中很难做到面面俱到,难免出现监管不到位、不深入的情况。在此背景下,证券交易所被赋予了一定程度的监管权,得以在市场监管中发挥其专业性高和及时性强的特点。在上市公司进行股份回购的过程中,证券交易所可以对其信息披露的真实性和完整性以及回购行为的合法合规性进行审查,对于公开不充分、不完整或公开信息真实性存疑,或者可能存在市场操纵等违法违规的情况,有权要求上市公司在一定期限内进行说明,无法说明情况或确实存在违法披露、违法回购的情况有权先及时叫停相关公司的股份回购,再将相关情况上报证监会并公告。当然,对于错误叫停并给相关上市公司或投资者造成损失的,证券交易所应消除影响并负赔偿责任,相关工作人员对此存在故意或重大过失的,交易所可以向其追偿。

发挥交易所监管作用的另一路径是妥善衔接交易所规则与其他相关规范,从而对回购行为进行协同性的监管与制度完善。2019 年 1 月,沪深证券交易所相继发布《实施细则》,其内容相对完整详尽,但自律性规则与"软法"的性质意味着其不可能突破法律、行政法规和部门规章等规范的限制和授权,只能对在本交易所上市的企业进行一定的约束,既没有真正意义上的行政处罚权,也无法作出行政、民事法律责任的规定。因此,在未来的制度完善过程中,关于回购放宽限制、回购期限、信息披露、减持约束等事项,应当通过基本法律授权,证券业监督管理机构制定相应办法,其中既要有约束和限制性的规定,又要有法律责任及投资者保护的直接条款,并视情况赋予交易所具体执行相关办法的权力。

(四)维权渠道的畅通

上市公司中小股东不论是控制力还是掌握信息量相较于大股东及管理层都处于严重劣势,这就导致中小股东需要承担与大股东和公司董事等高级管理者之间的双重代理成本。股份回购中,中小股东可能面临强制回购、差别对待定向回购及信息不对称等问题。对此,应当完善中小股东利益受损时的救济途径,如明确规定上市公司董事通过股份回购侵害股东利益时的赔偿责任;上市公司进行定向协议回购时,中小股东也应当有渠道了解相关回购信息,发现存在大股东通过定向回购差别对待,谋取私利时可以提起诉讼等。股份回购的大幅度放开无疑会带来新型违法行为的出现,应当以此为契机,推动证券民事赔偿诉讼制度的完善,在诉讼流程中多个细节上作出实质性推进。[1]

公司资产对内是公司盈利能力的基础,对外是公司偿债能力的保障,而股份

---

〔1〕 参见冯辉:《"维护公司价值及股东权益所必需"而回购的法律规制》,载《东方法学》2019 年第 6 期。

回购会在一定程度上消耗公司资产,还可能减少所有者权益,从而威胁债权人利益。[1] 对此,首先要通过限制上市公司回购财源和回购数量以保障公司偿债能力,上市公司进行股份回购时应当充分考虑公司的资产负债率,或要求上市公司进行股份回购应当优先利用公司盈利部分的资产。其次,明确债权人合法权益受到现实威胁或已经受到侵害时的救济方式,如根据我国《公司法》第 177 条规定,公司在决定减资时应当提前通知债权人,债权人有权要求公司提供担保或提前清偿,公司在因减资实施回购时也应当遵循这一程序,保障债权人合法权益。

上市公司在股份回购中若存在信息披露不到位甚至是虚假信息公开等违法行为,应当视其影响或危害依法认定为无效或部分无效;对上市公司利益造成损害的,依据《公司法》第 149、151 条之规定,相关股东可依法提起股东派生诉讼主张权利;对股东和包括债权人在内的其他第三人造成损害的,具有过错的董事及其他高级管理人员,应当承担赔偿责任。

五、结语

金融市场的运行目的在于通过资源的优化配置促进实体经济的发展与社会财富的增加,金融制度则以市场风险防控及各方权益保障和平衡为目标,通过正式法律规范与非正式的软法、惯例、伦理习俗等约束金融市场中的个体行为。由于证券这一产品本身的风险性,信息不对称引发的普通投资者在交易中的权益受损事件屡屡发生,为了保证交易公平性,制度制定与运行时应当从公正伦理规则出发,对信息优势方的行为作出一系列限制,在一定程度上倾向于弱势群体的保护。上市公司股份回购限制放宽的制度趋势既体现了商法意思自治的核心精神,更赋予了上市公司自由化的资本运作工具。然而在不成熟的证券市场,回购行为的工具属性可能让上市公司内部人被对象性、功利性、无限扩张性等思维方式引导,而忽略了提高公司价值的真正内涵。事实上,与工具理性同时存在的还有价值理性,工具或手段即使能够实现诸多目标,也难以自证其价值上的合理性,故而需要理论赋予其价值理性,需要制度规制其运行从而实现应有的价值追求。在此背景下,股份回购相关基本法律、监管规章及交易所规则之间的妥善衔接,各项监管举措的协同适用都应当以推动实体经济与稳定证券市场的有机结合、公司意思自治与利益相关者权益保护的权衡为应然方向。市场环境的完善过程中,应充分发挥做市商等制度的作用,同时进一步优化市场结构,加强我国证券市场的有效性,从而让股份回购制度真正成为上市公司稳定股价、改善结构、优化管理的手段以及增强市场活力、推动市场长远健康发展的重要举措。

---

[1] 参见冯兴俊:《美国公司盈余制度及变迁的启示:法律与会计关系处理、债权人保护》,载《河北法学》2019 年第 7 期。

论董事的破产申请义务

郭靖祎*

经营困难的公司在一定阶段退出市场,是市场优胜劣汰的要求。对于债务人公司而言,及时进入破产程序,能够及时防止债务人财产状况进一步恶化,既有助于保护债权人利益,更有益于债务人抓紧时机获得重生。我国本轮供给侧结构性改革尚在进行中,从理念宣传、制度供给、司法投入等各方面均给了破产法实践以最大力度的支持,推动破产案件在法院的受理和启动。不可否认的是,上述尝试多聚焦于司法环境的改善,破产法规范中尚未切实发动公司启动破产程序的内在动力。

根据《企业破产法》第 7 条的规定,债权人、债务人均可以向法院提出破产申请,但仅对已解散公司要求,其负有清算责任的人应当向人民法院申请破产清算。如果公司已达到破产临界状态,却并未启动解散程序,则不存在破产申请的义务人。换言之,公司如果因拖延、逃避等各种原因未进入或未及时进入破产程序,相应责任并没有明确的承担主体。在缺乏约束的情形下,原本怠于启动破产程序的公司进一步拖延,导致众多僵尸企业盘桓或当公司最终进入破产程序时资本已消耗殆尽。在此过程中,对公司董事附加破产申请义务,敦促董事在公司濒临破产状态下妥善履职,不仅符合现代公司治理模式,也是国际破产立法的潮流和趋势。

* 郭靖祎,法学博士,宁波大学法学院、浙江省新型重点智库宁波大学东海研究院与宁波市重点研究基地东海研究基地研究员,研究方向:企业法、破产法。

一、公司濒临破产时董事义务的内涵剖析

董事是公司的经营者和管理者。我国《公司法》下,董事作为公司机关董事会的成员,对公司承担忠实义务、勤勉义务,并就执行职务过程中给公司或股东造成的损失承担赔偿责任。虽然《公司法》第147、148条尝试就忠实义务和勤勉义务做更为具体的说明,但囿于董事所承担的经营管理之责本身即取决公司与董事私主体间的协议,法律难于做更为具体细致的干预,反而更适合做概括性规范或划定履职的底线。恰如《企业破产法》第125条规定,董事违反忠实勤勉义务导致企业破产的应向公司承担民事责任,该规定虽然并未进一步规定民事责任的承担方式,但为董事向公司履职的要求划定了底线,即不得因不当履职导致公司破产。[1] 但公司陷入破产并非单一原因造成,往往是日积月累的结果。董事作为普通人,亦不能保证自己的经营管理一定促成公司的成功。当公司陷入财务困境或濒临破产时,董事应当如何履职?"公司利益"对于董事的要求是否保持不变?

(一)董事履职风险的提升

董事作为公司的经营者和管理者,应为公司的最佳利益服务,因而对公司负有信义义务。然而董事任职期限往往短于公司自身存续。受到公司或股东们对董事考核和评价的影响,董事履职往往更关注公司短期内的盈利状态,短期利润更有利于公司业绩提升,亦与董事自身报酬密切挂钩。[2] 因此,在竞争压力和利益驱动之下,董事往往会更倾向于为公司做短期选择。

当公司进入财务困境,董事对于改善公司短期盈利状态的期待更高、压力更大。而陷入财务困境时,公司往往尚未进入破产程序,还会尝试通过自身努力扭转困境局面。在此期间,作为充分了解公司状况的董事,很可能会选择较为激进的扭亏举措、经营理念或投资方向,不免置公司于较高的风险之中,甚至不惜令公司从事一定的违法违规行为,损及债权人或其他第三方利益。[3] 而当这种决策被发现的可能性较小或被追究的概率不高时,[4] 即使可能追究个人责任,董事也往往会选择铤而走险,更不用说法律对于这种短期选择合理性和合法性并

---

[1] 参见郭丁铭:《公司破产与董事对债权人的义务和责任》,载《上海财经大学学报》2014年第2期。

[2] 参见[美]肯特·格林菲尔德:《公司法的失败:基础缺陷与进步可能》,李诗鸿译,法律出版社2019年版,第72~74页。

[3] 同上书,第75~77页。

[4] 我国司法实践中,正常经营状态下公司或其股东追究董事违背忠实义务或勤勉义务责任的案件本就不多,破产状态下提起衍生诉讼的情形更少。在北大法宝数据库中,搜索2002年至2017年董事损害公司利益及股东利益相关案例共149个,而破产衍生诉讼仅1个。

未作明确规定的情况。[1]

此外,通过心理学研究成果在经济学上的应用,董事被证实其作为“经济人”的理性和作为“社会人”的非理性是始终处于结合状态。而在面对风险衡量、收益评价等考察和决策时,董事作为一个情感凝聚力极高的群体,其对于人情、面子等非理性因素的考虑大大超出了经济人的理性。[2] 而在董事会集体决策的体制下,非理性特征加之表决中的从众心理,往往难于做出有效决策,使已经提升的董事履职风险在决策环节进一步扩大。

(二)董事义务内涵的变化

作为公司的经营者,董事应保证其具有专业的商业经营和判断能力,保证其行为不损害公司资产与收益,保证对公司忠诚、勤勉。[3] 当公司进入财务困境或破产濒临状态时,公司剩余索取权从股东转变成债权人,[4]董事义务内容和内涵也发生了变化。

无论是正常经营状态还是遭遇财务困难,董事不得侵占公司财产、不得侵犯公司商业机会、不得利用公司财产或职务便利为己谋利等忠实义务要求是始终存在的。但当公司陷入财务困境,债权人利益亦纳入董事应考量因素的范围。对于债权人而言,关注的重点在于其债权能否获得全额受偿。董事作为公司资本的管理运营者,确认受其管理的资本是否到位是开展工作的前提和基础,其管理工作的目标亦是实现公司资本的保值增值。这时,股东是否妥善出资、公司资本是否妥当维持即成为债权人对董事提出的疑问和要求。其中包括了股东出资是否按时足额?是否有股东抽逃出资或虚假出资?公司利润分配是否合理?公司的担保、回购、员工股权激励等安排是否恰当?[5]董事的忠实义务范围出现了扩展。

除此之外,正常经营状态的公司还要求董事勤勉尽责,妥善关注公司经营情

---

[1] 我国《证券法》第69条出于对投资者利益的特别保护和对证券市场秩序的维护,要求上市公司董事保证公司披露信息真实准确,并与公司共同向因披露信息不实遭受损失的投资者承担连带责任,要求上市公司董事履职不得损害投资者利益。但该规定多被理解为是针对投资者保护所做的特殊安排,尚不能直接扩张解释为董事对除公司外第三方的义务。参见胡晓静:《公司破产时董事对债权人责任制度的构建——以德国法为借鉴》,载《社会科学战线》2017年第11期。

[2] 参见朱羿锟:《董事问责标准的重构》,北京大学出版社2011年版,第121~131页。

[3] 参见[美]阿道夫·A.伯利、[美]加德纳·C.米恩斯:《现代公司与私有财产》,甘华鸣、罗锐韧、蔡如海译,商务印书馆2005年版,第229~240页。

[4] 参见[美]弗兰克·伊斯特布鲁克、[美]丹尼尔·费希尔:《公司法的经济结构》,张建伟、罗培新译,北京大学出版社2005年版,第101~102页。

[5] 参见李小宁:《涉债权人团体利益保护之董事义务与责任法律制度研究》,法律出版社2018年版,第46~47、52~57、99~104页。

况,做好监督与纠正工作等。[1] 与忠实义务不同,对勤勉义务的规范和描述始终难以精确具体。董事承担的职责、从事的业务不同,要求亦有所不同。如果说正常经营状态下,商业判断规则可以为董事搭建避风港,减少对董事决策的司法干预,尽量保护董事进行专业的自由决策。[2] 在公司陷入财务困境时,商业判断规则似乎难以直接发挥作用。当公司陷入财务困境或濒临破产状态,无论股东、债权人还是其他利益相关方均将关注点集中于公司财务状况的改变。但对于债权人而言,如果财务状况就此改善,其不会也没有机会提出异议;只有当公司财务状况无法改善、正式进入破产时,方会对过渡阶段方案提出异议,对某一笔或某些交易主张行使撤销权。撤销权行使中,针对单笔交易是否偏颇的判断很难综合当时整体形势的判断。商业判断规则的避风港难以发挥作用。对于董事而言,在公司濒临破产阶段的勤勉义务标准显得更不明确。

(三)设定申请破产义务的必要性

如果一家公司已经陷入财务困境但尚未正式进入破产阶段,无论股东、债权人、董事、高级管理人员、普通员工或其他利益相关方,无一不期待通过一定举措实现公司自救。而董事作为公司经营决策者,在此关键阶段理应发挥领导作用。自救成功则各方皆大欢喜,不再有任何争议。但如自救不成,各相关方利益出现分歧,做出不同选择。债权人会加快对财产的争夺和个别执行;股东会考虑转让股权或至少进一步限制自身责任,也不排除会加入财产争夺行列;而董事、高级管理人员则可能为自己盘算前途,避免失去职位或尽早选择逃离。在我国,董事及高级管理人员参与到破产重整程序中的机会不多,除非获得破产管理人聘请(《企业破产法》第 74 条);加之破产法下各项程序配合义务、减薪要求等,使董事们更倾向于切断与公司的联系。即使在允许债务人自行破产管理的美国,统计结果显示,破产企业董事及高级管理人员的被解聘的比率要远高于财务状况极差但并未进入破产的企业。[3] 可见,无论债权人,还是债务人公司的股东或董事,均无人有动力选择合适阶段提出债务人公司的破产申请。各国破产程序的启动条件设计时,均期望能实现推动符合条件的企业主动、及时进入破产程序,避免拖延中带来财产的进一步减损。当一项制度背后的经济动力不足时,需要通过法律权利义务设计做出引导和调整。

与其他主体相比,董事因更了解公司状况,成为公司濒临破产阶段承担申请

---

[1] 参见朱锦清:《公司法学》(第 2 版),清华大学出版社 2019 年版,第 580 ~ 583 页。

[2] 参见杨勤法:《公司治理的司法介入——以司法介入的限度和程序设计为中心》,北京大学出版社 2008 年版,第 129 ~ 133 页。

[3] 参见[美]爱德华·阿尔特曼、[美]伊迪丝·霍奇基斯:《公司财务危困于不良债权投资》,邱继成、陈剑波、范希文等译,中信出版集团 2019 年版,第 264 ~ 270 页。

破产义务的不二之选。一方面,由于股东、债权人均对公司经营状况了解不足,难以选择恰当时机;另一方面,一旦公司进入破产程序,股东因受偿顺位劣后等原因缺乏提起申请的内动力。公司法、破产法、侵权法、刑法等法律中不乏对于董事忠实勤勉义务的规范,但这些具体的规则在原有体系逻辑之下,并未有效形成合力,引导濒临破产的公司积极自救或自救不成时尽早进入破产程序。虽然我国破产法将破产申请作为一项权利赋予债务人,但面对是否行使权利的选择时,董事及其集体几乎不会主动提出建议,尤其当进入破产本身与其自身经济利益而言存在不利。因而,对于董事申请破产的规范设计而言,不适于通过权利赋予拉动。但如果提出破产申请是作为一项义务对董事提出要求,不履行可能承担相应责任(如赔偿公司因此遭受的损失或债权人提出的损害赔偿)或受到一定惩戒(任职资格被限制或取消),董事则面临两害相权取其轻。

与此同时,将董事设计为破产申请的义务主体,首先,能够有效地控制董事履职风险,避免董事为公司选择短期方案或不惜让公司参与违法事项;其次,通过明确董事的破产申请义务,不仅能够有效引导董事在公司濒临破产阶段,充分关注债权人利益,谨慎决策,选择适当时机申请公司进入破产程序;最后,还能将压力向前传导,引导董事始终关注公司资本的充实和妥善维持。

二、董事申请破产义务的路径探寻

随着各国法律对于公司债权人保护的持续关注和发展,公司濒临破产阶段充分发挥董事作用成为发力的重点,具体做法不一而足。大体上分为激励董事提出申请的"胡萝卜"模式(以美国法为代表)和强制约束董事提出申请的"大棒"模式(以德国法和英国法为代表)。[1] 无论是将董事在具体情形下提出破产申请的要求及违反后果写入具体规范中(《德国支付不能法》第15a条,[2]日本2006年《商法典》第266条之3[3]),还是要求董事在公司濒临破产阶段将债权人利益纳入考虑(1986年《英国破产法》第214条以及"不当交易"制度)[4],抑或是通过一系列规则鼓励董事在破产程序内履职(给予董事破产管理职能并保护其在任何阶段的善意商业判断等)[5],核心目标是一致的,敦促董事在公司

---

〔1〕 参见[美]莱纳·克拉克曼等:《公司法剖析:比较与功能的视角》,刘俊海等译,北京大学出版社2007年版,第86~87页。

〔2〕 参见何旺翔:《德国联邦最高法院典型判例研究》,法律出版社2019年版,第35~38页。

〔3〕 参见陈景善:《论董事对第三人责任的认定与适用中问题点——以日本法规定为中心》,载《比较法研究》2013年第5期。

〔4〕 参见[英]费奥娜·托米:《英国公司和个人破产法》,汤维建、刘静译,北京大学出版社2010年版,第362~372页。

〔5〕 参见李小宁:《涉债权人团体利益保护之董事义务与责任法律制度研究》,法律出版社2018年版,第210~223页。

濒临破产时将债权人利益纳入考虑,尽早提起破产申请。针对公司濒临破产状态下债权人保护问题,我国破产法和公司法在衔接上存在一定空白,有待填补。

(一)立法路径或解释路径

对于我国法律体系中欠缺的制度,可以通过借鉴学习域外先进经验、设计构建具体制度的立法路径,亦可以通过在现行法律框架内对现有制度进行逻辑推论、填补法律漏洞。相比而言,借鉴成熟经验有助于我国的改革实践从一个较高的起点出发,但他国法律体系的差异和法律土壤的不同,也会为移植制度带来适应性困难。

董事的破产申请义务将有益连接公司法、合同法、破产法等多项法律制度,在我国相关制度已经建立并实践多年的基础上,直接引入全新法律制度可能会带来较大的不适应困难。各国公司类型和规模上的不同,也会影响具体规则的设计和选择,直接借鉴容易降低规则的可适用性和可接受度。恰如美国法会选择多项制度综合引导的模式,由于美国公司通常股权、债权均较为分散,董事拥有较为完整独立的经营控制权,并且对董事责任的追究可根据合同法、侵权法、公司法、破产法等多类法律制度工具进行。而德国公司股权债权相对集中,股东和董事重合的情形也较为常见,强加义务更能够保障董事妥善履职。相比之下,我国的司法实践基础存在较大差异。我国公司治理结构多采取股东会中心主义,股权债权均相对集中;当事人并不常启动追究董事责任维护自身权益,在数量不多的追究董事责任的案例中还混合了一定的对高级管理人员、股东追究责任的案件。因此,从现有相关法律规范中作系统性、创造性的解释成为首选路径。

(二)义务约束或制度激励

敦促董事在公司濒临破产时将债权人利益纳入考量,尽早提起破产申请,德国法采用了强加义务的方式。《德国有限责任公司法》第49(3)条、《德国股份公司法》第92(1)条、《德国支付不能法》第15a(1)条均规定,公司资本损失一半时董事有义务召开股东大会,当公司资不抵债或不能清偿到期债务时董事有义务在3周内提出破产申请。[1] 如果董事拖延或没有依法提出破产申请,则将被剥夺担任董事的从业资格,并可能承担个人责任,严重的甚至需要承担刑事责任。[2] 而美国相比之下采用了激励制度,《美国破产法典》框架下允许债务人企业自行管理重整中的公司、允许提出重整计划,一方面董事不必担忧失去职位;

[1] 参见何旺翔:《德国联邦最高法院典型判例研究》,法律出版社2019年版,第35~38页。

[2] 参见[德]莱茵哈德·波克:《德国破产法导论》(第6版),王艳柯译,北京大学出版社2014年版,第79~82页。

另一方面董事决策会在公司进入破产程序后延续,也增强董事在公司破产临界状态下作出努力的动力。经过州一级司法实践的发展,董事决策受商业判断原则保护、董事不承担对一般债权人直接诚信义务以及“加重破产”制度等均确立下来。美国法下各层级、各类别规则形成一套完整体系,打消董事履职过程中对决策有效性、付出能否获得回报等各种疑虑,并为董事履职提供破产程序内的保护,共同发挥激励作用。

我国《公司法》《企业破产法》下对于董事义务的规范较为粗略,甚至对于两法下忠实义务和勤勉义务的不同内涵、责任的承担方式、承担幅度、董事行为的考察判断标准等一系列问题均未给予有效解答。仅在《公司法解释(三)》中,司法解释对出资到位情况的监督和落实资本维持制度方面作出了规范。在董事义务内涵、责任承担等基本问题尚未获得深入、全面的有权阐释之前,打造一系列激励制度来督促董事履职显得过于激进,并且缺乏基础。相反,通过对相关制度规则的解释阐明董事义务并调整董事对相应责任的承担,不仅是有基础的,还能够保障制度改革循序渐进,符合实践的需求。

三、董事申请破产义务的解释学构建

(一)我国现行法律中董事信义义务的规范

董事义务的规定主要在公司法中,企业破产法下也有提及,但大多仅为公司法下董事忠实义务和勤勉义务的延续。

第一,作为《企业破产法》中唯一明确提出忠实勤勉义务的条款,第 125 条仅为公司法下董事义务的重述。《企业破产法》下第 125 条并非对董事忠实勤勉义务的规定,而是破产法下对董事未尽忠实勤勉义务导致企业破产责任的重述。该条款仅针对于董事未尽勤勉义务导致公司破产情形,而对于那些“负有个人责任”尚不足以导致公司破产的董事而言,并不在规范之列。同时,“致使企业破产”是更为不利的后果,对更为严重的未履行义务主体,《企业破产法》也并未加重惩罚的力度,仍限于承担民事责任和限制 3 年不得再次担任董事、监事、高级管理人员职务。

第二,企业破产法对董事职责的规定,从范围和内容上看均未超出公司法规定的范畴。企业破产法中与董事职责的相关规定,在公司法中均有类似规定。如不得侵占公司财产(《企业破产法》第 36 条,《公司法》第 147 条第 2 款)、不得获取非法收入(《企业破产法》第 36 条,《公司法》第 147 条和第 148 条)、不得协助股东抽逃出资(《企业破产法若干问题解释(二)》第 20 条第 2 款,《公司法解释(三)》第 14 条)等。

第三,《企业破产法》下对部分董事义务的履行,要求低于《公司法》。如《公司法》下要求董事妥善制作、保存公司账册、财产(《公司法解释(二)》第18 条),

但破产法下仅要求特定的董事（担任法定代表人及法院决定的董事）保管其“占有和管理”的财产、印章、账簿、文书等资料（《破产法》第 15 条），并未苛责其余董事未妥善履职的行为。再如，公司法下禁止董事侵犯公司商业机会、收受佣金、披露公司秘密及收受贿赂（《公司法》第 148 条），破产法仅要求董事不得利用职权从企业获取非正常收入，对于董事从其他企业或个人获得的收入并未关注。但破产法将董事收入中绩效奖金、超出企业职工平均工资的部分视为非正常收入，剥夺其优先受偿的权利（《企业破产法若干问题规定（二）》第 24 条）。

从两部法律规定背后的逻辑来看，公司法下对于董事义务已经作出相应规定，在企业破产法下无须逐一赘述。由于在破产阶段，经营管理职责由破产管理人承担，董事义务部分仅在于配合破产程序推进，并未关注到濒临破产阶段董事义务的改变，更未提及董事的破产申请义务。

（二）对董事破产申请义务的解释学构建

申请破产义务要求董事在公司处于濒临破产状态下，从公司整体利益出发，作出公司是否申请破产的决策建议，并在股东集体不同意申请破产情形下依据其信义义务提出破产申请。现行公司法和破产法对于董事申请破产的义务均未作规定，可以尝试通过解释方法，对公司法、破产法现有的董事信义义务进行解释，将董事申请破产的义务植入到现有法律规范之中。

1. 主体的选择：从清算组的破产申请义务[1]角度做当然解释

公司清算是在发生了解散事由后应进行的程序，可能因自行解散事由、法定解散事由或公司僵局出现等引起（《公司法》第 180 条）。从公司经营状态观察，解散事由出现时公司经营状态大多可能优于濒临破产状态的公司。即使公司尚未到生死关头，但存在资产不能清偿负债情形时，即需要清算组提起破产。相比之下，对于那些实际濒临破产的公司而言，更需要法律指定相应的破产申请义务人。

我国《公司法》规定了清算组在发现公司财产不足以清偿债务时，应向人民法院申请破产宣告。换言之，清算组负有在“清理公司财产、编制资产负债表和财产清单后”，发现公司财产不足清偿债务时应申请破产的义务。在清算组的组成上，公司法亦有明确规定，选取的是实际从事经营管理的人（有限责任公司股东、股份公司董事）、预先授权的人（章程或股东会选定的清算人）和具有相关专业知识的人（司法清算中人民法院指定清算人）。可见董事并非公司法规定的当然清算人。但实际上，对于有限责任公司而言，股东多参与经营管理，董事

[1] 参见梁上上：《有限公司股东清算义务人地位质疑》，载《中国法学》2019 年第 2 期。

或执行董事也多由股东兼任。[1] 虽然公司法的规定将对清算组成员选择分成几类，根本目的在于将清算义务及申请破产的判断义务切实落在对公司负责实际经营的人身上。但在司法清算中可能需指定律师事务所、会计师事务所等专业人士，以弥补实际经营人无法进行清算的情形。可见，对于清算组而言，其组成人员可能并不全面了解企业情况，仅根据核查得知的资产负债情况即需承担公司破产申请义务。相比之下，对企业情况更熟悉和了解的董事或实际经营者，更了解企业在何种阶段濒临破产，应当更适合且更应当担任破产申请的义务人。

通过与清算组相比较，董事对于公司状态更为了解，对公司经营承担更为直接的责任，对公司破产申请负有更直接且应当的义务。[2]

2. 申请提出义务：作为董事的附随义务做目的解释

董事信义义务本身即是基于诚实信用原则提出，要求董事认真谨慎管理公司事务，不得将自身利益置于公司利益之上。申请破产亦是从企业利益的最大化出发，在濒临破产状态且无力挽回时，提出破产申请。逻辑上看，提出破产申请的义务以及配合法院、破产管理人完成交接工作，应当属于董事信义义务的一部分，或至少是从属部分。

合同法规定中，对于那些当事人之间虽未明确约定，但依诚实信用原则或一般交易观念，当事人应当负担的义务，称为合同的附随义务，如通知、协助、保密、保护等。[3] 正是由于附随义务能够发挥引导当事人履约、保护交易安全等功能，[4]我国合同法律对于附随义务给予较为普遍的吸收，并在合同法律外其他民事法律关系间（如劳动合同关系、[5]金融产品合同、[6]产品质量责任、消费者权益保护等）尝试扩展适用。

由于附随义务具有一定的不确定性，在合同法律中仅对常见类型做了列举，无法穷尽。[7] 从特征上看，提出破产申请义务的设置，将使董事对公司的信义义务延续到破产程序中。既然提出破产申请是董事为公司选择的最佳方案，就有义务站好最后一班岗，做好公司破产前的各项安排、破产过程中的各项交接工作等，更有利于促进董事履行信义义务中忠实、勤勉的要求。[8]

---

〔1〕 参见邓峰：《董事会制度的起源、演进与中国的学习》，载《中国社会科学》2011 年第 1 期。

〔2〕 参见梁慧星：《民法解释学》（第 4 版），法律出版社 2015 年版，第 227 ~ 228 页。

〔3〕 参见崔建远：《合同法学》，法律出版社 2015 年版，第 60 ~ 61 页。

〔4〕 参见侯国跃：《契约附随义务研究》，西南政法大学 2006 年博士学位论文，第 22 ~ 40 页。

〔5〕 参见潘俊：《论劳动合同中的附随义务》，载《上海政法学院学报（法治论丛）》2014 年第 1 期。

〔6〕 参见王华秀：《银行个人理财合同附随义务研究》，吉林大学 2015 年博士学位论文，第 13 ~ 23 页。

〔7〕 参见韩世远：《合同法总论》，法律出版社 2004 年版，第 283 ~ 291 页。

〔8〕 参见梁慧星：《民法解释学》（第 4 版），法律出版社 2015 年版，第 228 ~ 232 页。

3. 资本维持义务:从董事信义义务做文义解释

《公司法解释(三)》第 13 条,董事、高级管理人员对于股东未履行或未全面履行出资义务的情形,对未出资本息范围内对公司债务不能清偿部分承担补充赔偿的连带责任,并可向被告股东追偿。《公司法解释(三)》第 14 条规定,董事、高级管理人员对于股东抽逃出资情形,对于抽逃出资本息范围内对公司债务不能清偿部分承担补充赔偿的连带责任。从两条规定的内容来看,董事、高级管理人员负有监督股东是否妥善履行出资义务的职责,如果股东未妥善履行且造成债权人利益受损,董事、高级管理人员应当与股东同样承担补充赔偿责任;如果董事、高级管理人员协助抽逃出资,则丧失向股东追偿的权利,即转化为个人责任。

董事作为公司资产的经营管理者,对合法出资负有监督职责,并对资本维持负有妥善管理职责,与《公司法》第 147 条、第 148 条和第 149 条对于董事忠实义务和勤勉义务内容的规定一致。然而,在董事责任承担上,《公司法》和《公司法解释(三)》的规定存在差异。《公司法》规定董事对公司损失承担赔偿责任,即董事仅对公司负责、赔偿以公司损失为限。但《公司法解释(三)》将这种责任扩展到债权人,要求董事对债权人个人承担直接赔偿责任。两者之间的差异,在破产法上亦未给予协调,破产法中仅以"依法承担民事责任"(《企业破产法》第 125 条)、"依法承担赔偿责任"(《企业破产法》第 128 条)的文字描述。但在《企业破产法若干问题规定(二)》第 20 条中规定,对于董事、高级管理人员承担的相应责任应归入债务人财产,换言之董事、高级管理人员承担的并非对债权人个人的赔偿责任,而是对债权人集体/公司承担的赔偿责任。

对于协助抽逃出资的情形,董事明显违反了忠实义务,无论从主观恶性还是从损害程度上都要比监督失职严重得多,因而二类行为在责任承担上宜有较为明显的区别。如对于监督失职情形,宜由董事向公司承担填补责任的连带责任;但对于协助抽逃出资情形,要求董事直接对债权人承担赔偿责任并无不可。

4. 禁止不当交易义务:从破产撤销权规定做体系解释

《企业破产法》第 31 条至第 33 条规定了破产撤销权,允许对可能存在的无偿转让财产、以明显不合理价格交易、放弃债权行为等进行撤销。撤销权行使的效果在于将相关财产或权益归还破产财团。《企业破产法》第 128 条规定,对于损害债权人利益的,法定代表人或其他直接责任人员依法承担赔偿责任;但《企业破产法若干问题规定(二)》第 18 条规定,对于债务人公司法定代表人、其他直接责任人员存在故意或重大过失,造成债务人财产损失的,应当承担相应赔偿责任。破产法法条规定将赔偿责任范围划定为对债权人利益的损害,换言之债务人清偿能力不受影响时,仅造成资本减少或财产损害并不触发法定代表人或其他直接责任人员个人责任；但司法解释不仅要求责任人有主观恶性，还将损害的标准降至债务人财产损失。企业破产法规定与司法解释出现了较大差异。

虽然企业破产法中用了“法定代表人、其他直接责任人员”的表述，但从根本上直指负责公司经营管理之人，可与公司法下董事义务进行比较。公司法对于董事义务的规范较为概括，并未作非常细致的描述，宗旨在于给董事预留足够的决策治理空间。相比之下，企业破产法的要求更为严厉。在通过撤销权实现对破产临界状态公司财产和交易调整之后，再对公司经营管理者加以较重个人责任，可能会打击其积极挽救陷入财务困境公司的热情。对此，应做主观恶性上的区分，即针对《企业破产法》第 31 条情形要求董事或经营管理者对公司承担赔偿责任；但针对《企业破产法》第 33 条情形，要求董事或其他责任人员承担个人赔偿责任。

【公司治理研究】

公司治理模式的优劣与选择*

张路　Mary Quartey**

一、问题的提出

2019年11月26日,阿里巴巴重返港交所二次上市成功;次日开盘后,股价大涨,阿里巴巴成为港股第一大市值公司,市值超4万亿港元。然而,2014年,曾因“意见不合”,阿里巴巴没能在港交所上市,被迫远走美国。当年阿里巴巴与港交所牵手失败,最主要的原因出在“同股不同权”这一问题上。同股不同权,指的是一种特殊的AB型双层股权结构。这种双层股权结构在美国市场上很普遍,但同时也遭到主张优良企业治理的人士责备,这些人认为大量权力集中在少数人手里,是企业内部治理极不民主的做法。由于当时港交所严格要求“同股同权”,阿里为保公司控制权,无奈之下远走纽交所。事实上,对于公司控制权这个问题,阿里有其特殊的执着。早在与雅虎争夺控制权的过程中,阿里管理层曾面临大权旁落的出局风险。此后,从2010年7月起,在阿里巴巴集团内部开始实行“湖畔合伙人制度”。虽然马云坚称合伙人制度不同于双层股权结构,但是《香港联交所上市规则》第8.11条规定,新申请人的股本不得包括股本与权利不对等的股票,除非交易所同意。香港证监会经讨论拒绝了阿里巴巴的上市申请,给予的理由是这样会损害中小股东的

* 本论文是河北省社科基金项目《双重股权结构制度问题研究》(HB19FX020)研究成果。

** 张路,法学博士,重庆大学法学院教授,重庆大学法治与廉政研究中心执行主任,主要从事权力视角下的国际经济法和公司证券法研究;Mary Quartey,重庆大学法学院硕士研究生。

利益,如果为阿里破例上市就会损害法律的严谨性。最终,改变的是港交所。错失阿里的遗憾,一度成为港交所制度改革的最大推动力。2018 年,港交所重新修订了《上市规则》,允许拥有不同投票权架构的公司在港交所上市,规则于当年 4 月 30 日生效,这也是港交所 25 年来最大的变革。

阿里对其合伙人制度的秉持,导致港交所进行大刀阔斧的改革,修改其上市规则,进一步提升了大中华区资本市场的包容度。阿里合伙人制度与港交所修改上市规则,涉及的是公司权力配置和治理模式问题。这"一静一动"之间,引发人们对公司治理模式的深层思考。股东会中心主义、董事会中心主义和管理层中心主义之间有无优劣?应该如何选择?

公司法的核心是公司治理,有两大基本要素,一个是权力配置,另一个是旨在对配置后的董事高管权力进行制约监督的诚信义务要求。简言之,公司治理指的是确保股东获得投资收益的各种机制,[1]依赖国家和公司两个不同层面的机制。国家层面的治理机制包括国家的法律和执法制度安排,文化、习惯以及各种不同形式的正式、非正式监督机制。公司层面的治理机制又称为内部治理机制,是指公司内部运行的各种机制。公司层面的内部治理模式,取决于公司通过章程和政策选择什么样的治理特质,其实质是如何进行公司权力配置。以下集中探讨各种不同公司治理和权力配置模式的优劣,在分析阿里合伙人制度创新优缺点的基础上,探索公司选择治理和权力配置模式的一般规律。

二、各种公司治理和权力配置模式的优劣

公司治理模式的实质,是如何进行权力配置。关于公司治理和权力配置,学界历史上一直存在模式之争。争论的中心大都集中在有关董事会与股东的关系问题,[2]其中最有代表性的是效率模式、权力模式[3]和宪法模式。

(一)效率模式

效率模式又称经济契约模式,包括"股东中心主义""董事会中心主义""管理层中心主义"。

1. 股东中心主义

"股东中心主义"(Shareholder Primacy)最早起源于历史上的非法人公司。

---

[1] Shleifer, Andrei, and Robert Vishny, *A Survey of Corporate Governance*, Journal of Finance 52, 737 – 83(1997).

[2] Margaret M. Blair, *Reforming Corporate Governance: What History Can Teach Us*, 1 Berkeley Bus. L. Rev. 1 (2004).

[3] 此处的"权力模式"是狭义的权力模式。本文探讨的是广义的权力模式,统称为"权力配置模式",除了包含狭义的权力模式之外,还包括以权力配置为核心内容的效率模式、宪法模式以及作者提出并着重说明的"双重权力模式"等。参见张路:《公司治理中的权力配置模式再认识》,载《法学论坛》2015 年第 5 期。

英国现代公司最初被视为是私人合同的内在产物。剥去设立独立法人公司所蕴含的意义,英国公司的权力被理解为由股东直接向董事授权,继而由董事组成董事会,董事是股东的代理人。按照公司法的合同理论,董事是股东的代理人,其权力源于股东授权,董事应当为股东价值最大化服务,这就是股东中心主义的根本要义。

在美国设立公司被视为是法定特许的一种延伸。按照这种思路,注册成立的公司是立法行动的产物,由各州设立公司实体、授予公司权力并授予董事会权力。[1] 虽然伯利(Berle)和米恩斯(Means)在1932年出版的《现代公司与私有财产》提出的"公司所有权与控制权分离"的命题确立了美国现代公司法研究的基本范式与传统,但是在吸收了金融学和法经济学等新分析工具后,传统的法律规制和股东权利保护逻辑仍然保持着强劲的影响力。[2] 20世纪80年代在美国资本市场上演的惨烈的收购与反收购战争,成为"股东中心主义"抬头的契机。[3] "股东中心主义"认为,董事会不应当在不经股东会批准的情况下对收购采取防御策略。以此为契机,部分学者并不满足于仅探讨股东与董事会在处理要约收购时的权力分配问题,而是进一步提出了对于公司治理改革的想法,主张提供更直接有效的途径,鼓励、帮助股东更积极地参与公司决策和监督管理层。

事实上,重塑股东在公司治理中的主导地位并非只是学者们脱离实际的空想。自20世纪后半期以来,机构投资者的出现渐渐改变了传统资本市场的格局,并取代个人投资者而成为市场的主要参与者。正是在这样一种背景下,"股东中心主义"的观点逐渐为人们所重视,并与传统的"董事会中心主义"针锋相对。"股东中心主义"主张机构投资者们通过在一些关键决策中掌握话语权来对公司施加决定性的影响,使股东与董事会之间的关系重新回到"被代理人与代理人"的关系之中。

不过在美国,股东中心主义现在显然已经让位于董事会中心主义。对股东价值最大化目标,也存在质疑。"替代股东价值最大化目标的,是公司承担的使整个公司价值最大化的义务,公司价值就是公司对其价值签发的所有索求权价

---

[1] David Kershaw, *The Path of Corporate Fiduciary Law*, 8 NYU Journal of Law & Business 404 – 405 (2012).

[2] 参见李清池:《美国的公司法研究:传统、革命与展望》,载《中外法学》2008年第2期。

[3] 参见赵渊:《"董事会中心说"与"股东中心说":现代美国公司治理学说之辩》,载《比较法研究》2009年第4期。

值的总和……"[1]

2. 董事会中心主义

"董事会中心主义"(Director Primacy)通常被看作对美国公司治理中长期存在的"所有权与控制权分离"问题的回应。持董事会中心主义观点的学者认为,充分肯定董事会的独立性和经营权并进一步强化其监督职能,乃是市场发展的合理结果,而现代公司治理制度的改革,也应当符合、顺应这一公司管理的社会发展趋势。[2]

"董事会中心主义"又有几种不同观点。班布里吉(Bainbridge)教授主张董事会是公司的中心,认为其自己的理论兼具规范性和预测性:董事会应当管理、控制公司,而且实际上管理、控制着公司。[3] 对董事会权力的唯一制衡实际上是一种无法强制执行的"使股东剩余索取权价值最大化的契约义务"。[4] 如果董事不遵守这一规范,除特别情况外,法院和股东均无权干预。[5] 班布里吉教授认为,公司的主要目的是股东利润最大化,董事会的权力只是达到这一目的之手段。

另一部分持"董事会中心主义"的学者虽接受合约理论,但是却从中引申出以其他利害相关者为中心的公司法理论,如"团队生产"(Team Production)理论。该理论具有实证和规范价值,将董事会置于公司中心的地位,授予董事会对公司业务管理享有接近完全的自由裁量权。但是,依据该理论,董事会并无按照股东财富最大化的目标进行决策的契约或者道德义务;[6] 相反,董事会应当充当协调架构的中性裁判员,裁判股东、管理人、员工、债权人和其他成员与公司产品团队生产相关的争议。董事会处于整个公司架构的最高位阶,拥有绝对的资产使用权威。作为调解机构,董事会是公司受信人(fiduciary),其目标是促进公司的整体利益,即便股东财富有所减少也在所不惜。[7]

---

[1] Thomas A. Smith, *The Efficient Norm for Corporate Law: A Neotraditional Interpretation of Fiduciary Duty*, 98 Michigan Law Review 268 (1999).

[2] Stephen M. Bainbridge, *Directors Primacy and Shareholders Disempowerment*, 119 Harvard Law Review 1735(2005-2006).

[3] Stephen M. Bainbridge, *The Board of Directors as Nexus of Contracts*, 88 Iowa L. Rev. 1, 7-8 (2002).

[4] Stephen M. Bainbridge, *Directors Primacy: The Means and Ends of Corporate Governance*, 97 Nw. U. L. REV. 547, 551(2003).

[5] Stephen M. Bainbridge, *Directors Primacy in Corporate Takeovers: Preliminary Reflections*, 55 STAN. L. REV. 791, 805(2002).

[6] See Margaret Blair & Lynn Stout, *A Team Production of Corporate Law*, 85 Virginia Law Review 248 (1999).

[7] Stephen M. Bainbridge, *Directors Primacy and Shareholders Disempowerment*, 119 Harvard Law Review 1735(2005-2006).

还有学者持“董事会绝对中心主义”。该说认为，目前已有的公司微观理论模式将焦点放在公司治理上，试图回答“谁控制公司”和“谁的利益最终控制公司控制人”这两个看似简单但根本上却令人迷惑的问题。公司理论家设计的模式对这两个问题的回答均不完整。按照现有微观理论模式的设想，要证明对公司董事决策权存在控制，只需要而且实际上能够确定指导公司决策的控制利益。而“董事会绝对中心主义”则持相反观点：公司董事会作为私人部门的现代“利维坦”，为了控制公司的业务和事务，享有绝对的无限决策权。按照商业判断规则（business judgment rule），董事会的决策是绝对的。[1] 对于事前或事后执行有关董事的责任，并无“司法依据”[2]（原因在于无法律依据）。公司法根本没有提供与董事事前行为或者事后责任相关的任何预测能力。因此，面对投资后董事责任的缺失，对投资前投资者信心现象做出这些模式性的解释在逻辑上根本不可能。故此，董事绝对中心模式不仅假设完全缺乏事后董事责任，而且承认事前根本无法确定董事决策；相应地，各种基本上未被解释，而且目前也未予以说明的模式外初始法律变量（protolegal variables），在控制着董事行为，并控制着解释、预测董事行为的公司微观理论模式。[3] 也就是说，必须在微观模式之外寻找解决问题的答案。

3. 管理层中心主义

古典企业家管理层精神的实质是由管理层和企业家把握企业发展方向并实施控制权，企业家承诺利用其在企业中的权益作为企业员工和其他成员索求权的担保。[4] 根据“管理层中心主义”，所有权与控制权必须统一在一起，否则就会出现伯利和米恩斯的“所有权与控制权分离”之忧。鉴于古典企业家理论的关键是集所有权与控制权于一体，如何将现代公司视为是有效、有用的社会经济组织呢？奈特（Knight）的回答是，表面上的所有权与控制权分离通常是错觉。[5]

---

〔1〕 参见 Helfman v. Am. Light & Traction Co., 187 A. 540, 550 (N. J. Ch. 1936)（“在纯商业公司中……董事会在开展公司业务中的职权在法律的限度内必须被视为绝对权力，法院无权利用自己的判断代替董事的判断。”）。

〔2〕 See Edward B. Rock & Michael L. Wachter, *Norms & Corporate Law: Introduction*, 149 U. PA. L. REV. 1607, 613 (2001); id. at 1617（司法安全网）; Lawrence E. Mitchell, *The Importance of Being Trusted*, 81 B. U. L. REV. 591, 614 (2001)（法律依据）.

〔3〕 René Reich-Graef, *Deconstructing Corporate Governance: Absolute Director Primacy*, 5 Brook. J. Corp. Fin. & Com. L. 341 (2011).

〔4〕 Frank H. Knight, *Risk, Uncertainty, and Profit* (Midway Reprint ed. 1985) (1921). See Charles R. T. O'Kelley, *The Entrepreneur and the Theory of the Modern Corporation*, (Spring) The Journal of Corporation Law 776 (2006).

〔5〕 Frank H. Knight, *Risk, Uncertainty, and Profit* (Midway Reprint ed. 1985) (1921) 297.

班布里吉也承认存其董事会中心主义在各种例外:董事会中心主义有些企业效果并不好。例如,在封闭式公司里,所有权与企业实际控制权通常合在一起,通常不选择采用实施董事会中心主义的默认公司法规则。同样,对于全资子公司或者有控股股东的公众公司,董事会中心主义的效果也不理想。在这两种情况下,所有权与事实控制权往往也是统一的。[1] “对于许多封闭式公司,其更好的治理规则类似于合伙企业法规则而不是公司法规则。”[2]

换言之,班布里吉承认其董事会中心理论对于企业家有效统一股份所有权和控制权的情形并无预测能力。[3] 董事会中心主义对我国的国有企业、家族企业和大多数科技创新企业也无预测能力。

管理层中心主义试图证明,可以将公司法理解为支持私人选择的一种机制,向现代公司提供一种对典型企业家的替代品,即使公司首席执行官作为企业家的化身只拥有较小比例的公司表决权股票,也是如此。管理层中心主义旨在证明奈特的古典企业家模式是正确的,而伯利和米恩斯对现代公司所有权与控制权分离的分析是错误的。[4] 持管理层中心主义观点的学者认为,该说能解释公司法的重要方面,对商业判断规则的解释胜过其他理论,但同时承认其对公司法问题的解释并非每一个方面都好于其他理论。

(二)权力模式

权力模式与上述效率模式不同,所利用的是组织和管理理论。权力模式强调的是“大型公司决策的政治属性”,将公司看作“拥有对公司控制权产生影响的内部结构和程序的有机机构”。[5] 效率模式和权力模式为理解公司行为提供了不同的视角。效率模式将公司视为是对治理结构的反应,旨在有效应对与不同构成主体之间的关系,回应股东剩余权利或者股东投资资产特性等具体现实。这种模式下的公司原则受企业传统所有权/企业家模式支持,要求董事恰当代表股东利益,而且管理层仅为股东利益经营公司。

---

〔1〕 Stephen M. Bainbridge, *The Board of Directors as Nexus of Contracts*, 88 Iowa L. REV. 1 (2002).

〔2〕 Stephen M. Bainbridge, *Director Versus Shareholder Primacy in New Zealand Company Law as Compared to U. S. A. Corporate Law* 22 (2014), at http://papers. ssrn. com/sol3/papers. cfm? abstract_id = 2416449. Visited on Jan. 1, 2015.

〔3〕 John Coates 教授也声称 Blair 和 Stout 的董事会中心说对控股股东充当首席执行官的情形并无预测能力。John Coates IV, *Measuring the Domain of Mediating Hierarchy: How Contestable Are US Public Corporations?*, 24 J. CORP. L. 837, 838 - 40 (1999). 转引自 Charles R. T. O' Kelley, *The Entrepreneur and the Theory of the Modern Corporation*, (Spring) The Journal of Corporation Law 776 (2006)。

〔4〕 Charles R. T. O' Kelley, *The Entrepreneur and the Theory of the Modern Corporation*, (Spring) The Journal of Corporation Law 777(2006).

〔5〕 Dallas L., *Two Models of Corporate Governance: Beyond Berle and Means*, 22 J of Law Reform 19 at 25(1988).

而在权力模式之下,公司积极寻求调整环境结构,服务于其自主权和自由裁量权的各种需要。如何使用、分配资源是社会组织问题,取决于文化、历史、社会和权力因素。按照权力模式,股东的董事资格被理解为投票工具,旨在使管理者拥有的价值判断裁量权实质合理化。权力模式对公司行为和结构提供更加"开放式"的回应,而且需要注意的是,"效率"已经成为权力持有者的护身符。

依据效率模式,股东可以采用各种选择条款。例如,有些州允许股东通过投票免除董事对股东承担的诚信义务。然而,权力模式则提供完全不同的分析思路。按照权力模式,诚信义务被理解为司法对股东不平等谈判地位的一种回应,股东无法通过表决权予以选择,诚信义务旨在保护社会群体免受公司不良决策的影响。而且,效率模式中的各项公司法原则,包括股东应当选举董事以及高管对股东的诚信义务等,还起到使权力合理化的作用,确保高管的权力在政治上被接受。权力模式下诚信义务的作用广于效率模式,董事的诚信义务成为公共决策问题。〔1〕

概言之,各种模式对评价现行公司法及其相关改革都有启发意义。〔2〕效率模式下公司是"合同束",不被视为市场主体,"公司"责任的问题也就毫无意义。相反,在权力模式下公司责任和对谁承担责任则变得重要起来。

(三)宪法模式

公司宪法模式是权力模式的一种体现,旨在为公司的法律模式和公司监管提供新的思路,力求将公司治理关注的重点从实体法改革转移到现有规则的基本假设和实施现有规则的公司结构和程序上来。公司宪法模式不是为了取代已有的经济契约范式,而是提供一种补充分析框架和方法,将政治问题纳入考虑之中。〔3〕公司宪法模式认为在进行公司利润决策时,除了效率和财富最大化之外,还需要考虑其他问题。

公司宪法模式有三大特征。第一,强调公司决策均有双层结构,董事和高管的决定代表公司决策的日常(通常)路径,而股东大会的决策位阶则更高。第二,协商决策的观念寻求确保公司的双层决策均公开、真实,建立在讨论协商基础之上,而不是仅走计票的过场。第三,公司宪法模式要求公司决策实施分权,既分散公司决策权又通过多重制衡实施问责。〔4〕上述有些特征已经体现在公

〔1〕 Dallas L., *Two Models of Corporate Governance*: *Beyond Berle and Means*, 22 J of Law Reform 19 (1988).

〔2〕 Ibid.

〔3〕 Stephen Bottomley, *From Contractualism to Constitutionalism*, 19 Sydney Law Review 312 (1997).

〔4〕 Dallas L., *Two Models of Corporate Governance*: *Beyond Berle and Means*, 22 J of Law Reform 19 (1988).

司正式法律模式中,如董事会与股东大会的职能分工;有些要求更加积极地通过政治话语予以考虑,如协商观念。宪法模式不是要在公司运行的基本法律结构中塞进陌生的东西,其目的是对已有的公司法律结构进行概念性梳理而不是倡导进行公司组织形式改革。

(四)其他模式

除此之外,还有学者将公司治理模式分为职权(authority)模式和责任模式两种类型。这两种模式涵盖四大领域的公司法问题:商业判断规则的制定、利益冲突的解决、派生诉讼和目标公司董事会在敌意收购中的作用。责任模式重点关注的是个人不时出现的违规行为:寻求利用实体和程序规则对个人违规行为提供救济和威慑;职权模式则突出公司的日常运营,寻求利用程序和实体规则以最佳方式支持公众公司最有效的决策过程。[1] 不过现实中并不存在这两种纯粹的模式。

有人还提出公司治理政治模式、文化模式、控制论(cybernetics)模式、信息交易模式等。[2]

总之,无论公司采取何种治理和权力配置模式,都要给董事高管授予权力。而权力具有扩张的特性,权力一旦产生,就有自己的运行规律。“权力会腐败,而绝对的权力绝对会腐败。”[3]公司治理中的私权力,同样如此。公司董事高管权力异化也成为人们关注的焦点。[4] 为此,需要对董事高管的权力进行制约、监督。

三、阿里合伙人制度在公司治理模式上的创新与不足

阿里合伙人制度是公司融资的创新,在更深层次上是公司治理权力配置模式的创新,对完善公司法制度具有重要意义。创新的阿里合伙人制度可以称为创始人中心主义,[5]更接近前述效率模式中的管理层中心主义。[6] 这种创新有许多优势,如使用合伙机制,在公司制的掩盖下获取了以董事提名权为表征的控制权,实现了控制权与所有权的实质分离。但是,阿里合伙人制度创新也存在许

〔1〕 Michael P. Dooley, *Two Models of Corporate Governance*, 47 The Business Lawyer 463.

〔2〕 Shann Turnbull, *Corporate Governance: Theories, challenges and paradigms* (2000), http://papers.ssrn.com/paper.taf? abstract_id = 220954, latest access in December 2019.

〔3〕 "Power tends to corrupt, and absolute power corrupts absolutely." From Letter to Bishop Mandell Creighton, April 5, 1887 published in *Historical Essays and Studies*, edited by J. N. Figgis and R. V. Laurence (London: Macmillan, 1907).

〔4〕 参见曾颜璋:《董事会中心主义阶段公司权力异化与对策的法学分析》,载《法学杂志》2009年第6期。

〔5〕 Stefan Petry, *Founder Firms and Bad Corporate Design? The Case of Alibaba*, SSRN. 2530063 (2014).

〔6〕 华为公司至今没有上市,其经营管理人同样关注公司中长期规划和公司控制权。

多缺点。这些优势与缺点,对如何选择公司治理模式有极大的启示。

(一)公司治理模式创新优势

具体而言,阿里将合伙人制度与公司制度结合在一起,实现了以下公司治理和权力配置模式创新:

第一,利用合伙人制度取得对公司的控制权。阿里合伙人制度利用非正式的合伙机制实现了对公司权力的控制。许多大型企业采用与公司治理明显不同的合伙治理形式,[1]通过要求管理者成为企业的合伙人将所有权与经营权结合在一起,确保管理者向所有者分红,协调管理者与所有者的利益。这些激励和约束机制能够代替成本高昂且经常无效的公司监督机制,包括独立董事、股东表决权、严格的诚信义务和公司控制权市场等。[2] 就约束管理者而言,合伙制的相关手段取代了公司中的传统诚信义务规则。

第二,阿里合伙人制度实现了对股东中心主义的扬弃。阿里巴巴的治理结构没有放弃公司制组织形式,但又同时吸纳合伙机制的精华,利用合伙人制度达到取得董事提名控制权的效果,实现了对公司法股东中心主义的扬弃。与谷歌公司、脸谱以及百度等科技公司的双层股权结构相比较,阿里合伙人制度似乎更加民主。一方面,“合伙人不仅仅是管理者,同时也是企业的拥有者……”[3]另一方面,阿里合伙人制度力求在持续发展、快速决策和维护股东利益上达成最佳平衡,在提名董事等关键问题上将合伙人的权力置于股东大会之上,事实上突破了公司法有关公司组织结构的相关规定。合伙人制度有助于管理公司业务,摒弃官僚作风和等级制度,实现网络治理模式的“扁平化”创新。[4]

第三,合伙人制度有利于实现管理权与所有权的统一。阿里的合伙人提名和选举规则强化了现任管理层对新合伙人的控制权,合伙人的资格条件,尤其是持股要求,则在一定程度上有利于实现管理权与所有权的结合,有利于降低董事高管监督成本,成为约束管理者的一种有效机制。合伙人在董事提名等关键问题上权力更大,有利于实现管理权与所有权的统一。[5]

---

〔1〕 例如,黑石集团有限合伙企业 2007 年 6 月 22 日在纽约证券交易所上市,利用合伙制约束和激励机制代替公司监督机制。

〔2〕 在大型合伙制中,严格的诚信义务可能没有必要,因为合伙制有其他对管理者行为更为有效的约束机制。许多公司法,如特拉华州公司法允许公司免除管理者的注意义务,但是不得免除管理者的忠诚义务。而特拉华州的有限责任公司和有限合伙企业法则允许企业完全免除诚信义务。在减少代理成本方面,合伙关系中的契约约束和激励机制至少与公司中的诚信义务规则一样有效。See Larry E. Ribstein. *Partnership Governance of Large Firms*, 76 The University of Chicago Law Review 296(2009).

〔3〕 蔡崇信:《阿里巴巴为什么推出合伙人制度》,载中国证券网 2013 年 9 月 27 日。

〔4〕 李维安:《主编寄语——阿里上市与网络治理模式创新》,载《南开管理评论》2014 年第 2 期。

〔5〕 张路:《公司治理中的权力配置模式再认识》,载《法学论坛》2015 年第 5 期。

第四,诚信义务规则成为约束公司控制人的关键。阿里合伙人制度实质上以脱离股权约束的方式实现了对公司控制权的掌控。一方面,由于这种合伙人制度只是采取了非正式的合伙机制而并未采取合伙企业的组织形式,不受合伙法规定的约束,无须合伙人承担无限连带责任;另一方面,这种合伙人制度以分权方式摆脱了传统上与股权相关联的大部分公司法约束。诚信义务规则成为约束阿里公司控制人和管理人,最终实现公司治理创新目标的关键。

(二)存在的不足

与采取双层股权结构的同类行业公司相比,阿里巴巴集众多的公司治理缺点于一体。[1] 许多人批评阿里巴巴这种创新性的创始人中心主义,认为其现任管理层拥有对多数董事任命的控制权,违反了良好公司治理原则,存在各种不足,这些不足涉及董事会、股权结构、公司法和组织上的复杂性。

第一,董事选任。董事会是上市公司最重要的公司治理工具。按照良好公司治理原则,股东选举董事,董事承担为股东最佳利益服务的诚信义务,监督公司高管和管理层并提出建议。然而,阿里巴巴采取合伙人制度结构任命多数董事,董事会的决定仅要求简单多数,不受作为外部人的股东影响。董事多数由管理层决定,则很可能导致董事会的决定为管理层服务。

第二,独立董事。除了能够控制董事多数之外,阿里巴巴作为外国私人投资者,还豁免纽交所某些适用于美国国内发行人的公司治理标准。例如,不要求阿里巴巴的董事会有多数独立董事,也不要求其薪酬委员会、公司治理委员会或提名委员会仅由独立董事组成。阿里巴巴的独立董事比率远低于同行业同类股权的上市公司。研究表明,要求董事有多数独立董事,为美国大公司创造了价值。不仅如此,就连阿里巴巴两个独立董事的独立性也令人怀疑。[2]

第三,股权结构。大股东的存在,有益于公司治理,因为较高的所有权利益能够形成对管理层进行监督的激励。学术研究确认,在西方国家,大股东,尤其是机构投资者的存在,能提高公司业绩。[3] 然而,在新兴市场,大股东的监督效果并不明朗。这些国家的大股东通常是家庭、朋友和政客,他们以个人利益最大化为目标,可能损害其他小股东的利益。阿里巴巴大股东软银、雅虎的总裁与马云是好朋友,他们是否能对马云的决策进行有效监督存在疑问。而且大股东软

---

〔1〕 Stefan Petry, *Founder Firms and Bad Corporate Design? The Case of Alibaba*, SSRN. 2530063 (2014).

〔2〕 Stefan Petry, *Founder Firms and Bad Corporate Design? The Case of Alibaba*, SSRN. 2530063 (2014).

〔3〕 Ferreira, Miguel A. and Pedro Matos, 2008, *The Colors of Investors' Money: The Role of Institutional Investors around the World*, Journal of Financial Economics, p. 499 – 533.

银行使自身股东权利的方式,可能与其他股东的利益存在冲突。可见,(机构)大股东的监督作用,就软银而言可能非常有限。

第四,公司法。大多数美国公司在特拉华州注册,适用该州公司法。但是阿里巴巴在开曼岛注册,适用开曼岛公司法。二者存在若干不同之处。根据特拉华公司法,董事对公司和股东承担诚信义务。而根据开曼岛公司法,这一诚信义务指为公司的最佳利益服务,包括员工。在大多数情况下,符合公司利益指符合公司股东利益。但是在某些情况下,则存在利益冲突。例如,在敌意收购建议中,如果收购者愿意支付较高的溢价,则出售公司对股东有利。然而,高管和法律顾问则可能认为保持公司独立符合公司最佳利益,包括员工利益。特拉华公司法允许股东在年度大会上提建议,开曼岛公司法并未规定股东有此项权利。阿里巴巴公司章程虽然允许股东提建议,但不允许就董事任免提建议。特拉华公司法禁止同前三年期间拥有目标公司或收购者15%以上股权的"利益相关股东"进行业务合并。而开曼岛公司法不禁止此类交易,只要符合公司最佳利益。

第五,缺乏透明度。良好的公司治理要求公司决策透明,能够对管理层进行监督,并作出知情的决策。使外部人不明就里的一种方式,是使组织结构复杂化。因此,管理层可以使组织结构复杂化,以阻碍外部人获取信息,从而谋取私利。阿里巴巴同美国竞争对手相比,自然不够透明,因为作为外国发行人,可豁免进行《美国1934年证券交易法》要求的某些披露。此外,阿里巴巴人为造成公司组织结构复杂化,一是将业务拓展到不可预测的领域,二是形成内幕人所有权结构网络。在业务拓展上,阿里巴巴采取一种无组织的新业务收购或开发方法,外部人很难理解业务利润来自何处。不断更换业务名称和目标客户群,将这一方法发挥到极致。除了公司有机成长之外,阿里巴巴在美国上市前一年期间,进行涉及不同业务,总价值超过45亿美元的各种收购,令人眼花缭乱。在编制内幕人所有权结构网络上,阿里巴巴与高管和附属公司进行各种交叉持股。作为开曼岛注册的公司,阿里巴巴可以吸收外国投资者,但是,作为外国实体,阿里巴巴不能直接持有中国公司的股权。为了规避这一问题,阿里巴巴借款给马云或其他高管,代表公司在中国进行股权投资,根本不清楚这些投资主体和当事人如何进行互动投资,各自追求哪些利益。阿里巴巴的创新公司治理模式在确保现有管理层长期掌权的同时,却使作为外部人的股东没有多少发言权。

四、结语:如何选择公司治理模式

经考察各种公司治理和权力配置模式的优劣,进而分析阿里合伙人制度在公司治理模式上的创新与存在的不足,可以得出如下结论。

第一,所有公司治理模式都围绕不同类型组成人员之间的权力配置展开,无论公司的目的是什么,无论公司采取何种权力配置模式,董事高管的私权力总是趋向最大化,私权力具有无限扩张性,这已经成为永恒不变的逻辑的选择。尤其是在许多国家,由于各种制度不够完善,虽然良好的公司治理对小股东有利,但对控股股东却不怎么有利,[1]这一特点从总体上影响着大股东对公司治理模式的设计和选择。

第二,公司法对公司治理中谁控制公司和公司的目的是什么这两个却令人迷惑的问题没有也无法作出任何规定;对此,"股东中心主义""董事会中心主义""管理层中心主义"和其他公司治理模式有不同的回应,但都一致认为,与公司目的有关的董事责任问题,只能从公司内部运行机制存在的外部、外生原始法律变量寻找答案;法律应当支持而不是决定各种公司治理机制,现实中,公司治理制度主要受经济而不是法律因素驱动,因此对管理行为提供主要威慑的是市场。[2]

第三,沿着证券法公司治理的诚信义务路径,借助公权力对公司内部私权力进行制约和监督,是完善公司治理权力运行机制的必然选择。[3]

虽然美国采取双层股权结构的同类行业公司在公司治理上存在这样或那样的缺点,但是阿里巴巴为了保持对公司的控制权、将信息保留在公司内部,其所确定的公司治理机制集这些缺陷之大成,在广度上实属罕见。然而,马云为何能有这种选择呢?这是公司内部治理模式的私权力配置性质所决定的。

阿里巴巴合伙人制度是合伙机制与公司制的巧妙结合,其所实现的公司治理权力配置模式和制度创新,极度彰显着公司内部治理中私权力扩张的特性和趋势。可以预测,资本市场上未来还会出现展示私权力扩张特性的其他公司治理模式。[4] 无论是"股东中心主义""董事会中心主义""管理层中心主义"还是任何其他公司治理模式,均是优势缺点并存。如何评价这些治理模式并进行选择,取决于多种考虑因素,主要包括公司控制权、行业性质、公司性质等。

阿里巴巴通过合伙人制度强化管理层和董事的权力,各种治理缺陷叠加,被视为不良的公司治理。学术研究证据表面,这种治理模式和制度设计会导致投资决策破坏公司价值,导致长期业绩不佳。至少对大型的成熟公司,情况如此。

然而,就竞争激烈的高科技和电商行业而言,对于谷歌和脸谱这样的高成长

---

[1] Reena Aggarwal, et al., *Does U. S. Firms Have the Best Corporate Governance? A Cross-Country Examination of the Relation Between Corporate Governance and Shareholder Wealth*, ssrn. 954169 (2007).

[2] Michael P. Dooley, *Two Models of Corporate Governance*, 47 The Business Lawyer 463 (1992).

[3] 有关公司治理中的公、私双重权力模式及其制约监督措施,参见张路:《公司治理中的权力配置模式再认识》,载《法学论坛》2015年第5期。

[4] 同上。

公司,[1]限制外部股东对董事会的控制权事实上却对这类公司有益。研究发现,创始人公司的收益率高于预期。[2] 只要公司创始人继续为公司工作,公司继续享有高成长机会,阿里巴巴有缺陷的公司治理结构就能获得合理化的解释。在竞争激烈的电商时代,阿里的公司治理制度创新弥足珍贵。不过,一旦公司成长放缓,其面临的不良决策审查压力就会加大。虽然阿里合伙人制度在创新中如何保证股东核心利益有待时间检验,但是,这类公司关注的是激烈竞争市场中的中长期规划和战略,关注的是对公司的长期控制权,其关键在于经营管理者自己的选择。有观点认为,而且有证据表明,自律(self-regulation)和自我治理(self-governance)能够为公司提供竞争优势。[3]

对于国家以各种方式拥有持续控制权的国有企业公司,其在选择公司治理模式时的考量因素与私营公司不同。国有企业公司治理中不存在谁控制公司和公司的目的是什么这两个迷惑性问题,企业管理层可免受潜在的收购和破产两大制约,有些国有企业还要履行公共政策职责。因此,除公司法和上市规则之外,国有企业公司治理和模式选择往往由国家以单独的法律法规予以规定,多采取公权力治理措施对公司私权力进行制约监督。

---

[1] 任正非创建并控制的华为集团公司,也同样如此。

[2] Stefan Petry, *Founder Firms and Bad Corporate Design? The Case of Alibaba*, SSRN. 2530063 (2014).

[3] Shann Turnbull, *Corporate Governance: Theories, Challenges and Paradigms* (2000), http://papers.ssrn.com/paper.taf?abstract_id=220954, 60.

“二元化”公司治理：理论证成与实现路径*

——基于欧盟及其成员国法律改革的考察

张怀岭**

一、问题的提出

在中美经贸纠纷充满不确定性等内外因综合作用下，当前我国经济下行压力增大，整体经济步入“新常态”。基于为经济发展激发新动能的需要，优化营商环境是必要之举，而公司法等商事法律制度则是必不可缺的法治基础设施。我国市场经济的动能不仅源于诸如“国家队”那样的大型企业，而且(更)源于占市场绝对多数、解决多数就业的中小企业。在公司治理的语境下，大型企业通常选择开放性公司(*public company*)的法律形式，而中小企业性质上则更加青睐封闭性公司(*closely held company*)的法律形式。封闭性公司的内涵与外延在不同的法域有所差异：德国的 GmbH(Gesellschaft mit beschränkter Haftung)和法国的 SARL(Société à responsabilité limitée)性质上属于有限责任公司，而英国 private company 以及美国的 close corporation 性质上属于股份公司。[1] 在我国公司法的语境下，本文将封闭性公司的外延界定为包括有限责任公司以及以发起设立方式且未上市的股份公司。在过去的二十多年中，现代公司治理立法与实

---

* 本文系2019年度国家社科基金一般项目“对等原则视域下我国外资‘国家安全’审查国别因素研究”(项目批准号：19BFX159)、2018年度司法部国家法治与法学理论研究项目“欧盟及其核心成员国外资并购安全审查法律风险与对策研究”(项目批准号：18SFB3035)阶段性成果。

** 张怀岭，柏林洪堡大学法学博士，西南财经大学法学院副教授、硕士生导师。

〔1〕 王文宇：《公司法论》(第6版)，台北，元照出版有限公司2018年版，第62页。

践聚焦于开放性公司,尤其是上市公司,将其作为完善公司治理结构的重心。[1] 无论是英国 1992 年的《卡德伯利报告》(Cadbury Report)或者美国法学会 1994 年发布的《公司治理基本原则》(Principles of Corporate Governance),还是德国 2002 年颁布的《德国公司治理法典》均以上市公司为对象。我国 2002 年颁布并于 2018 年修订的《上市公司治理准则》[2] 也将推动我国上市公司建立和完善现代企业制度作为目标。可以说,在一定程度上"公司治理"被等同于开放性公司或者上市公司的治理。

相比之下,封闭性公司在世界多数经济体中,企业数量和资本量上均占据主导地位。以德国为例,有限责任公司与股份公司相比,无论是营业额还是资本量均是约为 2:1 的比例,[3] 我国的情况也类似。[4] 然而,封闭性公司的治理问题长期以来处于被立法者和学术界忽视的状态(Fleischer,2015)。鉴于封闭性公司,尤其是中小企业在增加就业、促进创新、转变经济发展模式等方面的巨大潜力,如何提高这类型企业的公司治理水平,从而一方面鼓励投资兴业,增加企业设立的数量,另一方面也协调企业内部(如大、小股东,雇员利益)和外部(如债权人)各利益群体之间的法律关系,保障企业健康成长,促进经济良性、持续发展成为一个亟待重视和解决的课题。基于类似的背景,封闭性公司的治理问题近年来逐渐引起学界的关注(Bachmann et al.,2013; McCahery and Vermeulen,2008; Neville and Sorensen,2010)。立法上,在经济与金融危机的背景下,欧盟立法者基于促进欧盟范围内中小企业的(跨境)设立与发展,增强竞争力,从而充分发挥其经济潜力的目的,欧盟立法者采取了一系列立法动议,[5] 其中包括分别于 2008 年和

---

〔1〕 Holger Fleischer, *Comparative Corporate Governance in Closely Held Corporations*, in Gordon/Ringe, eds., The Oxford Handbook of Corporate Law and Governance, Oxford University Press 2018, Chapter 25.

〔2〕 中国证券监督管理委员会 2018 年 9 月 30 日〔2018〕29 号公告。

〔3〕 Roth/Kindler, *The Spirit of Corporate Law-Core Principles of Corporate Law in Continental Europe*, C. H. Beck 2013, p. 38.

〔4〕 2012 年欧盟内 99% 以上的企业为中小企业,其创造了欧盟国民生产总值的 60%。德国中小企业的比例在 2012 年更高达 99.3%,解决了 60% 以上的就业,参见德国联邦统计局的数据:https://www.destatis.de/DE/ZahlenFakten/ZahlenFakten.html,最后访问日期:2015 年 9 月 24 日。我国的情况也类似,根据工商总局的数据,我国中小企业创造的最终产品和服务价值相当于国内生产总值(GDP)总量的 60%,纳税占国家税收总额的 50%,完成了 65% 的发明专利和 80% 以上的新产品开发。参见:http://www.gov.cn/xinwen/2014-03/31/content_2650031.htm,最后访问日期:2015 年 9 月 24 日。

〔5〕 例如,欧盟委员会遵循其在《金融机构公司治理与薪酬政策绿皮书》的做法,于 2011 年 4 月 5 日颁布了更加一般性的《欧盟公司治理框架绿皮书》,力图改善欧盟企业的一般性的公司治理水平。欧盟委员会于 2011 年在公司法领域发起了新一轮法律融合的立法动议。为了实现立法目标,欧盟委员会在 2010 年年底组织了一个"欧盟公司法未来立法咨询反馈小组"(Reflection Group On the Future of Company Law; 简称"反馈小组")。该小组很快于 2011 年 4 月提交了一份涵盖广泛立法改革措施建议报告。反馈小组的报告主要针对下属三个一般性的问题:(1)企业跨国流动的便利性、透明性以及欧盟法企业法律形式;(2)企业长期的生存能力[包括可持续商业管理的目标、提高风险管理水平、提高对股东的长期承诺、针对机构投资者的法律规则、股东投票权行使的改善、公司股东身份识别机制、独立董事法律工具的评估、管理结构的自由选择(至少针对非上市公司)、专门针对中小企业(SME)的额外简化措施]。

2014 年颁布的《欧洲私公司条例(建议稿)》[1]和《一人公司指令(建议稿)》[2]。欧洲私公司的立法动议更是“掀开了欧盟公司法立法的新篇章”。[3] 这是在欧盟立法历史上,中小企业的利益第一次处于欧盟立法者关注的中心。

封闭性公司治理模式的选择受到不同法律体系之间的“规制竞争”(regulatory competition)这一外部因素的影响。公司法领域,规制竞争最为典型的例子当属“特拉华现象”,即美国特拉华州公司法在各州法律的竞争中成为最具吸引力的公司法。在欧洲,欧盟法院通过一系列判决,尤其是“Daily Mail”[4]“Centros”[5]“Überseering”[6]“Inspire Art”[7],对欧盟条约确定的“设立自由”(freedom of establishment)进行了极大的发展,[8]从而在欧盟成员国法之间引发一种“规制竞争”。这种竞争在封闭性公司立法领域最为激烈。其中,英国的有限责任公司(Limited)法律形式对于其他成员国冲击最大。在此背景下,诸多欧陆法系成员国纷纷对其公司法进行改革。例如,德国 2008 年颁布《有限责任公司法现代化与反滥用法》(MoMiG)。针对这种立法者之间展开竞争的现象,罗斯(Roth)与金德勒(Kindler)教授认为,德国法与英国有限责任公司竞争的五年经验[自 2003 年 Inspire Art 案催生德国法于 2008 年创设企业主公司(UG)以来]得出一个非常严肃的结论,即企业的设立人对“舒适”设立程序的兴趣是决定性因素,并认为不同法律体系的市场和企业法律形式明显不能够有效率地将所有衡量标准全部纳入考量范围之中。[9] 美国与英国的封闭性公司虽然在性质上属于股份公司,但被立法赋予灵活弹性的空间。[10]

在我国公司法面临新一轮修订的背景下,欧盟及其成员国在内外因共同驱

---

[1] 欧盟委员会试图在欧盟层面创设一种与“欧洲股份公司”比肩的“欧洲私公司”的计划在经过各成员国数年激烈讨论和修改后,最终由于德国和瑞典的反对而夭折。

[2] 欧盟立法者之所以选择“指令”这一法律形式是为了避免“一人公司”的立法计划遭遇“欧洲私公司条例建议稿”同样的命运。由于成员国在如何转化“指令”方面享有一定的裁量权,使其更容易被接受。

[3] Hirte/Teichmann, *The European Private Company-Societas Privata Europaea (SPE)*, ECFR Special Volume 3(2013).

[4] EuGH NJW 1989, 2186.

[5] EuGH NJW 1999, 2027.

[6] EuGH NZG 2002, 1164; Thomas Raiser/Rüdiger Veil, *Recht der Kapitalgesellschaften*, München: Vahlen, 5. Aufl. (2010), S. 778.

[7] EuGH NJW 2003, 3331.

[8] Raiser/Rüdiger, *Das Recht der Kapitalgesellschaften*, München: Vahlen, 5. Aufl. (2010), S. 778–779.

[9] Roth/Kindler, *The Spirit of Corporate Law—Core Principles of Corporate Law in Continental Europe*, C. H. Beck 2013, p. 38.

[10] 参见王文宇:《公司法论》(第 6 版),台北,元照出版有限公司 2018 年版,第 62 页。

动下对完善封闭性公司治理所进行的法律改革及其成效具有直接的借鉴意义。本文将在对比分析开放性公司与封闭性公司经济与法律结构特征的基础上,梳理封闭性公司特殊的治理难题,尤其是涉及利益冲突类型与内容上的特殊性,从而正当化"封闭性公司治理"与"开放性公司治理"模式的"二元"划分。随后,基于司法实证研究的结果,揭示目前我国封闭性公司治理中所存在的法律缺陷,并在借鉴欧盟及其成员国法律改革(尤其是欧洲私法公司立法)经验和教训的基础上,提出优化我国封闭性公司治理的路径选择。

二、封闭性公司的结构特征

比较公司法学者认为,公司治理的核心是规范三种类型的利益冲突(conflict of interests):(1)股东与管理层之间的利益冲突;(2)(大)股东与(小)股东之间的利益冲突;(3)股东全体(公司)与第三人(尤其是债权人)之间的利益冲突。[1] 相较于开放性公众公司,封闭性公司特殊的结构特征是导致其利益冲突类型与内容存在特殊性,从而正当化其应采取特殊治理模式的基础。

(一)资合公司的二元划分

封闭性公司与开放性公司的之分是传统公司法对资合公司进行的二元区分。[2] 这种区分的核心依据是公司股份(股权)是否公开发行和自由流转。比较公司法学者的研究表明,虽然不同法域的公司制度在治理结构、资本市场、企业文化等方面存在诸多差异,但是,其资合公司的法律形式大体具有四个方面的法律特征:(1)独立法律人格;(2)股东有限责任;(3)股权具有(一定程度的)可移转性;(4)采取委托授权的董事会管理制度。[3] 从现代公司制度的起源来看,公司的独立的人格与(股东的)有限责任功能上使公司的财产免予遭受股东个人债权人的追索;反之亦然,有限责任使股东个人除了出资之外其他财产免予承担企业经营的风险。[4] 较之于开放性公司,封闭性公司的"封闭性"主要体现在:其一,公司的股权没有公开上市发行和交易;其二,股东的人数范围有限,往往彼此熟识;其三,股权的流转有可能受到章程等自治规则的限制。这种封闭性在很大程度上是基于企业经营的实际需求,尤其是在公司的股东同时又是公司

---

〔1〕 Kraakman et al., *The Anatomy of Corporate Law—A comparative and functional Approach*, 3rd edition, Oxford University Press 2017, p. 29 – 31.

〔2〕 德国法中,资合公司范围上包含了股份公司(AG)、股份两合(KGaA)、有限责任公司以及欧洲股份公司(SE)。

〔3〕 Kraakman et al., *The Anatomy of Corporate Law—A comparative and functional Approach*, 3rd edition, Oxford University Press 2017, p. 29 – 31.

〔4〕 Bachmann, Eidenmüller, Engert, Fleischer, Schön. Rechtsregeln für die geschlossene Kapitalgesellschaft. ZGR-Sonderheft 18(2012).

经营管理者或者涉及家庭企业的情况下,对于公司现有股东而言,第三人只有在满足特定的限制条件下才能成为股东对于维持股东之间的信任以及公司的稳定经营具有重要意义。[1]

(二)封闭性公司的结构特征

相较于开放性公司,封闭性公司的结构特征主要体现在以下四个方面。第一,存在股东广泛参与公司经营管理的动因和可能性。公司股东通常直接参与公司的经营管理,意味着股东身份与经营管理者或者员工的身份在封闭性公司中通常集于一身。而对于开放性公司,无论是立法还是实践都以所有权与管理权的分离为原则和常态。封闭性公司的股东往往将其大部分资产作为出资投入到单一企业中,从而使其抵抗风险的能力大大降低。另一方面,集中的投资使得封闭性公司的股东更加关心公司的事务,从而降低了由于股东理性的漠然所导致的集体行动与协商的困境。[2] 第二,有限的股东人数。我国《公司法》第 24 条中规定,有限责任公司由 50 个以下股东出资设立。从股东构成来讲,封闭性公司的股东通常源自家族成员或朋友等熟人社会。[3] 有限的股东人数使得股东之间协调与沟通成本大为降低。与股东人数少相对应的特征是,封闭性公司的规模往往较小。第三,封闭性公司的股权没有公开的流通市场。由于股权流通市场,封闭性公司的股东不能像开放性公司的股东那样在对公司业绩等不满意时"用脚投票",通过抛售来变现自己的投资。即使对股权转让没有法定的或者约定的限制,由于缺乏可靠地衡量股权价值的标准,封闭性公司的(小)股东通常很难将其股权出售给第三人。与之相关的是股权转让的(法定与约定)限制较多,以此保护股东之间的信任关系。表现形式上,限制性的规定既可以是法定的,也可以通过章程或者股东协议的形式进行约定。第四,封闭性公司的用途多样。比较公司法的学者将封闭性公司称为公司法律形式中的"全能选手"。无论是小型的新创公司(start-ups)还是大企业与私募投资之间设立的合资企业都可以采取封闭性公司的形式。这种用途的多样性要求封闭性公司的治理结构应当具有相当的适用性和灵活性,从而使其能够满足规制目的的需求。[4]

---

〔1〕 Bachmann, Eidenmüller, Engert, Fleischer, Schön, Rechtsregeln für die geschlossene Kapitalgesellschaft, ZGR-Sonderheft 18(2012).

〔2〕 Holger Fleischer, Vergleichende Corporate Governance in der geschlossenen Kapitalgesellschaft, ZHR (2015), 410.

〔3〕 参见刘俊海:《现代公司法》,法律出版社 2015 年版,第 41 页。

〔4〕 Holger Fleischer, Vergleichende Corporate Governance in der geschlossenen Kapitalgesellschaft, ZHR (2015), 410.

基于上述结构特征,比较公司法理论主流学说认为,封闭性公司更加适合适用"赋权性治理模式"(principal-empowering strategy),即在股东与管理层、(大)股东与(小)股东、公司—第三人之间三类代理关系中,以赋予委托人监督权和控制权的模式来降低代理成本。而对于开放性公司而言,"约束性治理模式"(agent-constraining strategy)则更有吸引力。[1] 证监会在《上市公司治理准则》的修订中也强调"上市公司信息披露透明度建设"以及行政监管、行业自律的作用,即通过强化受托人的行为义务来降低代理成本。

三、封闭性公司中利益冲突的特殊性及其根源

与开放性公司治理中股东与管理层之间利益冲突作为其核心治理问题不同,封闭性公司的结构特征使如何规制横向的大小股东之间的利益冲突成为其核心治理问题。[2]

(一)核心治理问题:横向股东之间利益冲突

比较公司法学者从功能主义的角度将公司法的功能总结为以下两个方面:其一,为企业家提供具备特定组织结构的法律形式;其二,控制和减少公司不同利益群体之间的利益冲突(代理问题)。其中,第二个方面的问题是公司治理的客体。基于开放性公司与封闭性公司组织结构上的不同,使开放性公司的治理机制和规则很难简单"复制"到封闭性公司的治理中来。两种公司类型所涉及的利益冲突类型以及内容的区别导致封闭性公司需要适用不同的公司治理模式和规则。

从公司制度发展的历史来看,以1892年德国有限责任公司(GmbH)的创设以及其在世界范围内的传播为标志,封闭性公司产生的根源是基于开放性公司与人合公司存在的缺陷。前者设立(时间、资本等)成本高、监管严格,后者的股东则不能享受资合公司股东有限责任的保护,经营失败情况下个人责任风险高。[3] 而封闭性公司的创设一方面赋予公司独立于股东法人地位,使股东能够将经营风险限制在出资范围以内,从而在公司资产与个人私产之间设置了一道"屏障"。既使股东的私产免受公司债权人的追索,也使股东个人的债权人不得要求以公司资产清偿。另一方面在公司的内部关系上,封闭性公司兼具人合公司灵活性的特点。[4] 与开放

---

〔1〕 Kraakman et al., *The Anatomy of Corporate Law—A comparative and functional Approach*, 3rd edition, Oxford University Press 2017, p. 29-31.

〔2〕 Holger Fleischer, *Comparative Corporate Governance in closely held corporations*, in Gordon/Ringe, eds., The Oxford Handbook of Corporate Law and Governance, Oxford University Press 2018, Chapter 25.

〔3〕 Karsten Schmidt, Gesellschaftsrecht, Köln: Car Heymanns, 4. Aufl. (2002).

〔4〕 Karsten Schmidt, Gesellschaftsrecht, Köln: Car Heymanns, 4. Aufl. (2002).

性公司奉行的“章程严苛原则”(Satzungsstrenge)[1]不同,封闭性公司的股东在公司的内部组织结构的安排上享有更大的章程自由。这一特点意味着,封闭性公司的内部法律关系也千差万别。

(二)封闭性公司中股东利益冲突的根源

股东之间的关系,尤其是大股东与小股东之间的利益冲突是封闭性公司治理中最核心的问题。由于封闭性公司特殊的组织结构,使得小股东极易受到大股东机会主义行为的损害。[2] 具体而言,导致封闭性公司中大小股东之间利益冲突主要在于以下五个方面的原因。

第一,资本多数决原则。不同于人合公司中奉行的“股东一致原则”(Einstimmigkeitsprinzip),作为资合公司,封闭性公司的股东决议奉行“资本多数决原则”。[3] 我国《公司法》第42条规定,除非公司章程另有规定,股东会会议由股东按照出资比例行使表决权(德国《有限责任公司法》第47条第2款的规定也类似),而非股东的人数比例。除非法律或章程针对重大事项(如章程修改、合并与分立等)有特别规定或约定,股东决议的通过以“简单多数”为原则,“绝对多数”为例外(《公司法》第43条第2款)。尽管传统公司法理论强调公司章程的“契约属性”(尤其以英美法为甚);但是,资本多数决原则对于股东之间的权利对比影响巨大,理论上享有51%股权的股东可以使其意志以股东决议的形式得以100%的执行。在此意义上,有学者称,大股东不是在“决议”而是在“命令”。[4] 私法自治及其具体形式章程自治是当今世界各国公司封闭性公司立法(如《欧洲私公司(草案)》)或法律改革(如我国2005年、2013年、2018年《公司法》修订)遵循的共识和指导原则,封闭性公司的股东在公司内部法律关系上被立法者赋予更大的“自治权”。但是,这一特征与“资本多数决原则”相结合又容易导致公司的组织结构安排更加偏向于大股东的利益。与开放性公众公司受到诸多旨在保护小股东利益的强制性规范制约不同,在强调私法自治的背

---

〔1〕 这一原则典型的立法例是德国《股份公司法》第23条第5款的规定:“除非本法明确许可,公司章程不得进行不同于本法的约定。章程可以对本法进行补充性规定,除非涉及排他性的条款。”德国司法实践趋于在涉及非上市公司时对该条进行“限缩性解释”。

〔2〕 Holger Fleischer, Vergleichende Corporate Governance in der geschlossenen Kapitalgesellschaft, ZHR (2015), 410.

〔3〕 Scholz. GmbHG, Köln: Dr. Otto Schmidt, 11. Aufl. (2012).

〔4〕 Bachmann, Eidenmüller, Engert, Fleischer, Schön. Rechtsregeln für die geschlossene Kapitalgesellschaft, ZGR-Sonderheft 18(2012).

景下,类似的强制性措施很少规定在封闭性公司立法中。[1]

第二,投资人与管理者身份的重合。现代公司法以(资本)所有权和管理权的分离为典型特征。我国《公司法》公司治理规范也以此为规制前提。但实际上,封闭性公司中投资人(尤其是大股东)与公司经营管理层人事上往往存在高度重合,这使公司的经营容易以大股东的利益为准。同时,股东之间的内部冲突是封闭性公司的"命门"和"软肋"。由于封闭性公司具有极强的"人合色彩",股东之间通常彼此熟识。这一方面可以使得法律之外包括道德在内的社会规范来降低高昂的监督和控制成本;另一方面在当事人私人关系恶化的情况下,会直接影响公司的经营与存续。英国公司法学者戴维斯(Davies)教授贴切地将封闭性公司交恶的股东之间的冲突形容为像破裂的婚姻一般痛苦。[2]

第三,股权估值的困难。封闭性公司的小股东的股权由于缺乏相应的市场,易使小股东陷入一种"被锁定"的状态:不同于上市公司的股东可以随时"变现"自己的投资,封闭性公司小股东股权的价值欠缺可靠的衡量标准,导致转让困难。即便在存在法定或者约定退出权的情况下,大小股东之间也极易因股权如何"合理估值"而产生争执。[3] 特别是在现有股东交恶的情况下,退出股东以公平的价格出让股权是非常困难的。

第四,商业判断规则保护下的自由裁量权。源于美国公司法的商业判断规则(BJR)制度逐渐为其他各国立法抑或司法所接受。该制度的核心是,尊重公司经营管理者的自由裁量权,避免以法官的事后判断代替经营者在瞬息万变的商业活动中的决策。这一自由裁量权或以判例法(如英国)[4]或以成文法(如德国《股份公司法》第93条第1款第2句[5])的形式得以确认。我国《公司法》虽然并未在规定董事等高管的"勤勉义务"和"忠实义务"的同时引入商业判断规则,但是,商业判断规则的原理逐渐为我国主流学说所接受,并对司法实践产生一定积极的影响。客观效果上,商业判断规则使司法机关对于股东之间的内部争议发挥监督与控制权的作用非常有限。大股东的歧视性行为通常包含在经营决策之中,从而往往导致"清官难断家务事"。

---

〔1〕 Bachmann, Eidenmüller, Engert, Fleischer, Schön. Rechtsregeln für die geschlossene Kapitalgesellschaft [J]. ZGR-Sonderheft 18(2012).

〔2〕 Gower, Davies, *Principle of Modern Company Law*, Sweet & Maxwell, 2012.

〔3〕 Bachmann, Eidenmüller, Engert, Fleischer, Schön. Rechtsregeln für die geschlossene Kapitalgesellschaft [J]. ZGR-Sonderheft 18(2012).

〔4〕 英国《公司法》于2006年修订时并未将判例法中"商业判断规则"予以法典化。

〔5〕 商业判断规则在德国法中最初以判例(Richterrecht)的形式得以确认,而后于2005年被明文规定在《股份公司法》中。德国通说认为,该规则类比适用于其他公司形式,包括有限责任公司(GmbH)、登记的合作社(eG)。

第五,合同(章程)不完善。对于封闭性公司的(小)股东而言,最理想的冲突预防与解决方案是于股东协议抑或公司章程进行完备的约定。但法经济学的学者正确地指出,一方面,"理性人"只是一种不符合现实的假设;另一方面,在公司设立协议缔结的过程中,小股东获取充分法律咨询的资源非常有限(有限理性)。对小股东而言,在股东协议缔结时进行广泛的法律咨询从成本收益角度考量是不合算的(交易成本)。[1]

此外,封闭性公司的设立股东往往彼此熟识,为了这种"和气"与"信任",在缔结合同时通常不愿意就将来的争议进行充分的协商,而是倾向于以非正式的方式来解决他们之间的争议。[2] 相关的实证研究也表明,[3]意图建立长期合作关系的当事人在合同缔结时往往过于乐观,对日后可能的冲突估计不足,经常以有限的理性行事或者甚至是处于系统性的认知失真(Carney,1987)。[4]

四、我国"二元化"公司治理的实现路径

(一)立法区分开放性公司与封闭性公司的治理

与德国等大陆法系国家"分立式"规制模式不同,我国《公司法》"统一"规定了两种基本类型的公司形式,即有限责任公司和股份有限公司。在公司治理模式上,我国沿袭了大陆法系的"双层治理架构"(two-tier board system)[5]。但因受到日本等地的影响,我国公司的法定组织机构,尤其是监事会的选任与职权,与德国存在重大区别。既不同于德国的二分式立法,也有别于英国的一体式立法,我国《公司法》在确定有限责任公司与股份公司的治理模式和规则时未能充分考虑到两种类型公司治理理念(章程自治抑或章程严格)、治理组织结构(法定抑或赋予设立人选择权)、治理规则(任意性规范抑或强制性规范)的巨大差异。我国《公司法》在规范技术上,首先规定有限责任公司的组织机构、各机构的组成、职权等,而对股份公司相应的内容,多采用"参照适用"。例如,有限责任公司股东会、董事会以及监事会的职权规范"适用于"股份有限公司的股东大会、董事会、监事会。客观效果上,这种立法技术导致本应仅适用于开放性公

---

〔1〕 Frauke Wedemann, Gesellschafterkonflikte in geschlossenen Kapitalgesellschaften, Tübingen: Mohr Siebeck(2013).

〔2〕 Frauke Wedemann, Gesellschafterkonflikte in geschlossenen Kapitalgesellschaften, Tübingen: Mohr Siebeck(2013).

〔3〕 Eisenberg, Melvin A, *The Limits of Cognition and the Limits of Contract*, 47 Stan. L. Rev. (1995).

〔4〕 Carney, William J., *The Theory of the Firm: Investor Coordination Costs, Control Premiums and Capital Structure*, 65 Wash. U. L. Q. 1(1987).

〔5〕 邓峰(2015)经历史考证后认为,中国公司法的治理模式与英美模式和德国模式都不同,是源于荷兰和法国模式,是在1908年首次将公司制度正式引入中国的时候所采纳的制定,此后由于路径依赖,未能改变。邓峰:《代议制的公司》,北京大学出版社2015年版,第67~73页。

司的治理模式和规则,基于参照适用的立法便利考虑,也适用到本应采取更加强化股东自治的有限责任公司的治理模式与规则上。因此,未来立法中应当在坚持传统二元区分的基础上,以"章程自治"为理念,着重通过"赋权型规则"来治理封闭性公司。这与开放性公司,特别是上市公司以对监管和信息披露的强调为核心的治理理念和"约束性治理规则"构成两种不同的治理路径。[1]

(二)放松严苛的法定治理结构

目前,我国《公司法》法定治理结构严苛,应赋予股东选择单层抑或双层治理架构的权利。德国是"双层治理架构"模式的典型代表。然而,即便在德国对于封闭性公司而言,监事会抑或监事并非必设法定机构,而是任意性(除职工共决法的特殊要求)。股东可以根据自己公司的规模大小等因素来自由裁量。这一方面有利于降低公司组织成本,另一方面也源于存在股东监督董事的其他有效替代途径。欧盟私公司(SPE)在治理模式上力图兼采这种两大法系的传统,允许股东自由选择采用哪种治理架构。同样的选择模式,此前已经在法国被采用。

我国《公司法》将监事会抑或监事作为所有有限责任公司和股份公司的法定组织机构。鉴于封闭性公司股东之间较低的协调与沟通成本,有利于对管理层的监督。所以在监事会发挥监督作用不理想的情况下,立法应当授权股东来自由决定是否需要设置监事或者监事会。另外,在公司组织机构上,股东可以选择单层治理抑或双层治理架构。这是鼓励投资兴业,促进中小企业发展,降低制度成本的必由之路。

(三)大小股东利益冲突作为法律规制的核心

上文已述,股东利益冲突是封闭性公司治理的"阿喀琉斯之踵"。由于封闭性公司特殊的结构特征,使得其利益冲突具有特殊性。相较于股东作为利益整体与管理层之间以及公司与债权人之间的利益冲突的规制,(大、小)股东之间利益冲突的控制与解决是封闭性公司治理的"命门"。其中,立法规制的重心首先应当是大股东侵害小股东利益的机会主义行为。因此,这些行为的类型化是针对性立法的前提。其次,也应当针对小股东的机会主义行为以及股东僵局制定特殊的规则。

(四)立法引入模范章程

欧盟及其成员国法在新近立法改革中将模范章程作为重要规制工具,力图克服小股东自我保护的局限,降低股东之间缔约等交易成本。在公司法领域,股

---

〔1〕 2008年德国法学家大会(DJT)曾讨论是否有必要区分为上市公司的治理与封闭性非上市公司的治理规则。

东私法自治的最基本实现方式是章程自治。在英国,章程被定性为股东之间以及股东与公司之间的法定合同。[1] 德国主流学说“规范说”虽然强调章程的“规范属性”,但也承认是一种特殊的组织合同。由于封闭性公司特殊的结构特征和股东组成,股东有限理性以及过高的交易成本使得公司章程在规范股东之间利益冲突中难以发挥应有的功能。

对此,应当在立法层面为各种有限责任公司形式引入模范章程(model articles)。模范章程作为立法者提供的“公共产品”,一方面降低公司设立成本,尤其是咨询费用。另一方面,模范章程的条款可以发挥漏洞填补的作用,与法律的任意性条款功能相近,但又便于修改。在英国2006年公司法修订中,针对不同类型的公司(private companies limited by shares 、private companies limited by guarantee 、public companies)立法者提供了多种模范章程,[2] 并在 Companies Act 2006 第20条中确定了模范章程的默认适用。德国《有限责任公司法》于2008年修订中也针对简易公司设立提供了两套模范章程(Musterprotokoll)。这一模式也基本上被欧盟委员会所制定的《欧洲私公司条例》(草案)所采用。但由于其特殊的立法位阶,章程自治的实现路径是通过“委托规范+模范章程”相结合的方式。

(五)立法和司法确定股东之间的忠实义务及其行为标准

在规制大股东的行为义务方面,信义义务是大陆法系与英美法系国家所共用的制度。美国[3] 和德国都是首先通过司法判例确认了股东彼此之间负有忠实义务。[4] 德国联邦最高法院也判定,“忠实义务(Treuepflicht)不仅可以决定股东与有限责任公司之间的关系,而且也可以确定股东之间的关系”。[5] 瑞士《债务法》第809条第2款将有限责任公司股东的忠实义务予以法典化。[6]

我国《公司法》并没有规定股东之间的忠实义务。《公司法》第148条在实践中被用于规范董事等高管对公司的行为义务,而非股东之间的行为义务。但是,《公司法》第20条第1款前半句规定,“公司股东应当遵守法律、行政法规和

---

[1] Gower, Davies, *Principle of Modern Company Law*, London: Sweet & Maxwell, 2012.

[2] https://www. gov. uk/guidance/model-articles-of-association-for-limited-companies, accessed on 14. 11. 2019.

[3] Donahue v. Rodd Electrotype Co. ,328 N. E. 2d 505,515 (Mass. 1975).

[4] Frauke Wedemann, Gesellschafterkonflikte in geschlossenen Kapitalgesellschaften, Tübingen: Mohr Siebeck(2013).

[5] BGHZ 65,15,18 – ITT.

[6] Art. 803(2) Swiss Code of Obligations (OR) states: “They (the shareholders) must refrain from all activities which may negatively affect the interests of the corporation. Particularly, they must not engage in business activities which provide them with a significant advantage while negatively impacting on the corporation. Articles of association can provide that shareholders must refrain from engaging in competing business activities.” 美国一些州的公司法也采用类似进路,例如,Cal. Corp. Code § 17153.

公司章程,依法行使股东权利,不得滥用股东权利损害公司或者其他股东的利益"。比较法上,法国法的司法判例和学理也是通过多数权滥用禁止(abus de majorité)理念来实现同样的效果(尽管该理念是基于禁止权力滥用这一民法基本思想,但日渐成果独立的理念)。无论是借由忠实义务的扩大解释,还是禁止权利滥用,都应当通过司法判例发展出股东的行为标准,实现类型化和可操作化。

(六)小股东法定或约定的否决权

比较公司法上,法定或约定的否决权是最常见且重要小股东利益保护机制。具体而言,否决权的行使可以是(法定或约定)特定事项必须征得小股东明确同意,也可以是小股东没有明确提出反对意见。立法技术上,瑞士法提供了可资借鉴的经验。2001 年《瑞士债务法》修订,于第 807 条第 1 款中规定,"有限责任公司的章程可以授予股东对股东会议特定决议的否决权。同时,章程必须明确否决权适用的事项"。[1] 这种立法例与欧盟委员会在欧洲私公司(SPE)中所采用的委托规范具有异曲同工之妙:立法者通过明确地授权(而非默认许可)股东可以或者必须在章程中对特定事项进行约定,具有提示和警示功能。因此,上述立法技术和规则值得我国《公司法》借鉴。

另外,我国《公司法》基于小股东利益的保护,规定特定事项的股东会决议必须以绝对多数通过。该法第 43 条第 2 款规定,"股东会会议作出修改公司章程、增加或减少注册资本的决议,以及公司合并、分立、解散或者变更公司形式的决议,必须经代表三分之二以上表决权的股东通过"。同样的进路,欧盟立法者在《欧洲私公司条例》(草案)第 28 条第 2 款规定,对于章程修改涉及特定所列明事项的,必须取得 2/3 以上多数表决权通过。德国《有限责任公司法》第 53 条第 2 款不仅要求章程的修改必须采取公证人公证的形式,而且必须获得 3/4 表决权通过。这些条款旨在保障小股东的利益,从而属于强制性规定的范畴。[2]

---

〔1〕 瑞士立法者认为,法典的这条明文规定将会大大地促进这一约定在实践中的使用率。

〔2〕 但是,戴维斯等学者也明确地指出了这次路径的局限性。

最佳公司治理中的“信任”理论问题研究

任国征*

2019年5月7日，全国人大常委会法制工作委员于成立《公司法》修改领导小组、咨询小组与工作小组，标志着公司法第六次修改的研究程序正式启动。

公司法修改中公司类型、公司治理与股权保护等若干理论问题引起学界广泛关注。其中，如何推动公司治理现代化，是有待理论界和实务界共同深入探讨的重要课题。在最佳公司治理原则中，信任理论对推进可持续发展与公司治理具有方向引领和基础支撑的作用。因为市场经济作为信用经济，其对“信用”或“信任”的设定是“完全理性主义”，而实际上，“信任”作为一种预防不确定的先设条件并非“完全理性”，而是“不完全”的。基于以上理论设定，本文提出以下假设：正是由于经济运行过程中的公司治理中的“信任不完全性”催生了公司治理中的“制度”建构的必要性，而公司治理中“制度”作为防备不确定的“后设”条件自身同时也呈现“不完全性”特征，公司治理中制度的不完全性或有限理性，导致了权力寻租的发生。因此，公司治理中信任与权力寻租之间并非完全对立的关系，而是有着复杂的逻辑演化进路。

一、公司治理中信任理论的文献解析

信任具有悠久的思想文化传统，作为一种背景性因素而

---

* 任国征，中央财经大学绿色金融国际研究院研究员，健康金融实验室主任，研究方向：金融立法、信任理论。

存在,[1]人们日用而不觉。直到20世纪50年代,信任才受到学界的重视,它反映了两大背景:“一是学者们在学理上越来越想搞清楚它的含义和运行机制是什么;二是社会生活自身的变化开始使信任问题不再被视为理所当然。”根本性的问题则是“缘自人类自身追求的现代化生活”,[2]“不确定性”是现代化生活的常态。

(一)信任理论的文献概述

社会学家齐美尔在其1900年出版的《货币哲学》中指出:“离开了人们之间的一般性信任,社会自身将变成一盘散沙,因为几乎很少有什么关系能够建立在对他人确切的认知之上。如果信任不能像理性证据或个人经验那样强或更强,则很少有什么关系能够持续下来。”[3]20世纪50年代以来,“信任”被视为一种心理现象而首先受到心理学家的重视,信任心理学的开创者是美国的多伊奇(Deutsch),他从解决“冲突”问题入手,通过囚徒困境实验得出信任是对环境刺激的反应,此外,信任是一个人对未来的可信期待,当期待落空后,将给当事者带来严重的负面心理影响。此后,心理学家罗特(J. Rotter)、赖兹曼(L. Wrightsman)、霍斯莫尔(Hosmer)等人借助于心理学测量,循着人际信任理路探究了信任,并得出结论:“信任就是个人人格特质的表现,是一种经过社会学习逐渐形成的相对稳定的人格特点。”[4]社会心理学家Lewis、Weigert等人则把理性、情感视为信任心理学的两个重要维度。

在经济学的视域中,信任起初被视为一种规避风险的理性计算,如经济学家阿罗(K. Arrow)、赫希(F. Hirsch)、科尔曼(Coleman)、威廉姆森(Williamson)等人,信任被视为一种稀有的社会资本,能够帮助人们规避交易过程中间的违规、违约等行为,在这种理论视野下的“信任”应该被视为一种“前设条件”或“事前效率”。但随着经济学理论的继续发展,古典经济学的“理性人”假设逐渐受到质疑,学者们发现人们在日常生活中不但存在理性的算计,而且还存在很多非理

---

〔1〕 郭慧云考察了“信任”的思想史传统,指出西方的“约”“践约”“承诺”“信仰”和东方的“诚”与“信”等是现代“信任”的远流,在西方,古罗马的商业活动中孕育出了“立约”“守约”等观念,中世纪基督教的“信仰”观蕴含着一种“托付性”,近代的社会契约论使“信任”具有与正义同等的地位,此外,近代苏格兰学派、斯宾诺莎、凯恩斯等人从心灵、情感层面拓展了“信任”内涵。在东方中国,“诚”的观念源于对神灵的敬畏和信任,它首先是“人己原则”,在古代中国,“诚”和“信”承载了人伦、宇宙秩序、个体本性和价值,更多强调人的“内在修为”,是一种内求性。但在孕育现代“信任”的萌芽思想中,中国的“诚”“信”观呈现整体性,而西方则具有鲜明的个体性。(参见郭慧云:《论信任》,浙江大学2013年博士学位论文,第2~5页。)

〔2〕 翟学伟:《信任的本质及其文化》,载《社会》2014年第1期。

〔3〕 [德]齐美尔:《货币哲学》,陈戎女等译,华夏出版社2002年版,第178~179页。

〔4〕 岳瑨、田海平:《信任研究的学术理路——对信任研究的若干路径的考查》,载《南京社会科学》2004年第6期。

性的行为,[1]由此推导出"文化因素"对经济生活存在重要的影响,此一结论的结果是使信任的理性研究延伸到政治学、伦理学、文化学等学科,代表人物是福山(Fukuyama)。福山将信任的本质归结为"源于人性基础之上的社会资本","人们自发组织社群并进行各种互惠合作的天性和争取被认可的本性是形成信任的主要源泉和基础",[2]因此,"福山的信任概念,是和传统、习俗、伦理道德、文化交织在一起的,是介于理性与非理性、全知与无知之间,它与经济学理性选择理论所认为的'信任是一种理性'是很不一样的"。[3] 由福山开创的信任研究打破了以往单一学科的研究视角,而是取综合多学科视角,从而开创了信任研究的交叉学科先河,而其最新发展则是组织信任的研究。

对于信任的研究,除了以上心理学、社会学、经济学等学科外,还涉及政治学、哲学、文化学[4]等学科。综合来看,现代信任研究发源于西方,并呈现流派众多、异彩纷呈的现象,而且在不同的时期,其理论预设、理论重心、理论创见也各有不同,如:(1)在概念方面,由早期心理学的单向性人际信任到社会学双向性特殊信任与一般信任;社会信任与系统信任及其人际信任和制度信任;再到经济学的计算信任、制度信任和个人信任。(2)在研究层次方面,研究重点从心理学微观个体的心理认知及行为,转变为社会学及经济学的宏观社会关系。(3)在信任的来源和基础方面,从个人特质到社会环境(制度文化等非经济因素)再到理性计算的认识轨迹。(4)在人性的假设方面,存在经济学的"理性"和其他社会科学的"非理性"之争[5]。

(二)公司治理中的信任理论

信任研究自 20 世纪 80 年代传入中国以来,围绕中国的信任文化、信任状况、信任建构等取得了丰硕的成果。相比西方社会科学对信任的多学科、宽领域的研究状况,中国信任研究早期局限于"诚信"研究,直到 20 世纪 90 年代后,"信任"才受到众多学者的关注,尤其是郑也夫、彭泗清、高兆明、张康之等学者

---

[1] 最著名的是由美国哈佛大学教授梅奥主持进行的"霍桑实验",实验结果证实:人不是完全理性人,人是社会人,在社会中,除了正式组织外,还存在着大量的非正式组织,工人的产出效能受到自身心理满足度的很大影响。

[2] 郑小鸣:《福山信任观述评》,载《求索》2005 年第 7 期。

[3] 岳瑨、田海平:《信任研究的学术理路——对信任研究的若干路径的考查》,载《南京社会科学》2004 年第 6 期。

[4] 例如,波兰学者皮奥特·斯托姆卡在《信任、不信任与民主制的悖论》中指出:"当信任倾向成为社会中普遍性的文化现象时,我就称其为信任文化。'信任文化'概念描绘了这样一种状况,即撇开对(被信任者)可信度的理性计算与个体的心理倾向不谈,个体出于文化上的鼓励而给予社会、政府、组织机构以及其他公民以信任。"参见皮奥特·斯托姆卡:《信任、不信任与民主制的悖论》,闫健译,载《经济社会体制比较》2007 年第 5 期。

[5] 参见汪戎、顾江洪:《信任及其经济意义:研究现状与趋势》,载《思想战线》2011 年第 6 期。

将研究重心集中于“信任”。当前,中国信任研究重心为:

1. 公司治理中信任的理论渊源。马克斯·韦伯认为,中国人的信任建立在血缘共同体基础上,是一种难以普遍化的特殊信任,其内含两个方面的含义:“第一,在中国社会,家族亲属关系或准亲属关系所构成的网络是一种封闭性的网络;第二,由这种封闭性网络所建立的特殊信任是无法普遍化的”。[1] 韦伯所论阐述了特殊信任与普遍信任的区别,但韦伯对中国信任文化的界定是否确当则是存在争议的,如果韦伯所论确为中国实际,那么中国信任文化便面临推倒重建,也即由特殊信任转变为普遍信任的挑战,如果韦伯所论不够确当,那么中国信任文化具体为何则又有待进一步澄清。陈伟平认为,中国网络式信任的维持依赖于两个因素:差序格局结构和拟亲化过程。[2] 而翟学伟则认为“中国人的信任特点不在于是特殊信任还是普遍信任,而在于是借助于网络化的方式制约,还是制度化的方式制约”。[3] 周怡认为传统中国是“家本位—关系信任”。[4] 高玉林、杨洲认为“中国社会信任呈现为桩式和圈式结构,西方社会信任表现为网式结构”。[5]

2. 公司治理中信任的危机。改革开放以来,中国公司治理中社会信任状况越来越受到社会的关注,部分学者认为中国的信任状况正遭遇着“信任危机”。[6]

3. 公司治理中信任理论建设。除了以上学者关注较多的领域以外,中国学者还致力于提出具有中国特色的信任理论,建构公司治理中信任模型,如张康之认为对应于农业社会、工业社会和后工业社会这样三个历史阶段,不存在习俗型信任、契约型信任和合作型信任三种信任类型。[7] 胡荣、胡康、温莹莹考察了我

---

[1] 陈伟平:《市场社会中社会参与的路径问题:关系信任还是普遍信任》,载《社会》2012 年第 2 期。

[2] 同上。

[3] 翟学伟:《信任的本质及其文化》,载《社会》2014 年第 1 期。

[4] 周怡:《信任模式与市场经济秩序》,载《社会科学》2013 年第 6 期。

[5] 高玉林、杨洲:《中西社会信任结构之比较》,载《河北学刊》2006 年第 4 期。

[6] 马得勇通过对世界 76 个国家和地区信任度的比较,在 76 个国家和地区中,曾经受儒家文化影响较深的几个国家和地区的信任度分别为:中国 53.6%,日本 38.8%,韩国 33.1%,越南为 38.7%,等等。中国的社会信任度并不算低,处于同一文化圈的日本、韩国等国家在世界范围内来看也处于较高水平。另据爱德曼公司于 2015 年 2 月发布的 2015 年度全球信任度调查报告显示,中国的整体信任度处于全球“最受信任”的范围,排名第 4,有 75% 的中国受调查者对本国的 NGO、企业、媒体和政府表示出了信任。因此,中国社会是否呈现“信任危机”?或者老百姓的信任观感与调查结果的反差背后根源是什么?为何东亚儒家文化圈信任度较高?等都是有待进一步发掘的问题。(参见马得勇:《信任、信任的起源与信任的变迁》,载《开放时代》2008 年第 4 期。《全球信任度调查:中国人更愿意付出信任》,载网易新闻 2015 年 2 月 16 日,http://news.163.com/15/0206/08/AHOPO17H00014MTN.html。)

[7] 参见张康之:《论信任的衰落与重建》,载《湖南社会科学》2008 年第 1 期。

国城市居民对政府的信任程度,并进一步分析了影响城市居民政府信任的各种因素。[1] 周怡把我国公司治理中信任模式演变概括为:家本位—关系信任、国本位—机构信任、社会本位—制度信任模式三类。[2]

综合来看,中国公司治理中信任研究一方面在大量吸收、借鉴西方信任理论、信任模型的基础之上提出了新的理论创见和模型设计。另一方面,中国公司治理中信任研究逐渐由理论引介与阐释发展为紧扣中国经济、社会、政治发展实际,通过调查、走访、问卷等行为方式研究中国社会信任现状,从而具有很强的现实针对性。中国公司治理中信任研究在取得丰硕成果的同时,也存在一些不足。第一,理论创新能力不强,当前中国信任理论、模型研究依然是以承袭西方信任理论为主,而西方信任学术话语是否契合中国实际则是有待商榷的。第二,中国信任文化传统有待进一步的发掘,中国独特的文化传统也孕育出中国人独特的思维方式、行事风格、人际关系,其间就包含东方式的独特信任观,而这有待进一步的发掘。第三,解释现实问题能力不够强,当前的信任研究仍然过多地停留在理论分析层面,针对当前中国社会、经济、政治的信任现实有待进一步确认与提出有针对性的长期、短期对策。

二、公司治理中信任的制度解析

公司治理中信任的来源存在两种理论:其一,理性计算为基础的理性主义框架,也即把信任视为人们理性选择中的规避风险的机制;其二,文化主义框架,也即把信任视为文化传统塑造出来的心理、习俗与模式。无论是理性主义模式或者文化主义模式,都对信任有一个前提预设,也即信任的完全性,如相信人的完全理性、确信文化对人的行事方式的全方位影响等。实际上,古典经济学“完全理性”的假设已经在各个方面受到挑战,如“有限理性”“不完全契约”“不完全合同”的讨论等。本文认为,公司治理中信任也现实生活中也具有“不完全性”,这里的核心问题在于阐明何谓“不完全”?本文从“不完全契约”或“不完全合同”的讨论中概括出“不完全”的含义,然后阐述公司治理中不完全信任与权力寻租的相互关系。

(一)公司治理中信任的“不完全”契约

公司治理中“不完全契约”是基于“完全契约”(委托—代理)实践的不可能性而提出来的,奥利弗·哈特(Oliver Hart)和其合作者合写的两篇论文奠定了

---

〔1〕 参见胡荣、胡康、温莹莹:《社会资本、政府绩效与城市居民对政府的信任》,载《社会学研究》2011年第1期。

〔2〕 参见周怡:《信任模式与市场经济秩序》,载《社会科学》2013年第6期。

不完全契约的基石。[1] 契约不完全一般有两种理解:责任、义务的不完全或不明确,或无法充分缔结状态依赖的合同。[2] 第一代不完全契约或合同主要是GHM模型(Grossman、Hart、Moore),契约双方当事人不可能在事前完全预见到未来的或然状况,或者难以向第三方证实这些或然状况,因此事前签署的契约是不完全的,黄凯南认为第一代不完全契约将“不完全性”视为“外生的”。[3] 聂辉华认为,第一代不完全契约理论的缺陷在于:理论基础不坚实、过于依赖专用性投资、难以解释授权问题。[4]

契约的不完全性一般源于两个方面的原因:其一,签约人的理性认知程度;其二,外部环境的可控性。黄凯南认为契约的不完全性根源于“知识不完全性”或“认知有限”。[5] 艾伦·施瓦茨(Allen Schwartz)认为,契约不完全性有五个方面原因:语言的限制、疏忽、解决契约纠纷的高成本、不对称信息引起的弱的或强的不可缔约、喜欢合作的倾向。[6] 威廉姆森(Williamson)认为,契约的不完全性主要是由于不确定性和人的有限理性。[7] 梯若尔则将契约不完全性归结于三个方面的成本问题:预见成本、缔约成本、证实成本。[8] 人的认知有限性和外部世界的不确定性使完全契约的达成只存在于理论上的可能性,不完全契约的提出使完全契约的事后监督研究发展至对事前权利的机制设计和制度安排。不完全契约研究提供了一种制度安排,使人们对契约或合同的认识更加深刻。

通过以上对“不完全契约”的简单回顾,可以发现,“不完全”是对认知有限性、外部不确定性所导致结果的一种状况描述,它区分于“理性人”与“经济人”的完美理性假设,使“契约”的理论描述更加契合现实生活状态,也使由侧重于事后监督的体制机制建设推衍至侧重事前缔约或事前效率的研究。本文意不在于探讨不完全契约的理论价值及现实效应,而是期望通过对不完全契约的研究

---

〔1〕 See Grossman, Sanford, and Oliver Hart, *The Costs and Benefits of Ownership: A Theory of Vertical and Lateral Integration*, Journal of Political Economy 94(1986). Hart, Oliver and John Moore, *Property Rights and Nature of the Firm*, 6 Journal of Political Economy 98(1990).

〔2〕 参见蒋士成、费方域:《从事前效率问题到事后效率问题——不完全合同理论的几类经典模型比较》,载《经济研究》2008年第8期。

〔3〕 参见黄凯南:《不完全合同理论的新视角——基于演化经济学的分析》,载《经济研究》2012年第2期。

〔4〕 参见聂辉华:《不完全契约理论的转变》,载《教学与研究》2011年第1期。

〔5〕 同上。

〔6〕 参见[美]科斯·哈特、[美]斯蒂格利茨等著,[瑞士]拉斯·沃因、[瑞士]汉斯·韦坎德编:《契约经济学》,李风圣主译,经济科学出版社1999年版,第96~134页。

〔7〕 参见[美]奥利弗·E.威廉姆森:《治理机制》,中国社会科学出版社2001年版。转引自陈赤平:《论契约的不完全性及其经济影响》,载《教学与研究》2005年第7期。

〔8〕 参见杨瑞龙、聂辉华:《不完全契约理论:一个综述》,载《经济研究》2006年第2期。

概括出“不完全”的具体意指,同时探究它的现实价值和理论不足。

(二)不完全信任与寻租的制度解析

公司治理中信任的不完全性,也即主体的有限理性、环境不可预知性、过程的长期性使信任效能的发挥会呈现软约束、短期等特征,因此,需要相应的规约机制与信任相配套,而这也就是“制度”。何谓制度?诺思认为制度提供了人类相互关联影响的框架,确定了构成一个社会或更确切地讲,一种经济秩序的合作与竞争关系。制度是个人与资本存量、物品与劳动产出及收入分配之间的过滤器。[1] 如前论述,信任与制度之间是一种复杂的关系。作为规范社会中个人和集体行为的规则框架,公司治理中制度调整的是对利益的分配,制度效力的发挥一方面依赖于民众的认可与服从,这也可以被称为制度信任,也即制度的合法性来源;另一方面依赖于强力的保障,在现实生活中,以公共权力的形式表现出来。制度作为人为构造出来的一套规则框架,它既承载了人们对社会价值的看法,同时也是维持社会秩序的有效手段,但制度从来不是完美无缺的,制度的设计与实施都有赖于人的理性认知,而人的理性认知能力是具有有限性的,因此,制度也具有一定的不完全性。

经过以上对公司治理中信任、制度、寻租的逻辑推衍之后,我们可以简略地勾画出三者的关系图(如图1所示):

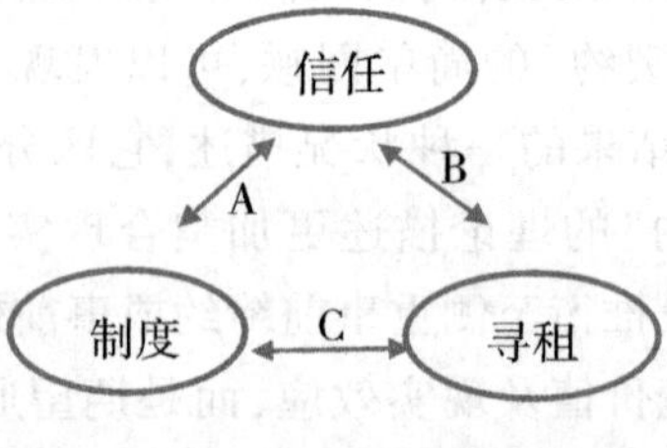

图1 信任、制度、寻租逻辑关系

由此可见公司治理中信任、制度、寻租三者之间形成了三对关系,这三对关系中信任与制度的关系以A代表,制度与寻租的关系以C代表,信任与寻租的关系以B代表,下面本文将提出三者关系的假设:

1. 信任与制度(A):

(A1)信任是制度构建的先在社会条件,信任度影响制度实施的效能。

(A2)制度差异决定着一个社会的信任类型、信任水平。

2. 信任与寻租(B):

---

[1] North. D., *Structure and Change in Economic History*, NEWHA-VEN: Yale University Press, 1983, p. 202.

(B1)不同的信任对寻租起着不同作用。信任与寻租的关系是复杂的。

(B2)寻租抑制了普遍信任,助长了特殊信任。

3. 制度与寻租(C):

(C1)制度可能助长寻租,也会抑制寻租。

(C2)寻租可能是制度的产物,也会成为制度合法性基础。

通过以上对A、B、C三种关系的简单阐释,我们可以发现公司治理中制度、信任、寻租三者之间并不是简单的决定与被决定关系,而是一种相互影响的复杂关系。

三、公司治理中模式解析

公司治理中无论是作为理性计算的“信任”,还是作为制度文化主义的“信任”,“信任”从本质上都体现出一种“关系式”的存在,而“信任”正体现出对“关系”的“预期回报性”与“依赖性”。此外,公司治理中“信任”研究的指向具有两个向度:未来与当下[1],它是从时间意义上的考察。当前的公司治理中信任研究往往侧重于空间意义上的区分,而忽略了时间意义上的区分,实际上,空间意义上的区分只是把“信任”研究停留在一个暂时的时间节点上,便于考察当前的社会信任状况,然后探讨它的来龙去脉及其社会影响,而“信任”作为一种关系式的存在,它往往表达的是一种对未来的期待与回报预期,因此,从时间维度研究信任才更能呈现其社会影响意义。

(一)公司治理中的契约模式

把公司治理中信任视同为一种类型的契约,本文目的不在于探究信任的契约形态,而是为了阐述信任与契约一样也具有“不完全性”,如前所论,由于内外两方面的原因,契约具有不完全性,而具有与契约同质性的“信任”同时也存在“完全性”的理论假设与“不完全性”的现实样态。信任的不完全性是对介于不信任和信任的光谱中间地带的描述,它体现出信任的以下特征:其一,信任达成的多次性,信任的达成其实质是人际关系的博弈过程,正如不完全契约所引发人们思考的,契约的达成是多次博弈的过程,因此,信任的达成也不是一次性的,而是呈现多次性、复杂性。其二,信任主体的有限理性,基于人们认知的有限性,才提出了信任的必要性,信任是对不可预知未来的一种补救或保障措施。其三,信任的外部环境性,文化学、社会学强调外部环境(传统文化、既有制度、习俗、惯例等)对信任形成的重要意义。

---

〔1〕 陈健把以信任为主体的社会资本区分为水平型和垂直型两种,而其水平型与垂直型主要是空间意义上的排列,本文的分类侧重于时间意义。(参见陈健:《社会资本结构分析》,载《经济研究》2007年第11期。)

综合来看,公司治理中信任是一个复杂的社会现象,它既具有内在的心理因素,同时又体现出相应的外部性,从预防不确定性、预期保障方面来看,它与合同、契约具有相同的功效,但信任毕竟不是契约,信任很多时候又扮演着契约的先在条件功能,因此,从契约的不完全性去推导信任的不完全性,不代表着信任是契约的一种或契约是信任的一种。当前对信任的研究,已经突破早期局限于某一学科的特征,而发展出交叉学科研究,此外,信任研究的具体化也成为一个热点问题,尤其是中国信任状况考察等。信任理论所呈现的理想性、完备性,其价值在于理论预设与模型建构,将信任从理论回归到现实社会,必须从完全性回归到不完全性,只有从信任的不完全性出发才能把信任研究落到实处。

(二)公司治理中社会模式

我国社会建设过程中存在的不完全性,如渐进式改革下的双轨制、权力界限的不清晰,也发现了由于制度自身的不完全性导致的寻租发生,一方面是企业自身向权力机关主动支付租金,另一方面是权力介入经济领域而主动设租、创租,同时也可以发现在大规模寻租发生的背景下,经济取得快速增长,这也就是所谓的"寻租悖论"。信任是对未来不确定性的一种保障,是一种无具体形式的契约形态,信任使双方当事人对未来的状况具有了可预测性,从而降低了交易成本,增加了社会公共利益,但信任的种类众多,不同的信任所起到的社会效果各有不同,也即在国家利益、地方利益、集体利益、个人利益并不完全一致的背景下,公司治理中信任在增加社会公共利益方面存在偏颇性,中国传统至现代的信任结构变迁如表1所示:

表1　中国社会信任关系变迁一览

<table>
<tr><th>时期</th><th>传统</th><th>1949年后
至改革开放前</th><th>改革开放至今</th></tr>
<tr><td>经济体制</td><td>简单物质生活时代</td><td>再分配经济时代</td><td>市场经济时代</td></tr>
<tr><td>信任模式</td><td>家本位—关系信任</td><td>国本位—机构信任</td><td>社会本位—制度信任模式的缺失</td></tr>
<tr><td rowspan="2">市场秩序</td><td rowspan="2">礼俗的格局秩序</td><td rowspan="2">再支配权力的统治秩序</td><td>(初期)扩展了的关系市场经济秩序</td></tr>
<tr><td>(深化期)将由关系秩序向法制市场经济秩序过渡</td></tr>
</table>

我国传统信任结构一直是家本位的关系式信任,"改革以来,中国社会出现的'扩展了的关系市场经济秩序'说到底是传统'家本位—关系信任'与'国本位—再分配权力关系'的延续及其叠加效应,是制度信任空缺所导播的市场秩序的替代品";"深埋在中国人心灵深处的特殊主义取向的家本位—关系信任模

式、国本位—机构依附信任模式，作为一种本土的文化结构力量抵制和挤压了顺应市场经济发展的、富有普遍主义价值取向的社会本位—制度信任模式”。[1]

四、总结与讨论

本文从不完全性这一视角对公司治理中信任、制度、寻租三者关系的建构对于分析转型期中国社会的一些社会现象具有一定的阐释力。如何破解转型期中国社会中存在的公司治理中信任危机、制度不完备、寻租腐败等问题？突破点何在？众多学者将突破点确定为“制度建设”，[2]但问题在于，公司治理中有没有完美的制度？每个制度无论民主还是专制都存在创租可能性，因此，思考的重点应该是一方面如何减少无益的租，另一方面如何激发有益的租。公司治理中信任、制度、寻租三者之间不是简单的决定与被决定关系，而是一个复杂的、多元的博弈过程，现代社会的健康发展离不开高水平的信任，高效的制度和相机性寻租，[3]但三者之间的具体关系仍有待进一步的厘清，本文只是从公司治理中信任“不完全”这一视角提出了自己的假说，其中仍有许多问题有待进一步的发展与完善。

---

〔1〕 周怡：《信任模式与市场经济秩序》，载《社会科学》2013 年第 6 期。

〔2〕 例如，里·贝尔辛格等人认为从君主制到民主制的转变使寻租发生了由兴转衰的迹象。刘岩认为，寻租活动产生的主要根源在于制度缺陷，即从计划经济向市场经济转化过程中的制度缺陷。只要制度上存在这个租，就会产生寻租现象。刘岩：《寻租理论与政府行为的分析》，载《生产力研究》2004 年第 9 期。

〔3〕 青木昌彦在《政府在东亚经济发展中的作用》中指出，政府必须限制非生产性寻租，允许相机性寻租。相机性租金是政府增进市场作用的有机组成部分。

2019年中国资本市场法治论坛会议实录

（2019年12月14日）

开 幕 式

主持人：刘俊海（中国人民大学法学院教授、商法研究所所长）

开幕致辞：王利明（中国人民大学常务副校长、法学院教授）

刘贵祥（最高人民法院审判委员会副部级专职委员、二级大法官）

程合红（中国证监会法律部主任）

杨合庆（全国人大常委会法工委经济法室副主任）

衣学东（国务院国资委政策法规局副局长）

陈　烨（国家市场监管总局登记注册局副局长）

王　轶（中国人民大学法学院党委书记、院长、教授）

刘俊海（中国人民大学法学院教授、商法研究所所长）：

尊敬的刘贵祥大法官、林文学庭长、程合红主任、杨合庆副主任、衣学东副局长、陈烨副局长，尊敬的王利明副校长、王轶院长，尊敬的同事们、朋友们：

早上好！“2019年中国资本市场法治论坛：公司法修改中公司类型、公司治理与股权保护的制度创新”现在开始。

新中国成立以来的70年是我国公司法律制度恢复和发展的70年，是国际公司法理论与中国经济实践有机结合的

70 年,是中国公司法由被动移植到自主创新的 70 年,是中国公司法在世界公司法舞台上崭露头角、积蓄潜在世界影响力和领导力的 70 年,是公司法在中华大地复苏与变革的 70 年,是公司法助推国企改革、实现国有资产保值增值的 70 年,是积极引进国际资本、先进技术与管理经验的 70 年,是鼓励民营经济茁壮成长的 70 年。

当前我国正处于全面建成小康社会的关键时期。小康社会是民富国强的社会。要增强我国经济的全球竞争力,必先提高公司法的国际竞争力。第八届全国人大常委会第五次会议于 1993 年 12 月 29 日通过的《公司法》于 1999 年、2004 年、2005 年、2013 年与 2018 年历经五次修订。其中,2005 年修改幅度最大。先进的制度设计就是生产力。截至 2019 年 4 月,我国登记在册的公司制企业 3172 万户;其中,股份有限公司近 50 万户,有限责任公司 3122 万户。

《公司法》的修改永无止境,不可能一蹴而就。《公司法》的体系博大精深,与经济活动的方方面面密切相关,涉及的法律关系错综复杂。由于修改时间仓促,以往公司法修改都带有问题导向的阶段性、务实性特点。

公司是市场经济的核心细胞,是经济增长、科技创新、民富国强、社会和谐的发动机,是稳就业、稳金融、稳外贸、稳外资、稳投资、稳预期的压舱石。如果说宪法是政治生活中的根本大法,是治国安邦的总章程;那么,公司法是经济生活中的根本大法,投资兴业的总章程。难怪美国著名公司法学家、时任哥伦比亚大学校长巴特勒在 1911 年出席纽约州商会第 143 届年度晚宴时发表了振聋发聩、激情四射的题为"政治与经济"的精彩演讲,并盛赞公司制度:"有限责任公司是现代社会最伟大的独一无二的发现(the limited liability corporation is the greatest single discovery of modern times)。无论从其社会、伦理、产业的效果看,抑或从政治效果看,莫不如是。即使蒸汽机和电也远逊于有限责任公司这一重器。不仅如此,倘若缺乏有限责任公司,蒸汽机和电也将变得软弱无力。"

为推进公司法现代化,加强产权保护工作,弘扬企业家精神,助推实体经济发展,深化供给侧结构性改革,改善制度供给结构,提高制度供给质量,打造投资者及利益相关者友好型的法治化营商环境,全国人大常委会法工委 2019 年 5 月 7 日成立《公司法》修改领导小组、咨询小组与工作小组,启动了公司法修改研究程序。我们今天将从立法论角度深入探讨公司法修改面临的重大热点难点和争点问题。探讨的内容包括但不限于以下相关议题:(1)升级版《公司法》的历史使命及设计理念;(2)现行《公司法》实施的法律效果、经济效果与社会效果的全面实证评估;(3)公司组织类型的法定化与多元化选择;(4)公司治理制度的结构性改革;(5)最佳公司治理原则;(6)股东会中心主义、董事会中心主义、管理层中心主义之优劣与选择;(7)股东平等原则及其例外规则的设计;(8)法定代表人制度的弹性化;(9)公司决议制度对法定代表人越权签署的担保合同的效力影响;(10)商业判断规则的导入及其适用条件;(11)公司资本认缴制滥用的纠偏机制(如出资加速到期制度);(12)授权资本制的评价与导入的可行性;(13)"对赌"条款的法律效力;(14)揭开公司面纱制度的类型化;(15)多层次中小股东保护制度的系统化及优先序;(16)股权代持的效力及隐名股东的法律地位;(17)公司社会责任制度的全面升级;(18)中小股东权利保护与债权人保护之间的冲突与平衡;(19)公司集团制度的设计思路;(20)升级版《公司法》的可诉性、可裁性(包括股东代表仲裁制度)与可执行性;(21)域外公司法改革趋势对我国的启示;(22)修改《公司法》的其他建议。

今天的论坛是百花齐放、百家争鸣的学术盛会。既有来自全国人大常委会法工委、最高人民法院、中国证监会、国务院国资委与国家市场监管总局等部门的公司法专家,也有来自中国社科院、北大、清华、中国政法大学、华东政法大学等院校的公司法学者。除了致辞领导,参加论坛的还有最高人民法院民二庭庭长林文学法官、最高人民法院民二庭法官潘勇锋、最高人民法院法官杜圣杰、全国人大常委会法工委经济法室处长马正平、全国人大常委会法工委经济法室处长高飞、全国人大常委会法工委经济法室副处长林一英、全国人大常委会法工委经济法室副处长王涛、全国人大常委会法工委经济法室干部李翔宇、中国证监会法律部法规协调处处长张朝辉、中国证监会法律部干部艾力阿里木、国务院国资委政策法规局处长温建康、国家市场监管总局登记注册局注册指导处处长王丹等同志。他们为把更多的研讨时间留给法学界同仁,谢绝了担任发言人与点评人的角色,并诚恳地表示要认真倾听公司法学界的观点与建议。我们向他们虚怀若谷、接地气的精神致敬。"他山之石,可以攻玉。"来自日本独协大学的周剑龙教授与冈山大学张红教授将与我们共享日本公司法改革的经验。

新华社、《人民日报》、《光明日报》、《经济日报》、《中国青年报》、《法治日报》、《人民法院报》、《经济参考报》、《中国证券报》、《证券日报》、《上海证券报》、《证券时报》、《华夏时报》、《工人日报》、《法治周末》、《法人》杂志、财新传媒等主流媒体将对本论坛进行权威深入的报道。各位专家学者字字珠玑的真知灼见还将刊登在《中国民商法律网》和《资本市场法治网》及相关微信公众号上。

下面有请各位领导致辞。

图 1 刘俊海

王利明(中国人民大学常务副校长、法学院教授):

尊敬的刘贵祥大法官,尊敬的各位领导与专家学者:

首先,请允许我代表中国人民大学对立法机关、司法机关与监管部门的领导、法学院系的专家学者以及媒体代表莅临中国人民大学法学院,参加商法研究所主办的 2019 年中国资本市场法治论坛,表示热烈欢迎与衷心感谢!也对俊海教授以及承担会议筹备工作的老师与同学们表示感谢!

本次论坛主题非常契合党的十九届四中全会精神。党的十九届四中全会在对推进国家治理体系和治理能力现代化做出重大部署时强调,“突出坚持和完善支撑中国特色社会主义制度的根本制度、基本制度、重要制度,着力固根基、扬优势、补短板、强弱项,构建系统完备、科学规范、运行有效的制度体系”;并强调“加快完善社会主义市场经济体制”,“深化国有企业改革,完善中国特色现代企业制度。形成以管资本为主的国有资产监管体制,有效发挥国有资本投资、运营公司功能作用。健全支持民营经济、外商投资企业发展的法治环境”。

公司法就是完善与支撑我国社会主义市场经济体制的基础性法律,是中国特色社会主义法律体系的重要组成部分。《公司法》颁布以来对我国现代企业制度的建立和完善以及法治化营商环境的改善发挥了重大作用。从世界银行 2018 年、

2019 年两度发布的全球营商环境报告看,我国营商环境的排名地位大幅提升,已由 2018 年的第 46 名跃居全球第 31 位。世界银行报告特别强调了公司法在公司设立、合同纠纷解决以及中小股东权益保护等方面的重要作用。这再次说明了公司法在鼓励投资兴业、维护交易安全、促进经济发展、优化营商环境方面大有可为。

为落实党的十九届四中全会精神,立法机关及时启动《公司法》修改程序,有利于持续释放制度改革的红利,助推新旧动能转换,转变经济增长方式,促进经济高质量发展,打造稳定、透明、公平、可预期的市场化、法治化、国际化营商环境,全面激发市场主体的创新活力和社会创造力。

党的十九届四中全会还强调,"加大对严重违法行为处罚力度,实行惩罚性赔偿制度,严格刑事责任追究"。有人将其理解为扩大刑事责任追究,我认为这是不正确的。"严格"的含义不是强化、扩大,而是严格限定刑事制裁的方式,审慎地运用刑罚。刑罚是最严厉的法律制裁手段,限制或者剥夺个人的自由甚至生命,应当在其他制裁方式无法使用的时候使用。刑法谦抑也有助于保障个人安全,人的安全需求是在个人温饱解决之后最重要的需求。

我认为,在现代市场经济社会与法治社会,"刑法要谦抑,民法要扩张"。对于相关的民商事法律纠纷,如果能够通过民法解决,而且能够有效解决的,应尽可能通过追究民事责任的方式予以解决,而非一概动用刑罚手段。只有在民法手段无法很好解决相关纠纷,而且相关行为可能危及公共安全和公共秩序时,才有必要动用刑法。

"刑法要谦抑"符合罪刑法定、无罪推定、疑罪从无的刑事法治原则。鉴于刑罚是最严厉的法律制裁手段,限制或者剥夺个人的自由甚至生命时理应审慎谦抑。所谓谦抑,不是该判的不判,而是严格落实刑事法治原则,不能扩大化。民法之所以要扩张,是因为从调整范围来看,民法一方面调整的是私人领域,强调个人的意思自治,注重保护私权;另一方面,民法的扩张也是维护大众创业、万众创新,激发亿万群众创造活力的有效手段。事实上,与刑事责任、行政责任相比,民法的私法自治、民事责任等内容,具有其自身的独特性,在纠纷的解决方面,理应扩大适用民法的调整方法。

我国《公司法》本身就是改革开放的产物,在自身繁荣发展的同时又反过来保障与推动了改革开放进程。因此,在市场经济发展过程中,《公司法》与《民法总则》、《合同法》、《物权法》的作用是一致的,期待各位与会代表为《公司法》修改建言献策,以充分发挥《公司法》作用,协调民法、刑法、行政法之间的关系,更好激励市场主体创业创新活力。

今天我们诚邀各位专家学者和行业精英而来,就是为了对公司法修改面临的重大热点难点和争点问题进行深入探讨,积极推动《公司法》修改工作的科学化、民主化与精准化。从公司法制度的供给侧进行变革,回应公司运行的内生制度需求,真正将优化投资者友好型法治环境落到实处,是我们法学家肩负的义不容辞的重责大任。期待我们法律人职业共同体中的每位同人都能在今天的论坛上就公司组织类型、公司治理、股权保护与公司资本制度等重大问题畅所欲言,建言献策,互相启发,互相成就,用我们法律人特有的制度理性来构建新时代的公司法大厦。

最后,预祝本次大会圆满成功!衷心祝愿各位朋友在新的一年里工作顺利,事业进步,家庭幸福!谢谢!

图2 王利明

刘贵祥(最高人民法院审判委员会副部级专职委员、二级大法官):

各位专家同人,大家早上好!

公司法是中国特色社会主义法律体系的重要组成部分,是社会主义市场经济的基础性法律,在几经修改后再次修改,应当站在坚持、完善和发展中国特色社会主义法律制度、推进国家治理体系和治理能力现代化、促进高质量发展,平等保护市场主体合法权益,营造法治化营商环境的全局和高度,去谋划,去研究,去探讨。我们为公司法修改出谋划策,要以习近平新时代中国特色社会主义思想为指导,坚持党的集中统一领导,立足于中国经济社会发展实际,符合中国国情,体现中国特色。

从司法实践的角度看,公司法修改应关注几个方面的问题:一是股东权益保护,特别是中小投资者权益保护问题,包括关联交易的公司内部决议程序的完善、关联交易损害公司利益的赔偿、股东代表诉讼制度的完善、股东知情权制度的完善,等等;二是与股权变动有关的问题,包括股权转让中股权变动的法律形式、股权登记的法律效果、股权代持的法律效力、股权质押及冻结情况下股东表决权限制,等等;三是公司法人人格否认的适用范围问题,现行《公司法》第 20 条似乎仅对母子公司之间适用,对一人过度控制下的诸姊妹公司之间是否可以适用? 四是现行认缴资本制条件下,出资期限完全取决于当事人意思自治,往往约定几十年的出资期限,是否应有合理期限的限制,是否应有丧失期限利益的情形设置? 总之,实践中遇到的问题很多,有的无法通过司法解释解决,导致理解上分歧很大,裁判尺度不一,难以稳定预期。这就需要在公司法修改时坚持问题导向,明确可操作性的答案,发挥法律规范预防纠纷及减少不必要的纠纷的作用。

公司法的修改面临的问题复杂多样,需要大家群策群力,在进行实证分析的基础上深入探讨。今天各位专家学者、实务工作者利用周末时间,集聚一堂研究完善公司法之大事,也体现了大家高度的责任感和使命感,期待在如切如磋、如琢如磨中取得丰硕的成果! 谢谢!

图 3 刘贵祥

程合红(中国证监会法律部主任):

感谢会议主办方,非常荣幸参加今天的“中国资本市场法治论坛”。我是资本市场法治工作的一员,今天的论坛和我的具体工作密切相关。证监会正在研究如何推进资本市场法制的完善,这和会议讨论的议题密切相关。12 月 12 日闭幕的中央工作会议强调,“要加快金融体制改革,完善资本市场基础制度,提高上市公司质量”。今天的会议可以从诸多角度推进公司法修改。

第一,建议研究上市公司的群体与规模不断壮大对《公司法》完善提出的新需求。我国目前上市公司有 3700 多家,涵盖 90 个行业大类。五百强企业中,上市公司占比超过 70%,实体上市公司营业收入 29.45 万亿元,利润 1.5 万亿元。我国现行公司法将公司分为有限责任公司和股份有限公司,而上市公司具有的特殊地位未在公司法中获得足够重视。这就需要修改公司分类和公司治理的法律规则,以体现上市公司不同于一般公司的特殊性。

第二,建议关注上市公司集团化的发展趋势。就金融控股集团公司的治理规范而言,金融机构应依法分业经营、分业管理,但实践中往往有集团控股公司的架构。要建立金融控股集团监管制度,必须首先在《公司法》中确立公司集团制度。现行公司法主要是从公司个体角度对公司法律关系作出规定,对于集团化尤其是上市公司集团化的组织结构规定缺乏明确规定。

第三,建议关注公司的独立人格问题。公司控股股东、实际控制人地位非常重要。在实践中,上市公司信息披露要求中没有纳入实际控制人。如何在实践中实现实际控制人的法律地位和上市公司法人地位的有效结合是重要研究课题。因此,《公司法》修改应弥补实际控制人的制度真空,从制度上既保障上市公司的法人独立地位,也保障其从公司整体利益出发依法行使对公司的实际控制。这个问题值得深入研究。

第四,要关注公众投资者的权益保护。随着证券市场投资者群体越来越大,投资者权益保护在新《公司法》中如何体现越发值得关注。目前的中小投资者保护主要通过证券法渠道解决(如强化信息披露与证券行政监管),而真正通过公司法渠道保障中小投资者权利的实践依然较弱。在当前投资者中,80% 以上是中小投资者,所有开户的加起来有一个多亿。因此,如何通过公司法保障中小投资者权益,需要在法治建设上作出探索。希望通过推进公司法修改,进一步加强中小投资者利益保护工作。

最后,在此代表证监会法律部对于会议主办方表示感谢,并祝论坛取得圆满成功!

图4　程合红

杨合庆(全国人大常委会法工委经济法室副主任):

感谢主办方的邀请。公司法在市场经济条件下是弥久常新的话题,1993年以来,公司法经过了五次修改。本次公司法修改是任重而道远的任务。通过修改公司法,完善公司制度,将为落实产权保护,推进国有企业改革,促进民营经济发展,优化我国营商环境注入动力与活力。加强产权保护也是党的十八大以来中央作出的重要部署。西方产权制度理论很多将公司产权制度作为典型,因为公司聚合了多方面利益,完善公司保护有利于完善股东、债权人等多方利益。我国为推动国有企业改革作出了很多部署,如国有资本运营公司的董事会和监事会的特殊设计。又如,在营商环境评估指标当中,股东会召开提前21天能得分,而我国提前20天就无法得分。这些都是公司法修改中需要进一步研究的问题。近年党中央推出的许多重要举措都需要通过公司法制度改革来进一步推进。公司法列入近期国家立法规划,需要关注其中的一些重点问题。如授权资本制,就涉及公司类型调整和股东会、董事会之间的职权划分。

公司法在多年历史发展中是一套严密的体系,融合了不同利益主体利益,聚合分散的智慧和力量,每一个条文的修改都可能牵一发动全身。公司法修改的每个问题都是相当复杂的,应当将公司法修改置于完善社会主义市场经济法律体系、实现经济高质量发展、推动国家治理体系和治理能力现代化的大背景下,统筹规划、系统研究,需要全局性视野、系统性思维,注意各项制度之间的协调性、逻辑性、严密性。另外,要针对经济社会中反映的突出问题,要增强法律制度的针对性、可操作性和有效性,以保证立法质量。希望各有关部门、专家学者、实务工作者关心正在开展的公司法修改工作,为公司法的完善提出建议贡献力量。

图5　杨合庆

衣学东(国务院国资委政策法规局副局长):

感谢主办方邀请。公司法是国务院国资委履行出资人职责的重要依据之一,接下来我将借此机会对公司法修改中国有企业的问题谈两点。

党的十八大以来,党中央高度重视国有企业改革问题,通过深化国有企业改革,增强国有企业竞争力、创新力、影响力、抗风险力。本次公司法全面修订的重要内容之一,即执行中央关于国有企业改革的重大部署,为国企高质量发展提供重要保障。全国人大常委会法工委、国资委围绕公司法修改对中国企业改革的问题进行了深入调研。从国有企业的角度看公司法修改,分为两个层面。第一,从公司法中规定国有企业的总体考虑来看。当前,国有企业是国民经济的重要支柱,同时国有企业已经与市场经济高度融合。国有企业作为市场主体数量少,但是贡献大,2018 年全国企业国有资产总额 210 万亿元,所有者权益 58.7 万亿元,上缴税金4.6万亿元。国有企业属于全民所有,是中国特色社会主义重要物质基础和精神基础,必须始终把坚持党的领导、加强党的建设摆在首位,发挥好国有经济在国民经济中的主导作用,切实维护国有经济安全。公司法需要综合考虑国有企业的一般性和特殊性。

第二,从公司法对国有企业进行特殊规定来看。对待国有企业的特殊性应秉持四个基本原则:一是落实习近平总书记对国企党建的重要论述;二是反映近期国企改革的重要成果,坚持改革和法治相向而行;三是突出重点难点问题;四是坚持两个"毫不动摇",平等对待国企和民企。主要关注三个问题:一是将党的领导融入公司治理,在公司法中予以体现。二是明确划定国企董事会、监事会的法律地位和职权,防止"一言堂"现象,提高决策科学性。当前外部董事占多数已成为基础性制度安排,国有重点大型企业外派监事会等问题需要在公司法中明确。三是完善对于出资人机构的监督检查和责任追究机制。加强监管,防止国有资产流失,维护国有资产安全,始终是国有企业监管的重要方面。

国资委将为全面推动公司法改革作出努力和贡献。预祝本次论坛圆满成功!

图6 衣学东

陈 烨(国家市场监督管理总局登记注册局副局长):

感谢主办方的邀请。先跟大家作一个简要的介绍和汇报。一个是近年来,国务院围绕着深化放管服务改革,优化营商环境,作出了一系列重大的决策部署。今年也颁布实施了优化营商环境条例,其目的是将改革的成果用法规的形式固定下来,为各类市场主体投资兴业的提供一个良好的制度保障。公司是市场经济的微观基础,应该说是最为重要的市场主体,其结构是否健全,行为是否规范,直接关系着社会经济秩序的稳定与否。公司法作为规范公司组织和行为的基本法律,长久以来在保护公司、股东、债权人和各方的合法权益方面都发挥了重要的作用,维护了社会经济秩序,促进了经济社会主义市场经济的发展。

应该说商事登记制度改革是从 2014 年开始推进的,2014 年国务院印发了注册资本登记制度改革的方案。同时 2013 年年底全国人大也审议通过了对公司法的修改,所以在这种背景下,商事登记制度改革明确了坚持便捷高效、规范统一和宽进严管的基本原则,推动公司注册资本制度及其他登记事项的改革,构建系统信息公示体系,完善信用约束机制,加强对经营行为的监管。从 2014 年开始,应该说商事登记制度的改革的序幕正式拉开。应该说近几年市场监管部门从便利市场主体准入入手,以降低企业进入市场的制度性交易成本作为一个基本的节点,由基本的工作着力点,持续推进不断深化改革。从先照后证改革到多证合一改革,又到国务院前些日子刚刚批准的证照分离改革的有关要求。从厘清证和照的关系开始,着重解决了市场主体反映的准入难,还有准入不准营等一些问题。还有通过压缩企业开办时间,推进企业登记全程电子化,推行电子营业执照,实行企业名称自主申报改革,深化登记注册全流程的便利化改革,提高登记注册的效率。

可能刚才几位,包括王利明校长也都提到营商环境的评价,那么营商环境评价里有一个对企业开办便利度的评价,我们去年是 28 位,今年的评价报告是 27 位,前进了一小步。主要的改革措施是将上海和北京作为试点城市,原来各部门先登记注册,再去取税务登记,再去取人保或者其他的刻章,现在把这些串联的程序并联解决,就是在登记的同时,各个部门该刻章的刻章,该做税务登记的做税务登记,用这种方式来减环节、压缩企业排队的时间。从这个点来讲,得到了世行评价的认可。很有幸我们经过不断努力,今年又提升了一位。按照国务院的要求,营商环境要进一步地优化,所以下一步的任务还是很艰巨的。

另外一个这几年市场监管部门也着力探索和完善企业简易注销的登记改革,扎实开展撤销冒名登记工作的有关的探索,不断地完善市场主体退出制度,解决企业注销难的问题。应该说商事制度改革对抵御经济下行压力,激发市场活力和创造力,促进就业和创业,包括推动政府职能的转变和优化营商环境都发挥了重要的作用。应该说四中全会也好,还是刚刚结束的中央经济工作会议也好,我关注到昨天的新闻,在微观政策这一块,明年的整个的经济政策要求还是微观要活。这个是一个改革的重要方向。同时通过微观的搞活,激发市场主体的活力,让更多的新办企业能够顺利落地,能够开办。应该说这几年的商业制度改革也得到了国务院和社会的充分肯定,到 2019 年 11 月底,我们登记注册的企业一共是 3808 万户,有一个数字是市场主体多了一个亿,应该说到 11 月是 1.2 亿。其中个体户是 8000 多万,企业是 3808 万。公司制的企业就是用公司法来调整的,接近 9 成的企业是公司制的企业。

我想作为公司登记的实务部门,市场监管部门和企业接触是相对比较多的,也积累了大量的改革和实践的经验。下面我就在执行公司法的过程当中遇到的一些问题和思考,在这里简要地给大家作一个报告,也希望各位专家学者在自己的研究领域给予高度关注。

第一个方面是怎么处理好效率和安全的关系?比如,政府简政放权以后,必然带来了一些责任的让渡。由于宽进严管是商事制度改革的重要原则,那么实行注册资本认缴登记制后,削减了登记的前置审批,简化住所登记,放宽了准入的条件,但是同时需要严格对市场主体进行监督管理,特别是通过一种新的监管方式,在不打扰企业的情况下使监管更加到位。比如,信息公示,有登记信息的,在我们的公示系统上公示。又如,强化信用约束和信用监管,还有联合惩戒和社会公示,这些都是加强监管的一些探索,同时推动公司从更多的从他律转到自律上来。所以公司法的修订当中,如何体现宽进严管,并且对能够更好地统筹效率和安全作出更好的制度安排,是值得认真思考的问题。

第二个方面是关于公司登记性质的一些问题的考虑。随着商事制度改革的深化,各地对公司登记性质也开始进行有力的探索。我们知道的情况,比如,广东和上海都在向国务院申请开展商事登记确认制的试点。那么商事登记制度确认制,它的含义是什么?我们理解的商事登记确认制,核心是更尊重市场主体的民事权利和营商自由,减少政府对商事主体的一些过度的审核和把关,所以整个的商事确认制度应该是怎么来考虑?在公司法当中是不是也作为一个问题来进行研究?

第三个方面,我想是在关注准入的同时,更多地关注企业的退出。应该说市场主体的大量涌现,肯定对快速退出也提出了更高的期盼。我这里面也有一些数字,2019 年前 11 个月全国注销企业是 328.7 万户,应该说是历年最高的,原来可能一年都只有 100 多万户,不到 200 万户或者在 200 万户上下,今年达到了

328.7 万户。其中通过简易注销改革退出市场这一块是 133.9 万户,约占 41%,就是说有 4 成是通过简易注销程序退出的,其他 6 成是通过公司法规定的普通的注销程序退出市场。所以我们也希望在公司法修订过程当中,能进一步完善市场主体的退出制度,将改革当中的一些成熟做法用法律的形式固定下来,进一步畅通市场主体退出的渠道。

最后跟大家报告的是,市场监管部门现在正和司法部商量,明年能否启动对统一的商事登记行政法规的研究和论证工作。大家知道可能登记管理规定,在行政法规这个层面有很多,有公司登记管理条例、法人登记管理条例、合伙登记条例,还有农专社合作条例、个体户登记条例,等等。那么,怎么在登记这个层面上,通过行政法规的形式,将适当的市场主体的登记统一起来?这是我们跟司法部想在明年重点研究的一个项目,等到明年年底公司法修订完成以后,争取后年把同步的行政法规能够推出来。所以希望各位专家学者长期以来对我们的商事制度改革和市场主体登记工作给予充分的关注和支持!同时我们也深深地感到改革越深化,越需要法治的保障和支撑,也希望理论界也给我们提供更多的理论支撑,让我们在做好登记和服务方面,既知道要怎么做,也知道为什么要这么做。相信本次论坛的研讨交流,将进一步推动公司法的修订和现代公司治理体系的建立和完善。

最后衷心预祝本次研讨会圆满成功,谢谢大家!

图7 陈 烨

王　轶(中国人民大学法学院党委书记、院长、教授):

最尊敬的领导、嘉宾、校友和媒体界的朋友！欢迎大家牺牲休息时间来参加今天的论坛。

公司法一直是我本人认真学习的法律领域。大学的时候,在座的沈贵明老师给我讲述过这方面的课程。攻读硕士学位的时候,今天不在场的石少侠老师也给我上过公司法的课。读博士的时候,在座的史际春老师和徐孟洲老师也给我讲述过相关的课程。我也拜读过崔勤之老师,施天涛教授等老师的作品,收获良多。以往的学习让我认识到,今天的论坛一定是一次具有独特意义和价值的论坛。不仅是因为公司法修改的研究工作已经正式启动,我想更重要的是党的十九届四中全会审议通过了《坚持和完善中国特色社会主义制度　推进国家治理体系和治理能力现代化若干重大问题的决定》。在学习党的十九届四中全会精神的过程中间,我形成了这样的观念:公司治理在一定意义上就是国家治理的缩影,公司治理体系和治理能力现代化是国家治理体系和治理能力现代化的重要组成部分。因此,在市场经济条件下推动公司治理体系与治理能力现代化,公司法理应大有可为。

今天的论坛汇聚了老中青三代学者,而且还有专门从日本赶来的周剑龙教授、张红教授。可以说,从事公司法研究的杰出学者都咸集于此。

我相信今天的讨论所贡献的知识和思想,一定能够让这次公司法的修改工作取得圆满的成功！我也相信今天的论坛一定是一次成功的论坛！谢谢大家！

图8　王　轶

刘俊海(中国人民大学法学院教授、商法研究所所长)：

今天是个好日子。就在此时此刻,中国法学会商法学研究会正在中山大学召开金融法论坛,上海还有一个信托法论坛。在座的各位公司法学者出于对公司法事业的热爱,选择了出席今天的论坛,令人感动。商法研究会秘书长李建伟教授在第一单元作完精彩演讲后还将不辞辛苦,飞往广州。再次感谢各位的莅临与精彩观点。

接下来有请大家移步二楼阶梯照相。为建设资源节约型社会,我们会把照片传到资本市场法治网、微信群或电子邮箱。十分钟后我们继续研讨,还有更多精彩可期!

(本部分由谢肇煌、何愈、刘瑀编辑整理)

第一单元

主持人:崔勤之(中国社会科学院法学研究所研究员)

施天涛(清华大学法学院教授)

发言人(每人8分钟以内)

1. 李建伟(中国政法大学民商经济法学院教授)

发言题目:职业经理人成长、董事会制度重塑与公司法现代化

2. 沈贵明(华东政法大学经济法学院教授)

发言题目:升级版公司法宗旨与两类主体关系保护的协调

3. 蒋大兴(北京大学法学院教授)

发言题目:对公司组织类型的思考

4. 管晓峰(中国政法大学民商经济法学院教授)

发言题目:建议设立公司法修订委员会

5. 吴　越(西南财经大学法学院教授)

发言题目:关联交易与企业集团的公司法规制

6. 刘俊海(中国人民大学法学院教授)

发言题目:新公司法的历史使命与设计理念

与谈人(每人5分钟以内)

1. 史际春(中国人民大学法学院教授、安徽大学法学院讲席教授)
2. 郭　雳(北京大学法学院党委书记兼副院长、教授)
3. 王　涌(中国政法大学民商经济法学院教授)
4. 梁上上(清华大学法学院教授)

施天涛(清华大学法学院教授):

我们德高望重的崔勤之教授坚持让我来主持,我争不过,就依了崔老师。在开幕致辞阶段,各位领导为我们的会议指明了方向、点出了主题、提出了要求。我刚才简单地翻了一下今天的会议资料,俊海兄准备得非常充分,这么多论文,这么厚,拿起来有点重,内容也很重。感谢俊海教授为我们举办了今天的会议。时间很紧张,我就不多说了,有请第一位发言人,中国政法大学的李建伟教授,他的发言题目是《职业经理人成长、董事会制度重塑与公司法现代化》。现在有请发言人上台,大家欢迎!

图 9　施天涛(中)

发言环节

李建伟(中国政法大学民商经济法学院教授):

公司治理是这次的《公司法》修订的目标,或者说我们自己也肯定有一个价值目标的追求,我个人认为就是实现公司法治的现代化。现代化的含义是什么?可能每个人的价值目标诉求不一样,回答并不一样。我的定位是与市场经济体制相合的,体现企业家精神,但是也要照顾我们 20 多年市场经济的本土经验。

谈到制度融合的问题,我们是有很多经验教训的,这里我想简单地回顾一下我们资本制度的经验教训。在 1993 年中国人民普遍很穷、没有钱的时候，月工资只有一二百块的时候，我们当时的股份公司的注册资本门槛是 1000 万元，并且是一次性交清，有限公司 50 万元也是一次性交清，否则会触犯刑法。2005 年中国人民相对有钱了，但是我们的注册资本股份公司变成 500 万元，而且一次性交齐 20% 就行，就变成 100 万元了，而有限公司变成 3 万元，到 2013 年，当中国人民彻底有钱称霸全球的时候，我们的注册资本变为零了。历史可能有时候不能假设，但如果将这段历史的进程反过来讲的话，我不知道中国的经济或者中国公司发展制度是另外一幅怎样的景象？当然对这个问题其实也不同的看法。比方说有人觉得可以有两种解释：一种观点认为，公司设立不得人为设立门槛，人人得以设立公司从而实现平等原则。另一种观点认为，资本门槛的放低取决于社会信用机制的增长，我们之所以现在把资本门槛放低了，是因为我们社会信用比 20 年前更加好了。那么，我们的公司制度的演进是否是正确的？其实这两个判断取决于我们有一个自己的价值目标的确立，我们可能对这个事情才能进行评判。汲取我们的教训也好，吸收我们的成功经验也好，资本制度的这一堂课实际上是很深刻的，那么公司治理的制度设置是不是也是这样？

我前一段看了一篇雄文，叫作《长路未尽：中国科创要攒的五颗宝石》，网络上转载量非常大。这篇文章讲到农业社会要实现工业社会一定要有 5 个制度基础，才能艰难地实现，分别是——工业政府、筹资系统（也就是我们资本市场）、市场体系、人才梯度和制度保障。文章回顾了中国近代化以来 160 多年的历史，觉得每一个阶段我们都没有成功，都是欠缺这样那样的要素。文章的判断是现在我们处在一个有了工业政府，也有要相对的发达的筹资系统，也不乏市场体系，而且人才梯队也解决了，但是就缺制度保障。其实我认为我们的人才梯队和市场保障制度都远未解决，这是一个问题的两个方面，但问题是如果说我们实现工业社会缺乏人才的话，我不知道大家是如何判断这个社会最缺乏什么样的人才，我个人的判断是其实我们最缺乏的是一支企业家队伍。

在座的各位我们大部分都是民商法学者，我们一定要承认企业家对社会的巨大利益以及在公司制度它应该所取得的地位。与成熟的市场经济相比，这块可能是我们是最缺乏的。1985 年著名的经济学家日本的小宫隆太郎，在一次会议上就提出了一个当时非常惊人的、令国人不能理解的一个结论——其考察中国半年，发现中国并没有企业。当时大家都觉得很不理解，但是我看现在大家都理解这句话的含义。我的判断是 1979 ~ 1992 年，我们的商业文明几乎是中断的，是断代的，特别是 1949 ~ 1979 年，当时都没有真正意义上的企业。什么叫企业？我们讲企业是冒险、是创新，技术创新、制度创新最起码得有人财物和产供销的权利。今天特别是史老师在这里，他对那个时代研究是最多的。我们那个时候国有企业有这些权利吗？如果没有企业何来商业呢？在这个期间是实际上没有企业、没有企业家,我们的商业文明几乎是断代和断层。我们真正地恢复企业制度,恢复企业家精神的容身之地和土壤以及建立商业文明、重构商业文明的时间,实际上严格来说从 1992 年算起是比较符合事实的。在这个环境下,公司法能做什么?我对营商环境有着自己的解读。营商环境主要是一个商业的法治环境,这个环境它主要强调的不是保护劳动者,而是保护投资者(包括资本方)的一个制度。这个制度的核心是商事法律制度,而上市法律制度中公司制度是一个基础性制度,这也是提升党的十九届四中全会所提出来的"推进国家治理体系和治理能力现代化"最重要的一块。

那么,我们公司法上的制度存在什么样的问题?我今天就谈两个问题——一个是管理层的责权利的严重不匹配,一个书面的法和生活中的法存在巨大落差。比如刚才杨合庆主任提出,我们将来要不要实行授权资本制,实行董事会中心主义。其实我们都知道,现在我们的立法关于权力的配置在书面的法和生活中的法上存在巨大的落差,应该比其他国家的落差更大一些。我们的立法关于董事会职权的详细规定在比较法很少见的,我们还同时罗列了董事会的职权、股东会的职权,更为罕见的是我们还罗列了经理的职权。那么书面上的法应该说主要权利在股东会,但是大家都知道生活中的权力其实是进一步下沉的,下沉到董事会、下沉到董事长,进一步下沉到总经理。我们大家应该确认,可能董事会中心主义能够减少落差。那么即使设立董事会中心主义的话,其实可能会有一个进一步的下沉机制下沉至总经理,但是比起现在双层、三层、四层的下沉,会减少书面的法与现实的法所存在的巨大差异,这是一个不错的方案。树立董事会中心主义,其实也是现实生活中的选择,包括我们的国企改制。2007 年最高人民法院的还有中共中央国务院关于国企改制的选择中,选择的也是以董事会为中心,当然需要以党委为核心。

实际上我们今天董事会运行怎么样?范健教授前年在《董事会》杂志上发表文章,认为国企存在的问题是形式化、"过家家",而民企的董事会是一言堂、聚义厅。其实这是一个实战的描述,至于成因我们也有具体的分析。比方说有一点,我们国企事实上的董事都是我们国资委或者国有大股东委派的,这个董事是同质化的,严重同质化的董事长在董事会的一言堂是必然的,而且我私下认为这样的董事会其实可有可无。我们民企的董事会是意志化的,虽然各个董事代表着不同的利益、不同的方向、不同的资源,但是民企也严重地存在创业者的一言堂的现象。

董事到底是谁的董事?思想虽然在立法上是清晰的,但是在我们生活中实际上是模糊的。比方说在很多场合我就问一些民营企业家,作为董事应该对谁负责?公司法方面认为应该对公司负责是清晰无误的要求,但是他认为应该对委派我的人负责,实际上他现实的操作就是这样。我们的董事的代议制现象和代言制现象是非常严重的。这里面我还举了几个例子,比如说关于违反《公司法》第 16 条的对外担保合同的效力问题,我们艰难地达成一个共识,就是法律对于董事长的权力应该有法律的限制，法律限制应该受到法律的尊重，所以和公司章程、公司内部规范文件对董事长的限制应该是不一样的。再比方说对于董事职务被无故解除后的补偿和赔偿问题。我清楚地记着在最高人民法院讨论的时候，俊海教授的意见是对的，我附和，我们才有了《公司法解释(五)》第 3 条第 2 款。实际上股东可以无故地解除董事是一个制度，但是董事无故被解除之后获得赔偿、补偿又是另外一个制度，那么这个利益其实在公司法上也没有得到确定，我们这次艰难地补上了。再比方说我们都熟知董事总体上是中式的职权、美式的责任，我们董事会并没有享有应有的经营管理权的独享和专断，但是却承担了美国式的义务和责任，这个问题也是比较严重的。

最后总结一下，我觉得 2021 年最大问题是要解决责权利的统一问题——在权利和利益上，我们应该赋予董事会对经营管理权的中心地位；在义务上，我们应该把第 147 条的信息、义务的抽象化给充实；在责任上，我们应该落实高管和董事的民事赔偿责任，更重要的是落实责任的追究机制。其实多年来股东代位诉讼一直实行不起来，是因为国企对于自己的负责人有一个庇护机制，而民企的企业家对职业经理人有一个江湖的庇护机制，以及不能同时下沉的担忧。而我们的体制实际上对于董事的追究也是抑制，比如说我们千方百计地打压股东代位诉讼的提起，等等。总体来说，我们要让企业家成长，要成熟、要树立一个企业家气质，我觉得最重要的是要让他自己享有权利，而自负其责，去他背后委派人的企业家、大股东的人身依附关系，这个是我们必须要实现的一点，因为毕竟企业是企业家的企业。

图 10　李建伟

施天涛(清华大学法学院教授):

李建伟教授从公司治理的核心问题——职业经理人成长,还有董事会制度这两个问题出发,谈了公司法的现代化。谢谢建伟教授。下面我们有请华东政法大学的沈贵明教授来为我们的公司法"升级",大家欢迎!

沈贵明(华东政法大学经济法学院教授):

题目中的"升级版"主要是为了迎合俊海教授的这样一个主题。我倒是觉得这是一个既大又小、既虚又实的问题,就是对《公司法》第1条的规定有自己的看法。这个第1条规定,我们通常认为它是一个公司法宗旨、反映公司法实质基本功能这样一条规定。我们国家的公司法在这样一条的规定中存在一些问题。

1993年《公司法》是这样规定的:为了适应建立现代企业制度的需要,规范公司的组织行为和保护公司股东和债权人的合法权益,维护社会经济秩序,促进社会市场经济发展制定本法。在2005年的时候,它把第1条"适应现代企业制度的需要"删除了,其他的没有动。现在第1条的规定,实际上是有三层含义:第一个含义是规范公司组织和行为;第二个含义是保护公司股东和债权人的合法权益;第三个含义是维护社会主义市场经济秩序,促进社会主义市场经济的发展。

第一个含义非常值得思考。公司法是规范公司组织和公司行为的规范,公司的组织实际上有一个含义,就是公司怎么组建的问题。公司组建的问题,过去我们是股东投资、行政管理这一套都有,现在改革发展大家已经看到了,行政管理色彩逐步地在淡化,公司组建说到底是投资者们如何结合的问题。然后再看规范公司的行为,公司行为怎么规范?如果把公司作为一个主体来进行规范的话,那是民法的法人行为问题。如果要是我们谈规范公司行为是规范公司机关行为的话,那么它有两个含义:从对外的行为含义来讲,那么它还是民法的问题;从内部来讲,公司机关的行为说到底是股东或者投资者运作机制的问题。因此第1条的规定实际上是很不科学。再看第三个含义的规定,它是要维护社会经济秩序,推进社会主义市场经济发展。说句实在话,对公司法来讲,它的任务太重了,负担不起这种含义,也没有实际的法律专业意义。因此我认为第1条的宗旨有实际意义的,就是第二个含义——维护公司股东和债权人的合法权益。问题又来了,公司法中维护公司的利益、维护股东利益、维护债权利益之间到底有什么关系?因此对于第1条的规定——公司宗旨问题的研究应当专业化、科学化。

首先第一个问题就要把主体关系搞清楚,我对这三个主体关系简单谈下我自己的观点。首先,公司与股东利益的关系。公司法能不能调整公司的这样一个作为主体的行为?似乎是可以的。我们通常会讲公司与股东的关系是整体与局部的利益关系问题,但这是很虚的。如果再实际一点的话,公司利益是什么?它是综合的、长远的,但是它又是非常抽象的。

如果回到具体的话,它是股东利益的集合。公司利益的形成需要公司法对股东权利行使的规范,公司利益的实现同样需要这个。相反地,如果我们仅仅看公司的利益而不看股东利益,可能会导致另外一个风险。这就是所谓代表公司利益的某些控制人,他们加大自己的私利,又侵犯了股东的权益,也侵害了公司的利益。所以在这里边我认为非常重要的前提是还应当保护股东的利益。我们再来看第二个层面,如果说公司利益是虚的话,相对实一点的则是公司相关的利益者的这种维护的权利关系。另外从另一个角度来讲,它涉及公司的社会责任。如果从这个层面来讲,它也不能作为公司法主旨的基本点。因为对这些主体的保护实际上有相应的法律途径。如果说公司法相联系的话,它涉及公司法最深层次的问题,最深层次的问题就是说公司的基本点要到底放到哪?我认为首先还是放到股东,其次再去考虑这些东西,不然的话公司的基本属性发生质的变化,对社会、对经济、对公司都是非常不利的,这是第二层。

第三层,我们再来看与债权利益关系的保护。在这一点上我们通常会提这么一个观点,就是要兼顾。在公司法层面怎么兼顾?我们来看一下公司与债权人关系的连结点在什么地方。我感觉主要就是公司做一个整体法律行为与债权人发生关系。这个层面它有两点:第一点就是法定代表人他的行为进行交易性的这种联系,而法律的调整是民法、合同法的东西,与公司法无关。第二点是和交易人的风险怎么去联系的问题,关于这一点的问题,恐怕首先还要考虑公司。在这方面目前讨论得非常多,但是仔细想想,相关的很多制度都有非常需要认真深入研究的空间。

说到底根本来讲,我认为应当以公司内部为本,涉及债权人的保护,它主要的是民事法律规范的问题,风险的问题只是附带而已,它不能够成为公司法的核心。所以从这样来看,应当以公司的利益保护为基本点,这是非常重要的。公司利益保护基本点可以从这几方面来看:第一,公司法从产生到发展,都是为了保护投资人利益;第二,公司法规范的所有内容都是围绕这个要展开的,更重要的是现在市场经济当中,它更需要对资本或对投资者的保护。因为传统的商法要对商品交易进行规范,而现代的商法,应当是对资本交易的规范,而资本交易规范最核心问题就是公司制度、就是投资者制度的保护。所以说公司法的保护应当凸显对股东或者投资人保护的内容。

所以我认为,公司法的修改应当不忘初心,回到它最基本的功能当中进行考虑,但对于宗旨的规范或许不是仅此而已,但是这一点是极为重要的,是最基本的。

图 11 沈贵明(左一)

施天涛(清华大学法学院教授):

沈教授提到了《公司法》第 1 条,我可以给沈教授再补充一条:我个人认为,公司法是赚钱的法,但是《公司法》第 1 条没有反映赚钱的精神。不多说了。下面我们有请北京大学法学院的蒋大兴教授,他的发言题目是《对公司组织类型的思考》,有请。

蒋大兴(北京大学法学院教授):

感谢主持人,感谢俊海,我还是结合咱们今天会议的情况,一般性地讲一下公司法改革的要点。接下来我两个部分来讨论。

首先,公司法修改总体上是怎么考虑的?我觉得最关键的是我们要通过公司法的改革来形成公司法的一般原则和理念,然后还要考虑如何通过修改公司法,解决中国现在的信用社会的危机问题;如何通过修改公司法,来确认中国特色的社会主义企业制度;如何通过修改提高企业的经营效率以及中国经济的全球竞争力、吸引力,改善营商环境。那么基于这样的一些总体考虑,我主要提这样几个具体的问题。

第一,我们有必要在公司法当中建立公司法的五大基本原则。大家可以看到我们公司法如此重要的法律却没有基本原则。哪五大原则?第一个是股东平等原则,我就不展开了。第二个是公司营业自愿原则,这里面涵盖了商业判断规则。第三个原则是外观主义原则,这个极为重要。大家可以看到九民纪要说外观主义是个例外,但是在公司法当中它是个原则。那么在股东资格的外观确认方面,要尽可能地把股权的识别、转让和强制执行当中的外观主义原则一体化。同时在公司或者股东行为的外观确认方面,要增加外部要素,经过公司的公司行为的效力,要优先于非经过公司的公司行为。第四个原则是法律的维持原则,包括首先要维持公司内部治理的有效性,那么也就意味着我们要维持公司法当中关于公司机构会议程序的意义和决议的效力。如果说法律或者章程规定要经公司机构决议的行为,未经决定对公司不生效,等于明确了不能简单地以三个以上多数或者绝对多数就否定公司内部机构的决定程序。另外,要维持公司的财产,可以选择性地把欺诈转让的规则完全引进,公司集团内部的法律的责任要做缓和。第五个原则是关于公共规制的原则,也包括公司权利的善意行使。要明确公司的设立和行为应当符合全社会的福利和人民的信仰,不得违反公序良俗,损害公共利益。那么要明确公司的经营行为,必须诚实善意地行使权力,等等。这里面同时必须明确建立公司法当中关于强制性规范的一般效力规则。

第二个大的问题是关于公司设立登记。首先,在类型上我觉得还是可以保留现有分类,同时引入关于公开公司和封闭公司的概念,解决我们目前的把公开发行和公开上市连接在一起的问题。明确规定公开发行公司、公开上市公司等等,这个就不详细说了。第二,取消关于公司人数有限公司发行的半数境内有住所的限制;出资方式和财产应该进一步自由化,增加关于人力资本入股的安排;完全确认加速到期的规则;建立公司名称的专节,建立名称争议第三方评审机制;允许一址多照,同时配套公司秘书制度;要增加关于电子营业执照的规定;要建立公司的联络官制度以及法定联系邮箱方式,解决目前公司失联的问题;就独资企业、合伙企业和公司之间的相互转换的问题的解决而言,要明确规定一些特别重大的特定交易,比方说借贷、担保、转投资、关联交易等未经法定程序或者未公开披露不生效的规则;要对公司登记的效力进一步明确化,将现有的行政许可的登记规则改为行政确认;要把股东名册的私人保管改为公共保管;要明确公司章程,要对公司章程效力进行扩展,要规定特殊情形下股东协议补充公司章程的效果,要求对股东协议予以备案或者登记;等等。

第三个大的问题是关于公司的组织机构。无论是组织机构的设立职权和运行方式,都应该以自由为原则。也就是说公司可以自己选择设立组织机构以及确定组织机构的职权,甚至可以引入公司治理外包机制,促使公司治理产业的形成。第二个要削减股东会和董事会的经营决策权,股东会仅仅保留内部争议的预先裁决权和重大变更的决定权、有害决议的否决权。董事会主要是制定战略和评价经理层的经营行为,经营权要大幅度下移。应当承认我们现实生活当中大量的经营都是经理层在做的。第三个要确认最高人民法院司法解释当中关于决议效力的部分内容,可以考虑取消关于优先购买权的规定,完全将股东对外转让股权优先购买权的规定交给公司自行安排。要明确关于夫妻或者家庭商行为的有关规则。对于党组织权力的问题,我想应该可以考虑建议赋予党组织异议权而不是决定权,为什么?因为如果党组织成为实际控制人,掌握决定权,国企成为被告时就要承担责任。如果是异议权就没有责任。还要增加首席合规官,在公司治理当中增加首席合规官或者首席风险官作为高管的安排。

第四个问题是专设公共公司专章。当然对于国有公司最好的方式是制定公共公司法,当前情况下可以在公司法中设专章,规范国有公司和社会企业,明确公共公司社会企业的概念,强调它有两个目标,盈利性和公共性、公益性,提升国有企业的财务透明度。为了解决国有资产保护问题,可以赋予国有资产监督管理机构独立的调查权。同时可以建立针对公共公司的公益诉讼制度。

第五个大的问题是关于财务会计制度和融资规则。要简化关于财务会计报告的要求,对于小规模企业可以不制作成会计报告,要改革关于财务会计报告的公司制度,要求公司在企业信用信息网上公布其财务会计报告的主要内容。关于公司融资的具体规则,除了保留初始股份发行的制度之外,有关股份增资发行、债券发行的规定全部回归到证券法当中。

第六个问题是关于公司合并、分立、增减资。首先应该把这一部分拆分为三章,就是公司合并、分立、公司资本变更以及公司收购重组。原来关于公司合并分立增减资的安排太简单了,这一部分应该大幅重写。关于上市公司收购的部分要全部回归到公司法当中。

第七个大的问题是关于公司解散清算的这部分。我觉得主要吸收最高人民法院司法解释的有关安排就可以了,破产制度全部回归到破产法当中。

第八个是关于外国公司营业登记或备案制的问题,我觉得应该区分在中国是否设立实体。它可以不设立实体,做营业登记,就直接可以在中国从事营业贸易。这样就可以在中国取得一个类似于欧盟那样的,在中国重建一个全球盟的效果。这个对吸引外资有巨大作用。

第九个问题是关于违反公司的公司法的法律责任,首先我觉得还是要严格法律责任,因为治乱世要用重典。中国当下的公司犯罪的刑事责任,我觉得看有没有可能回归到公司法,但估计可能比较难。第二要强化董事高管的个人责任。可以再进一步强化个人刑事责任,才能控制到公司行为。第三在程序法上要特别明确民事责任或者民事处理优先规则。也就是说相关的公司纠纷非经民事处理,不得进行刑事追究,避免我们当下对公司随意进行刑事制裁的行为方式。

图 12　蒋大兴

施天涛(清华大学法学院教授):

谢谢大兴教授。我本人是大兴教授的粉丝,我非常喜欢他的文章。下面我们有请中国政法大学的管晓峰教授,他的发言题目非常有意思。我先表个态,无论你说什么我都赞同:建议设立公司法修订委员会。

管晓峰(中国政法大学民商经济法学院教授):

谢谢俊海,谢谢主持人。我的发言题目是《关于设立公司法修订委员会的建议》。我们既然这次修改公司法,从 2005 年修改公司法到现在,到现在一晃 14 年过去了,14 年我们形势发生多大的变化,但是公司法迟迟都还不做大的修改,所以就耽误了许多事情,包括国家的经济发展、2019 年的经济下行等。仔细想来这和公司法的结构不合理有很大的关系。

第一个就是关于设立公司法修订委员会的必要性。必要性我想说三个问题:第一个是形势发展太快。我们的各种投资,以前我们资金投资用动产、不动产和知识产权投资,现在就有用股权投资、用各种虚拟的财产投资,各种各样的投资层出不穷。关于公司的资产它是怎么界定?我们现在公司法显然不能完全确定。第二个是利益形式增加太多。原来股东对公司的利益仅仅就是一个分红的利益,除此之外还有政治权力,就是在公司参与公司治理表决权这方面。现在利益就太多了,股权可以质押、可以抵押,可以建立各种各样的关系,利益冲突多,但是我们现在公司法完全没有对这个利益进行规定。比如说公司的认缴制,股东认缴的份额多,那么是不是就意味着它的表决权一定要多了？这次九民纪要说了,如果没有约定的话,他的表决权就是按照他的出资额来定,这样就很不公平,因为他都没有出资,他在控制公司的时候,他就可以通过利益输送把公司掏空,但是也不让公司亏损,就让其他已经出资的股东的利益虚质化。第三点是利益冲突种类层出不穷。关于股权转让的冲突、公司控制的冲动等。这三点需要公司法及时地跟上修订。然而在英国,公司法修订委员会就能够两年修订一次公司法,甚至在零几年的时候可以一年修订一次,这样便可以及时地进行调整,这是第一个大问题。

第二个大问题,公司法修订委员会设定的可能性。第一点,我们有市场需求。这也是现实的要求,因为无论是什么样的法律,它必须是为经济服务的、为社会服务的。第二点,立法有雄厚的技术力量。我们修改一个条文,有充分的论证、有充分的市场调研,制定出来的条文就可以满足市场的需要。第三点,司法实践有足够的司法支持。现在我们很多法官对公司法的研究不比专业教学人员差。他们对于公司法的研究以及裁判实践已经走在了前面,所以就有这个可能性。这是第二个大问题。

第三个大问题就是关于设定公司法修订委员会条款的设计。我把它设为5个条款,在附则增加一条5款。第1款是设定公司法修订委员会有15名委员组成。第2款,委员专家的设定。我参考了《中国人民银行法》关于货币政策委员组成的一个设计,包括一个全国人大常委会法工委专家、一个司法部法制司专家、三个法官、二个法学教师、一个经济学教师、一个管理学教师、三个律师、三个公司实务人士组成。第3款,委员每届任期两年,任职期间须暂停本兼各职,专司公司法修订工作。现在我们立法有一个不太好的地方,找了许多人,但这些人都没有专心成效来做工作,然后还本职工作不停,兼职工作也很多。制定出来的公司法如果不符合情理、法理,便会引起经济的混乱。比如说认缴制是否加速到期的问题,现在的价值理念就取消了保护投资者的利益,不加速到期。九民纪要就说不加速到期,除非有约定,后来又说除非是进入破产程序。但一旦进入破产的话,企业所有的交易必须全部停止下来,而每一个公司它在市场中的贡献或者说是市场的活力,有时候都是不可取代的,因此企业破产所影响的就不是一个公司的利益,而是整个产业链条的利益。第4款,关于公司法修订委员会,每届改选1/3,被改选的委员可以再从事自己的本职工作。第5款,公司法修订委员会每年提交公司法修改草案给全国人大常委会。

为了使公司的发展更加平稳,公司法修改要不断地紧跟形势。

图 13　管晓峰

施天涛(清华大学法学院教授):

本来管教授谈这个题目我很兴奋,但是我听管教授讲了这个委员会的组成,我就很沮丧,因为基本上我是参加不了了。我觉得你这个提案如果拿到今天这个场合来表决的话恐怕是通不过的。下面有请西南财经大学的吴越教授,他的发言题目是《关联交易与企业集团的公司法规制》,有请!

吴越(西南财经大学法学院教授):

前面各位专家他们都是比较宏观、原则性的问题,我准备谈一个具体的制度。大家知道这次俊海教授对于会议的选题其中之一,就是对企业集团,公司法要不要规制的问题,我觉得这个问题确实很重要,因为我们国家有很多的企业集团。那么另外一个问题,很多专家前面都提到了关联交易的问题。其实这两个问题它是一枚硬币的两面,我这里跟大家汇报以下要点。

第一个就是企业集团、关联企业、关联交易,它们是一个概念的转化问题,也是一个立法模式的选择问题,但这个问题没有绝对的正确和错误。那么第二个就是说我要重点跟大家汇报的,就是规制关联交易从哪个方面入手?那么从各国立法的经验来看,它要有一个好的抓手,就是打蛇要打七寸。关联交易,它是一把"双刃剑",你不能说他简单有效或者无效。这个界限在哪里?我给大家主要是汇报一个国际经验——两大模式的比较。规制关联交易有两种模式,第一种就是所谓的组织法模式,我们要不要给企业集团、关联企业,就是说像规定普通单一公司那样,给它强行规定一个内部组织关系？并承认企业集团的统一管理权是合法的,如德国。第二种就是行为法模式,你只要有关联交易,我给你规定一个内控程序,在英美国家叫安全港程序,比如英国和美国。

我们把德国模式、英美模式、中国模式作一个比较。大家知道德国的康采恩法是世界上第一部对企业集团和关联企业进行正式立法的法律,我认为德国康采恩法有三个优点:第一,明确承认集团的统一管理权、指挥权是合法的;第二,它为了规制关联关系的形成,规定了大量的从属企业、母子公司之间的从属报告义务;第三,它在承认集团利益合法的情况下,允许可以损害从属公司利益,但是须有年内补偿机制。这样应该是一个很理想化的法律,所以说它也得到了巴西、斯洛文尼亚等全部地或者部分地继承,但是有个问题,就是说德国的法律很理想,但是德国的企业不买账,为什么？成本太高了!

我们看英美模式,英美模式它根本就不(在公司法中)规定企业集团,但是它侧重于从董事利益冲突交易的角度规定了一个安全港,它的优点是什么？它抓住了重大关联交易。前面有专家提到,就是说对重大关联交易(包括关联担保、关联借款)进行了一个内控,也就是说要么是授权董事会来集体决,要么授权股东大会集体决,这个叫内控程序。而且这个内容是法定的,违背法定程序,有可能导致关联交易行为无效,那么这就是它的一个优点。英美模式现在得到了全世界很多法律共同体的响应,比方说欧盟刚刚通过的关联方交易指令,欧盟 26 个国家已经采用了英美模式,所以它的影响力很大,连德国也效仿了该模式。

那么我们看中国,其实大家说中国的时候,我们也不要对中国的公司法妄加指责。其实通过我的学习,我发现我们中国公司法在已经有几个很有用的条款,比如“控制股东”“实际控制人”“关联关系”这些关键概念已经有了,但是可惜不在总则里面,在附则里面。这么重要的概念,既然摆在附则里面,位置不对,但是这几个概念很重要。我归纳这是一个兜底模式,总则第 20、21 条,分别规定控股股东和实际控制人,不得利用控制关系、关联关系损害少数股东及债权人的利益,公司法这两条是很有用的。

那么另外还有《公司法》第 16 条,还有针对上市公司的第 124 条。其实针对上市公司的第 124 条,在我看来就相当于美国的公司法安全港程序,它规定上市公司进行关联交易的时候,首先关联董事要回避,如果无关联董事人数不够的时候,提交股东大会决议,且相关的股东要回避。像这一条其实就是英美公司法的内部控制审批安全港程序,只不过我个人认为它的使用范围太窄了,只适用于三千多家上市公司,而不是适用于所有的公司类型,所以是有一定缺陷性的。但我觉得我们国家是很有希望的,就是把这几条关键的组合起来,就是一个我们自己的将来的关联交易立法。

第2部分,为什么我们要控制关联交易?关联交易是一把“双刃剑”:一方面,关联交易有助于企业集团内部节约交易成本,它是一个巨大的优势,而不是劣势;另一方面,关联交易也有极大可能损害少数股东和债权人的权益。那么怎么来规制呢?我们立法没有必要规制所有的关联交易,如果我们企图对所有关联交易进行规则是失败的,所以一定要找一个好的抓手,这个抓手是什么呢?就是董事利益冲突交易。为什么抓住董事的利益冲突交易就等于抓住了重大关联交易?董事是公司的高管,董事的背后就是大股东的利益,董事的关联交易就是大股东的关联交易。非董事的关联交易,就没有报告义务,没有实际披露义务,也不需要董事会多数决甚至提交股东大会多数决。从董事的利益冲突交易的角度去抓住重大关联交易,而舍弃小的关联交易就是抓蛇打中了七寸。从董事利益冲突交易角度规制关联交易,它有三大优势:第一个,事前规制,披露义务;第二个,事中规制,回避表决义务;第三个,事后规制,就是董事责任,以及关联交易的效力。

第3部分,怎么规制董事利益。董事冲突交易它有一般规则和特别规则,即一般关联交易规则以及特别规则中的处置资产、关联担保、关联贷款等。

最后总结一下,其实英美法也好,德国法也好,他们对关联交易有一个认知的转变,就是从“自始无效”到“放弃自始无效原则”再到“进行正式立法”三个阶段。让我们再看一下美国法院对关联交易的裁判思路。第一,首先是看关联交易是否得到了批准,如果批准了,相对而言就是安全的,但是有时,即使是无关联股东进行了表决,法官仍然会否定关联交易的效力,(因为交易可能是不公平的);第二,即使关联交易没有经过批准,只要对公司而言是公平的,那么也有可能被法官判决有效。

我们再看一下最高法纪要关于公司担保的规定,纪要区分了章程限制和法定限制,承认了关联担保和普通担保的区别,这是一个巨大的进步,因为关联交易和普通的交易是不一样的。但是最高法院纪要有一个没规定——如果违背了《公司法》第16条第2款第3款的规定,那么就应该是无效的,但如果是公正的交易,则会例外地有效。其实我们已经有很多的基础,但是公司法修订的时候需要系统地进行规定,无论是我们现有的立法基础,还是我们的司法实践经验,我们只要稍加改造就有希望。

图14 吴 越

施天涛(清华大学法学院教授):

吴越教授在德国留学的时候博士论文写的就是企业集团制度,他是这方面的专家。之前我就说过,其实我们公司法上关联交易的完整的规则已经呼之欲出了,只需要我们去整合一下。谢谢吴教授的精彩报告。接下来我们最后一个发言的是我们的东道主。热烈欢迎我们帅气的、有学问的、笑眯眯的俊海教授发表演讲!

刘俊海(中国人民大学法学院教授,商法研究所所长):

在论文集中,我的论文有三篇,一篇提到了四大历史使命,还有一篇提到了八大理念,我就不再重复了,就点出几个关键词。

第一个立法使命,首要的恐怕还是尊重和保障公司的生存权与发展权,促进公司的可持续发展。我们提到个人的人权的时候说生存权、发展权是首要人权。那么对公司而言,我想也应该如此,所以它作为一个立法宗旨,应当作为公司法一根红线,在字里行间都应当得到体现,首先就是在登记制度的设计上,应当立足于提高公司的存活率和核心竞争力。陈局长提到我们的公司已经有3000多万家,但是这些很多公司有没有活干、有没有业务是我们最关注的。另外,我想在登记制度下一步转型的环节上,能不能进一步改进登记服务?比方说把公司章程上网,让公众能够在企业信息登记系统中查到公司对于对外担保、借贷、投资的股东会、董事会的决策权限的划分。另外,还有一个就是股份公司的除了发起之外的股东的登记信息是查不到的,所以这些股份要去质押的话,可操作性也不是很强。对公司监管而言,我个人觉得过去都在强调行为监管和产品服务的监管,下一步能不能回到公司法的轨道上,侧重公司治理的监管。我们的监管部门能不能除了罚款之外,也给公司派一些公司治理的监察官。我个人觉得在公司治理的外部人第三方监管方面,在座的专家学者应当有所担当,监督公司治理的完善。还有一个就是上市公司的监管也应当立足于上市公司的发展。现在的股民抱怨有双重伤害:一方面受到失信人的侵害,另一方面对上市公司的处罚会殃及无辜股民。证监会处罚以后,股民本来很高兴,第二天一开盘又不高兴了,股价下来了。将来能不能放开上市公司,监督上市公司背后的违法的行为人、控股股东失控人和董监高,放开上市公司。这样的话个人会不会避免受伤害?另外还有涉及民营企业和民营企业家的切割的问题,刑法上有法人犯罪、单位犯罪、个人犯罪的划分,在说到底还是公司法上的一个内部公司治理,在新兴的公司法里头能不能得到充分的体现。特别是民营企业本来都是家族企业,在这个方面我个人觉得如果是一人公司、夫妻公司和家庭公司的话,就放开它彻底放活,因为法人格在于推定制度,足以保护债权人。所以关于职务侵占罪的规定、挪用公司资金罪的规定,对这些特殊的公司,我想将来在公司法明确不适用。还有一个就是法院和仲裁机构在办理案件的时候,涉及解散、破产、设立无效、公司僵局的时候,也尽量以不解散公司作为裁判的第一要义。还有激活股东代表诉讼,特别是引进股东代表仲裁的制度。鼓励在直接诉讼和普通债务处竞合的情况下,优先提起股东直接诉讼。另外就是新公司法如果能够明确公司对外担保程序更好。

第二个使命还是弘扬股权文化,完善产权保护制度。股东主权、股东平等、股东民主、股东诚信、扶弱抑强与社会责任这六大核心的内涵应当明确下来。应当保护前小股东的利益,小股东因为受到控股股东的欺诈或其他的误导,以低价卖出去之后,如果提供股东代表诉讼,有的可能就超过了一年的除斥期间了。我个人认为保护他对鸡和蛋两个诉讼请求权,因为有的控股股东通过关联交易把365个鸡蛋偷回了265个,100个鸡蛋里头小股东只能拿20个(20%的持股比例),其实265个里头还有小股东的20%,所以这是关于鸡蛋的请求权。还有一个鸡的下蛋数量少,母鸡的下蛋能力被低估了,因为资产评估是采取收益法的,所以在股权出让环节又少了一道卖鸡的价钱,所以我想,将来新公司法应该保护这些前小股东利益。另外还有一个隐名股东权利保护。另外对中小股东的知情权、退股权、分红权、解散公司的诉讼权和索赔权,能不能明确一个优先顺序,告诉权益受损小股东优先选择刚才所说的哪一种方式和途径。另外关于股权代持,我个人觉得除了法律特别规定之外,原则上都应当确定为有效。对股权代持无效的情况下,能不能采取一个六四开的原则,在利益分配上向隐名股东倾斜一下,特别是实缴出资到位的情况下。对于双重股权架构我们要允许,但是要避免权力的滥用。

第三个使命应该是强化交易安全,防范金融风险。在这个方面我个人觉得将来能不能规定认缴出资迟缴的最长期限不超过5年,如果这样的话能更好地展示股东的诚意。另外就是关于公司揭开面纱的类型化问题,我个人觉得对房产公司来说,股权资本显示不足是一个重要选项。同时把限定列举债权人可追加公司或者股东为被执行的法定情形,由最高院2016年的司法解释上升到公司法层面里面来。还有代持股权作为执行标的的时候,隐名股东的异议权,应当按照别内外、论阴阳、分善恶、讲先后、重担保、防双悬、辨民商的理念来去落实,当然应该在新的立法里体现出来。

第四个使命就是鼓励公司承担社会责任,促进经济高质量发展。一方面授权公司董事会做出有利于公司长远发展和担当社会责任的公司决议,以防股东提起公司决议无效确认之诉。同时,明确上市公司应当比非上市公司承担更大社会责任,国企比民企承担更大社会责任,跨国公司与地方企业承担更大的社会责任。另外按照生命权至上的原则,把公共利益优先的原则,还有公司的利益相关者对公司的贡献率和公司对利益相关者的贡献率成正比的原则,如果得到体现会更好地促进公司利益相关者和股东之间利益共享。

关于结构,我在论文中提到了关于新《公司法》十七章的结构设想。第1章"总则",这里边能不能借鉴日本2005年的经验,废止有限责任公司制度,同时充实上市公司的制度,建立特殊有限责任公司,对股东进行结构性减税。公司不是独立的课税主体,股东在拿到红利的时候来课税。第2章"公司设立"。第3章"组织机构"允许大家自由选择双层制或单层制。第4章"股东发行",规定股份的种类和多元化。第5章"股权转让",包括基准日和交割日的损益分配问题应当补充,还有关于无效股权转让合同的处理。第6章"特殊类型的公司",包括国有独资公司、一人公司的特别规定,还有闭塞性公司。第7章"股东权利",应当规定中小股东权利保护的相关内容及法定机构。第8章"关于董监高的资格和义务",引进商业判断规则。第9章"公司债券"。第10家"公司财务会计"。第11章"公司重组及并购",把增减资制度由财务会计制度部分拿到这章里面来。第12章"破产解散清算"。第13章"公司集团"。第14章"外国公司"。第15章"公司登记和公示"。第16章"法律责任"部分,我想能不能把信用制裁纳入进来,这是法律责任的第4颗牙齿。另外公司的形式合规要求,还有行政处罚与刑事责任的衔接的公司监督机制的改进也纳入。最后第17章"附则"。

图 15　刘俊海

施天涛(清华大学法学院教授):

俊海教授为我们公司法修改提出了历史使命和现代的设计理念,我们一定不忘初心、牢记使命,把公司法修改好。我们第一部分就到这里。要表扬的是我们这一部分大体上控制了时间,没有过分超时。提醒一下与谈人,括弧里的字要看一下,5 分钟左右。首先有请中国人民大学法学院的史际春教授给我们作与谈,大家欢迎!

(本部分由吴凌畅编辑整理)

与谈环节

史际春(中国人民大学法学院教授、安徽大学法学院讲席教授):

谢谢天涛。各位同人大家好,我们这次论坛的主题是公司法的修改,上面六位专家学者,对公司法存在的问题,公司法的修改,发表了高见,我是受益匪浅,我就简短地发表三点感想。

第一点感想就是我们的公司法确实需要与时俱进的修改。但是,我们是把它修改成一个堆砌更多的条文,挂一漏万的“大杂烩”公司法,还是把它修改成一个理念到位,逻辑清晰,框架和条文简洁的,现代的,具有中国特色的公司法?公司的形式非常有限,股份有限公司、有限责任公司,充其量再包括合伙企业,也就是四五种公司形式。可是现实生活同样的公司形式,大中小微企业、国有企业、合作制或集体企业、私人所有企业、外商投资企业,资合、人合机制存在天壤之别。所有的公司关键是靠分权制衡,特别是明确代表国家所有权的出资人的职责,明确代表国家所有权的监督管理者的职责,明确代表国家的政府公共管理的职责。我们已经知道资合与人合的概念,但是股份公司也可能是人合,合伙企业也可能是资合的。所以这个在条文上不可能写清楚。关键在于要有好的理念。有了好的理念,一切问题都能迎刃而解。

第二点感想就是,前一阵子我收到了《证券法苑》,那一期的第一篇文章就是《公司法的死亡》,肯定也有很多人看到了,是一个美国教授写的很长的一篇。它的大致的意思就是说,现在投资者越来越专业,投资者的契约越来越平衡,投资者缔结契约越来越频繁,所以只需要契约自由、财产权、神圣过失责任,不违反公序良俗、公平正义,再来个善意恶意的把握就行了。公司法的条文和特拉华的最高法院没事干了。过去我们公司法主要把公司的组织框架给搭起来,更多的规则留给当事人的意思、政府的规制。比方说市场监督管理应该交给法院裁判,你不一定非得把你懂的都写到法律里头去。

第三点感想就是,我们中国人对公司法与产权保护之间的联系还是很陌生、还是少。开办公司的是追求自身利益最大化,而且自认为有能力的财产所有者,财产所有者办企业的目的是什么?就是要赚钱,那你就要保护他的财产,保护他赚钱的动力和权利。产权保护它是跟资本联系在一起,所以谁拥有产权谁说了算,谁出资大出资多少谁说了算,所以一定要加强实际控制人的能力,他的控制不是邪恶的,他的控制是他的责任。在这个基础上,用过错责任来追究,来落实。我在20多年前就写了一篇文章,企业家分两种,老板企业家和非老板企业家。对于老板企业家,我们要尊重他的企业治理、企业行为、尊重他的理念,尊重他的设计。非老板企业家是给老板打工的,我们要尊重他的专业的精神。即使有点小瑕疵,也要包容一下,因为每个人都有瑕疵。那么中小股东要不要保护?要保护。中小股东就是财务投资者,要确保控制股东,实际控制人不弄虚作假,不欺骗他,赚了100万元,不说只赚了10万元,赚了10万元,不说一分钱没赚还亏了,别骗他。所以只有一点点股票的人,让他去查账肯定不合适。出资比较多的财务投资者,可以让他去,但是要看一看他是不是善意。你说这些东西怎么写到法条里面去。整个社会的理念提高了,公司法治水平就提高了,跟法条没啥关系。

图16 史际春(右)

施天涛(清华大学法学院教授):

史老师的意见都是经过深思熟虑的,我本人和史老师是心灵相通、心意相同。谢谢史老师。现在有请北京大学法学院的郭雳教授作与谈,大家欢迎!

郭雳(北京大学法学院党委书记兼副院长、教授):

各位师长、同人、同学上午好!我就谈谈自己印象深刻的几点学习体会,给大家做一个报告。李建伟老师首先呈现给大家的是主持人般的、华少般的语速,实际上他的思维的深度和宽度也非常令人钦佩。我赞成建伟老师所提到的第二种观点,也就是资本门槛的降低要与社会信用体系的完善协同考虑。在这个问题上,我自己是倾向于渐进式的创新,而不是颠覆式创新。沈贵明老师是以法定代表人为例,他探讨了公司法的组织法和合同法属性之间的辩证关系,言简意赅。蒋大兴老师讲的也是公司的内外关系,他把它统括在股东平等、营业自由、外观主义、法人维持、公共规制这5个基本原则之下,实际上也涵盖了这次公司法修订的方方面面。其中大兴老师还特别提到,如果党委成为被告的话会很麻烦,在我看来这个考虑是非常贴心的。管老师的建议是非常新颖的,律师的作用的确不应该被忽视。在座的其实是有几位律师刚才举手了,我熟悉的是张诗伟律师,他向会议提交了一篇关于科创板的论文,我读来也很有启发。律师能够有机会参与这个委员会——假如有这个委员会的话,那是非常光荣的一件事。但是我想提醒诗伟兄一下,之前的那些政审程序和财产申报程序也是非常漫长的,要做好准备。吴越老师讲的是集团公司关联交易的问题,也是特别重要的。前几年我自己写过一篇关于上市公司退市时的审查的文章,实际上是这类交易的一个特殊的场景,所以深有同感。另外我所在单位的一家校办企业最近也卷入到了这样的麻烦当中,所以我回去要非常认真地拜读吴老师这两篇文章。俊海老师跟大兴老师的发言是比较接近的,非常全面,他谈到了六个核心。在北大我每年要用英文给外国学生讲中国的公司法。所以我想在这次修订的过程当中,我们在梳理这些问题寻求答案的时候,应该认真地去看一看,哪些制度设计是真正具有中国特色的。

图 17　郭雳(左二)

施天涛(清华大学法学院教授):

感谢郭教授的精彩点评,非常切合与谈人的身份。有一点遗憾的是,我非常想听你把刘教授和蒋教授的观点批一下,下次有时间再说。下面我们有请中国政法大学的王涌教授。

王涌(中国政法大学民商经济法学院教授):

非常感谢俊海的邀请,确实受益良多。我对几位发言人做一个简要的评议,谈一下我自己的想法。第一是李建伟教授的发言,李建伟教授对职业经理人和企业家的关注,让我非常感慨。这个好像也是公司法的一个要点。但是有一个问题,经济学上的概念被用于法学和立法的时候,我们可能要非常的谨慎。因为经济学都认为财富创造的引擎是企业家,这个企业家是不是我们公司法上的经理,是不是职业经理人,恐怕要非常的谨慎。建伟基本上是把经济学上的企业家这个概念当作公司法上的经理,所以对经理的马仔地位表示非常的同情和愤慨,要为经理人维权。但是这两者之间还是有差异。

第二个是沈贵明老师的发言,沈贵明老师的发言提出了公司利益,这个是公司法上非常重要的概念。在澳大利亚的著名的公司法学家福特的公司法教科书当中,有相当的篇幅来阐述这个问题。公司利益这个概念将成为法院的司法审查权用来对抗大股东的经营判断权和表决权的一个非常重要的逻辑支点。如果这个概念建立不起来的话,那么在整个公司法的技术上是一个重大缺陷。在最高人民法院的司法解释里,我们也发现了这样一种矛盾和纠结。许多司法解释是停留在形式主义,没有进入实质主义,这个是我们和英美国家、欧陆国家的成熟的公司法相比的一个鸿沟。因为他们有一个实质主义的东西在里面,也就是史际春老师所说的理念,理念不建立起来,一个国家的公司法就建立不起来。如知情权的理念,在英美国家就是股东对董事会的信赖。一旦有违反信义义务的初步证据的话,我不光可以查到这个报表,我连年底签的合同都可以查。这个理念在中国的司法解释当中没有建立起来,所以我们一直停留在机械的层面上。再比如股东代表诉讼,英美国家对股东代表诉讼有一个事先的审查机制,它的理念就是董事会对于公司具有经营判断权。我们没建立起来这个基本的理念,反而是我们长期采用的一些形式主义的东西把基本的理念给打破了。所以说沈贵明老师的公司利益这个概念是非常重要的。

大兴的发言可谓是面面俱到!这里我提出一个概念,我们在技术上要进行全面地修订,但是在总体的框架上要把握公司法的一些基本理论,我觉得最基本的矛盾就是两个字,平衡。这个平台有大股东与小股东的平衡、人合与资合的平衡、盈利与社会责任的平衡。我们还忽略了一个平衡,就是义务与权利(力)的平衡。我们大量的精力是放在公司内部的,权利(力)平衡非常完美。但是我们忽略了一个细节,中国公司对外代表权的极端性,在公司法和学术研究当中体会得非常少,所以就会导致《公司法》第16条的问题。它的根源就在于我们忽视了对外代表的权力的平衡问题。我们有几大缺陷:第一,我们是采用了一元化的法律的本质。第二,我们是采用公司公章至上主义这样一种传统。但这个问题我们始终没有提出来。所以说公司法的改革,细节技术很重要,但是基本的平衡一定要落实。基本的平衡是宏大的问题,但是他又表现在细节当中。

关于管老师的发言,我觉得管老师的情怀是非常让人感动的,在英国也有公司法修改委员会。值得一问的是,公司法修改委员会在中国法的框架下,是属于全国人大常委会法工委,还是中国法学会,还是俊海的资本市场法治论坛?但是管老师提出了一个非常重要的问题,就是法律渊源的问题,我觉得首先是要讨论的。现在我们的公司法虽然没有迅速的修改,但是我们最高人民法院作出了贡献。然而这里又产生了一个矛盾,就是最高人民法院和全国人大常委会法工委之间的矛盾。如果说没有矛盾,为什么最高人民法院反复使用会议纪要的形式,而不使用司法解释的形式?所以就出现了一个中国特色的法律渊源,就叫作会议纪要。所以我觉得会议纪要具有非常强大的合理性。我希望最高院能够通过会议纪要的形式及时地应对实践当中出现的问题。英美国家有判例,我们有会议纪要,打了个平手。

吴越老师的观点,我觉得非常重要。英美国家也不光是用关联交易行为这个概念,在1940年的时候还有个公用事业控股公司法,也是有它的独特的立法规制。中国当前一个非常重要的问题就是要警惕财阀集团的出现,也就是工业资本进入金融资本,金融资本进入工业资本,最后彻底地改变中国的经济生态和政治生态,就像韩国。所以这个是值得我们法学家要关注的一个问题。

俊海的发言非常的宏大,因为我们请俊海21日晚上到中国政法大学做一个讲座,俊海发言之后我是单独评议,还有一个小时的准备时间,所以我们到时候会和俊海进行充分的切磋。但是有几个细节问题。你这么大的一个法学家,为什么对很多的细节要说得那么机械,比如说代持一定要六四开,这是为什么?我觉得一些细节不可能写在公司法的修改当中,写在法典当中。你这个建议说,第六章股权代持,第138条股权代持宣布无效,按六四开分配,听起来好像是古代皇帝发布的一个诏令,不像一个现代的立法技术。另外就是信义义务,在各位老师的发言当中没有作为一个特别重要的问题,其实这是非常重要的。欺诈是一种耻辱,不是一种智慧。在公司法上我们缺少反欺诈的基本理念和法律制度,而信义义务是一个核心。我就说到这里,谢谢各位老师。

图 18 王涌(中)

施天涛(清华大学法学院教授):

谢谢王涌教授。王涌教授是一如既往的犀利,也是一如既往地说“我不会耽误时间”。谢谢非常精彩的评论,如果时间允许的话我们愿意和王涌教授作更多的探讨。我们这个单元最后一位与谈人是清华大学法学院的梁上上教授,大家欢迎!

梁上上(清华大学法学院教授):

特别感谢俊海教授的邀请。我简单评议一下我们这组的报告。我觉得我们这一组可以分为两个部分,一个是全面型的,一个是具体型的。全面型的主要是蒋大兴教授还有刘俊海教授,他们的报告非常的全面,从基本的理念到具体的制度设计。那么还有具体型的,包括李建伟教授、沈贵明教授,还有吴越教授谈的都是很具体的问题,另外一个特别新颖的是,管晓峰教授讲的设立公司法修订委员会,这些报告确实让我受益良多。这边我就重点和沈贵明教授交流一下,我觉得他的报告对我有很多的启发。传统意义上来讲,法人的本质是从三个角度去看,有三个不同的学说,第一种是法人实在说,第二种是否定说,第三种是拟制说。那么这三种不同的学说其实给我们提供了很好的一种视角,我们在公司法的修订的过程当中,可能需要强化两种不同的视角。第一种视角是从法人的角度去看,法人它是从外向的一种视角,它的眼睛是朝外看的,所以在签订合同的时候,法人有一个独立的主体资格,是外向的视角。我们还需要特别注意法律的概念。我们讲法人独立承担责任的时候,其实我们跟德国版的概念是一致的,跟日本法一定是完全不一样的,所以我们在研究一些概念学说的时候特别需要注意。那么从外向的视角来看,我们民法总则里面有很多的规定,我觉得从外向视角来看,这些规定是没有问题的,但是如果从内向的视角去看的话,其实民法总则的很多规定,应该以内在的一个角度去看。内在的角度其实是解剖学的一种角度。所以我在这种意义上来讲的话,公司其实是不同利益主体的交汇的平台。那么在这个平台当中,不同的利益主体它是不一样的,比如说在公司里边它有股东的问题,有公司本身的主体的问题,还有债权人的问题,还有评估机构的问题,还有董事的问题、监事的问题,那么这些不同的主体怎么能够在公司当中实现它的权利、义务还有责任？这个时候我们可能需要重新思考它们的位置,需要给它们重新定位。所以现行公司法需要从重新定位的角度去做一些思考,比如说我们在股份公司的设立过程当中,传统上来讲的话,股东如果出资不实的话,对公司要承担连带责任。但是我们《公司法解释(三)》也有明确的规定,如果公司成立后增资的话,就不是股东承担连带责任,而是董事承担相应的责任。这个问题实际上需要重新思考。你比如说公司成立之后,如果出资不到位的话,这个时候的催缴的义务还是由其他股东承担吗？还是董监高？谁能够更了解到存在出资不实等瑕疵？恐怕是董事更合适。所以我们很多的制度可能是需要做一些重新的规划和设计。当然还有其他很多的问题需要思考。我们现行的公司法是沿着生命的一个规律来思考的,但其实还有其他很多的路径可以思考。谢谢大家,我就讲到这里。

图 19　梁上上(右)

施天涛(清华大学法学院教授):

谢谢上上教授。我们这一节的发言人和与谈人做了非常精彩的发言和评论,我和崔老师就行使一下自由裁量权,自由讨论环节就取消了。同时我有个提议,我们现在很难得见到崔老师了,我一定要请崔老师讲几句,您也依了我哈。

崔勤之(中国社会科学院法学研究所研究员):

俊海老师邀请我来参加这个会,我非常高兴,看到了这么多的同人更高兴。我们的第一个单元到现在就结束了,特别感谢参加我们第一单元发言和评论的各位老师,同时也感谢天涛老师的幽默主持。大家已经坐了将近 4 个小时了,非常辛苦,所以我想问一下俊海老师,我们可以吃中午饭了吗?(刘俊海:当然,没问题!施天涛:谢谢大家,下一阶段的问题我们就交给主办人了。)

图 20　崔勤之

(本部分由谢肇煌编辑整理)

第二单元

主持人:徐孟洲(中国人民大学法学院教授)
曹守晔(中国审判理论研究会民专委副主任)
发言人(每人8分钟以内)
1. 汤　欣(清华大学法学院教授)
发言题目:证券集团诉讼相关问题
2. 朱羿锟(暨南大学法学院/知识产权学院院长、教授)
发言题目:社会资本视域下公司治理规则重塑
3. 于　莹(吉林大学法学院教授)
发言题目:机构投资者与我国差异化股权制度的适应性发展
4. 高富平(华东政法大学法律学院教授)
发言题目:数据资本化可行路径
5. 周剑龙(日本独协大学教授)
发言题目:日本法上经营判断原则之构建
6. 张世君(首都经济贸易大学法学院院长、教授)
发言题目:公司董事义务在破产法中的扩张与缩限
与谈人(每人5分钟以内)
1. 邢会强(中央财经大学法学院教授)
2. 李东方(中国政法大学民商经济法学院教授)
3. 姚海放(中国人民大学法学院副教授)

曹守晔(武汉大学特聘教授,中国审判理论研究会民专委副主任,最高人民法院前高级法官、研究室一级巡视员):

很高兴能够与中国人民大学著名经济法教授徐孟洲老师共同主持2019年中国资本市场法治论坛第二单元。"公司法修改中公司类型、公司治理与股权保护的制度创新"主题鲜明,值此民法典编纂、公司法修改之际,研讨很及时,非常有理论意义和实践意义。抛砖引玉,个人浅见有三:(1)公司类型要增加。在1992~1993年《公司法》制定的时候,当时我建议公司类型在制度供给上尽可能多几样,其中我提出了两合制,但是最后两合公司没有采纳;2004~2005年修改《公司法》,根据审判实践中公司对外担保出现的担保滥用和循环担保问题,我提出从程序上适当限制公司法定代表人担保权利,大家看到的就是现行《公司法》第16条。现在遍地公司集团,公司法是否应当有所回应?(2)公司治理与股权保护，要坚持新的发展理念。国家负有营造良好营商环境的责任，公司也应担当一定社会责任。通过公司法修改推动高质量发展，特别要强化贯彻绿色发展理念，加快推动形成绿色发展方式。公司法是组织法，公司在资本市场中怎么样发挥它的作用？采用什么样的方式？这对我们经济发展是不是高质量，关系重大。（3）完善社会主义市场经济体制，必须加强资本市场基础制度建设。公司是资本市场的细胞，公司法修改，特别需要完善公司治理方面的基础制度。要关注影子高管的规制和电子商务公司特别的义务、互联网公司保护个人信息维护信息安全的义务，区别于传统线下公司，他们应该增加一些什么义务？譬如消费者权益保护、防止污染和生态文明，增加他们的义务，既是国家治理、市场治理、公司治理现代化的要求，也是他们自身长远发展的需要。

公司治理完善值得研究的问题，譬如公司的监事实践中发挥的作用如何？特别是国有企业的监事、公司的独立董事，谁来派效果最好、最有用？股东权益要保护，消费者权益也要维护，集体诉讼制度如何建立，在什么领域、多大范围探索适用？完善公司退出机制，健全破产启动制度，增加董事、监事等公司高管及时申请破产的义务。

本单元安排6位发言人，下面有请第一位发言人，清华大学法学院著名的商法教授汤欣就“证券集团诉讼相关问题”提出高见，大家欢迎！

图21　曹守晔

发言环节

汤欣(清华大学法学院教授):

谢谢曹老师,也特别感谢徐老师,因为徐老师是我多年以前在中国人民大学上学时候的老师。非常感谢俊海教授和中国人民大学商法研究所的邀请,让我有机会能够重回母校来跟各位专家来做一个交流。

我已向会议提交了一篇论文,其题目是"财务造假案件中的投资者赔偿:监管介入还是民事诉讼?",该论文已经在论文集里边,实际上我不打算就用这个时间来重复,只讲其中核心的观点。我个人认为:由监管机构来负责证券市场上的行政执法,无疑会有专业化和高效率的优势。但是考虑到尤其是在财务造假事件,中国的很多案件中的法律适用是相当复杂的,由监管机构或其建立的投资者保护机构,如果由其全面来接管投资者损失的填补工作,将会面临裁判争议解决的专业性不足、人力和资源配备有限和程序规定不够完备等严峻问题的挑战。所以个人认为:对于先行赔付制度,如果按照证监会原来的想法,强制性地在证券公司、保荐机构或者是在主承销商这个范围内推出的话,那么恐怕是要认真做检讨和思考的。

但是我今天要讲的话题实际上是更适合于在下午的环节,是关于"中国式的证券集团诉讼"这样一个问题。因为这是非常有争议,而且有很多研究和探讨价值的问题。

大家都知道集团诉讼是英美法国家的产物,它是指允许多个原告针对同一被告的多个索赔请求,能够在同一诉讼程序当中得到解决。那么在这样的一个过程当中,有代表原告、集团成员,还有原告证人等组成部分,前提是集团成员和代表原告的诉求具有同类的法律和事实问题。集团诉讼结果无论是好是坏,作为集团的成员都要受到他的约束,包括不得以同一案由再次起诉,这是既判力的问题。

集团诉讼制度起源于英国衡平法院的规则,传到美国以后,尤其是在1966年的联邦民事诉讼规则里边生根发芽,并且成为当地民事诉讼法上主要的群体性诉讼机制。在当代美国一些受到广泛关注的社会争议事件当中,尤其是作为大规模损害赔偿的民事救济渠道,集团诉讼扮演了关键性的角色。尤其是近年来美国证券市场投资者针对财务造假等上市公司违法行为所提出来的集团诉讼,也就是证券集团诉讼已经成为当地最为重要的集团诉讼的类别,因为在美国集团诉讼是非常具有争议的,支持它的人把它视为能够解除股东苦难的闪闪发光的骑士。反对它的人认为它是祸害社会、祸害市场的科学怪人似的魔鬼。

虽然在学术方面很多争议,但是我们看到美国在一系列立法中发挥集团诉讼的功能,并节制它的弊端。这种情况下,最新数据表明,到目前为止,2018 年和 2019 年的美国数据表明,集团诉讼仍然是美国市场上当仁不让的、最为重要的投资者保护的工具。

最新的统计研究表明,截至 2019 年 6 月 30 日,集团诉讼在近年来没有下跌,反而是从数量到金额方面都还是稳定的,甚至在 10 年内的一个区间里边处于一个高位。我们一方面需要打造活跃的证券市场,另一方面需要打造公正的监管机构和高效的行政执法体制,同时还需要建立能够对市场违法行为的受害投资者进行合法和充分赔偿的机制。在这个方面,应该说中国的证券法从 1999 年的立法之初就规定要对包含财务造假在内的虚假陈述行为的受害投资者进行民事赔偿。在 2005 年立法修改的时候,还进一步补充了对于内幕交易和操纵市场行为的受害投资者进行赔偿的现有规定。

但是目前实证研究表明,我国虚假陈述类案件的提起率仍然低下,反映出的问题主要是投资者对于民事赔偿机制的信心不足,而背后的深层次原因,除了一些地方法院在投资者案件的立案、审理、判决和执行的各个环节尚未表现出应有的主观能动性之外,还包含现有的诉讼机制,还不能提供给受害投资者强有力的诉讼工具。尤其是《民事诉讼法》第 53 条所规定的,当事人在起诉时人数确定的代表的诉讼和第 54 条规定的起诉时人数不确定的代表人诉讼,在实践当中应用是非常少的,后者基本上没有。同时我们也看到,近期在市场上刚刚推出的一些机制,比如最高人民法院支持中国证监会主导的非讼调解,还有我自己对之持一种谨慎态度的先行赔付。在司法实践当中还有试图通过支持诉讼、示范判决等方式,想要拓宽投资者索赔的司法路径,这些救济措施在实践当中的有效性需要观察,尤其是包括科创板的司法保障文件,包括最高人民法院刚刚推出的九民纪要里边,对于《民事诉讼法》第 54 条所说起诉当事人数不确定的代表人诉讼,也开始要进行破冰之旅。但是这样的一些新的尝试,我认为在 A 股市场有这么庞大的公众投资者,散户投资者其中的比例非常高的情形下,特别是当下市场正在试水证券发行的注册制,并酝酿在科创板之外的其他板块来推广,应为投资者来提供充分的权利保障和救济。在未来可见的时间内,都将是证券市场发展和法治建设当中的头等大事。那么我们先不论更有争议的内幕交易和操纵市场等类别的案件,但是在财务造假类的违法行为造成损失时,这种情况下除了争议调解,除了赔偿基金等证监会正在实践或者是打算推出的机制以外,还应为投资者提供包括单独诉讼、共同诉讼、代表人诉讼,乃至于集团诉讼在内的司法索赔的渠道,形成路径之间的相互补充和良性竞争,这是完善投资者保护制度可以尝试的政策安排。

探索建立具有中国特色的集体诉讼制度,一方面可以保留美国式的默示加入和明示退出的机制,法律将人数众多的原告投资者拟制为诉讼的集团,此时保持沉默的投资者,均要被视为集团的成员,受到未来的裁判或者是和解结果的约束,而主动明确退出的投资者则不作为集团成员,有权自行寻求其他的救济渠道。

具体操作当中,在确定股票发行的虚假陈述行为以后,可以通过成熟的电子化的交易系统来查明相关投资者持股和交易的信息,在经过庭审程序后计算应予赔偿的金额。在被告履行裁决或者和解协议,或者经过执行程序、提取赔偿金额后存入专户,直接对投资者进行分配,法院也可以将赔付的款项交由投资者保护机构来提存,由该机构通过证券交易结算系统来向上诉的投资者或者是和解当中取得和解赔偿金的投资者来进行二次的分配。这是一个稍微具体一点的设想。市场上集团诉讼机制还有其他的一些要点环节,还需要逐一谨慎论证。

我在此提出一些建议。第一点,在立法上,最根本的做法是在《民事诉讼法》第53条与第54条之后增加条文,也就是说在现有的民事诉讼法的代表人诉讼之外,来专门设置特别的独立的集体诉讼的机制,这是一种办法。那么除了证券市场之外,在反垄断、大规模的其他侵权、环境保护、产品质量等的一系列的法律当中,都可以来尝试建立这种制度,但是目前来讲可能时机最为成熟的,也是需要我们迫切来考虑的,是在证券法修改的时候来增设条款,规定专门性的集团诉讼机制。如果说要考虑设置集团诉讼的证券市场机制,那么事实上对于我们在证券民事侵权当中一直争论的所谓法院前置程序,我觉得是可以考虑来保留的,做一个收口作用。同时需要来试点律师民事诉讼调查令的制度。第二点,原告及其律师在试点的制度上可以暂时规定,由监管机构设立的投资者保护机构作为首席原告,那么由他来承担诉讼费用,负责聘请和监督原告律师。这是出于控制诉讼,避免滥诉的考虑,由这样的机构来选择案件起诉,选用律师,并决定律师的服务费用,可以防止原告律师受到诉讼酬金的过度激励,以致发生滥诉或者选择性地起诉大公司的现象。但从另外一个方面来讲,在试点的中后期,是需要考虑把首席原告的范围适当扩大,包括合法设立的自律组织和公益机构,甚至探讨符合资格的机构投资者来担任首席原告的可能性,同时持续严格控制原告律师收取服务费的总额。第三点,在被告方面,被告应不限于是上市公司,包括造假上市公司本身,而是应该把诉讼的被告指向负有责任的上市公司董事、监事、高级管理人员和背后的控股股东和实际控制人,这一点来说是非常关键。法院应当在诉讼当中扮演重要的角色,包括在案件的受理、通知、集团的判定、庭审、判决、和解、律师费裁定的各个主要的环节扮演重要的作用。

因为时间的有限,我这个文章已经在《中国金融》上发表,也欢迎大家来批评指正,感谢。

图22　汤欣(左一)

曹守晔(武汉大学特聘教授,中国审判理论研究会民专委副主任,最高人民法院前高级法官、研究室一级巡视员):

汤欣教授就证券集团诉讼发表了非常精彩的演讲,下面有请暨南大学朱羿锟教授发表演讲,来给我们把公司治理规则重塑一下。羿锟教授是双面院长,法学院、知识产权学院。大家欢迎!

朱羿锟(暨南大学法学院/知识产权学院院长、教授):

谢谢本次论坛的邀请并给予发言请教大家的机会,借这个机会我想表达的核心观点就是,控制者除了控股,社会资本乃是放大和强化其控制力的重要资源。公司治理架构的设计,不能缺少社会资本这个维度,仅有控股维度的制度设计注定是不全面的。下面我谈三个观点。

第一,何以需要引入社会资本控制分析框架?

伯利与米恩斯提出的两权分离(所有权 vs 控制权)分析范式,是从股权极度分散的上市公司治理程式中提炼得出的。而公共性特质与代理成本之理论生成,阐释了股东对公司失控之原因,经营者则基于法定权力并以董事会之形式实际控制上市公司。与此相异,La Porta R. 等学者通过分析世界范围内股权集中的公司治理结构,发现终极股东的存在与由此生发之两权偏离(控制权 vs 现金流权),是终极股东与中小股东产生利益冲突(控制权私利)的根本动因。而我国资本市场中“一股独大”与股权分散现象并存,第一大股东多处于相对控股地位,中小股东持股比例则极为分散。兼之经营者控制语境下的两权分离,从我国国企改革进程中立法须解决的问题,异化为法治亟待促成之“目的”,“使得公司治理结构单一、内部机构职权固定、强行规定过多”。公司权力固定分配模式多源于股东同质化的传统公司法假设,经由(按股行权)的股权控制模式,最终形成以董事义务划一性为基础的内部治理(权责利)结构。准此,若将传统产权理论视域下,依照产权分配与法律(尤以《公司法》为主)规定所获得的权利一致(同股同权、按股行权)以股权控制概括,那么在社会资本理论勃兴背景下,类型化的社会网络连带关系无疑会对股权控制理论造成冲击。以金字塔控股协议为例,其一方面削弱了依循股权控制思路建构之法定信息披露制度的规制作用,另一方面又在隐蔽终极股东与代理成本的基础上,使终极股东仅以少数股权即可控制上市公司,并实现控制权私利的剥夺。仅以股权控制建构的公司治理制度,无法对“一股独大”“连锁董事”以及“隧道行为”等现象做出适切解释;而大股东与高管的败德行为,亦难于理解而又无法规制。是故须明确控制公司治理结构的基础是股权,但控制权的生成与运行仍受其他因素影响;引入社会资本控制的分析框架,是以非正式制度蕴含的社会资本要素,阙补由股权资本要素形塑的正式制度之不足,从“股权控制”与“社会资本控制”交织适用的视角,为上市公司内部复杂且动态的治理难题,以及关涉利益相关者的权责利配置问题提供妥帖的规制路径。

第二,何以不足——股权控制分析框架解释力之缺漏。

股权控制分析框架将过多目光聚集于公司权力在股东会、董事会与经理层三者间的静态分配,其假设股东以股权与表决制度形成“股东层—董事会—经理层”的控制链条,通过对域内政治模式之粗糙模仿,实现在公司治理结构中的权力切割与交互制衡。在权力分配之权重上,则进一步存在偏重于股东会、董事会以及二者“同等”并重等观点。但股权控制的最大问题在于,一方面先验地假设董事、经理经营决策时仅受理性因素影响,忽略董事可能因为互惠、群体思维和群体偏向而偏离公司与股东最佳利益“航向”,另一方面则无视公司治理主体间可能存在的社会网络连带关系对两权偏离(控制权 vs 现金流权)之影响,隐蔽了实际控制人基于控制权私利采取的剥夺行为,减损公司与其他利益相关者的财产价值。例如,在宝万之争中,以王石为领导的管理团队仅持有少量股份,却能实现对万科的实际控制,股权控制显然难以对这一“内部人控制”在前述两个侧面做出合理解释。

由于缺乏对社会资本控制的认识,股权控制所依系之“同股同权、按股行权”框架下,面对实际控制人主导的私利剥夺行为决策,依循现行《公司法》仅能施以“不得滥用股东权利损害公司或者其他股东的利益”的规制策略,往往难以发挥保障公司与利益相关者之实效。有学者以实际控制人的自利性并购为分析对象,发现尽管形式违法的私利剥夺行为因监管制度完善而几无发生可能,但通过合法形式包装的自利性并购,由于缺乏对社会资本控制要素的考量,仅凭股权链条分析,存在结构复杂而表征合法之分析悖论,难以被现行法律规范涵摄和监管,因而形成隐蔽之利益输送。

第三,何以可能——社会资本控制分析框架之功能发挥。

将目光转回社会资本控制分析框架,首先须明确社会资本之定义。当前对社会资本之概念界定主要从功能着手,指社会结构中某些能够促进个体产生联系、进而协同完成特定行动的因素。资源要素和制度要素是分析社会资本的两个侧面,前者认为社会资本是一种资源,强调处于社会结构中的个体,都会通过与他人之必要社会联系而获取稀缺资源;后者则认为社会资本是一种社会网络连带关系,基础是能够影响个体互动交流、互动的信任机制与非正式规则等制度要素。结合东方文化背景下的宗族权威与差序结构,公司治理语境中的社会资本,应指受正式制度/非正式制度影响,因而能够直接/间接实现实际控制人控制公司意图的社会网络连带关系。

在股权控制分析框架之下,强调股东按照《公司法》等正式制度赋予的"股权",在"同股同权、按股行权"思路下控制公司。其控制有效性要求控制链条简单、清晰,是立足于正式法律规范基础上的显性控制。在隐性控制结构下,则难于通过股权链条回溯发掘实际控制人,对私利剥夺行为无法准确界分各主体间的法律关系,相应之依系于股权控制分析框架建构的正式法律规范体系难以发挥规制实效。而在社会资本控制分析框架下,通过考察利益相关主体缠绕的社会资源与个人社会网络连带关系(如家庭宗族权威、上下隶属关系及情感性关系),揭示公司权力在股东会、董事会与经理层之间可能存在的真实分配格局,进而厘清公司治理结构中的真实控制者和控制结构,辨明控制权与现金流权的偏离度,在此基础上结合股权控制建构的基础法律制度,妥善分配各主体的权力、义务与应承担之责任。

承上,在股权控制与社会资本控制交织作用的公司治理结构之下,无疑应紧紧抓住实际控制人这一"关键少数"来铺陈立法、司法上的规制路径。具体而言,首先在立法理念上,须明确公司治理主体的行动并非仅仅遵循"经济人"假设,其间恰恰可能还夹杂着众多的"社会人"和"复杂人"属性。例如,董事因"董董相护"而累积的"结构性偏见",即是一种契合心理学与行为经济学的非理性因素影响下的主动选择,这种结构性偏见因隐蔽性与欺骗性而具有更大危害性。在立法技术上,当前理性范式的股权控制分析框架之下,《公司法》将剩余控制权分配给股东会,将决策控制权分配给董事会,将经营控股权分配给经理层,并建构了涵盖忠实义务与勤勉义务的信义义务规则体系,目的是保证董事与经理层的决策经营行为以公司利益最大化为之。但信义义务的二元界分无法对"社会人”“复杂人”假设下的情感性行为施以规制(徇情决策导致的结构性偏见以及社会资本控制形成的情感交互行动),因而在未来公司法的修改中,应在信义义务规则体系中增添诚信义务,以基于实质合理性转化的客观诚信标准对利益相关者的情感性偏见行为予以揭破,以诚信义务规范个人社会连带网络关系中的行为交互和资源交换,兼及股权控制与社会资本控制缠绕着的经济因素、关系因素和情感因素,从理性与非理性的双重维度,基于公司治理面临的内部环境与外部环境、正式制度与非正式制度等不同维度,于治理过程均衡中对私利剥夺行为予以规制。在司法规制上,近期 Tesla 股东 Richard Tornetta 起诉 CEO 马斯克的薪酬诉讼案,无疑能提供一些有益的思路。特拉华州法院 Joseph Slights 法官驳回被告马斯克请求的原因,即在于认定董事会受到相对控股股东马斯克(持股 22.1%)的影响而不独立。这种影响并非源于股权控制形成的显性拘束,而是因马斯克个人社会连带网络关系牵连而形成的资源获取、情谊交互等隐性控制,且这种隐性控制无法因股东会的多数决而涤清,尽管此时马斯克并不具有股权上的绝对控制优势。基于个人社会资本而形成的显性与隐性双重控制,使股东会和董事会都难以证明其自身的独立性,因而不能援引商事判断规则,只能适用整体公平原则,并以此驳回被告马斯克的请求。以此观之,即使是股权分散的美国资本市场,在判断公司治理结构中的真实控制图景时,基于个人社会网络连带关系为基础的社会资本控制,亦为一个关键且不可或缺的考量因素而受到法院之重视。准此,我国司法审判中,针对可能存在的社会资本控制情形,亦须结合实际情况,在尊重股权控制的基础上,给予适当考虑和妥帖规制。

图 23　朱羿锟

曹守晔(武汉大学特聘教授,中国审判理论研究会民专委副主任,最高人民法院前高级法官、研究室一级巡视员):

谢谢羿锟教授精彩的演讲,虽然没有完全展开,但仍然是他的真知灼见。如果说汤欣教授从程序上探讨了集团诉讼问题,那么朱羿锟教授就是从实质内容上探索了公司治理问题。集团诉讼和集体诉讼是什么样的关系?对这个问题有兴趣的建议研究一下。我一直支持实务部门积极探索集团诉讼、集体诉讼,但是理论研究的专家们准备好了吗?为它们研究出方案了吗?下面有请吉林大学法学院的于莹教授,她的发言题目是《机构投资者与我国差异化股权制度的适应性发展》。有请!

于莹(吉林大学法学院教授):

谢谢曹老师,也感谢俊海老师邀请我。正好就借这个机会把我最近写的一篇文章跟各位老师汇报一下,然后希望各位老师能够给我提点宝贵的意见,有利于我做进一步的修改。文章还是一个草稿,但容我先跟大家做一个汇报。

我先说我为什么要写这个问题?主要的考虑是这几个问题。第一个是,我们国家的证券市场是散户居多,是散户市场,所以在很早以前证监会就力推要发扬机构投资者在证券市场中的作用。在科创板上市的时候,证监会主席又说了一遍,就是说要大力引进机构投资者,但是唯一一个实行差异化表决权,也就是双重股权结构的公司,在中国目前只有在科创板才能够进行。在当时我就想两个制度目标,第一个就是差异化表决权,也就是我们所说的双重股权结构。双重股权结构实际上是想加大创始股东的对公司的控制权。而第二个就是引进机构投资者。这实际上有两个目的,第一个就是希望稳定证券市场,第二个就是改善公司治理结构。那么这样两个目标,现在看可能是矛盾的。怎么样能够实现这两个目标的和谐统一?就是换句话说,如果我们的法律和政策的目标,两个目标实际上是冲突的,到底它能不能够实现?我们带着这样的疑惑展开了研究。

首先,我们考察了美国的上市公司采取了双重股权结构的例子,统计了从1980年到2018年的数据。我们就发现最开始的时候,虽然允许有双重股权结构,但是几乎没有公司采取双重股权结构,就像我们现在虽然科创板已经允许采用双重股权结构,但是目前为止只有一家公司设立的是双重股权结构,所以这个也是我们的疑惑点。接下来,数据表示在1980~2018年中,在科技类与非科技类上市公司中,科技类上市公司采取双重股权结构是呈一个波浪形的,那么很多的时候,机构投资者协会是强力反对这种双重股权结构的。那么这些上市公司当中有没有采用差异化股权结构?这样一些公司当中有没有机构投资者的身影?我们做了一个数据分析,发现比较著名的这些公司里都有机构投资者的身影。为什么机构投资者愿意放弃他们对公司的控制权?这是我们研究的,我们在此引入了一个概念,叫消极机构投资者。消极机构投资者是不愿意参与公司治理的,参与公司治理的社会成本太高。

接下来我们对差异化股权结构,以及机构投资者的价值做了分析,主要是包括两个,第一个就是在一定程度上可以缓解代理成本的问题。实际上有很多人是不愿意行使表决权的,当他不愿意行使表决权的时候,在美国的公司法当中,我们有投票权征集等制度,而把股权结构固定下来,实际上对公司治理是有好处的。另外,创始人的专业知识能够为实行差异化股权结构的公司提供最佳的决策。接下来就是一个问题,美国采取差异化股权结构,也没有吸引机构投资者,机构投资者的身影还是比较少,而我们国家虽然现在科创板允许采取差异化股权结构,但是到目前为止只有一家是采取差异化股权结构,那么原因是什么?怎么样能够把这样一个在制度上加以完善,能够吸引机构投资者?为什么上市公司不去采纳这样一种公司治理结构?他们肯定就是担心没有办法吸引投资者。并且,在科创板上市公司当中,实际上引入机构投资者更有必要,因为在科创板上市公司当中,信息披露问题更突出,因为无论是在信息披露上,还是在利润上,还是在注册制这种情况下,如果不引入机构投资者的话,恐怕对中小投资者利益的保护会成为一个更大的问题。

回到我接下来要探讨的问题,怎样在制度层面上完善公司治理,在制度层面上吸引机构投资者参与到这种差异化表决权安排中来?对此,我们提了三点建议,第一点建议:他没有控制权,就加强他的监督权,来强化机构投资者的地位。在董事选举当中,你可以采取你原来章程规定的那种表决权方式,但是在监事会和独立董事的选举当中,应该是回归到股票、股权,甚至是把投票权更多的赋予普通投资者,这当然就包括机构投资者。

第二点,就是完善差异化股权结构的退出机制,就是要建立“打破规则”。实际上,采用差异化股权结构的成本,一部分源自作为监督机制的公司控制权市场的低效。差异化股权结构能够有效防御敌意收购,几乎不可能发生控制权变更,因此缺乏威胁的管理层会降低对股东的责任感。我们国家到目前为止没有“打破规则”。实际上就是说,什么时候能从差异化股权结构退回到普通的股权结构?采用一个硬性的标准,好像也不符合确定性和效率对于公司治理的要求。但是怎样把打破规则引入到我们国家?这是我们提的第二点建议。

第三点,就是加强对高权重投票权股东违法违规行为的追责力度。现在科创板上市规则当中,对持有高权重投票权股东的不当行为惩处力度较弱。在低权重投票权股东对公司缺乏实质性控制的情境下,其难以维护自身合法利益,因此需要政府提供有力的法律保障。这就是我们整个论文的整体思路,谢谢各位老师!

图 24 于莹

曹守晔(武汉大学特聘教授,中国审判理论研究会民专委副主任,最高人民法院前高级法官、研究室一级巡视员):

谢谢于莹教授精彩的演讲。我对前面三位也做一些差异化的处理,我披露一下于莹老师的一点隐私,她的学生给她起了个外号,称她为“白净美”老师,我觉得也有道理,晶莹剔透、白白净净。假如大家接受“白净美”老师这个昵称,那么下面我们还有一位讲者,他叫“高富帅的弟弟”,高富平,华东政法大学教授。他的题目是《数据资本化可行路径》,大家欢迎!

高富平(华东政法大学法律学院教授):

谢谢俊海教授邀请我过来,就这个话题做一个交流。上午听了很多教授对公司法的解读,公司法的宗旨是为了股东财产利益的最大化,也是为了保护产权。今天有幸到我们公司法这个圈子里做一个交流,我非常高兴。我今天的主题是《数据资本化可行路径》。

近几年中国资本市场很热,所谓的轻资产公司很多,大家算一算这些轻资产公司最重要的资产是什么?其实就是数据,只是我们现在用的是流量,用的是用户数来评价这些公司的资本,而不是用数据。因为数据资本化、资产化现在确实是有一定的障碍的。

我在这里稍微地把财产演进做了一个梳理,就是农业社会、工业社会到数据社会。农业社会的最主要的是土地,那么到了工业社会,我觉得最主要的是知识产权,最主要的知识产权在人,在2014年的时候我就开始研究数据财产。实际上我在研究数据财产是始于2000年,也就是说我在研究传统的有形财产的同时,其实也一直在关注无形财产,其中就包括信息。为什么数据会成为财产?那么最主要的就是改变人类社会的“三化”,就是网络化、数据化和智能化。网络化,大家知道是互联网,刚开始只有互联网,到后来又有物联网。现在我们进入万物互联的时代,那无时无处不在的网络,导致一个什么结果?我们每一个人的行为,所有的行为都被记录下来,每一个组织的行为也被记录下来,我们的自然天性也被记录下来,汽车的运行轨迹也被记录下来,只要你是动的,甚至不动的,都能够被数字化,也就是形成了数据化的资源,这些数据是在过去是不存在的。

通过网络设施生产出来的数据是过去是不存在的,而这些数据现在可以被挖掘出来,然后这种数据挖掘就会被包装成人工智能。所以我们今天人工智能是应用到社会的各个领域。实际上今天我们讲的数据大致有两类,刚才我讲的是网络设施、机器生产出的数据,我重点讲的是机器生产出来的数据,就是网络设施自动产生的数据。

现在人工智能的出现,提供了知识和智慧生产的另外一条路径。为什么今天人工智能会这么的强大和普及?是因为数据。数据是人工智能的原料,这个人工智能无非是算法加知识图谱的一个运用,人工智能这个东西它是在整个人类社会的个性活动当中应用的,不仅在每一个组织,而且在国家决策里面都能应用的。所以数据经济实际上就是以数据这样一种流动资源的再利用为基础的,而人工智能是它的最主要的实现方式。

从2012年开始,国家有各种各样的概念,什么数字经济、数据经济、大数据战略等,讲的所有的这些东西,其实核心还是一个数据驱动,数据被人工智能利用成为一种普遍资源。我讲的数据经济实际上分两个层面,从企业的角度来讲,数据经济意味着什么?数据经济意味着数据是企业决策的基础。这个数据从哪来?从企业本身来,那企业数据怎么来?是从你的系统中来。原来我们做这个企业各种系统,基本上是模块化的,是不连通的。但是在未来的数据社会,它一定是互相连通的。数据之间会形成无缝隙的连接,数据可以被不断地拼接成各种各样的满足不同决策目的的载体,再用它去做人工智能的分析,所以它对于整个数据有一个非常高的要求。我们把这个要求叫作数据化转型。

在国家层面要解决什么问题?是数据流动的问题。为什么每一个企业的数据都是有限的?我想用一家企业的数据,你也想用我的数据,这就叫作数据的社会化利用、市场化利用。但是,数据的流动,需要有产权的安排。所以我把这个数据经济理解为数据的资源化、资产化、资本化。以此作为前提,然后分享、流通、利用,然后支撑智能分析,这才是数据经济的核心。

这里展示了我的一个基本的看法,数据流动的问题实际上是包括两块,第一块是原始数据,各种传感器、智能设备产生的数据,这个数据需要匹配到描述特定对象的一个数据集,于是首先就有了原始数据到数据集的一种流动,因为数据要不断地匹配,才产生不同的价值,而越匹配它的价值就越高,所以,这里有了第一次流动,那么数据集是干什么的?数据集是用来支撑决策,用来达成不同的决策目的、满足不同的人工智能分析的需要的。这个数据又被提供给需要数据的人,这又产生第二次流动,这些流动都是属于原始数据的流动,而不属于我们现在所有研究数据资产或者数据财产的人讲的“加工后的数据”。当然我也承认数据集也需要加工,但是加工后其仍然是原始数据,因为满足人工智能分析的要求的数据,必须能够关联到特定的对象,必须能够不断地去结合、匹配,所以两个层次的流动都是属于原始数据的,然后再以此支撑各种各样的数据分析、智能分析,也就是人工智能。

这大致就是我所描述的数据经济的核心。接下来,需要构建数据经济的基本秩序,就是需要赋权,如何解决赋权的问题?最近国内也有不少的文章,我也做了一些研究,这次俊海教授把我的两篇文章附到论文集里面,我的想法是这样的,我构筑了数据的生产理论、流通理论,然后是智能化分析、利用理论和控制理论,就用这四个理论来构筑一个数据的产权。我们没有办法去移植原来的物权法的思路,就是说一个人对一个客体具有排他的支配权,这样一个产权制度无法移植到数据上,因为数据要不断地流动,数据的边界也没办法分清楚,所以要建构一个新的基于实时控制的一套的权利体系。这套权利体系实际上就在我的心目当中,你能控制你就有权利,你不能控制你就没有权利,法律要做的事情并不是要赋权,可能更重要的是怎样把数据要开放出来,然后去限权的问题。所以我的一个基本的看法就是,对于数据财产,首先要给它赋权,权利要有正当性,法律上首先要解决正当性的问题。我认为劳动是一切财富正当性最重要的来源。数据不是天然的,数据是生产出来的,那么没有网络设施,就没有数据,没有软件,也没有数据。当然在人和机器的互动当中,尤其是我们上网的过程中,有一个合作的问题,或者说交互的问题,那是另外一个概念。但是劳动的确是所有数据取得的基础。除了劳动之外,如果是通过合法买卖取得数据,可不可以作为财产的基础?我想界定一个数据控制权,也就是说数据控制者先有权利。那么为什么叫作数据控制权?而不叫数据排他的权利?是因为你控制数据,你不能够对数据建立一个排他的支配权,但是你可以控制别人的行为,也就是说防范别人滥用或者盗取你的数据,或者不经你的允许使用你的数据。

所以我认为,我们对于产权的研究一定要有一个范式转变,从原来的对于客体物的支配转向对他人的行为的支配,通过一种法律的机制来构筑一个权利,这是最核心的。实际上最核心的就是,你自己可以用,也可以许可他人用,这一点非常类似于商业秘密。有了这样的一个东西之后,就是进入市场怎么评估的问题。我觉得它和一般的财产不一样之处,在于数据上有很多的风险,首先要解决一个合规评估的问题,有了合规评估才有价值评估。我给了一些点,因为时间关系我没有办法去解释这些点。总而言之,首先你要合法地取得控制权。

谢谢大家!

图25　高富平

曹守晔(武汉大学特聘教授,中国审判理论研究会民专委副主任,最高人民法院前高级法官、研究室一级巡视员):

谢谢富平教授精彩的演讲。在市场经济条件下,数据资本化具有合理性、正当性。因此在互联网大数据、信息化时代下,我们要大力发展数字经济。因此我们富平教授下一步不仅要盯着土地,也要盯着数字,数字也是财产。富平教授讲得非常好,我都赞成。但是有一点,他的提纲上写出来了,就是要保护数据的隐私。但是时间不够了,没讲出来。所以我给他补充一句,数据要共享,必须要保护信息的安全、隐私权,特别要尊重自然人的信息权利,遵守知情同意规则。下面有请不远千里从日本赶来的周剑龙教授,从日本法的角度,给我们做一个经营性的判断,构建经营判断规则。大家欢迎!

周剑龙(日本独协大学教授):

首先得感谢俊海教授邀请我参加本次中国公司法修改论坛,于我而言参加论坛不仅能了解国内立法机关,司法机关和政府相关部门对本次公司法修改的想法,而且也是向国内同仁学习,和国内同人交流的一次难得的机会。我已经向本次论坛提交了论文,也做好了 PPT,论文的题目是《日本法上经营判断原则之构建》。由于时间的关系,我的发言将结合本次中国公司法的修改,就如何参考域外法(主要是日本法和德国法)的经验,来构建中国的经营判断原则(亦称商业判断原则,business judgment rule),谈谈看法,和各位分享。不当之处,敬请雅正。

中国《公司法》于 2005 年修改之后,在第 147 条规定董事(还包括监事和高级管理人员)应当遵守法律,行政法规和公司章程,对公司负有忠实义务和勤勉义务。勤勉义务也称为注意义务。1993 年《公司法》没有规定勤勉义务,2005 年公司法对其加以规定是中国公司法的一大进步。董事对公司负有的忠实义务,《公司法》第 148 条规定了具体的情形,比较容易理解和解读。但是,关于勤勉义务,法条里没有任何具体描述。什么是勤勉义务?违反勤勉义务的具体认定标准是什么?这些不但让司法实务机关感到困惑,也让董事与高级管理人员这些公司的经营者感到不安,对自己的经营判断行为是否会被追责没有预期。

经营判断原则可以为我们提供一个判断公司董事等经营者是否违反勤勉义务的认定标准。不光如此,该原则对培育企业家精神,保障公司经营者的自由裁量权至关重要。众所周知,经营判断原则的基本内容可以概括为公司经营本身存有风险,因此有必要给予公司经营者广泛的自由裁量权,即使经营者的经营判断有误给公司造成了损害,但在一定的条件下,公司经营者的经营判断不构成违反勤勉义务,不应被追究损害赔偿责任。经营判断原则起源于美国 19 世纪的判例法,历经 100 多年的发展,已成为保障公司经营者行使自由裁量权的重要法理。当今,许多国家纷纷借鉴美国判例法,确立符合自己国情的经营判断原则。

例如,日本通过判例法理的确立方式构建了日本版本的经营判断原则。具体来讲,2010 年日本最高法院对阿潘曼数普控股公司(Apamanshop Holdings Co. ,Ltd)股东代表诉讼案件所作出的判决(最高裁判所 2010 年 7 月 22 日判决,载『金融商事判例』第 1353 号,2010 年,第 26 页)中明确了经营判断原则的适用要件。即一是董事所作出的决定(判断)是属于公司经营上的决定(判断);二是作出此决定(判断)的过程要具有合理性,没有明显的不合理之处;三是同样此决定(判断)的内容本身要具有合理性,没有明显的不合理之处。

20世纪70年代,日本就有商法学者开始关注和介绍美国法上的经营判断原则。90年代前期特别是日本泡沫经济破灭之后,许多公司特别是大公司的经营者成了股东代表诉讼的被告,股东代表诉讼案件增多,许多商法学者把经营判断原则作为研究对象。这些研究主要通过解释论就如何处理善管注意义务和经营判断原则的关系,或者说如何导入经营判断原则提出许多建设性的观点。在日本有关公司诉讼的案件里,追究董事对公司或者对第三人的损失赔偿责任的案件是历来比较多的。在以往的判例当中就公司经营者的经营行为是否违反善管注意义务时所使用的言辞是,如果董事没有过失的话,那么该经营行为属于"经营裁量的范围之内"的事项,不违反善管注意义务。这样的判决言辞给人的感觉还是较为笼统的。大量的股东代表诉讼案件的出现促使法院要摆脱判决言辞笼统的局面,采用经营判断原则的思维,明确该原则的适用标准。无疑,经营判断原则的相关学说对促成这一改变的作用是功不可没。经过多年积累的大量下级法院判例中,逐步形成了经营判断原则的适用要件。在此基础上,日本最高法院明确了上述的经营判断原则的适用要件。

日本1899年继受德国法,制定商法典,引进公司法律制度以来,其公司法制在不断的演进中。这种演进不仅通过修改法律,而且还通过判例法理的构建。例如,2005年制定的公司法,2014年经过了一次大的修改之后,于2019年本月(12月)新的公司法修改草案在国会又获得通过。公司法律人格否认的法理,经营判断原则等等相关公司判例法理的构建同样推动了公司法制的演进。

德国于2005年修改《股份法》(Aktiengezets),通过立法形式引进了经营判断原则。德国《股份法》第93条第1款规定董事如果是依据适当的信息为了公司的利益慎重地作出了作为企业家应该作的决定,则不承担违反义务的责任。其实,作为德国联邦最高法院的联邦普通法院(Bundergerichthof,BGH)在1997年对ARAG/Garmenbeck案件作出的判决(BGHZ 135,244)中就肯定了经营判断原则。

在中国如何引进经营判断原则?初步考虑有四种引进方式,即通过立法、司法解释、指导性案例或者全国法院民商事工作会议纪要的方式。在这四种引进方式当中,立法的方式可能是最为适当的方式。《公司法》、《民法总则》对公司法律人格否认的法理的法条化提供了先例。这次《公司法》的修改也为在中国引进经营判断原则提供了难得的契机。

谢谢大家!

图 26　周剑龙

曹守晔(武汉大学特聘教授,中国审判理论研究会民专委副主任,最高人民法院前高级法官、研究室一级巡视员):

谢谢周剑龙教授,构建了经营判断三原则。这一点对于司法实务部门,我想也有参考起借鉴作用。法院审理民商事案件,特别是商事案件,除了查证事实、寻找法律、利益衡量,我觉得对于当事人所从事的行为,特别是商事行为,从经营上,它的行为性质上来判断,也是有好处的。下面还有首都经济贸易大学法学院院长张世君教授,就公司董事业务在破产法中的扩张与缩限给大家演讲。一方面扩张,另一方面要限缩,这好像有点矛盾。我们大家听一听他的精彩演讲,看看矛盾还是不矛盾,大家欢迎!

张世君(首都经济贸易大学法学院院长、教授):

感谢刘俊海老师的邀请,谢谢主持人。在我国商法学界,特别是公司法学界,我们对公司董事义务的研究,更多是集中在公司正常经营状态下。但是对于公司进入破产程序以后,董事义务是否存在以及出现什么样的变化,关注不是很多。由于我自己的专业领域主要是破产法,所以这个问题做了一点点自己的思考。经过研究我个人认为在进入破产程序以后,公司董事义务是继续存在的。

我把它概括成两个方面,第一个方面,破产程序或者说破产法的发展跟历史上的破产法早已经不可同日而语。历史上的破产法或者说破产程序,主要的是清算,通过对债务人财产的概括分配,对债权人进行公平的清偿,债务人注销登记退出市场。但是现代破产法的发展早已经是融清算、和解、重整于一体的一种广义的破产程序。那么特别是破产重整程序的出现,使破产法跟传统意义上的破产法有很大的不同。在破产重整程序当中,债务人的董监高,我们叫广义的管理人员,是可以继续留任的。那么以我国破产法规定为例,破产程序开始以后,经债务人申请,实际上就是董监高的申请,经人民法院的批准,债务人是可以自行管理企业和营业。自行管理意味着企业的董事监事或者说高级管理人员会继续留任,那么留任的话叫履职,履职的话董事义务会必然存在。

这是我讲的一个方面。如果不讨论重整程序,从另一个方面只说清算程序的话,我个人经过研究,我觉得董事义务也存在。因为董事义务是跟董事的身份、董事的职务行为密切相关的。进入清算程序以后,董事职务的影响不会很快被消除。董事会继续占有公司的账册、文件、文书、账户,很多破产程序的推进,包括工作的完成,需要董事的积极的配合,所以没有他们的协助,很多工作是无法进行下去的。那么这些配合协助的义务是什么义务？是不是董事义务？我觉得从这两个方面来看,董事义务客观存在于破产清算程序当中,应该是一个不争的事实。但是由于此时毕竟进入破产程序了,他和公司在正常经营状态下还是有很大的不同。

我个人经过研究之后,认为此时的公司董事义务应具有两个态势,即刚才曹老师说的两个矛盾的态势,一个是扩张一个限缩。扩张是什么？就是为了配合或者说契合破产程序进行,可能会新出现一些董事义务。当然这些新出现的董事义务是原先的忠实义务和注意义务的新的表现,还是说在忠实和注意义务之外的一种新的义务,我现在还正在思考之中。比如说公司董事的破产申请义务是什么义务？刚才我看到宁波大学的郭靖祎老师也专门写文章讨论这个问题,我看完之后觉得收获很大。缩限指的是什么？指的是原先的忠实义务和注意义务,他具体的履行的方式、程度、范围,可能会在破产程序中出现一些弱化。以注意义务为例,在正常经营状态下,注意就可能是全面的一个注意。你要具备相应的技能,你要勤勉地行使,你要小心谨慎,但是进入破产程序之后,可能主要的注意义务就体现为一种配合和协助,那么这个时候他履行范围、履行的方式和程度是不是会出现弱化,似乎没有那么必要再积极地履行注意义务,只需要尽职尽责起到配合和协助,包括卸任之后保守相应的秘密等,这方面的义务是不是就足够了？这就是我所理解的一种缩限。

这两个方面一个强调种类的增加,一个强调的是具体义务履行方式的变化,所以我认为用这样一对范畴来指代它倒也并不矛盾,这是我讲的第二个问题。基于这种董事义务继续的存在与变化,我个人感到就是在我们下一轮公司法和破产法的修改过程当中,可能这个问题就要进行统一的考虑和处理。比如说关于公司董事的破产申请义务,在我国的公司法上和破产法上都只字未提,但是从比较法的视角来看,有些国外的立法对这个是有明确规定的。我们下一步修改公司法的时候,我觉得是不是可以在公司法中增加一个条款,当公司濒临破产倒闭的时候,公司董事他是最先知道或者最能发现情况,如果课以他这样一个义务的话,及早地进入破产程序,那么是不是更加有利于债权人利益的保护,更加能避免财产的浪费? 这是我所对这个问题的一点浅见。当然在破产法修改过程当中,要不要对于它在破产状态下的这种忠实义务和注意义务进行进一步的细化,以及实现破产法和公司法之间的配合和协调,我觉得是可以继续思考的问题。我原本是想着手写一篇文章,但是暂时没有完成,所以先把我的一点浅见带过来,请大家批评指正,谢谢大家。

图 27　张世君

(本部分由黄晓明编辑整理)

曹守晔(武汉大学特聘教授,中国审判理论研究会民专委副主任,最高人民法院前高级法官、研究室一级巡视员):

谢谢世君教授就董事义务在破产法当中的扩张与限缩做了精彩的演讲。我完全赞成他讲的观点,特别是在破产法当中,有一些义务是应当规定的,而没有规定。下一次破产法修改当中,我建议增加的,不仅是董事,还包括其他高管的义务。在破产程序启动方面,一旦这个企业变成了僵尸企业,一旦达到实质上的破产条件,我个人觉得应当把义务放到公司高管,特别是公司法定代表人身上。当然有人说实际上的公司法定代表人在章程上看不见了,因为他为了避免最高人民法院把他列为老赖,现在他都到登记部门变更了,真正的代表人退出隐身了,弄一个临时工。临时工本来就不怎么坐飞机,也很少出差。因此我想下一步也要研究对策。一开始我说题目里这个扩张和限缩是不是矛盾的呢?刚才世君教授做了很好的解释。刚才6位发言人说得都非常精彩,当然这得益于我们的主办方,中国人民大学商法研究所,特别是咱们的所长俊海教授的合理安排。徐孟洲老师和我是最好的搭档。当时民法经济法大论战的时候,我们俩吵得最热烈,但是没有结仇,结下了友谊。他是经济法,我是民法,他是大经济法叫纵横统一说,纵的也是我经济法的,横的还是我经济法的。我说我是大民法,我既包括商法,又包括经济法。但今天在俊海教授安排下,我们俩非常友好和谐地坐到一起了,感谢咱们在座的,本来中午这一会是大家最容易犯困的时候,我仔细考察了每一位咱们的专家和老师、学生,发现只有眨眼的,没有瞌睡的。下面按照安排还有几位与谈人,要对刚才几位的发言做点评。我就征求他们意见,我说你们谁先发言?他们说谁有钱谁先发言,后来我一看姓钱的没来,自动放弃。那么谁强谁发言,行吗?大家欢迎中央财经大学邢会强,虽然名字没钱,但是他学校有钱。大家欢迎!

与谈环节

邢会强(中央财经大学法学院教授):

今天让我听到一个重要的观点,沈贵明老师说公司法是投资者保护法,它和证券化在最后的价值宗旨上是完全统一了。我主要研究证券法,但是对于公司法也有研究,所以我就对汤欣教授的这一篇论文,再加上高富平教授提出的数据问题,发表一些看法,其他的留给两位教授评议。中国式的机制问题,我觉得可以用市场竞争理论来分析。我们很难说有任何一种互动的方式或者形式,有百利没有一弊,关键是当前的问题是什么?如果大家都愿意去做,我们就有集团诉讼,但后来发现在大数据的条件下起诉非常踊跃,一个虚假陈述的背后有2000万个诉讼跟着,这个时候再鼓励诉讼,可能不合时宜。示范性判决很好,我选择了一个示范性判决,如果作出后被告不服上诉到高院,高院会不会觉得好不容易选了一个示范性判决,我一定要维持,这样是否足够公正?我觉得这些都是值得我们深思的。

各种形式都应当允许它存在,法律都提供这样的清单,由实践去试,根据司法政策不断地调整,看当前阶段有哪种最好。不要妄下一个结论,我们就用这一种,其他的我就不提供,我觉得这不应当是我们法律所做的一个选择。

对于数据,高老师是数据的先行者,他的研究是很多的。数据权属问题一直是我们学界研究的难点。有四种观点,有人说数据属于收集者,有人说数据属于公有,的确,哪种观点都有一定的道理,在当前条件下都无法说服对方。但是高老师所说的控制者有权给我很大的启发。但是,我觉得当前的问题是,这个数据控制太强势,我们到了人大必须刷脸才能进入,飞机、高铁,必须刷脸进写字楼。我们目前所有的理论,就是将这些问题意识带到这个数据权属的研究中,让他怎样更好地维护我们个人的利益,使这种反对权能够有效,如果我有 opt-out 的机制,我能不 opt-in。如果我们能够在理论中顺便带入这样的问题意识,我觉得可能会更好一点。高老师的其他一系列文章对这些问题一定有研究,所以不当之处请多批评,谢谢。

图 28　邢会强

曹守晔(武汉大学特聘教授,中国审判理论研究会民专委副主任,最高人民法院前高级法官、研究室一级巡视员):

谢谢邢会强教授,本来中央财经大学是很强势的,财大气粗。人家都说他有钱,他说他没钱,我估计他是怕刘俊海教授提出赞助请求。这次会议的经费,我听说早就凑够了,没有问题。下面还有几位与谈人,中国大学民商经济法学院教授李东方,有请,大家欢迎。

李东方(中国政法大学民商经济法学院教授):

好,谢谢主持人。我参加会议,做主持人的概率要高一点,做与谈人的概率要低一点。我不是说我做主持人怎么样,是说我做主持人,经常要求点评人或与谈人,不要自说自话,要围绕主讲嘉宾的话来发言。今天从上午到现在基本上都是这种风格,与谈人有针对性地和发言人形成一个互动,也是一种以文会友、与谈会友、点评会友、思想交锋。特殊情况下实在没得点的,就自说自话。我就依序来,刚才我们一共是六个嘉宾,每个都给我们很多启示,我就讲最大的启示。

第一位是汤欣教授,他给我最大的启示是,在投资者保护过程当中有五种形式,诉讼、代表诉讼、集体诉讼、集团诉讼、还有调解。那么前四种应该说都是通过一种裁判的方法,当然证券集团诉讼我们国家现在没有,汤欣教授给我们介绍了日本、美国的情况,还有一些数据上的分析,让我们了解了很多信息。这也同时给我们一个很重要的启示:你不能说,你是搞实体法的,就不熟悉程序法。

第二位是朱羿锟教授,朱教授给我最大的启示就是,对于社会资本的逻辑,我们的关注实际上是不够的。他今天给了我一个新的思考,以前我没有社会资本这样一个概念,所谓社会资本是在这个股本之外,某种程度上对资本多数决原则有一定的冲击力。

第三位是于莹教授,于莹教授说的是机构投资者差异化表决,包括它的对赌,我觉得相当有启发意义。不光是机构投资者,很多投资者他就是要获利,表决不表决是无所谓的,但是某种情况下它可能就需要转换形式。所以于莹教授在这个方面给我们提出了很好的一个问题。以往我关注的主要是一股多决,就像同仁堂,如果有51%的股权,就行使51%的表决权,他觉得这个不合算,他要行使60%甚至70%的表决权。现在这个角度可能更多的是从机构投资者不行使表决权这种情况来看。我觉得也是激发我很多的思考。

第四位是高富平教授,今天高老师的主题叫数据资本化可行路径,听了很受启发。中国政法大学5月刚刚成立了法商大数据研究中心,我是负责人,希望您来专门讲大数据的财产属性。今天您特别讲到的数据资产,它的正当性,劳动是一切财产权正当性的基础,说得太好了,当然买卖也可以合法取得。还有包括数据如何入市,首先是合规入市,合规入市前提下才可以进行价值评估,给人很多启发。

第五位周剑龙教授远道而来,对您表示感谢。其实第147条我也很关注,我是搞经济法的,我们把企业与公司法作为一个重中之重来考虑,所以我对第147条我感觉到善管义务,注意义务,这个太笼统了,就是给法官的自由裁量权太大了,不容易掌握,那么您今天把日本的情况给我们做了一个介绍,还包括德国。我们现在有多种立法的形式,司法解释、判例,现在还有一个重要的形式,就是会议纪要,这几种我们都可以吸收,所以我觉得这个问题也正是我所关注的。

最后一位是张世君教授,他说的是公司董事在破产法中的扩张与限缩。的确我们公司法学者关注的更多的是正常状态下的董事义务,包括我们刚才讲的第 147 条,对于破产状态下、非正常状态下的董事义务关注不够,那么他说的扩张与限缩我都很赞同。

我自己还有一个思想。史际春教授上午的话给我很大的启示,他说国有企业要制衡,国有企业现在事实上它是在董事会内部进行制衡,也就是说外部董事多于执行董事,但是大家看一下我们公司法没有外部董事这样一个字眼。从 2005 年至今,外部董事实际上在国企里面是大量存在的,但在公司法上没有地位,我们公司法学的书也很少提及,所以我后来写书的时候,我就把这个内容写上去了。因为在座的好多都会参加到立法建议里头去。国有企业虽然可以用我们公司法,但是它特殊的制度是不够的,至少应该把外部董事制度写入立法,谢谢。

图 29　李东方

曹守晔(武汉大学特聘教授,中国审判理论研究会民专委副主任,最高人民法院前高级法官、研究室一级巡视员):

好,谢谢!谢谢东方教授精彩的点评,我主要是看拿时间表的学生早就出示了。我是按时间站起来的,我倒是听还没听够。东方教授是名主持,下次你要安排他做主持的,因为我抢了他一个词,他就"耿耿于怀"。下面有请中国人民大学法学院副教授姚海放做点评,大家欢迎!

姚海放(中国人民大学法学院副教授):

谢谢各位老师。结合这个主题来讲的话,我们早上讲的是一些公司法修改当中的理念和宏观性的问题,但是早上讲的过程当中,我个人感觉大部分还是一个工业时代的公司法,这样的一些规则和它的具体适用问题。

下午我看到,我们这个时代,在原有的资金或者说是实物,或者说是土地使用权、知识产权来进行出资的这样一种资本制度以及包括在新经济影响之下,公司治理中所产生的一系列的变化,实际上就会引发公司法的更新换代。所以说这次我们公司法的修改,应该是一个"老瓶装新酒",不要再局限于那些我们过去说的问题。其实有很多,比方说早上讲的股东名册和工商登记之间的关系,可能20年前老师就一直在说这个事儿,证券集团诉讼的事儿,可能也是20年前就一直在说。但是也有一些,比方说我们要有四个自信,是不是可以在这次公司法修改的时候能够引领一下潮流。我觉得在所谓新经济时代当中的公司法的修改,"老瓶"的基本框架还是那几个基本面,比方说资本,但是在资本制度之下来讲的话,我们是不是罗列式地去讲那些可以用于出资的财产,还是说像美国的有些州那样,就干脆用"cash, tangible property or intangible property"加上一些若干限制来形成一个概括性的授权?这是一个扩张式的形式。

从治理方面来讲的话,其实最基本的治理是两个层面的问题,第一个是从股东权突破,我们这组的文章当中,比方说朱羿锟教授通过对于原有股权结构下的基于股权关系的控制这样一种制度的反思,提出了一个社会资本概念,还有于莹教授提到的差异化股权安排,实际上也是讲到了股权治理层面上的问题。第二个层面上的问题,就是关于最核心的董事会治理,也就是包括信义义务,包括在破产程序当中的扩张和限缩。那么我们也可以进一步看到,股东会有一些不同的变化或者是分层,包括有财务投资的、有智力投资的,有进行实际控制和经营管理的。对于在新经济条件下,资本和创新之间的控制结构的问题,我觉得可以考虑这样一些方面。另外一个要注意中小股东保护中防欺诈的问题,防欺诈反映在信义义务上面,反映在我们的整个社会的信用体系和信用法制和诚信建设上。最后当然还有罚则的问题,如果控股股东欺诈,他们要承担相应的赔偿责任,赔偿责任实现的形式就是我们的集团诉讼。所以我觉得我们整个六篇演讲应该说把整个面都已经覆盖到了。

图 30　姚海放

徐孟洲(中国人民大学法学院教授):

我们曹守晔主持人是个名主持,本来我们都是很困的,我看在座的没有一个打瞌睡的,与我们主持人的精彩的主持有关。总的来讲,我们单元对这次公司法的修改提了很好的意见。这段时间我参加了民法典编纂的研讨会,也参加了财政部的增值税、消费税的立法的研讨会,还参加了这个产品质量法的立法研讨会。今天我们讨论公司法的修改,公司法现在需要密集的立法修改,涵盖很多内容,这为我们学者的研究提供了很多的题材。再次感谢我们六位发言人,三位与谈人,再加上我们精彩的主持人,谢谢大家。

图 31　徐孟洲

(本部分由关宇敏编辑整理)

第三单元

主持人:王晓川(对外经济贸易大学法学院教授)

刘春梅(北京市高级人民法院民二庭副庭长)

发言人(每人8分钟以内)

1. 邓　峰(北京大学法学院教授)

发言题目:展望《公司法》修订:定位、原则和蓝图

2. 王　瑛(中央民族大学法学院教授)

发言题目:从《公司法》的角度看上市公司会计信息披露

3. 郑佳宁(中国政法大学民商经济法学院教授)

发言题目:信义义务的起源、演变与扩张

4. 徐强胜(河南财经政法大学法学研究院院长、教授)

发言题目:中国公司法关于公司信用机制的塑造

5. 赵金龙(河北大学政法学院教授)

发言题目:网络技术影响下我国公司法律制度因应变革建议

6. 张怀岭(西南财经大学法学院副教授)

发言题目:"二元化"公司治理:理论证成与实现路径

与谈人(每人5分钟以内)

1. 吴高臣(首都师范大学政法学院副院长、教授)

2. 张　红(日本冈山大学 Alumni 教授)

3. 吕来明(北京工商大学法学院教授)

4. 张　舫(重庆大学法学院教授)

王晓川(对外经济贸易大学法学院教授):

感谢俊海老师的邀请,时间有限,我先简单讲一下我们单元的一个特点。我们这个单元有六位发言人,也有四位与谈人,从我们发言的题目来看,应该比较契合并且都涵盖了我们论坛的主题,有从公司法修改的理念、原则的角度出发的探讨,还有对具体的规则的探讨,所以我们单元的发言内容应该也是非常丰富的。

我也利用这个机会,稍微讲一两句,我觉得公司法的修改问题主要也是要体现公司法的五大关系问题,就是公司利益平衡问题,包括委托人和受托人之间的关系,包括资本多数决和保护中小股东利益的关系,还有公司有限责任和债权人的利益的保护关系,以及股东利益和社会责任关系,还包括公司的自治和法律规制之间的利益平衡的协调,我觉得在公司法修改以及大家的发言里面的都会涉及。

另外一个问题就是公司的理念如何引入公司,因为今天上午的一些嘉宾也谈

到，公司法中的理念和民法中的理念的区别，民法可能比较容易在法条前几条就规定出来，但公司法好像不是特别地敢于明确规定出来，可能更多地是体现在各个具体的条文里面，因为还有很多特例。包括于莹教授谈到的，比如说一票一权和所谓双重股权结构的问题，以及我一直也在关注的股权交换价值的法律保护问题。因为从股权的使用价值来说，各种规定比较多，但现在比较热点的股权的交换价值，包括对股权对赌、股权代持、股权转让的问题，比如有些情况下股权能不能实在具体地分到股权以及形式如何，再比如说涉及和公司对赌有没有效的问题，实际上很多案例都有涉及，最高人民法院九民纪要也有谈到股权对赌，这就非常重要。

但是这里还存在一个问题，比如说和公司对赌会涉及股权回购，《公司法》第 142 条谈到除了特例之外股份公司不得回购公司股份，但是在前面的有限公司里面就没有规定，未来要如何处理？我注意到一些文章不太区分有限公司和股份公司股权回购。那么有限公司有没有规定以及后面对股份公司的规定能否管到前面的有限公司，这个问题是值得探讨的。再比如说公司审计，刘俊海教授也有谈到，查账权能不能覆盖审计？公司股东什么情况下可以要求公司审计？公司审计应该是比查账要全面，司法审定的边界标准也是需要的。

我们是承上启下的一个单元，现在时间有限，我们发挥点作风，限制一下我们发言时间。那么现在我们就请第一位发言人，北京大学法学院的邓峰教授，他的发言题目是《展望〈公司法〉修订：定位、原则和蓝图》，让我们热烈欢迎。

图 32　王晓川

发言环节

邓峰(北京大学法学院教授):

今天很高兴回到母校,我们直奔主题,我今天讲三个层面的问题。

第一个问题是我们如何理解当下公司法的修订背景,我觉得需要深刻地理解中国公司法整个40年的改革历程。第一个是中国从1979年的《中外合资经营企业法》开始,不断创造各类新型的组织。我们整个中国改革就是一个新的突破性不断涌现的过程。所以我们公司法商事主体的创造,在其中扮演一个非常重要的角色,所以这是我们理解当下公司法的修订的背景。第二个是在我们现在特定法律体系之下,现在的法律体系的修改太慢。1993年的《公司法》本来是为了服务于国有企业改革而出台的,到了2005年的时候,我们在这个基础上没有进行特别大的修改,形成了今天的格局。在这种情况下从2005年到现在已经过了将近15年,和任何一个国家的公司法修订速度相比都是非常缓慢的。所以我们应当把握机会进行一个比较大的修改。第三个是当下我们的改革处在一个关键的时刻,其中一个方面是我们的国际化不断突出,应该考虑到在中国的企业既要走出去又能够让别人走进来的新的环境走向。基于这三个大的背景,公司法的修订任务应该是非常艰巨的。

而我们目前的所有的理论探讨准备,包括近几年我们看到的文章都太琐碎,太技术化,不足以支撑符合改革进程、符合现代化发展道路以及国际化道路的规则供给,这是我要讲的很重大的一个问题。我提交给会议的文章,其实是我连续两年在财新杂志上发表的一个文章,我希望有更多的企业家站出来,而不只是限于法学界的讨论。实际上可以看到我们在整个改革的过程当中,法律的人都是在后面做解释,这是一个很重大的问题,应该有前瞻性和国际性。

我讲的第二个问题是应该把公司法放到整个经济发展、国家发展的大背景之下。公司法不是简单地保护某一个主体,而应当首先服务于我们的整个改革的历程,我们任何体制在改革的历程当中都可以被变更,都可以被修改,只要能够满足我们经济发展和社会增长以及现代国家治理的需要,所以我们应该站在这样一个高度,以公司制度推动经济发展作为第一个标准。第二个标准是保护公司作为社会的合作机制,这是它的第二层的价值。在这两层价值和标准之后,才是具体保护哪一方的主体问题。如果按照LLSV的研究可以看到英美法的公司法,可以在债权人保护上也是最好的,在股东保护上也是最好的,在任何一个价值上都可以实现最好,这些价值之间本身不存在二选一的冲突问题。觉得二选一或者三选一或者四选一就存在冲突,是因为没有站在一个经济发展的角度来考虑公司法的修改。

第三个问题是我们现在的公司法修订面临着巨大的现实制度的挑战。第一个挑战就是内外资企业的合并,表面上看只是一个制度的废除,但其中所带来的巨大的转轨成本，以及这两类企业，我们借鉴美国法上的说法，在美国公司法理论中，中外合资经营企业叫作 member manager corporation，即成员管理，实际上是以合同为基础的，而我们的公司法是 manager manager corporation。所以这是两类完全不同性质的公司，不能说简单把某个法废掉然后回到我内资公司就可以解决的问题。所以对于里面的机制如何确立，至少可以说新的公司法必须要满足两个条件，有一类的公司治理是以沟通为基础的，有一类的公司治理是以章程为基础的。我们面临的第二个挑战就是像华为等中国企业日益出现，中国的企业在不断地走出去，就存在一个国际的冲突问题以及合规的问题。所以不是让我们考虑如何迁就现实，在现实生活当中为中国的公司治理不完善，为公司的两权分离不充分，为股东过度控制而辩护。我们应该有一个前瞻性，通过法律的规则去变法，去推动社会的进步。第三个挑战就是我认为我们资本市场要有一个重启，势必要重新考虑资本工具的充分利用与否。

我觉得这是我们面临的三个最重大的挑战，但是我们目前所出现的局面是，当我们日益精细化地解释规则作业的时候，当我们日益法典化的时候，在法典化的过程当中，比如民法总则当中的法人制度，不过是把我们现在很不完善的公司制度做了一个提炼，又成了我们的上位法，它进一步制约着我们推动改革。

所以我想呼吁，我们应该面对这样一个现实，在历史关键时刻，甚至某种意义上可以说是存亡之秋，拿出我们这一代人应有的勇气和视野，去面临挑战。我就讲这么多，谢谢。

图33 邓峰

王晓川(对外经济贸易大学法学院教授):

谢谢邓峰教授,我们这一环节有点吃亏,但是他很好地掌握了时间。那么下面一个发言人是中央民族大学法学院的王瑛教授,她发言的题目是《从公司法的角度看上市公司会计信息披露》。欢迎王教授。

王瑛(中央民族大学法学院教授):

首先非常感谢刘老师的邀请。

刚才邓老师说我们不要仅从技术层面分析,我觉得我的发言应该其实也是完全的技术层面。各个老师可能也都有在做独立董事的经历,我有一定的会计背景,所以以会计的身份和法律的身份在做审计委员会的独立董事。作为审计委员会委员拿到手上的实际上是报表,其中我注意到了一个问题,所以在这里借刘老师邀请,我从会计法的角度来谈一谈公司法的修订。

我们在现在的公司法中,第八章确实涉及公司财务和会计,但是实际上大家可能也注意到,它对我们的会计财务报表没有作一个具体的规定。在第145条要求上市公司进行信息披露,但是实际上所有的会计信息披露中百分之八九十的是财务会计报表的信息披露。结合我自己的实践来看,在这里就出现了一个问题。我们作为审计委员会,拿到手上的是报表,但是我们看到的报表只是成型的报表,实际上报表的具体信息我们是看不到的。我曾经找公司索要但公司以保护商业秘密为由拒绝提供。第二个问题是我们还有一个接触就是管理建议书,但是管理建议书也存在公司不愿意提供的问题。我作为审计委员会委员,我们公司法规定的董事义务是推定义务,既然是推定义务,我现在又不能够了解真实的会计信息,这个时候我是不是很冤枉。所以我们总是在谈独立董事是个花瓶,但实际上法律是规定了我们的推定责任的。所以虽然邓老师刚才说要从大的角度不要注重细节,但我认为就公司法这次修订来说,应该还是要捋一捋到底应不应该把会计的报表在公司法作出具体规定。其实会计报表主要包括报表的编制人、编制时间、报表构成。报表质量的审查验证与认可,以及财务会计报告的公示。我们现在唯一的规定就是公示,包括半年度报表和年度报表公示时间,但是对于报表的质量以及认可等一系列问题都没有,只是说到了会计师事务所的聘用是由审计委员会来进行认可,也就是说其实对会计报表根本没有做任何实质性的规定。

我把2008~2018年这11年间证监会的处罚决定书中对会计信息的违规披露做了一个统计,排在第1位的就是程序上的推迟披露会计信息,第2位是关联方以及关联交易违规披露,第3位的是或有事项的违规披露。其实我们今天也有老师讲到了关联方的问题,我们公司法中对关联方只是在附则中对关联方的定义做了一个规定,但是对关联方详细的一些信息以及披露,其实根本就没有做任何规定。但是从11年的处罚情况来看,我们的关联交易信息披露违规主要有三种方式,就是关联交易隐形化、关联交易复杂化、关联方名义的解除化。对此大家也非常清楚,比如说第一种方式关联交易的隐形化,往往采取找一个非关联方在中间进行曲线救国,来逃避这种披露和监管的途径。如第二种方式关联交易复杂法,有意地把关联交易通过中间转换变成非关联交易来故意抬高成本,在实际上混淆了关联交易。第三种方式就是关联方名义上的解除,解除了实质关联交易。所以我觉得实际上信息披露违规形式是非常之多的,也就是说实际上我们需要在公司法修订中,对于关联交易的信息披露的机制,应该给予一个界定,比如说对它的定义的界定、定价机制的界定,还有它的会计信息披露的时间。

还有一个方面就是或有事项,我们在公司法中根本没有规定或有事项,但是或有事项其实和我们的法律和会计是极其相关的。其实或有事项披露给予了公司一个选择权,但是大部分公司,特别在金融公司领域中,都选择了不披露,实际上对公司的未来的影响是非常之大的。比如说我们环境保护领域,比如说紫金矿业的案例,它对环境污染的负债就没有做披露,因为在会计准则里面我们或有事项会计信息分了表内披露和表外披露,但实际上公司其实对会计信息披露是完全选择了一个不充分的披露。所以我们希望这一次公司法修订里面,第一个,把或有事项的定义界定进去;第二个,它披露的范围到底是什么,还有披露的形式到底是怎么样的。

基于时间关系我就不多讲了,谢谢!

图34 王瑛

王晓川(对外经济贸易大学法学院教授):

谢谢王瑛教授的精彩发言,也谢谢刚才邓峰教授的精彩发言。那么我们下面有请中国政法大学民商经济法学院的郑佳宁教授,她发言的题目是《信义义务的起源、演变与扩张》。大家欢迎!

郑佳宁(中国政法大学民商经济法学院教授):

我演讲的题目是《信义义务的起源、演变和扩张》。

那么信守承诺是公司治理的基石,信义义务是公司治理的功能。信义义务其实既体现了公司的自治,也体现了国家的强制。信义义务在内部是可以通过公司章程、决议等一些文件、合同来落实,在外部又可以转化为国家的强制的义务规范,通过法律责任和诉讼来执行,敦促义务人履行承诺。我们可以看到今天几乎每一讲的演讲,其实都涉及信义义务的问题。其实这里有一个非常重要的问题,就是一项义务,它要解决的一个最核心的要素就是它的义务源泉和义务内容是什么,也就是谁向谁为何承担何种义务。本来它是一个很简单的问题,但是由于公司信义义务有一个排他的体系,就使这个问题比较扑朔迷离。

我对刚才王瑛老师的感受也有非常大的体会,就是大家在讨论比如说独立董事是否要对公司承担信义义务,承担的信义义务是对公司还是对股东还是利益相关者,以及承担的是较轻的信义义务,还是更重的信义义务。我是在民法领域工作了十几年,去年又回到商法领域,我回来之后研究的第一个问题就是这个问题,因为我自己也当了独立董事,也特别关注这个问题。那么在这个问题里面我研究了信义义务的起源,研究学者实一般有的会从汉谟拉比法典来说,有的会说到伊斯兰法、罗马法。那么一般来说公认的所有信义义务制度源头来自英美法系,英国土地法上的用益权制度,指的是将一种土地托付与授信人,使受益人获益的信用关系。在 1535 年英国就颁布了《用益法》。这个用益权制度下的信义义务,实际上是带有强烈的财产性色彩的,也就是现在财产信托的源起。但是随后在 19 世纪初,英美法系经历了一场将原本信托领域的义务向代理、合伙和公司推广的过程。在 19 世纪初,英国判例第一次出现了因为代理人处于受限的状态当中,而赋予其有类似信托的,在合同法上的信义义务的观点。

那么在美国 1958 年《代理法第二次重述》里面就特别提到了代理人之间既有合意关系,也有信义关系,代理人不只是承诺人,也是授信人。那么《代理法第二次重述》实际上是进一步将信义义务总结为忠实义务和注意义务,就奠定了现在信义义务的框架。那么信义义务的另一个重要演变是在组织法上的类推,基本上是平行的。在合伙法上英国有学者也认为,所有合伙成员都是合伙财产的受托人,合伙人在执行事务时,应当为合伙人共同利益,后来英国的《不列颠合伙法》和美国的《统一合伙法》都承认合伙人的受托人地位。区别是美国仅承认合伙人为合伙企业的代理人,英国还承认合伙人是其他合伙人的代理人,这应该是受了特定的学术观点的影响。那么信义义务在公司法中的适用,主要是美国学者主导的,其中有名的学者提出的观点就是公司董事是受托人,他对股东的义务是因为他是为了实现公司的经营而存在,还有为了股东能够获得最大利益而作为,董事是公司的仆从。这个观点对于后续的判例产生了重大影响,法官们普遍认为股东与董事之间为受托人和委托人,董事对股东负有信义义务。

我本来想和李建伟师兄探讨,因为并不是像他所说,所有人都认为股东要对公司负有信义义务,是后来有一个观点支持建伟师兄的观点。这个观点是认为因为公司法人有独立地位,而董事并不是公司财产的法定所有人,因为财产没有转移在董事名下,而且董事又作为委托人有了约束公司的权利,所以后来才有一种观点认为董事与公司之间是特殊的关系,要对公司承担信义义务。其实这就是上午史际春老师说一个理念的差异,要不要对公司的股东的产权进行保护,如果你把它视为一个股东的产权,那么就应该是对股东负有信义义务;如果视为公司的独立财产,那么这应该是对公司的信义义务。

信义义务是有一个现代的扩张的,在英美法上叫作类推,叫 analogy,这是现在信义义务的一个主要扩张方式。在 1975 年最典型的一个案例就是马萨诸塞州的法官,认为封闭公司中的控股股东对少数股东会负有合伙法上的信义义务,就是上午王涌老师讲的。这次我们几位老师也讲到,在破产法中有信义关系的类推,其实在保险法、证券法、人工智能领域,现在都有信义关系的类推,它的类推实际上是存在理论和方法的,主要是有依赖理论、委托理论,核心就在于判断一方对一方的依赖程度以及一方付授予另一方的权利而授予权益的一方能不能很好地保护自己。那么就回到我们研究信义义务的起源,就回到我刚才说的问题,在中国独立董事是否要负担美国判例法上独立董事的信义义务,在美国肯定是要负担的,因为美国的外部董事的权力是比较大的,而且有的美国学者提出非常激进的观点,认为外部董事是公司聘请的专业顾问,你的信义义务比普通董事还要高。但是我认为,在中国不应该赋予独立董事信义义务。第一,我认为公司并不依赖独立董事,很多时候独立董事是最后一个看到文件的,有时候甚至看不到文件;第二,我认为独立董事没有很大的权力控制公司,独立董事能够不被公司控制,能够作出独立判断就很不错了;第三,我认为独立董事和公司之间明显独立董事更需要受到保护。

这是我的观点,谢谢大家!

图 35　郑佳宁

王晓川(对外经济贸易大学法学院教授):

谢谢郑教授的精彩发言。下面发言的是河南财经政法大学法学研究院院长,徐强胜教授,他发言的题目是《中国公司法关于公司信用机制的塑造》,有请徐强胜教授。

徐强胜(河南财经政法大学法学研究院院长、教授):

谢谢刘俊海老师邀请。

今天给各位老师汇报的是关于公司信用机制的完善问题,那么刚才邓老师也谈到了,在公司法修改中不能总是着眼细枝末节,应当在宏观的视角去讨论问题,我想其中有一点可能就是所谓的信用机制的构造问题。

我的基本观点是这样的,首先,公司的本质是信用,公司法重要的功能在于塑造公司信用。第二点,公司信用主要体现为公司应有的人格与良好的公司治理,其中公司人格的基础是公司资本,最大表征则为董事会的核心地位。我国现行公司法在建立公司人格及提高公司治理上存在严重不足,公司法的修改应以完善公司信用为主线,强化公司人格,提高公司治理。

我们来看一下对公司信用的重新审视,一般我们谈到公司信用,我国法学界主要是围绕公司的资本或资产,即公司的履约能力进行研究的,但基于资本或资产的公司履约能力只是公司信用中的一小部分内容或表现之一。事实上,信用是人类经济史上交易或交换的结果,并成为一种受一定规范约束的特定的交易行为或机制,它是交换复杂性的简化,通过复杂性简化,排除了某种行动的可能性;这种行动离开信任是不可能的。我是从这个意义上理解和认识公司信用的,即,公司信用是公司相关利益人之间,因为交易或交换而产生的相互合理期待与确定性后果的合理判断。所以从这个意义上来讲,公司法就是关于公司信用的法律。

关于公司信用的主要就涉及公司人格、公司治理的问题,这两点和公司信用可以产生非常强的互动连接度。

从公司人格来看,公司是交易的产物,而交易就意味着信用。作为区别于其成员的法人实体,公司实是商品经济发展到一定阶段交易的结果,乃是社会交换的产物,并进而成为交换的主体,而交易就意味着信用。所以,公司本身就是一种信用。作为信用载体,公司的信用有两方面,即外部信用与内部信用,外部信用是指公司作为独立实体对外交易所应当具备的信用品格;内部信用主要是指股东之间、股东与公司高管之间及公司高管之间因信任产生的效用。我个人认为,公司法首先是从塑造公司自身应有的对外信用品格开始的。公司具备五大核心结构特征,即法律人格、有限责任、股份自由转让、董事会结构下的授权经营管理及投资者共享所有权。在这五大特征之中,公司的法律人格与有限责任是最基本的。其中,法律人格的核心要素是公司的"财产独立",可以说没有财产独立,公司人格本身它是没有意义的。在一定意义上,公司人格的维持或存续的基础在于公司的信用,是公司信用而非其他,使公司人格不仅仅是一种形式上的,更是实质意义上的,信用使公司具有了生命。

再看公司治理和公司信用之间的关系。公司法关于公司治理的规定主要是规范股东之间、股东与公司、高管之间关系的,其目的是确立它们之间应有的信任,这是一个公司内部信用问题。可以说从公司设立始到公司清算止,公司法均以明晰公司利害关系人法律关系为己任,确立他们之间及其与公司之间的权利、义务与责任。对于股东之间,除了充分尊重其意思自治,公司法还明确规定了股东之间的许多法定义务,特别规定了股东之间,不论是大股东对于小股东,还是小股东对于大股东,均相互负有的忠诚义务。通过这些法定义务的要求,使本以资本为纽带的公司具有了必要的精神气质。当然,公司治理涉及方方面面,但其核心是董事会的地位。可以说正是董事会的产生,正式管理层才使公司真正具有了人格。一般认为公司人格的,来自所谓的公司财产独立,但是就我所看到的资料,在研究东印度公司的时候认为东印度公司之所以能成为独立的法人,重要的是它的管理层能够以公司的意志来从事相应行为,所以从这个意义上来讲,董事和董事会在整个公司治理里面是最为主要的。所以对于公司治理,无论是股东会中心说,还是经理说,事实上都是以董事会为真正中心的。没有信任,就没有交换。为使交换顺利进行,法律必须确立有关主体必要的义务,以保证信用。除了实体上的强制性义务规则,如权力分配性规则、经济结构变更性规则和信义义务规则外,在公司法上非常重要规则就是所谓的程序规则,作为团体的公司尚需通过明确的程序性规则保障公司信用的有效表达。当然,任何信任都是以基本信息的掌握为基础的。所以,在规范作为团体的公司中,公司法的一个重要功能是确保公司基本信息及涉及广大投资者(包括股东和债权人)基本利益的信息的透明与确定,这一点我想给对我们公司法的修改可以说是非常重要的。信用意味着担当,而担当是以清晰的责任来保证的,实际上我们的公司法里面涉及责任的部分问题是非常大的,包括保护中小股东的问题也需要解决。

当然了,公司法关于公司信用还涉及很多问题,因为时间关系我就报告到这里,谢谢各位!

图 36　徐强胜

王晓川(对外经济贸易大学法学院教授):

谢谢徐教授精彩发言。下午大家比较困,我们这个单元虽然不太幽默,但是我们通过限制发言时间来让大家克服一下。那么下面一位发言的是河北大学政法学院的赵金龙教授,他发言的题目是《网络技术影响下我国公司法律制度因应变革建议》。有请!

赵金龙(河北大学政法学院教授):

感谢俊海教授给我这个交流和学习的机会。

我所讲的题目大概属于刚才邓峰教授所说的技术性的问题,但是实际上从某种角度来考虑的话,比如说俊海教授所提交的一些论文和所做的演讲当中涉及的新公司法的使命和设计理念的角度来考虑,我觉得我所讲的题目又是一个比较宏观的问题。因为我所谈的实际上是从一个理念中引发的一系列技术上的公司法修改变动问题。刚才有一些专家教授,包括高富平教授也都谈到数据资本化的问题。我就想到我们现在处于一个什么样的时代的问题,至少在前几年,我们就一直在主张我们进入了信息时代、互联网时代,也就是说互联网信息技术以及现代通信技术已经无孔不入,无论是经济活动还是生活活动,是家庭还是企业,甚至一些政府的公共活动中,信息技术和通信技术都已经完全渗透进去了。

在这样的一个背景下,这样一个环境下,我们的公司法的修改,如果不能作出一个相应的反应,做出一些相应的这种改革的话,我觉得这是一个理念的问题。公司法要现代化,那么什么叫现代化?我们都已经进入了网络时代,甚至将来要进入人工智能时代、大数据时代,如果这些都不能在法律里面体现出来,怎么叫现代化?我觉得这可能不是一个单纯的技术问题,因为我认为要探讨这个问题的话,他可能更深层次是一个法理学的问题。科学技术和法律到底是一个什么的关系?科学技术发展了,法律会做出什么样的反应?一种是不反应,不改;再一种反应就是做了一些补充规定;再一种反应是要制定推出相对应的新的法律来,从法律变动的历史上都会有这样的一个体现。在我们这个时代,基于互联网技术,对公司来说,对公司经营和管理影响,应该主要是体现在三个方面。

第一个就是对公司的融资,就是对证券发行的影响。可以发现,从互联网技术、现代技术出现以后,证券融资的方式已经发生变化,原来都靠一些间接的方式,现在比如在一些发达国家法律都有规定一些网上直接进行的融投资。再一个就是证券市场的效率大大提高,由于网络技术、互联网技术的这种技术分析的使用,信息非常多非常快,从而整个市场的效率都已经大大提高了。它已经不只是一个工具,如果再简单从形式从工具角度去认识,就无法充分反映实际的生活。再一个就是证券市场投资主体的变更,在没有出现新技术的时候,主体主要是大的投资者,主要是金融领域机构投资者,甚至是金融的巨头;这些先进技术出现之后,因为成本低且速度比较快,中小企业也可以通过网络进入市场中来,于是资本市场的主体结构已经发生了一个变化。我想这是第一个方面应用和变化。

第二个方面,最突出的影响的就是电子商务,不通过这些通信技术是实现不了的,电子商务在公司中运用也非常多,我就不详细展开了。

第三个方面,涉及公司对投资关系的处理以及公司制度的变化,因为可以看出一些公司数据的发送、报告,甚至是股东行使权利,以及一些权利的公示等,都已经开始运用了现代的技术。从各个国家,从世界比较的范围来看实际应用的情况,最典型的一些国家都已经在他们的立法中,我们说的不是一些规范性文件的层面,而是在法在国家的法律层面早就都有相应的变化和反映。比如说美国在联邦层面 SEC 电子数据的存储,以及后来的一系列解释令,一些股东权利行使的允许,还包括在公司层面上特拉华州公司法 21 世纪初就开始立法作出明确的规定。这是美国,日本的情况我想张红教授可能更清楚,日本是把建成世界最先进的 IT 国家作为一个国家发展的战略,其中最多的措施就是修改法律,就包括了公司法。早在 20 世纪,日本就在一系列商法修改中作出了承认和相应的规定,包括日本 2005 年公司法、2014 年的公司法,都是一脉相承的。甚至英国也是这样,为什么立法从 2016 年公司法甚至 1985 年公司法里面就有相应规定,因为有最根本的理念,就是要保证公司法进入现代化。总的来说,我们从比较来看,世界上其他一些典型的发达国家都是把公司法律制度的 IT 化、现代化规定作为一种制度竞争的优势来看待的,在这样的理念下来修改他们的公司法,所以说我认为这早已经成了一种趋势了。我们国家的公司法修改也应该反映这种情况,所以大家可以在我在向会议提交的论文看到,我提出的具体几个方面一些建议,我就不详细说了,谢谢!

图 37　赵金龙

王晓川(对外经济贸易大学法学院教授):

谢谢赵教授精彩发言。我们最后一个发言人是西南财经大学法学院张怀岭副教授,他的发言题目是《“二元化”公司治理:理论证成与实现路径》。有请张教授。

张怀岭(西南财经政法大学法学院副教授):

各位前辈,各位同仁,今天给大家分享的一个题目是关于公司二元化治理,研究的背景有几个方面。

第一个背景是一个基本的判断:我们国家的经济,尤其在中美和中欧这样一个国际关系比较紧张的背景下,可能会长时期处于一个下行状态;第二个背景是:在法律制度竞争的背景下讨论二元公司治理,就是想呼吁关注封闭性公司。封闭性公司的问题就是它的治理问题,而公司治理领域主要是要解决三对利益冲突。

虽然说三对利益冲突在不同类型的公司里面都有体现,但是我的基本观点是:在封闭性公司大小股东之间的利益冲突,包括大股东欺压小股东以及小股东敲诈大股东的利益冲突,是它的治理最严重的一个问题。这是基于对欧盟及其成员国法律改革的参考而求得的。因为从 2008 年开始,欧盟法院通过一系列判决引入一个类似于特拉华州现象这样一个法律制度的竞争。当时德国也好,法国、意大利也好,这些传统的欧洲大陆强国,为了抵御英国法的入侵修订了法律上包括德国有限责任公司法在内的一些封闭性公司的类型。那么在欧盟层面,从 2008 年开始到 2014 年,也基于欧盟委员会的动议提出了欧盟私公司以及 2014 年关于一人公司立法动议。

我的一个基本逻辑是:由于封闭性公司和开放性公司结构上的不同,那么从而导致二者的治理模式应当不同,封闭性公司更加适合“赋权性治理模式”,而开放性公司更加适合“约束性治理模式”。另外还有封闭性公司退出机制的问题,因为封闭性公司的股份也好、股权也好,没有一个相对客观的退出机制或者客观的股权价值增长类比。就像夫妻吵架一样,关系好的时候,效率是非常高的。但是一旦关系不睦,会导致公司治理出现非常大的僵局,从而使一个企业被拖垮。

我们说的封闭性公司,它是我们企业形式里面的一个全能性选手,今天给小微企业做,也可以用大的集团公司来做。基于这样一个结构特征,从而导致我的一个结论——不能够简单复制我们开放性公司里面的这些公司治理的规则,因为他的利益冲突的类型不一样,要进行一些定制。当然这个研究在德国和欧盟已经开展了,包括马克思、弗兰斯教授这些都有专门的著作来研究它。

最后提几点建议,一是立法上区分开放性公司和封闭性公司治理,二是放松严苛的法定治理结构,三是把大小股东的利益冲突作为法律规制的核心,四是在立法中引入模范章程。好,谢谢大家。

图 38　张怀岭

与谈环节

王晓川(对外经济贸易大学法学院教授):

谢谢张教授。那么我们这个发言阶段就结束了,我们 6 位老师的发言都是非常有真知灼见的,但是为了节省大家时间,他们都受了委屈,那么我们也尽量想着时间。我们下一个阶段是评议阶段和自由提问阶段,由我们北京高院民二庭的刘春梅副庭长来主持,大家欢迎。

刘春梅(北京市高级人民法院民二庭副庭长):

我们长话短说,先请首都师范大学的吴高臣教授进行评议。

图 39 刘春梅(中)

吴高臣(首都师范大学政法学院副院长、教授):

首先,非常感谢俊海教授的邀请让我们回到母校来和各位专家学习,那么我就直接进入主题,第一个是谈我的感受,应该说刚才六位教授的发言都非常精彩,而且透着强烈的问题意识。

当然这里面似乎也有点火药味,那么好像大家都对邓峰教授的观点有点不同的看法。其实我觉得邓峰教授提的问题非常好,就说我们为什么要修法?这是我们要解决的一个本源性的问题。邓峰教授应该只是把这个问题提出来,其实大家可以去思考。同时我想其实邓峰教授对技术进步的了解可能并不比我们各位少,他对技术对于社会进步的影响以及对我们法律进步的影响,肯定有思考。他在我们讲的技术层面的研究也非常深,我相信他也是既关注宏观也关注微观。我觉得如果用一句话来说的话,脚踏实地同时还仰望星空。

徐强胜老师讲的信用问题应该是我们法学界一个重要的任务,就说我们如何把这个公司信用用我们法律的权利义务原框架来建构,的确是我们现在在公司法制定过程中要思考一个问题。那么另外四位教授我感觉如果来概括的话,是不是可以拢到这样一个公司治理这样一个层面?也就是佳宁教授,还有王瑛教授讨论的信义义务,以及赵金龙教授讲的把网络技术型应用到公司治理当中。

张怀岭教授讲的其实也是公司治理问题,但是在这里面最核心的提出了关注封闭公司或者我们长期所说的关注小公司。我也特别关注小公司,在这里也提供一个数据供大家参考。2019 年 10 月 21 日,科创板当中 34 家上市公司有 16 家公司,它的募集资金干了别的。一共募集了 290.4 亿,拿了 182.4 亿去做理财,仅仅三个月,已经拿出 63% 去做理财。上市公司的整个状况也不好,2019 年 12 月 1 日为节点,上市公司一共拿了 1.2 万亿去理财。所以我们要关注一个问题就说是我们募集资金到底是干什么的?最后一句话就是我自己一点和刚才李东方老师有相同的观点,就是我们要去关注国有企业改革当中,我们必须关注现在分类改革的问题。谢谢。

图 40 吴高臣

刘春梅(北京市高级人民法院民二庭副庭长):

谢谢。有请张红教授做点评发言!

张红(日本冈山大学教授):

首先感谢人大法学院,感谢商法研究所,感谢俊海教授,也感谢为大会也付出的各位老师和同学们。是你们提供了交流平台,给我这么一个很好的学习机会,给大家分享多元素的法律问题的研讨成果。今天听了很多精英教授的发言,也看了我们将近 800 页的论文集,可以说收获非常大。我平时在日本,那看到我们国内老师兢兢业业探讨特别感慨,也很感动,那么所以在此我不做很多的评议。所以我简单说一下日本公司法修改特别是近几年修改的近况,最后谈一下对我国的启示。

日本公司法近几年修改最终还是分为八大篇，一共有 979 条。第一是在我看来，日本立法还是比较细腻、清晰、周全的，比如说在有关公司治理方面，对独立董事和监事进行了修改完善，特别是对独立性的要件做出了一个适当的放宽。还设置了监察会，在监督方面能够更发挥它的作用。第二是对有关母子公司方面规定也进行了一些修改完善，比如针对怎样能够保护子公司的少数股东以及债权人的利益，设置了多重代表诉讼制度。而且对母公司转让子公司股份这种行为的性质更明确化，它可以等同于全部或者是部分重要的事业转让这个性质。第三是它还设置了特别股东的出售请求权。

日本的修改充分体现了有效平衡股东债权人利益和公司经营自主灵活之间的关系。日本公司法的这种修改的理念主要是着重吸引外资，提高企业国际竞争力和企业自治水平。其实是和现在我们国家比较接近的，所以我希望我们中国公司法修改，特别是在现在人工智能时代，特别是大数据对公司法的冲击，怎么能够体现效益价值，既能解决现实问题，又能够让对华投资的一些外国企业更看好中国，觉得我们中国公司法既接地气，又和国际接轨，谢谢大家。

图 41　张红

吕来明(北京工商大学法学院教授):

谢谢俊海教授邀请,谢谢刘庭长,我刚才听了六位专家的发言,深受启发。

我感觉我们这个环节有三个层次,第一个层次是宏观层次,邓峰教授的发言指出了公司法修改应有的蓝图、理念和背景。第二个层次是中观理论性的研究,郑佳宁教授和徐强胜教授提到的信用机制和信义义务。第三个就是微观方面的具体制度的设计和思考,王瑛教授提出的信息披露的问题、关联交易的问题,张怀岭教授的二元治理结构中封闭公司的制度设计,赵金龙教授关于信息时代的公司的股东会、董事投票、网络投票、虚拟股东会这样的一些问题。

这三个层次从不同侧面对我的启发很深,时间关系的话我就谈两个方面。首先,第一个观点是关于立法修改的理念背景,我同意邓峰教授提出的要根据国家40年来改革开放和今后进一步发展的需求大规模全方位修改公司法,解决制度规则供给不足的问题。但是我觉得这和细致讨论公司法现有规则的完善是不矛盾的,因为现有的制度它也有促进性的作用,我们要对现有的制度进行一个评估,哪些是促进的,哪些是障碍,哪些是无用条款。评估就是以营商环境为标准,包括世界银行标准下的条件,和真正对我们国家营商环境促进的标准,要评估现有的制度并且进行精细化的考量。第二个观点就是关于公司法修改刚才邓峰教授谈到一个层次性的问题,第一个层次的指导,第二个层次是推动社会合作,第三个层次才是内部的利益平衡衡量。我觉得其实可能这三个层次有时候不太好区分,它有时候是不相矛盾的。如果第三个层次解决不了,可能第一个层次也不一定能达到,所以它应该是统筹考虑的问题。

第二个方面就是宏观和中观和具体制度的设计方面,我觉得类型化的区分,对封闭公司和开放公司区分理念或者制度,是应当倡导的。但是我觉得对于中小企业,特别是封闭性中小企业,特别是股东人数比较少的来说,股东会中心主义和董事会中心主义这个不是太重要的问题,因为实质上都是这种大股东大老板在控制股东会、董事会,甚至连董事、法定代表人都不是真正决定公司决策的,它是一个背后的实际控制,所以对于小的公司,对于股东人数少的公司来说更关键的问题,还是中小股东利益的保护。中小股东可能绝大部分场合下不关心具体的建议,他关心的第一是信息透明,你挣钱了没有,你得让我知道;第二,我分红的时候你不可能成为障碍;第三个是退出的时候要有相对这种松散的渠道,这才能够吸引小股东进行投资,这是中小股东保护的方面。好,谢谢,我就说到这里。

图 42 吕来明

张舫(重庆大学法学院教授):

刚才吕教授讲的,实际上我也想实际上这样分一下宏观、微观、中观,这个我就不说了,但是我觉得还是受到很大的启发。

宏观上比如说邓峰教授实际上他提出了一些批评,就是说现在过于细微了,但是它绝不是说不允许大家或者是反对大家做细节性的研究了。另外强胜教授讲的公司信用,他甚至提出了公司信用法,我觉得从某种意义上理解,它是换了一个角度来理解公司法。那么金龙教授提到了一个大家可能需要注意的一个问题,就是网络技术目前对公司法的影响。

另外两位教授,是从独立董事的角度来讲,从切身体会来讲,郑佳宁教授是对信义义务的梳理,我觉得对信义义务的梳理,对我们现在理解和规定信义义务都有好处。那么王瑛教授从会计本身专业来讲,我觉得她讲的非常切中要害。张怀岭教授他对封闭性公司的理解,我想他有德国留学背景理解还是非常深刻。

我这里强调一下,目前我们制定或者修改公司法,我想从宏观上来理解应该是需要的。我觉得你起码有一些问题是需要首先理清楚,你比如说公司分类的问题,起码你有一个逻辑的线索。公司他就是一个组织法的话,用一伙人成立一个公司,你公司法是干什么?那么人家的章程自治,你公司法怎么和他来协调?也就是我们讲说自治的边界的问题,拿这个来做类型的划分吗?另外如果是划分了之后,公司法里面强制性的规定,有赋权性的规定,任意性的规定。我们都知道理论,但是我们怎么来规定?我讲最现实的一个问题,第16条,你这次改不改?怎么改?还有第71条,关于有限责任公司股份转让引起了很多问题,现在你看最后有一个工商的另有规定的除外,很多人把它理解为强制性的规定,包括我们司法解释,股东向外转让股权,应征得其他股东过半数同意。那么有些强制性的规则我们恰恰没有,最核心的,比如说有限责任公司对小股东压制,我们公司法里面都没有。怎么来设计,对吧?我想就这一类的问题,可能是我们在修改公司法之前,应该有很多研究的基础,需要总结一下,包括我们司法判例,我们最高院的这些实务部门同事应该有很多经验,应该进一步总结。好,我就到这里,谢谢。

图43　张舫

刘春梅(北京市高级人民法院民二庭副庭长):

谢谢,因为王教授说让我还总结一下,我就利用最后的总结时间说一下私货,邓峰教授讲到了,就是说我们公司法修改的一个历史沿革,提到了要有前瞻性和国际性。我是想提一点,我们从1979年开始引进外资开始改革以来,过程中有哪些教训,也应该反映到我们新修订的公司法里面。咱们说最简单一点,咱们的联想收购IBM的电脑部的业务的时候,他的工会对于新进来的战略投资者是有谈判的权利的,而我们早期在引进外资的时候,比方说收购上海日化,收购北京大宝,别人加进来就把你的品牌给雪藏了,最后就成了它的。所以这30年来我们引进外资的经验有哪些,是我们在座的学者和实务工作者要考虑的。这也是对国际性和前瞻性的体现,也是我们对过去 30 年的经验总结。

然后还有第二个我是特别有感触,就是说以公司制度推动合作发展。因为我们讲的公司的章程,实际上是一个团体的章程,我们的民法总则承认了农村村委会的经济组织的地位,那么这实际上就和公司章程、议事事项是一致的。所以在这个里面,公司治理的现代化需要国家治理能力现代化,也就是在这个平台上是让各方的利益都能共存,然后在这个过程中充分体现各方的权利,然后最后再有一个最终的规则。我觉得这个是一个让人民参与过程的过程,我们的公司法是应该有情怀的。

(本部分由何愈、刘瑀编辑整理)

第四单元

主持人:王宗玉(中国人民大学法学院副教授)

　　　李培华(中国证监会稽查总队干部)

发言人(每人 8 分钟以内)

1. 张　路(重庆大学法学院教授)

发言题目:公司治理模式的优劣与选择

2. 马更新(中国政法大学民商经济法学院教授)

发言题目:公司资本认缴制滥用及其纠偏机制

3. 樊纪伟(天津财经大学法学院副院长、副教授)

发言题目:股东代表诉讼前置程序免除的裁判规则与改进

4. 赖虹宇(西南财经大学法学院师资博士后研究人员)

发言题目:论隐名出资制度的体系化定型方案

5. 白牧蓉(兰州大学法学院副教授)

发言题目:上市公司股份回购的风险与制度检视

6. 王乐兵(对外经济贸易大学法学院助理教授)

发言题目:有限责任公司股权转让模式与规则的完善

与谈人(每人 5 分钟以内)

1. 胡改蓉(华东政法大学教授)

2. 张思明(河北大学政法学院副教授)

3. 朱晓娟(中国政法大学民商经济法学院副教授)

4. 沈　健(中央财经大学法学院讲师、院长助理)

王宗玉(中国人民大学法学院副教授):

请各位尽快入座,我们第四单元马上开始,这一单元原本安排主持人的李国慧因为个人原因无法到场,向各位表示抱歉,所以就由我和中国证监会稽察总队的李培华博士一起担任主持人,我是“住持”,培华是“副住持”。我们这一单元首先发言的是重庆大学法学院的张路教授,有请张教授。

图 44　王宗玉(中)

发 言 环 节

张路(重庆大学法学院教授):

感谢王老师,感谢俊海教授的邀请,今天我发言的题目是《公司治理模式的优劣与选择》,论文也已经提交会议。

这个问题的提出主要是基于阿里巴巴对于其合伙人制度的坚持与港交所修改上市规则,由此引发我对于公司治理模式的深入研究,以往的股东会中心主义、董事会中心主义和管理层中心主义之间的优劣以及应该如何选择。应当指出的是公司法的核心就是公司治理，其中有两大基本要素，一个是权力配置，另一个是旨在对配置后的董事高管权力进行制约监督的诚信义务要求。

而关于公司治理和权力配置的问题一直以来都存在模式之争，争议的焦点就在董事会与股东的关系问题，我将其概括为效率模式、权力模式和宪法模式。效率模式包括股东中心主义、董事会中心主义和管理层中心主义，具体不作展开。权力模式和效率模式不同，它利用的是组织和管理理论，将公司看成拥有对公司控制权产生影响的内部结构和程序的有机结构。而宪法模式则是将公司治理关注的重点从实体法改革转移到现有规则的基本假设和实施现有规则的公司结构和程序上。除此之外，还有学者把公司治理模式分为职权模式和责任模式。

通过考察各种公司治理和权力配置模式的优劣，我们再看阿里的合伙人制度，它是作为公司融资的创新，我在文中将其称为创始人中心主义，更接近以往的管理层中心主义，而分析阿里合伙人制度在公司治理模式上的创新与不足，我们会发现所有公司治理模式都围绕不同类型组成人员之间的权力配置展开，无论公司的目的与权力配置模式如何，董事高管的私权力总是趋向最大化，私权力具有无限扩张性；公司法对公司治理中谁控制公司及公司的目的无法作出任何规定，主要是因为公司治理制度受经济而不是法律因素驱动；为完善公司治理机制，要沿着诚信义务的路径，借助公权力对公司内部私权力进行制约和监督。我的报告到此结束，谢谢大家。

图45　张路

王宗玉(中国人民大学法学院副教授):

感谢张路教授,接下来发言的是中国政法大学民商经济法学院的马更新教授,有请马教授。

马更新(中国政法大学民商经济法学院教授):

我今天发言的题目和议程上作了一下调整,我报告的题目是《公司资本认缴制滥用及其纠偏机制》,主要就是《公司法》取消了出资额限制、实缴限制后可能带来的公司资本认缴制滥用的现象。

首先,应当界定资本认缴滥用的情形,资本认缴制的滥用本质属于权利滥用,是指与设权目的相悖的权利行使行为。资本认缴制的滥用贯穿于公司设立与存续的过程,设立人或股东等为规避与转嫁商业风险,利用出资的自治性,损害了债权人和中小股东利益。此外,对资本认缴制滥用进行界定还需区分抽逃出资、无权与越权行为(区别于董监高违背忠实勤勉义务,不应过分扩张资本认缴制滥用的范围)、基于股东自治认缴制的正当使用。理论界对什么是权利滥用一直存有争议,分为"故意损害说""违反目的说"和"越界说"。权利人行使权利主要是为了自己的利益,极少是专为侵犯特定人的利益,如果将滥用仅限于权利人出于加害他人的故意,"故意损害说"显然遗漏了大量不当行使权利的行为。"违反目的说",通过禁止权利滥用原则,约束权利人以符合法律目的的方式行使自己的权利。因此,权利滥用,是指与设权目的相悖的权利行使行为。同样,相比于从主观要件界定"滥用",从行为要件界定"滥用"更为合适。

界定滥用的要件应当包括主体、行为和结果三个方面,从主体要件来看,包括公司设立人、滥权股东及公司的实际控制人,从行为要件来看,包括公司资本显著不足、注册资本额高但股东实缴资金少、未按约缴纳出资、控股权的竞争及法人人格混同的新情形等,从结果要件来看,滥用行为会对债权人及中小股东利益的损害。

其次,在资本认缴制确立后,缺失利益相关者的保护机制,现有的制度安排无法消解公司注册资本认缴制的弊端。要解决资本认缴制滥用的问题,平衡公司、股东和债权人之间的利益关系,应摆脱过去形成的公司资本制度的路径依赖,围绕认缴出资的法律效果,必须重构防范注册资本认缴制滥用的制度网格,回应社会对于公司法治的期盼。考量纠偏机制主要有四个大方向,因为时间关系不再展开,主要是防范分期支付的风险;法人人格否认制度的完善;中小股东利益的保护;域外经验的借鉴。谢谢大家。

图 46 马更新

王宗玉(中国人民大学法学院副教授):

好的,感谢马教授,稍微有点超时,但是女教授应该有特权。下面一位是天津财经大学法学院的副院长,樊纪伟副教授,有请樊院长。

樊纪伟(天津财经大学法学院副院长、副教授):

感谢王老师,感谢刘老师,很荣幸回到母校参加本届中国资本市场法治论坛,今天我发言的题目为《股东代表诉讼前置程序免除的裁判规则与改进》。

首先,股东代表诉讼前置程序的功能就是在穷尽公司内部救济的前提下,一方面给予权利受害主体,也就是公司提供机会,另一方面能够减少股东代表诉讼的滥用,尊重董事、职业经理人的商业判断。

依据《公司法》第 151 条的规定,免除前置程序需要满足两个条件,其一是情况紧急,其二是且不起诉会使公司利益受到难以弥补的损害风险。结合最高人民法院案例来看,在陈某与何某强、罗某兴等损害公司利益责任的这个案件中,法院裁定认为,案件不存在公司的执行董事及监事接受股东申请对股东所主张的被告提起诉讼的可能性，应认为是公司内部的救济途径已经穷尽。而在李某与周某峰、刘某芝损害公司利益责任案中，法院裁定认为，被告董事会成员和监事在同一案件中，无法既代表公司又代表被告，因此同时起诉公司董事及监事的特殊情形视为免除先诉请求程序的情形。另外《全国法院民商事审判工作会议纪要》第 25 条也作了相应说明，但是我们认为以存在公司不能提起诉讼的“客观障碍”免除股东履行前置程序，不具有法律上和事实上的说服力。既不符合现行公司法对前置程序免除条件的要求，又剥夺了公司向股东说明其作出不起诉判断理由的机会，不利于对股东恣意诉讼的防范。

因此，我们认为“客观障碍”标准实质上增大了股东非经前置程序提起股东代表诉讼的风险，并会进一步侵蚀公司自我救济范围，使先诉请求的前置程序成为股东代表诉讼制度的“摆设品”。司法机关应当在公司起诉具有“客观障碍”的基础上，判断是否存在“不起诉会将使公司利益受到难以弥补损害”的情形，具体表现为公司董事或监事销毁公司决议或会计账簿的风险、公司财产面临被转移的风险等。

图 47　樊纪伟

王宗玉(中国人民大学法学院副教授):

好的,感谢纪伟,之前是美女老师,现在是帅哥老师,我们同等对待,也没有超出太多时间。下面的发言我们稍微调整一下,由西南财经大学法学院的师资博士后研究人员赖虹宇发言,有请赖博士。

赖虹宇(西南财经大学法学院师资博士后研究人员):

谢谢王老师,谢谢杨光博士,因为我晚上需要赶飞机,杨光博士主动提出和我调换一下顺序,非常感谢。我今天发言的题目为《论隐名出资制度的体系化定型方案》。

首先,我通过研究发现,隐名出资制度尚未完成体系定型,具体表现为三个方面,第一,隐名出资概念的描述性,导致缺乏规范指向;第二,实践中将隐名出资问题等同于股东资格认定问题;第三,隐名出资的类型划定模糊。而基本路径应当是通过规范化的类型划分,类型化是纯化复杂法律现象的工具,我自己总结像张双根老师的"十分法"以及其他学者提出的"三分法",均存在诸多不足,核心问题在于,某些分类标准仅仅是经验的、客观的现象区分标准,标准与标准之间并不协调。《公司法解释(三)》提供了类型化的雏形,也即借名出资的目的。经由司法解释与裁判经验的规律总结可知,"实际出资人是否参与公司经营管理"能够作为基准要素,区分"借名取利型隐名出资"与"借名经营型隐名出资"两种类型。具体内容我已经向大会提交了论文,收录在了会议论文集中。

当前隐名出资制度无法体系化处理的一个原因,在于将股东资格问题作为体系化处理的前提。正确的逻辑应当是区分隐名代持关系认定与股东资格认定,明确隐名出资制度的具体类型,在类型基础上实现体系化适用。因此,可以在股权的动态运行中,实现类型的精准识别。

最后,我们以股权善意取得制度为例,以隐名出资类型化来看,在"借名取利型隐名出资"中且程式运转机制下,名义股东就是公司股东权利享有者及义务履行者,不存在善意取得制度的适用,而是正常的股权取得。在"借名经营型隐名出资"中,处理规则因股权转让是对内还是对外而有所区别,对外转让中可适用于善意取得制度而取得股权;对内转让中则不存在善意取得制度的适用空间。

图 48　赖虹宇

王宗玉(中国人民大学法学院副教授):

好的,感谢赖博士后,下面有请兰州大学的白牧蓉副教授发言,有请。

白牧蓉(兰州大学法学院副教授):

谢谢王老师,也谢谢刘老师给我这次学习的机会,我今天发言的题目为《上市公司股份回购的风险与制度检视》。

这个问题在 2018 年 10 月我国《公司法》修改第 142 条关于股份回购的规定时,我就开始有所担心,此次修改特别放宽了上市公司股份回购的限制,此后两大证券交易所后续制定了配套规则,实则对此次修改可能暗含的风险作了修正,但目前我认为依然是暗流涌动。上市公司股份回购的实质风险依然存在,具体包括三个方面,第一,回购的本质是资本运作工具,对公司实际价值没有真正意义,回购更多实现的是短期效益;第二,在弱势有效的市场发展阶段,缺乏完善的证券商报价制度;第三,修法细节方面,以及民事责任、举证责任等配套制度存在缺憾。

该修订举措及证券交易所后续制定的配套细则等制度旨在让上市公司通过自我调整促进市场稳定健康发展。但这一次修法态度较为开放,使股份回购成为实际意义上的资本运作工具,可能为上市公司的市场操纵和内幕交易行为创造了空间,且不利于中小投资者和债权人利益保护。

因此，未来为完善上市公司股份回购制度，我认为应从四个方面着手优化，分别是信息披露的强化、相关主体的责任规制、交易所作用的充分发挥及维权渠道的畅通。

图 49　白牧蓉

（本部分由刘承彦编辑整理）

王宗玉（中国人民大学法学院副教授）：

好的，感谢白教授，下面有请对外经济贸易大学法学院的王乐兵助理教授发言，有请。

王乐兵（对外经济贸易大学法学院助理教授）：

在这里，先要感谢刘老师的邀请。那么首先声明一点，就是说我自己对公司法研究比较少，我过去几年研究担保法和金融法多一点，今天报告这个题目也有一定的偶然性，因为过去在研究股权质押，尤其上市公司股票质押的时候，注意到在物权法当中规定其是登记生效要件，后来一看股权转让发现其是登记对抗，再后来给学生上课上公司法的相关内容，发现这是存在一定争议的问题，并且国内和国外的观点差别很大，最根本的问题就在于，对于股权转让模式，公司法上就没有一个系统的考量，所以今天刚才邓峰老师讲还是要考虑一些比较宏观的问题,我想我这个问题应该相对宏观一点。

以上是研究背景,那么对于股权转让模式,尤其是有限责任公司股权转让模式,在理论上有所谓意识主义、形式主义之分,那么就我自己而言,可能需要从根本的基础问题出发去思考,那么就是股权的性质和内容是什么,它一方面有财产的属性,另一方面还有组织法的属性,这也决定了公司法的规范性质本身,有一部分是运用合同法就能够调整,但是另外一部分可能更多地涉及组织法的规则。

在合同法规则中任意性较强,股东资质的色彩较浓,但是在组织法的规则上就要求有一定的强制性。在股权转让这个问题上,现在公司法的做法是尽量把权利放给股东,采取的是尊重股东资质,规则设计的内容要求股权对外转让通知其他股东,而不是通知公司;需要征得同意的时候,征得的是其他股东过半数同意,也不是征得公司同意。另外,当涉及优先购买权的时候,也是通知其他股东进行反馈。在这中间就会出现很多问题,比方说我股票涨,但我不通知你,那么在优先购买权确认的时候,什么叫同等的价格或者同等条件,此时就会产生很多争议,所以到最后这个问题,实践当中的各种问题就会出现。我在研究这个问题也发现,德国公司法采用的通知规则是德国民法典的债权转让的规则,也就是去通知公司即可。

从股权本身来讲,它其实体现为公司对股东的一个权利,而股东对公司的权利,在股权转让当中其实是缺位的。所以后来我就在考虑这个问题,就是说我们怎么去完善这种模式:是不是把公司拉进来会好一些,比方说我在通知的时候通知公司,由公司来通知股东;我来表决要不要同意的时候,我通过公司的股东会,那么在这种情况下大家表决权比重是一样的,而不是说由股东个别来形成。这样程序上的完善,可以让公司之间和其他股东的关系更加有序。

所以我在想,公司股权转让的很多规则应该有一定的强制性,因为有时候我们一直在讨论,到底是自治还是强制,我自己的观点是在股权转让这个问题上,还是应该保持一定的强制性,应当遵循一定的程序。如果我们过度地放纵,或者说我们对股东过度溺爱的话,可能会导致股权转让的纠纷,从而影响的是股权流动的秩序,甚至影响股权本身的流动性和市场价值,在这种情况下,反而对股东是不利的。我就讲这么多,谢谢大家。

图 50 王乐兵

与谈环节

胡改蓉(华东政法大学教授)：

谢谢刘老师提供这样一个学习的机会，谢谢主持人王老师。在我们这个阶段，一共有 6 位发言人做了非常精彩的发言，有张路老师最开始比较抽象的、宏观的理念层面的阐释，也有其他 5 位老师各个角度的分析。这些问题在公司法的研习中确实都是争议比较大的，因为时间有限，我想接着樊纪伟老师讲到的股东代表诉讼的问题，谈点自己对于股东代表诉讼制度的两个观点。

一个就是股东代表诉讼的调解机制问题，刚才樊老师讲到了九民纪要里面免除前置程序规则的规定，其实里面还有一个规定也是很值得关注的，就是关于调解的问题。因为股东代表诉讼中股东它只是一个名义上的原告，胜诉利益是归公司的，所以很容易出现原被告之间勾结的这样一个道德风险，最终侵害公司利益。因此，对于股东代表诉讼中的调解机制进行规范非常必要，其实在原来的《公司法解释(四)》的征求意见稿中也曾经出现过这个规则，但是当时这样的一个规则主要讲到的是，如果要调解的话，是需要股东会来进行决议。我发现这次九民纪要中其实有些修改,也就是说由股东会或者董事会决议,到底是哪个机构是由章程来决定的,如果章程没有规定的话,推定是股东会,这是这样的一个阐释,所以其跟征求意见稿四还是有些不同,也就是说,它给了公司章程更大的自由。

其实,从实践中来看,我印象中上海市高院关于股东代表诉讼在司法适用中的问题,对于调解采用的是美国式的这种模式,就是司法审查。因此,我们可以看到代表诉讼的调解机制,在总体上来讲,司法审查制度可能会带来一个问题,即如何去尊重公司自治的问题,因为在公司的纠纷中,司法其实是一个相对审慎的介入,那么如果是由司法来审查调解是不是公正的话,那可能会涉及对公司利益的一个过度的介入,相对来讲可能由公司来决定会更好。

但是说到公司决定到底是像司法解释四征求意见稿由股东会来决定,还是像这次九民纪要里面讲到的,其实这也是我比较担心的一点,即如果假设公司章程规定是由董事会来决定的,但是董事会中多数董事是一起联合来侵害公司利益的,那么最终在调解的时候,会不会出现实际上达不到维护小股东利益的情况。当然,如果董事会有问题,那么股东大会是不是也有问题;因为股东大会表决最终也是大股东表决,那也可能会出现说大股东他本身侵害公司利益,假设他的持股已经达到70%,那么他侵害公司利益,然后再由他来代表公司来和小股东进行调解,是不是也会出现问题。

因此这个是挺难的,起码现在的九民纪要是不是就已经作出了比较周延或者科学的规定,我觉得还值得思考,由此我想到意大利实际上它也是这样一个决议,但是意大利的这样的一个机制是说如果要调解的话,也要公司来决定,但是规定的决议比例很高,反过来说即异议的股东不能超过1/5,如果是上市公司则不能超过1/20,也就是比一般的表决机制中设计的比例还要更高一点,以此可能能够去制约大股东。

所以我感觉到,调解机制怎么样来设计,可能是股东代表诉讼制度在今后规范的时候需要思考的问题。除了调解之外,还是应该把双重代表诉讼放进来,司法解释四意见稿曾经有过这样的一个可能性,但是最后还是拿掉了,那么因为现在以母子公司架构为主要模式的集团公司确实越来越常见,那么控股股东通过控制母公司进而去间接控制子公司,通过控制权的传导,侵害母公司中小股东利益的情况非常常见。我在实务中也碰到过一些案件,也告诉当事人、告诉小股东说目前可能没有办法,但是我们都在讲营商环境保护,当母子公司架构就这么常见的时候,我们还是不能够给母公司小股东一个救济的方式,我觉得是有缺憾的。

就像我在想说当子公司本身已经没有有效的办法启动这个程序去自身维

权，而他的股东又是唯一的母公司，而母公司也不可能去进行这样一个维权的时候，为什么母公司的小股东——因为最终侵害的就是母公司小股东的利益，而母公司小股东就是不能够去维护自己的利益，我感觉到确实是制度上的一个缺失。我大概就讲这么多，耽误大家时间，谢谢！

图51　胡改蓉

张思明（河北大学政法学院副教授）：

大家好，我是研究破产法的，在这里，想针对公司陷入困境谁来申请这个问题，简要谈一下自己的感受。如果是债务人来申请的话，谁又来代表债务人，根据我们公司法多数决的规定，有一些股东使这个公司陷入僵局，如果是法定代表人能够代表困境公司申请破产，最后经过研究，这种模式是不可行的。另外，可以在公司章程中事先作出相应的约定，要求股东会有决定权。但是我们没有形成一个机制，就是说可以在公司章程当中事先做出相关的一些约定。

因为上午有市场监督管理局的领导在这，我本来是想问一个问题的，即公司设立与将来公司出问题是怎么样的一个权利的平衡。另外公司陷入困境，包括我们的民营企业家很难东山再起，其中有一个问题，现在很多融资向银行借贷，银行要求企业家个人提供保证，结果企业陷入困境，企业破产了，企业家也可以说是陷入困境，很难东山再起了，因为企业家个人的所有财产都要为公司的财产做担保。

另外,我们的很多企业家太把企业公司当作自己的财产了。昆明的一家房产公司陷入困境的时候,涉及相关一些案件的认证,他们说房企老板为了自己拯救自己的企业,自己拿出八千多万放入这个公司,没有任何手续。我说不好意思,你没有任何手续,那属于破产财产。怎么能证明你放入公司的这种财产是归你个人所有的,而不是公司的?所以我们也需要树立企业家的治理机制。

另外第二个老师谈到工资、资本,举一个例子,现实中成立一个破产清算公司,注册资本一个亿,我认为其风险太大,因为一旦公司破产怎么办。另外,在资本的加速到期方面等都会存在很多的问题,所以上面那位老师研究的课题也很有意义,好的,我不多说了,谢谢大家。

图52　张思明

朱晓娟(中国政法大学民商经济法学院副教授):

感谢各位前辈、各位同人、各位同学,感谢王老师,感谢刘老师的邀请,能有机会在人民大学明德楼这么高大上的会议场所报告一下我的学习体会。其实各位注意到,我们这一组六位发言的女士特别靓,马老师和白老师真的是美女中的美女,不仅美还有智慧;四位男老师都是特别帅,更有思想,所以能够在这一组做与谈,非常幸福。

其实针对我们六位发言人的嘉宾,我想做一个总结,可以分成两个大的方面,就像我一直认为这个公司法其实无非是两大类支柱,那一类就是人的问题,就是我们讲的治理问题,那么另一类就是钱的问题,也就是资本的问题。所以两位老师主要是从出资的视角谈了相关制度的一些思考和建议,那么其他的老师更多是谈公司的治理问题。所以实际上公司制度的两大制度,钱的问题和人的问题、资本的问题和治理的问题,其实也是我们公司法需要去重点关注的问题。

几位老师都特别有思想,尤其是像更新老师,她把资本认缴制的滥用做了系统的梳理,张路老师用了双重权力的模式中私权利无限的扩张,更强调了公司作为私主体自治的基本理念,同时他也没有忘记公权力制约的一个必要性,其实这又体现了我们在公司制度设计上需要去考量配套性的相关规则的一个重要的意义。那么纪伟老师是一如既往的严谨,还有细致,做了大量的实证分析,提出来股东代表诉讼适用特别重要的前置程序,为现在这样一个司法裁判趋势的不严谨提供了思想,白牧蓉老师对股份回购制度有着深深的资本市场的情怀,让我印象特别深刻,她认为这样的一个制度是没有太大实际价值的,尤其是对于公司实际价值的参考意义上就更没有了,关于乐兵老师的观点我是非常赞同的。

其实我一直在想,公司法如果进行修改的话,我自己在想,我们一定是围绕这两大支柱——财的问题和人的问题做一个制度的规划和安排,那么更重要的就是我们要在这里边体现公司的意志和公司的地位,尤其是股权转让等,这样的一些相关的规则都需要去进行考量,所以我最后想说的是公司法修改需要处理的几对关系,那一个就是公司法的基本精神到底是自由还是管制的一个平衡,这是第一对关系。第二对关系就是公司经营秩序的维持和股东与其他利益相关者利益保护的平衡,因为各位老师前面就谈到很多债权利益等这样一些主体,怎么样做秩序的安排。那么第三对关系就是大股东和中小股东利益保护的平衡,其实营商环境要求对中小股东进行保护,我经常上课跟学生讲我是一个反对者,我认为中小股东利益保护是有边界的,其实它是有它的期待利益的。那么第四对关系就是公司募资的权利和股东出资期限权利的平衡。我记得上午刘教授发言的时候说出资期限不可以这样无限,可能五年,我认为一定要有一个期限的限制。第五对关系就是单个公司规范和公司之间关系规范的平衡,对于公司之间关系,包括公司集团公司之间的协议安排等,这样的一些制度规则都是缺失的。第六对关系就是公司类型维持和重构的平衡,我们要保持现有的规则,还是要引入像封闭和公开公司,还是说像社会企业等这样的新型公司要进行回应。最后一对关系就是传统法的保留和新技术规则引入的平衡,观点还不成熟,供大家批评,谢谢大家。

图 53 朱晓娟

沈健(中央财经大学法学院讲师、院长助理):

首先感谢刘老师的邀请,感谢王老师精彩的主持。其实我发现下午越到后面的发言,实际上就越靠近技术性,越靠近技术性,就让发言显得更有烟火气,有了烟火气,就让我们的论坛更加生动起来。那么我作为这个单元最后一个与谈人实际上压力很大,因为无论是好的还是坏的,前面的与谈都已经基本说完了,所以到我这儿就没什么太多可说的了,而且我正好坐在那个角上,我觉得很孤独。但是在孤独的同时,我突然间想到了在公司法的修改里面,实际上还有一个话题,也是很孤独的,那就是之前鲜有被各位老师所提起的马上就要正式实施的外商投资法。

实际上在刚才邓峰老师的发言和他的文章里面都提到了关于外资的问题,过去大家都口诛笔伐,都说双轨制即外商投资企业与公司是不一样的,那么我们终于在中美贸易摩擦的压力下,修改了外商投资法,然后不再是双轨制了,终于是并轨了,但是并轨并不是简单的并轨。

因为我们现在马上就要实施的外商投资法主要是外商保护、外商促进和外资的管理,更主要的企业制度规定是归给了合伙企业法和公司法,但是实际上并不是这么简单的衔接,或者是简单地把过去的外资、中外合资、中外合作和外商独资就直接套用公司法或者是合伙企业法,实际上并不能够作简单的套用。

所以说到公司法的修改,实际上我们还要给公司法的修改再扣上一个帽子,就是它要符合国际投资法的规定，也就是至少要符合国民待遇、符合市场准入、兼具一定的外资管理制度。比如前面的张路教授所提到的，实际上他说的是私权利的边界问题，那么私权利的边界实际上在公司里面直接体现的就是章程，但在现行的外商投资企业法里面，尤其是中外合资和中外合作，合营和合作合同是优于章程的。但是在之后马上到来的 1 月 1 日，究竟合同是否还优于章程，实际上我们在外商投资法里面是没有看到的。在之前的《外商投资法实施条例（征求意见稿）》里面也没有给出明确的答案，其加了一个“等”字，就是说如果是在中外合作经营企业里面，对于可以提前回收出资的这种情况，那么是可以按照当事人的约定的，但是后面加了个“等”，就说明还会有其他的情况，那么究竟有什么情况这点上我们是不知道的，因为在现实生活中的企业是千奇百怪的，我们不可能把它一一归类统一放到法律当中的，所以究竟在这种情况下是私权利无限扩大，还是把它完全归结到我们现行的公司法项下，这是一个问号。

像刚才马老师也提到的关于认缴制的问题，实际上如果要放在外商投资法里面，认缴制比如说外国投资者说要认缴，中国投资者说也要认缴，但是结果外商投资者没有缴付任何出资，在这个时候是否还是要把其认定为外商投资企业，还是把其认定为内资企业，这个时候该如何是好。所以我们可能还要在公司法的修改上面再扣一个帽子，这是在过去不会扣的帽子，而从明年的 1 月 1 日以后，这顶帽子就要戴在公司法的头上了，所以我认为我们可能还要在这方面再注意一下，谢谢大家。

图 54　沈健

（本部分由李岩潞编辑整理）

第五单元

主持人:高桂林(首都经济贸易大学法学院教授)

王　丹(国家市场监管总局登记注册局注册指导处处长)

发言人(每人8分钟以内)

1. 楼秋然(对外经济贸易大学助理教授)

发言题目:有限公司司法解散制度再审视

2. 郭靖祎(宁波大学法学院讲师)

发言题目:论董事的破产申请义务

3. 罗士俐(嘉兴学院文法学院副教授)

发言题目:采适性规范或是消解利润分配困境的方法

4. 金娜贤(华东政法大学经济法学院师资博士后研究人员)

发言题目:股东平等原则及具体适用问题研究

5. 赖虹宇(西南财经大学法学院师资博士后研究人员)

发言题目:论隐名出资制度的体系化定型方案

6. 熊雷鸣(民生证券股份有限公司财务总监、首席风险官)

发言题目:我国公司集团制度设计

与谈人(每人5分钟以内)

1. 杨　东(中国人民大学法学院副院长、教授)

2. 李鲜花(延边大学法学院副教授)

3. 马荣丽(兰州大学法学院讲师)

高桂林(首都经济贸易大学法学院教授):

本单元现在开始,请大家严格控制时间。我和王处长进行了分工,我负责主持发言部分,王处长负责主持与谈部分。首先有请对外经贸大学法学院的楼秋然老师。

图55　高桂林

发言环节

楼秋然（对外经济贸易大学助理教授）：

感谢刘老师和中国人民大学法学院提供此次机会，今天一天的学习让我受益良多。

有限责任公司司法解散制度自有其正当性。一方面能透过调解解决分歧，股东尤其是中小股东可以顺利退出公司，而公司又得以保留，实现双赢局面。另一方面，即便调解不成，股东仍能在“产生重大分歧，使公司无法正常运营，出现公司僵局时”通过解散公司实现退出，不致遭受锁定。然而，这种当事人一旦拒绝调解，法院便只能在驳回诉讼请求和判决解散公司之间作出选择（全有或全无）的股东重大分歧解决制度，很可能已经由于设计失当，异化而为索取不正当个人利益的手段，甚至形成少数股东压迫多数股东的局面。

从法理层面看，《公司法解释（五）》第5条所确立的股东重大分歧解决机制，虽然扩大了此前公司法中类似机制的适用范围，但却承继了除司法解散外解决机制仅具有“合意属性”的重大弊端。这一弊端造成一方当事人享有单方面拒绝协商，强制要求法院判决公司解散的权利，从而在事前的公司治理和事后的纠纷解决中引发不理性博弈。其中负面影响最为突出、直观的，便是造成过多的“好”公司被迫解散。之所以造成这一现象，关键在于“理性人”假设坍塌，其非理性成因主要包括有限公司股权的“定价困难”,可能是引发非理性分歧解决的一项成因;有限公司股东的“惩罚”而非博弈动机,同样引发了非理性分歧解决的出现。

针对好公司被迫解散或说被过多地判决解散的问题,似可以从有限公司“人合性”维护的角度加以辩解。但一方面,如前所述,在审理解散公司诉讼案件中,即便当事人之间不能就其他分歧解决方案达成一致,法院仍然可以选择驳回诉讼请求。而其之所以最终选择判决解散公司,全在于有限公司赖以存在的人合性基础已经丧失。另一方面,尽管以公司司法解散为唯一强制性选择的司法介入方式,存在“事后”(Ex Post)层面的不理性;然而,其在“事前”层面(Ex Ante)却可以提供“理性”激励。即在考虑到事后救济可能出现的不理性时,有限公司的股东便会在事前采取措施避免人合性丧失。将成本收益分析完整地涵盖事前激励之后,现行制度设计同样呈现出合比例性:唯一强制性选择的司法介入方式,确实可能在事后造成部分不理性,但却可以在事前提供更多理性激励。然而,无论是从理论还是司法实践的角度加以观察,人合性法理都出现了被滥用的情况,以至于现行的公司司法解散制度呈现出不合比例的问题。

从公司司法解散制度的演进史加以观察,公司司法解散在股东重大分歧解决机制中的序列位置,应当随其所承担的功能角色有所变化。当公司司法解散制度的功能角色呈现复合化特征时,其更应当被确定为“底线救济”。因此,我国未来必须对现行的股东重大分歧解决机制进行改革。一方面,限制法院仅能在其他分歧解决机制不可能、无意义和不适当时,判决公司解散;另一方面,赋予法院强制实施其他分歧解决机制的权力。

图 56　楼秋然

高桂林(首都经济贸易大学法学院教授):

谢谢楼老师。下面有请宁波大学法学院的郭靖祎老师发言。

郭靖祎(宁波大学法学院讲师):

谢谢主持人,谢谢刘老师的邀请。今天的谈论主题是公司法,但我看到之前也有老师探讨了破产法,我的题目是《论董事的破产申请义务》。

之所以选择这个题目,是源于以下两个现象引发的思考。一是僵尸企业现象。根据人民大学国家发展与战略研究院的研究,2013 年僵尸企业占全部企业数量的 11. 7% ,其中国有僵尸企业占 29. 56% ,但 2000 年至 2013 年中小民营企业占比逐步攀升(2013 年达 74%)。

需要回答的问题是,政府、金融机构输血造就的僵尸企业数量已经逐步下降,民营企业为何成为主力军?

二是无产可破现象严重。需要解决的问题是,省级、市级、县级破产基金众多,其中不乏财政的参与,同时在供给侧结构性改革背景下,破产法的宣传、实践、研究均获得极大发展,但为何企业迟迟不肯进入破产程序?

要回答上述问题,首先需要明确公司濒临破产阶段的特点。一是财务困难。二是董事迫切改善公司短期盈利状态,可能选择较为激进的扭亏举措、经营理念或投资方向,不免置公司于较高的风险之中,甚至不惜令公司从事一定的违法违规行为。三是股东会减少投资、中断投资计划,甚至设法取回。四是债权人后知后觉。

对于上述问题,各方当事人对法律有所期待,一是希望法律能够约束股东行为,对此《公司法》及司法解释已进行规定;二是发挥董事功能;三是监督股东行为《公司法解释(三)》已有回应;四是调动董事积极性,促进公司扭亏为盈;五是妥善自我约束;六是调动债权人参与(破产法赋予破产申请权)。

但由于《公司法》与《破产法》衔接上存在的困难,导致法律没有很好地回应上述问题。一是破产法下董事信义义务仅为公司法内容的重述,没有考虑到濒临破产阶段和进入破产后的不同。二是公司清算程序以解散事由为前提,与破产原因并未衔接起来。三是破产法下虽然为法定代表人、有关责任人设定义务,但即使致使破产也没有更重的惩罚(与公司法一致)。四是破产法下对董事等仅有大棒,没有胡萝卜(董事等薪酬大部分不享有劳动债权顺位,撤销权以财产损失为限对董事要求过高等)。

鉴于此,对是否赋予董事提起破产申请的义务,提出以下结论:董事是公司濒临破产阶段提起申请的不二人选,公司法要求董事勤勉尽职,破产法要求董事积极配合破产管理人工作,提出申请并做好各项交接工作成为勤勉义务的附随义务。公司法要求董事监督股东行为,该阶段应当将债权人利益纳入考虑,对债权人尽忠实义务,同时激发董事勤勉义务履行动力,严格限制追究个人责任的范围,如“造成财产损失”即要求承担个人责任的规定过于严苛。

图 57　郭靖祎

高桂林(首都经济贸易大学法学院教授):

谢谢郭老师。下面有请嘉兴学院文法学院的罗士俐副教授发言。

罗士俐(嘉兴学院文法学院副教授):

感谢高老师。谢谢刘老师提供这次宝贵的机会,各位专家、老师下午好。我报告的题目是《采适性规范或是消解利润分配困境的方法》。

首先来看一下什么是采适性规范。采适性规范的概念是,这种规范虽然写进法律中,但既不具有强制适用效力,也不具有推定适用效力,只有当事人在意思行为中采纳了该规范,裁判人员才可以适用该规范解决当事人纠纷。采适性规范源于爱森伯格、柴芬斯公司法规范三分法中的许可适用规范,希望未来能成为许可适用规范的 2.0 版,也就是成为与强制适用规范、推定使用规范并列同一分类标准下的一种规范类型。

采适性规范的分类标准(要素)主要是“意思 + 适用 + 效力”,具体表现形式为,当事人“可以……也可以……还可以……”或者是“可……如……”因此,对于采适性规范,若当事人不采纳就都不可以。

采适性规范之所以存在,主要原因是当事人在实施行为时对权利义务内容和未来的可能情况的预判能力不足,尤其是公司法这种非内生的舶来制度,存在当事人对公司未来的权益预判整体性不足,而其中最典型的可能就是利润分配事项。因此,采适性规范的主要功能在于解决不成熟的社会关系,鼓励调整市场关系的规则竞争,最终凝练出符合商事规律的推定适用规范。采适性规范的价值取向并不体现立法者的倾向性价值、利益和立场,而是列在法律中供当事人参考和选择采纳。

具体到利润分配问题,其规范缺失源于以下原因:一是立法者借公司自治和当事人能力完全为由拒绝制定实体利益分割规范;二是法律规范的传统“两分法”技术并不能给调整利润分配关系提供空间;三是非内生舶来之公司制度缺乏完整性(股东财产进入、运行和收益,其中收益缺乏相对确定性);四是行为模式和利益关系培育程度不够;五是公司法在团体法(团体意志)与个人法(个人意志)及其过渡问题上未能厘清。

因此,建议引入采适性规范解决利润分配困境,主要理由是:

一是因为受到启发。受国内民法法律规范“两层五分法”(王轶教授)和“三分法”(朱庆育)以及域外公司法法律规范“三分法”的启发,并在讨论这些分类不足的基础上,建议把采适性规范作为解决利润分配难题的一个立法技术。

二是因采适性规范能解决解决困境。利润分配(实体利益分配)属于自治范畴,但不太适合用强制适用规范解决(虽然德国有 4% 的规定/司法解释四第15 条除外规定),也不太适合用推定使用规范解决。而采适性规范具有示范、提示、弥补预判能力不足的功能。

三是确保可落地。例如,若将较具体的实体利益分割的采适性规范放到公司章程中,实际上就是分配方案章程化。

四是在价值平衡方面,有助于协调大股东与中小股东的权益。

图 58　罗士俐

高桂林(首都经济贸易大学法学院教授):

谢谢罗教授。下面有请华东政法大学师资博士后,金娜贤博士发言。

金娜贤(华东政法大学经济法学院师资博士后研究人员):

谢谢!感谢高老师和我的导师刘老师,各位老师、来宾大家好。股东平等原则的具体适用包括很多场景,如新股认购权、分红权、库存股转让、分配剩余财产、表决权,其中表决权方面又包括特殊表决权、同股不同权、表决权限制股以及毒丸策略等。

中国目前也设置了“差异表决权”制度,主要体现在科创板相关配套业务规则中,由此衍生出两个问题,即设置“表决权差异”制度在科创板上市是妥当吗?可以设置“表决权差异”制度在普通上市吗?

回答上述问题,首先需要明确股东平等原则的意义。股东平等(股权平等)意味着在基于股东资格而发生的公司与股东、股东与股东之间的法律关系中,所有股东均按其所持股份的性质、内容和数额享受平等待遇,并且免受不合理的不平等待遇。股东平等原则是宪法上的平等原则以股票的均等性为媒介,产生的衍化物或宪法平等原则在公司法上的体现和延伸,它是股东按照其所持股票数获得平等待遇(分配平等)的资本平等。

按照实现平等权的办法加以区分,股东平等可以分为股权绝对平等与股权比例平等。股权决定平等是指公司对发行的每一类股份的内容相同。股权比例平等是指在有限责任公司和股份有限公司中,股东承担有限责任的结果,各自的风险承受力表现为股票数量的出资额本身,并与之成正比。

股东平等原则出台具有特殊历史背景。自从18世纪后期股东的有限责任被批准后,股份的平等和多数表决原则理所当然地成为前提条件。不过,当时德国为了防止海外资本获取德国本地公司的资本,推出了所谓的“多重表决权股票”而且在本国内横行。多重表决权股票在德国实施的结果,是在没有任何牵制手段的前提下出现了多数人专横现象。对此,股份公司内部人员认为这是贵族专治支配制度复活的征兆,并开展了各种关于管制这些问题的讨论。作为多重表决权股票的管控理论,股票平等原则以及表决权的滥用法理、固有权理论等同时出台。依据1797年德国普鲁士一般法典规定的成员平等有关条款,该学说和案例在德国一直被认可。1979年德国在德国股票法第53条a项规定了“股东在相同条件下应该相同对待”,从此股东平等原则有了明文规定。

因此,从沿革来看,股东平等原则从一开始就是为了管制多重表决权而诞生,这一点已在去年对科创板允许了差异表决权,从深入研究股东平等原则的必要性方面给予我们的启示较大。

中国公司法下设置“同股不同权”需要注意以下问题,对于股份有限公司,公司章程允许收益差异化分配,这使多数表决权滥用侵害少数股东利益成为可能;对于有限责任公司,通过章程规定的方式允许"同股不同表决权"与"相同之事同样对待,不同之事不同对待"相违背,这属于与股东平等原则相冲突的体现。

对于我国的情况,需要关注其中的特殊表决权(表决权加重股份)和股东平等原则之间的关系。

表决权加重股份,是指选择脱离一股一表决权的公司逐渐减少。但是到目前为止,除了德国等部分国家之外,美国、日本等很多国家都在采用该制度。股东对股份公司承担的有限责任风险与出资额即持股数成正比,相应地风险管理手段也应成正比行驶。为由通过的一股一表决权原则的例外事项。但由于存在不同种类的股份,并不违背一股一表决权。

特殊表决权制度有其优点和缺点。优点包括:在非上市公司适用时,可以引导他们积极实施IPO,特别是对风险企业;由于第一种原因,IPO一旦实施,普通大众将获得未来的现金流,企业的成功果实由社会共享;提供防御敌意收购的手段。但在上市公司适用时,不存在明确的优点。缺点包括:由于股份表决权分级是典型的公司现金流权和控制权分离机制,所以存在加剧控股股东控制权就代理费用的问题;可能被恶意利用为使后代继承企业的手段;管理层固化,破坏企业价值。

同时,表决权加重股份还会产生代理费用问题。多数实证研究表明,如果控股股东拥有比公司现金流权更多的控制权,那么,比起增加企业价值的激励机制,控股股东将拥有更多追求私人利益的激励机制,从而产生社会效率低下的现象。

因此,我的建议是:一是把表决权加重股份制度的优点发挥到最好的是风险企业,从这一点看,允许科创板采取特殊表决权是可取的。二是对于其他非上市公司,也允许其以特殊表决权的方式上市,从社会效率的角度来看,得不偿失。三是应根据《公司法》规定建立健全相关制度,确保对管理层或控股股东责任的追究落到实处。

允许发行表决权限制股份的逻辑在于,大众投资者和机构投资者日益增多,他们对公司经营毫不关心,只期盼着获取类似分红或转让差价的投资收益。当公司从这样的股东处融资时,即使股票没有表决权也可以招募大量股东,无表决权股不会减少公司经营者或大股东对公司的支配力度,反而成为灵活的资本手段。只是这种表决权限制股被过度地发行甚至只发行表决权限制股的话,可能会导致拥有表决权数量很少的股东也可以支配公司的弊端。

股东平等原则对于优化营商环境也具有重要意义。《优化营商环境条例》

第十条规定,国家坚持权利平等、机会平等、规则平等,保障各种所有制经济平等受到法律保护。为了优化营商环境,在制定的条例中规定了平等以及机会平等、所有制经济平等法律层面的保障,这对股东平等原则的启示很大。《OECD 企业支配结构原则》中也建议,一股一表决权原则在支配结构方面更有效率。

图 59　金娜贤(左)

高桂林(首都经济贸易大学法学院教授):

谢谢金博士。下面有请中证金融研究院的杨光副研究员发言。

杨光(中证金融研究院副研究员):

谢谢高老师!感谢老师提供机会,也感谢会务组同门的辛苦付出。本次向各位老师、专家汇报的是美国商业判断规则的相关情况以及引入我国的路径选择,基本结论是商业判断规则是一种司法裁判思路,通过最高院的会议纪要规定即可,《公司法》需要做的是夯实商业判断规则适用的基础。

主要汇报三个部分,一是商业判断规则在公司法体系中的定位,特别是其与董事勤勉义务之间的关系;二是商业判断规则本体论,包括内涵、特点与存在的争议;三是商业判断规则在美国得以适用的基础及与我国的比较,并据此提出建议。

基于代理成本理论,公司在正常经营与组织形式变更时,董事均对股东负有信义义务，信义义务包括忠实义务和勤勉义务。股东派生诉讼则是确保信义义务能够实现的保障机制。因此，商业判断规则在上述三大机制中都得以适用，目的在于免除或者限制董事违反勤勉义务需要承担的责任。

判断董事是否履行了勤勉义务，需要从董事是否诚信行事、是否照顾公司最佳利益、是否在掌握充分信息的基础上予以决策等三个方面判断。商业判断规则假设董事符合三大要素要求，但允许反证。同时，商业判断规则还强调"信赖推定"，即允许董事在进行决策时信赖他人提供的信息或者建议，但对于董事十分了解、熟悉的事项则不能仅凭"信赖推定"予以免责。

商业判断规则具有以下特点：一是判例法规则而非成文法规则，并且目前美国理论界和实务界还没有将商业判断规则予以成文化的打算。二是契合过失责任的判断标准，即除了董事故意损害公司股东利益需要承担责任外，对于过失是否也需要承担责任，如果是，需要符合重大过失还是普通过失，当前仅适用于重大过失，且符合侵权法上重大过失的判断标准。三是免责事由需要基于诚信行事。主要是董事义务的分类除忠实义务、勤勉义务外，是否还包括诚信义务；商业判断规则是否需要绝对化，即取消勤勉义务的规定，将勤勉义务交由股东投票制度和市场机制进行约束。四是区分实质性审查与程序性审查，通说认为商业判断规则包括两个部分，实质性审查决定董事行为是否符合勤勉的要求，程序性审查决定举证责任分配问题。

当然，商业判断规则在美国也存在争议。一是是否涉及重复陈述。商业判断规则是推定董事行为符合勤勉标准，其实质内容与勤勉义务内容基本相同，因此是否是重复陈述存在争议。二是适用范围宽还是窄，即商业判断规则的性质是行为标准还是检视行为的标准，前者是第一性的，后者是第二性的，且后者的适用范围较窄。三是商业判断规则假设的真正含义，如果商业判断规则涉及重复陈述的话，那么其特殊性只是程序中的举证责任分配问题。四是高级管理人是否适用商业判断规则。

商业判断规则在美国得以适用的基础有四个方面，但我国尚不具备这样的基础：

一是理论基础方面，美国有健全的信义法与信义义务体系；同时在股东董事高管之间实现权利分配与制衡，这在州法层面主要是通过高级管理人、董事、股东之间的权力分配和越权原则予以约束，在联邦层面主要是通过投票权征集规则予以约束；同时，美国不像大陆法系采用构成要件导向，英美主要采用效果目的导向。

二是市场实践方面，美国是董事会中心主义，且有完善的职业经理人市场，但我国是股东会中心主义，董事会是否独立于大股东、实际控制人存在疑问，我国国有企业还有自身的特点,如所有者缺位等。

三是研究范式方面,美国芝加哥学派的兴起提升了经济学分析范式在公司法分析中的核心地位,但我国尚未将经济学分析全面引入法学分析框架内。

四是司法体系方面,即司法判例能否起到造法的作用,我国司法判例目前只有指导作用,尚没有造法作用。

综上所述,公司法不宜规定商业判断规则,而是要从信义义务、董事会中心主义、权力分配等方面夯实引入商业判断规则的基础,民二庭法官会议纪要或民商事审判工作会议纪要则可以规定商业判断规则作为司法裁判思路。

图 60　杨光

(本部分由杨光编辑整理)

高桂林(首都经济贸易大学法学院教授):

谢谢杨光博士。下面有请民生证券股份有限公司财务总监、首席风险官,熊雷鸣总监发言。

熊雷鸣(民生证券股份有限公司财务总监、首席风险官):

谢谢主持人,谢谢刘教授给我们提供这样一个学习的机会。我们搞企业是讲经营效率的,所以我想就三点谈谈自己的想法。首先关于制度这方面,第一个是现在我们对使用《公司法》来明确集团公司的法律地位,规范集团公司的行为,划定其行为边界有非常现实和迫切的需要。那么现在,整个集团公司有1130 多万家。上市公司中 3700 多家是包含了两家以上的法人的,这个占比就已经非常高了。

另外一方面,曾经,特别是 2018 年以来,发生了很多触目惊心的案件,这个大家都很清楚,而这些案件和大股东控股,股东关联交易控股密切有关。在这些情况里,如果说高管层、财务总监不清楚这些关联交易和股东占款,我觉得是不可能的。如果说审计事务所的会计不知情,我觉得也是不可能的,他一定是知情的。但是为什么这种情况还持续了这么长时间?这个事情还一直在发展到最后实在是盖不住了。我相信如果去年没有去杠杆的话,这个案子还是可能会一直被掩盖下去。为什么出现这个情况?这里我觉得大家可以认真思考一下。另外一个就是从处罚方面讲一下,当然现在也有一些处罚,比如对上市公司的一些与案件相关的会计师和高管的处罚,但这种处罚对上市公司的那些小股东的权利的保护有没有实质性的意义?其实大家也可以进行思考,这个具体我就不展开了,但是就是在目前这个阶段,我认为我们的《公司法》要对集团公司的法律地位、行为边界作出明确的规定。

现在主要是要解决两个矛盾两个问题。其一,解决集团化控制的法律障碍。从科斯的交易费用理论来看,公司集团成立的目的是通过内部交易费用低于外部,从而实现资源整合和规模经济;但现行法律将集团中各主体认定为独立法人,独立法人须按照公司法、证券法等法律要求决策和经营,这实际否定了集团组织设立的经济效率这一目的。其二,解决集团化经营中,各主体间权利人权益保障问题。母公司股东与其权利人、子公司股东与其权利人的利益保障可以通过现有公司法解决。实际集团化经营中矛盾突出的主要是因母公司统一管控,从而侵占或侵害下属子公司权利人权益,引发母公司股东与下属子公司权利人或子公司股东与其他子公司权利人之间的矛盾。

第三个思考就是这个公司集团制度设计的一个基本的思路和框架。包括:第一要通过立法形式明确企业集团的法律地位;第二是明确公司集团、控制公司、从属公司的权利与义务;第三是完善中小股东保护措施及法律救济体系。总的来说,就是在企业集团实现优化资源配置、规模效益的同时,对其应该承担的对内和对外的法律责任进行明确的规定,最终通过一系列的组织程序、权利义务认定,实现公司集团作为一个整体以及集团与其内部支配成员之间的权责利的问题。希望通过公司集团法律制度设计的探索,能有利于公司集团经济体竞争力的整体提升,并能为社会经济发展与转型带来积极意义。

综上我认为,适时调整现行公司法的立法理念以及相关限制条款,既是现阶段市场经济发展的必然要求,亦有利于公司集团这一经济体竞争力的整体提升,并为社会经济发展与转型带来积极意义。最后也要感谢俊海老师的安排,让我当最后一个单元的主持。谢谢大家。

图61　熊雷鸣

与谈环节

王丹(国家市场监管总局登记注册局注册指导处处长):

感谢桂林教授,虽然今天已经很晚了,还是要感谢俊海老师的安排,让我来主持最后一个单元。我特别同意桂林教授的说法,我们这个单元虽然是最后一个单元,但是也很重要,而且从几个发言人的安排来看,我们也看到了俊海老师的良苦用心。几位发言人的题目基本上涵盖了公司法修订的各个方面,我们的郭老师、金博士后、杨研究院在公司治理制度方面做了一些分享,还有我们的楼老师关于有限责任公司司法解散制度的研究,最后还有我们的熊总监关于特殊的市场主体——公司集团的制度设计。话不多说,接下来我们来听一听三位与谈嘉宾的精彩点评,首先我们有请中国人民大学法学院副院长杨东教授进行点评,大家欢迎!

图62 王丹(右)

杨东(中国人民大学法学院副院长、教授):

非常感谢,非常荣幸能够再次参加我们这个资本市场法治年会。我记得从2007年开始,这个活动就在俊海老师的领导之下开始进行,真是厥功至伟啊,我也深表敬意和钦佩。我觉得这个应该也是为人民大学这样一所双一流大学中的一流学科的发展做出了巨大贡献,为此我表示衷心的感谢。第二个阶段的两位老师,王丹和熊总他们两位提到的问题,我觉得都非常重要。由于时间关系我就不展开了。这让我想到了我们中国《公司法》的修改。我记得当年日本每过好几年就修改一次《公司法》,效率非常高,中国《公司法》修改的话相对来说有点缓慢。当时日本就提出现代化《公司法》的一个方向,那么我觉得中国这一次能不能借助新的大环境,就是说数字经济、人工智能这样一个社会的到来,包括对区块链技术的研究,包括我提出的监管科技。那么在《公司法》当中,设计得可以更加原则性,一些具体条款的话,就由相关部门来具体实施。另外的话,还有一些纠纷解决,包括集团诉讼,包括股东代表诉讼等问题,通过一些技术的手段来解决纠纷,来更好地实现股东的权利保护和公平的价值。我觉得可以从技术角度来弥补《公司法》修改的不足,形成一个法律修改和技术架构的双重体系,使中国《公司法》的体系更加具有现代化,能够和其他国家的公司更加平等地交流。我就简短地作这样一个点评,谢谢大家。

图 63　杨东(左)

李鲜花(延边大学法学院副教授):

谢谢刘俊海老师给我这样一个学习交流的机会,非常感激。因为我坐在您的后面,总是看见您频频地点头,然后不断地记录,我就感觉非常地敬佩。然后听完今天各位的发言给我了很多的启发,我觉得都是在我们的立法和司法当中非常重要的、焦点性的一些问题。有一些概念我听的时候会自己偷偷百度一下,然后发现是独创性的一个观点,听了以后也是比较有收获。

然后几个发言人的这个题目当中其实我最感兴趣的就是股东平等原则,因为我自己的博士论文写的是类别股,其中也涉及股东平等原则。金博士是韩国人吧?我觉得非常厉害,用中文做这样的发表,也给我们展示了很多,韩国关于股东平等原则的内容。那我自己的观点是,股东平等原则在我们平时的制度当中其实有很多的设计,比如说我刚才说的类别股,还有金博士论文当中写的是股权的回购。所以我觉得股东平等原则是非常值得去研究的,这样的一个问题,我以前做博士论文研究的时候,看到很多的韩国和日本的论文,但是最近很少看到国内的学者去研究股东平等原则。然后最近看到这个题目,发现了刘俊海老师在这次的论坛当中也把它作为一个题目列出来,我非常赞同,也认为应该对这样的一个理论需要做更为深入的研究。然后还有一个看法就是,在论文当中也涉及了股东平等原则在司法审判当中的适用问题。股东平等原则在我们国家现在的司法实践当中,其实作为一个司法审判标准的情形应该是比较少,但是日本、韩国的一些案例中就运用到了这样的一个股东平等原则。所以我觉得在今后的研究当中,能不能对国外的一些相关的司法案例做一个前提性的研究,为以后我们国家的司法实践当中出现的一些问题,做一个前期的研究。这是我的一点观点,谢谢各位。

图64　李鲜花

马荣丽(兰州大学法学院讲师):

首先我想表达一个感谢,非常有幸可以来参会。主要也是想借这个机会跟学界,还有咱们的各位老师、专家学者来进行学习。之前我出来参会机会比较少,然后只能是在各位大咖的著作上看到各位老师的名字,没有亲眼见到各位老师的风采。今天,我觉得不仅领略到了各位专家学者的风范,也收获了很多“干货”。因为时间限制,我想谈一下,一个是关于股权平等原则。咱们刚刚谈到这个问题时,我就想起刘老师曾经也说过,股东平等的精神强调的是,无论是我们说到的大股东还是小股东,无论是国有的还是民营的股东,不仅是自然人股东还是法人股东,无论是散户股东还是机构股东,其实他都是平等的投资者。刘老师有句话我印象特别深刻,他就说,一定要把任何一家企业,打造成所有股东的财富中心,而不只是某一个控制股东或者是实际控制人的一个财富中心,然后这点觉得印象特别深刻,也很赞成。这是一个问题,第二个问题就是简单说一下我们单元的郭靖祎老师的文章,然后它里头的主要的一个观点其实就提到了现在的《公司法》和《破产法》对于董事申请破产的义务都没有作一个规定,那么就可以尝试来通过解释的方法,对《公司法》和破产法的现有的董事的信义义务来作一个解释,然后把董事的申请破产的义务来植入到相关的法律规范之中。对于这个问题,应该说解决上还是有些困难,但是所有的同人和专家都是在做不断的探索,这个也是让我特别感动的。所以最后,我想说,我今天从各位老师们的研究和思考当中获得了很大的收获,非常感谢大家。

图65　马荣丽

（本部分由周振翀编辑整理）

闭幕式

闭幕致辞：刘俊海(中国人民大学法学院教授)

刘俊海(中国人民大学法学院教授、商法研究所所长)：

谢谢大家坚持到现在晚上七点多。我刚才数了一下，会场内还有50多位参会嘉宾。从8点半到现在会议开了近11个小时，大家辛苦了。再次感谢各位主持人、发言人、评议嘉宾。今天的参会者有来自立法机关、证券监管部门、法院系统、国资监管部门以及市场监管部门的一线专家，他们其实每天也在研究我们学者所研究的前沿问题，也有来自高校和研究机构的公司法理论专家。无论是学者，还是一线工作者都有各自关注的视角，都是为了推进我国公司法的现代化，提高我国公司法的国际竞争力。

我今天都在全神贯注地倾听各位的精彩演讲与点评。每位嘉宾的发言让我都有拨云见日、顿开茅塞之感。大家今天探讨《公司法》修改主题时既有宏观层面高屋建瓴的立法理念阐发，也有微观层面精益求精的法律规范设计；既有从立法论角度提出的睿智见解，也有从解释论角度进行的创新诠释。我们主办此次论坛的主要目的就是想为公司法职业共同体搭建一个相互交流、相互切磋、共享信息、消除分歧、凝聚共识、推进公司良法善治的学术平台。虽然存在不少观点交锋，但总体来看，学术共识更多。

我们都认为，公司是市场经济的核心细胞，是经济增长、科技创新、民富国强、社会和谐的发动机，是稳就业、稳金融、稳外贸、稳外资、稳投资、稳预期的压舱石。为推进公司法现代化，加强产权保护工作，弘扬企业家精神，助推实体经济发展，深化供给侧结构性改革，改善制度供给结构，提高制度供给质量，打造投资者及利益相关者友好型的法治化营商环境，必须积极稳妥地推进公司法修改，具有重大现实意义。

公司法的历史不能忘记。大家都充分肯定了现行公司法在推动国有企业改革与民营经济发展、促进资本市场成长、保障放管服的具体措施的落地生根等方面发挥的积极作用。大家也都认为，公司法修改要围绕贯彻落实十九届四中全会精神，坚持目标导向和问题导向相结合的立法理念，致力于营造稳定、公平、透明、可预期的法治化营商环境，不断增强我国公司法在吸引外资、留住内资方面的全球竞争力。新公司法要针对《外商投资法》生效、现行外资三法废止以后的新情况，扩大公司法的包容度与开放度，推动外商投资企业积极稳妥地纳入公司法调整轨道。新公司法既要继续推进国有企业公司制改革，也要提升民营企业治理水平,并为上市公司治理转型升级提供制度保障。

我们都建议新公司法既要继续弘扬股权文化、打造中小股东友好型的公司法,也要按照堵疏结合、兴利除弊的理念,规范控制股东和实际控制人的控制权行使,还要打造绿色公司法,推动公司承担社会责任。要丰富股东平等原则的内涵与外延,既要对双层股权结构采取包容审慎的态度,也要严格预防创始控制股东滥用表决权与控制权损害中小股东权利。新公司法要切实维护交易安全,打造债权人友好型的公司法,有效预防与救济注册资本认缴制的滥用。要确立公司集团制度,及时有效应对当前市场经济公司集团化趋势的新挑战。要规范关联交易行为,强化控制股东与关联人的信托义务,保护公司集团中子公司的小股东与债权人的利益免遭不法侵害。要打通公司法作为实体法与程序法之间的法律部门樊篱,在新公司法中适度充实程序性法律规范,确保公司法的可操作性。

共享思想的相聚总是短暂的,再次感谢各位的拨冗莅临及精彩观点,各位都是我学习的榜样。以后欢迎大家常来作客,期待明年我们再相聚。谢谢大家!

图66　刘俊海

(本部分由杨光编辑整理)

图 67　会议合影